Irmhild Saake

Theorien über das Alter

Studien zur Sozialwissenschaft
Band 192

Irmhild Saake

Theorien über das Alter

*Perspektiven einer
konstruktivistischen Alternsforschung*

Westdeutscher Verlag

Die Deutsche Bibliothek – CIP-Einheitsaufnahme

Saake, Irmhild:
Theorien über das Altern : Perspektiven einer rekonstruktivistischen
Alternsforschung / Irmhild Saake. – Opladen : Westdt. Verl., 1998
   (Studien zur Sozialwissenschaft ; Bd. 192)
   ISBN 3-531-13055-2

Alle Rechte vorbehalten
© Westdeutscher Verlag GmbH, Opladen/Wiesbaden, 1998

Der Westdeutsche Verlag ist ein Unternehmen der Bertelsmann Fachinformation GmbH.

Das Werk einschließlich aller seiner Teile ist urheberrechtlich geschützt. Jede Verwertung außerhalb der engen Grenzen des Urheberrechtsgesetzes ist ohne Zustimmung des Verlags unzulässig und strafbar. Das gilt insbesondere für Vervielfältigungen, Übersetzungen, Mikroverfilmungen und die Einspeicherung und Verarbeitung in elektronischen Systemen.

http://www.westdeutschervlg.de

Höchste inhaltliche und technische Qualität unserer Produkte ist unser Ziel. Bei der Produktion und Verbreitung unserer Bücher wollen wir die Umwelt schonen: Dieses Buch ist auf säurefreiem und chlorfrei gebleichtem Papier gedruckt. Die Einschweißfolie besteht aus Polyäthylen und damit aus organischen Grundstoffen, die weder bei der Herstellung noch bei der Verbrennung Schadstoffe freisetzen.

Umschlaggestaltung: Christine Huth, Wiesbaden
Druck und buchbinderische Verarbeitung: Rosch-Buch, Scheßlitz
Printed in Germany

ISBN 3-531-13055-2

Inhalt

Vorwort 9

I. Einleitung 11

Teil 1
Klassische Fragen der Alternsforschung

II. Hat Alter einen Sinn? 17
   Die Frage nach der Funktion des Alters. Antworten von T. Parsons,
   S.M. Eisenstadt, H. Schelsky, R. Tartler und I. Woll-Schumacher
   1. Auf der Suche nach einer gesellschaftlichen Funktion des Alters .. 19
      a) Alter im Schema *'achievement/ascription'*: Fehlanzeige 21
      b) Alter im Schema *'capacities/opportunities'*: negative Bilanz 25
      c) Alter und *normative upgrading*: Zukunftsaussichten 28
   2. Alter tradiert Wissen 31
   3. Alter sollte Freiheit ermöglichen 37
   4. Alter sollte Kontinuität ermöglichen 40
   5. Alter sollte zur Persönlichkeitsentfaltung genutzt werden 45
   6. Grenzen des Funktionsansatzes: *Der Sinn des Alters kann nur
      normativ behauptet werden* 49

III. Wird man alt gemacht? 53
   Die Frage nach der Definition des Alters. Antworten von J. Hohmeier
   1. Gesellschaft: Alter wird marginalisiert 55
   2. Interaktion: Alter wird stigmatisiert 60
   3. Organisation: Alter wird etikettiert 64
   4. Grenzen des Definitionsansatzes: *Die Diskriminierung des Alters
      kann nicht kausal erklärt werden* 68

IV. Wann ist man alt? 73
   Die Frage nach der Identität im Alter. Antworten von M. Kohli und U. Lehr
   1. Soziale Identität im Alter 74
      a) Arbeitsgesellschaft und Moralökonomie 75
      b) Lebenslauf und Engagement 78
      c) Biographische Perspektiven und Lebenssinn im Alter 81
      d) Resümee: Alter = Ruhestand 82
   2. Personale Identität im Alter 84
      a) Die biographische Verarbeitung des Alters 85
      b) Entwicklung und Persönlichkeit 89
      c) Geroprophylaxe 91
      d) Resümee: Alter = Abbau 94
   3. Grenzen des Identitätsansatzes: *Altsein ist kein meßbares Datum* 95

V. **Sind alte Menschen anders?** 99
   Die Frage nach der Differenz zwischen Alten und anderen. Antworten von
   K. Mannheim, H.P. Tews und G. Naegele
   1. Die Unterscheidung der Generationen 100
   2. Die spezifische Lebenslage alter Menschen 104
      a) Der Strukturwandel des Alters 105
      b) Altenpolitik statt Altenhilfepolitik 109
   3. Grenzen des Differenzansatzes: *Alte Menschen
      bilden keine Gruppe* 112

Teil 2
Neue Fragen einer konstruktivistischen Alternsforschung

VI. **Zusammenfassung und neue Perspektiven** 115

VII. **Die Altersphase** 121
   Warum nach dem Sinn des Alters gefragt wird
   1. Historische Perspektiven: Altersschablonen 121
   2. Segmentäre Gesellschaft: Die Grauhaarigen 125
   3. Stratifizierte Gesellschaft: Die Lebensaltersstufen 136
      a) Alternsverläufe in Hochkulturen 137
      b) Altersstufenmodelle in Hochkulturen 142
   4. Funktional differenzierte Gesellschaft: Alter hat Zukunft 150
   5. Resümee: *Die Altersphase repräsentiert gesamtgesellschaftliche
      Sinndefizite*. 158

VIII. **Altersbilder** 161
   Warum man als alter Mensch angesprochen wird
   1. Gesellschaftstheoretische Perspektiven: Alterssemantiken 162
   2. Gesellschaft: Alter wird spezialisiert und generalisiert 164
   3. Interaktion: Alter wird wahrgenommen 174
   4. Organisation: Über Alter wird entschieden 181
      a) Am Beispiel: Altenheime und Sozialstationen 181
      b) Themen: Klientel, Pflegeorganisation und professionelle
         Selbstdarstellung 182
      c) Altersbilder in Organisationen der Altenhilfe 186
      d) Diskussion der Ergebnisse: Die Limitierung von
         Altersbildern über Sinndimensionen 191
   5. Resümee: *Die Diskriminierung über 'Alter' erleichtert Inklusionen* 196
      Exkurs: Das Alter des Körpers 199

IX.	**Der Lebensrückblick** 203	

Warum man sich alt fühlt

    1. Biographische Perspektiven: Alternssemantiken 204
    2. Sinnressourcen und Sinndefizite im Lebensrückblick................... 206
    3. Die biographische Bearbeitung von Alter.................................... 214
    4. Resümee: *Altern plausibilisiert Veränderungen* 220

X.	**Alternsforschung** 223	

Warum alte Menschen von anderen unterschieden werden

    1. Wissenschaftliche Perspektiven: Die Sichtbarkeit des Alters 224
    2. Die gerontologische Geschichte der Unterschiede 225
    3. Die Konstruktion von Unterscheidungen.................................... 231
    4. Resümee: *Die Bezeichnung von Alter erzeugt 'Alter und anderes'*........... 235

XI.	**Sinnressourcen und Sinndefizite einer alternden Gesellschaft**........ 239

Literatur... 245

Sachregister 265

Personenregister 267

Verzeichnis der Tabellen

Tabelle 1: Pattern variables nach PARSONS 22
Tabelle 2: AGIL-Schema nach PARSONS 25
Tabelle 3: Verhaltensorganismus nach PARSONS 26
Tabelle 4: Sozialisation nach WOLL-SCHUMACHER 47
Tabelle 5: Stigmatisierung im Alter nach HOHMEIER 63
Tabelle 6: Determinanten der Alternsforschung nach KOHLI 75
Tabelle 7: Interventionsgerontologie nach LEHR 92
Tabelle 8: Vergleich KOHLI und LEHR 96
Tabelle 9: Lebensaltersstufenmodelle der griechischen Antike 143
Tabelle 10: Lebensaltersstufenmodelle von der römischen Antike
           bis zum Mittelalter 147
Tabelle 11: Altersstufen nach LASLETT 155
Tabelle 12: Themen der stationären und ambulanten Altenhilfe nach SAAKE 185
Tabelle 13: Altersbilder der stationären Altenhilfe nach SAAKE 187
Tabelle 14: Altersbilder der ambulanten Altenhilfe nach SAAKE 189

Verzeichnis der Abbildungen

Abbildung 1: Biographische Methode nach LEHR 87
Abbildung 2: Altenpolitik nach NAEGELE 111
Abbildung 3: Altern als kosmologischer Ablauf nach ROSENMAYR 130

Vorwort

Über der Fertigstellung dieser Arbeit, die 1997 der Philosophischen Fakultät der Westfälischen Wilhelms-Universität Münster zur Begutachtung vorgelegen hat, sind außer mir auch noch andere Personen älter geworden. Ihnen möchte ich hier danken.

Am Anfang dieser Arbeit findet sich — in zweifacher Hinsicht — der Einfluß von Professor Jürgen Hohmeier, mit dessen theoretischen Arbeiten und persönlicher Förderung das Thema dieser Dissertation entstanden ist.

Professor Georg Weber danke ich für seine gewissenhafte Betreuung der Dissertation und seine Unerschrockenheit im Umgang mit „Heiligen Kühen" der Alternsforschung.

Viel gelernt habe ich auch bei Armin Nassehi, der nie ein zweites Mal für die gleiche Einsicht, aber immer für Unerwartetes zu begeistern ist.

Dirk Richter, Udo Roos, Monika und Frank O. Laus und die Besatzung des Raumschiffs Enterprise haben mich stets mit wertvollen Hinweisen, kritischen Anregungen und guter Unterhaltung versorgt.

Und vor allem: Ich danke meiner Mutter Maria Saake, meinen Brüdern Andreas, Georg und Stefan und dem Cusanuswerk, deren Unterstützung in den letzten Jahren sich nicht nur auf Finanzielles beschränkt hat.

Irmhild Saake
Münster, im März 1998

Kapitel I: Einleitung

> „Wenn die Erinnerung an die Jugend nicht wäre, so würde man das Alter nicht verspüren, nur, daß man nicht mehr zu tun vermag, was man ehmals vermochte, macht die Krankheit aus. Denn der Alte ist gewiß ein eben so vollkommnes Geschöpf in seiner Art als der Jüngling."
>
> (Georg Christoph Lichtenberg [1796-1799] 1967, 925)

Daß auch alte Menschen ‚in ihrer Art vollkommne Geschöpfe' sind, hat die moderne Auseinandersetzung mit dem Thema Alter in jeder Hinsicht bestätigt. Fernsehen, Ratgeberliteratur und auch Alternsforschung rufen alte Menschen zu mehr Selbstbewußtsein auf angesichts von Potentialen und Ressourcen, die das hohe Alter mit sich bringe. Wieso wir uns jedoch mit diesem Thema auseinandersetzen, uns selbst alt fühlen oder andere als alte Menschen ansprechen, wird heute nicht mehr gefragt. Das Thema Alter existiert nun mal und ist für jeden greifbar in der Person alter Menschen.

Wer jetzt schon ahnt, daß auch diese Selbstverständlichkeit des täglichen Lebens als soziale Konstruktion dargestellt werden soll, wird vermutlich einwenden: Aber das Alter gibt es doch! Dieser Satz ist zugleich richtig und falsch. Er ist richtig, insofern wir im täglichen Leben mit diesem Phänomen umgehen, aber er ist falsch, insofern damit nicht behauptet werden kann, dem Phänomen liege eine anthropologische Konstante menschlichen Lebens zugrunde. Wir altern nicht, weil unser Kopf, unser Körper es so will, sondern weil wir Veränderungen in unserem Denken und in körperlichen Prozessen mit der Kategorie ‚Alter' plausibilisieren. Eine Möglichkeit, solche Veränderungen zu erfassen, besteht darin, sie als ein Zeichen für Altern zu entschlüsseln.

In einer ausgedehnten, den gesamten Lebenslauf umfassenden Perspektive werden dabei Sinnbezüge hergestellt, wie wir sie bereits aus kleinräumigen Begründungsmustern wie Erfahrung oder Lernen kennen. So, wie man einzelne Erlebnisse parallelisieren muß, um daraus die Konsequenz zu ziehen, das Leben bereits zu kennen (Erfahrung) oder ihm einen neuen Aspekt abgewonnen zu haben (Lernen), muß man auch Lebenslaufereignisse erst in einen Zusammenhang stellen, um einen späteren Zustand von einem früheren als Phänomen des Alters abzugrenzen. Genau diese Beobachtung hat Georg Christoph LICHTENBERG zu Recht an den Anfang seiner kleinen Alternstheorie gestellt.

Was sich zunächst so banal anhört — Alter folgt auf Jugend —, hat entscheidende Konsequenzen für die Alternsforschung. Erst im Vergleich zur Jugend können wir Alter überhaupt sehen, sagt LICHTENBERG. Alter an Jugend zu messen, stellt jedoch nur eine der modernen Möglichkeiten, einen Maßstab für Alter zu finden, dar. Alte Menschen können nicht nur gebrechlicher sein als jüngere, sie können auch aktiver sein, zurückgezogener leben, reicher sein und sogar mehr Macht ausüben. Da diese Beobachtungen nicht für alle alten Menschen gelten, sondern sich nur auf das jeweilige Vergleichskriterium (körperliche Verfassung, Kontaktbedürfnisse, finanzieller Status, Entscheidungsfähigkeit) beziehen, entsteht ein buntes Spektrum von Lebensformen, bei dem man sich nun entscheiden muß, ob man von alterstypischen oder von freizeitbezogenen, wirtschaftlichen oder politischen Phänomenen sprechen will.

Die moderne Alternsforschung umgeht diese Problematik, indem sie schlicht alle Menschen ab einem bestimmten kalendarischen Alter zusammenfaßt, und alles, was die Menschen dieser Gruppe tun, als Altersphänomen liest. „Das Alter" der Alternsforschung kann auf diese Weise als vielfältig dargestellt werden, aber es wird nach wie vor auf eine gemeinsame, alle Altersphänomene verursachende Substanz zurückgeführt, nämlich „das Alter". Diese zirkuläre Argumentation kann auch in diesem Buch nicht aufgelöst werden, denn — wie eingangs bereits betont — : Das Alter gibt es doch! Es gibt keine Möglichkeit, aus einer Perspektive, der das Phänomen Alter noch nicht vertraut ist, die Geburt des Themas zu beobachten. Es gibt aber sehr wohl die Möglichkeit, Kontexte zu analysieren, in denen das Thema transportiert wird. Im Rahmen dieser Arbeit wird eine theoretische Perspektive zugrunde gelegt, die nicht nach *dem* Alter oder *den* Alten, sondern nach den Beobachtungsmöglichkeiten von Alter fragt. Anstatt mit einer inhaltlichen Konkretisierung ein neues Altersbild von einem alten abzugrenzen, werden in dieser Arbeit die Bedingungen der Erzeugung von Altersbildern untersucht. Als forschungsleitende Hypothese läßt sich formulieren: *Der Beobachtung von Altersphänomenen liegt keine Essenz 'Alter' zugrunde, sondern nur die Plausibilität, die die Unterscheidung von 'Alter und anderem' eröffnet.*

Konstruktivistische Ansätze haben sich bislang in der Alternsforschung noch nicht recht etablieren können. Im Gegensatz zur Geschlechterforschung, die zumindest „Rezeptionssperren" gegenüber konstruktivistischen Theorien (vgl. Hirschauer 1993a, 60) beklagen kann, müssen sich Gerontologen kaum mit kritischen Anfragen an die voraussetzungsreiche Praxis einer Erforschung *des* Alters auseinandersetzen. Die Sicherheit, mit der sich Alternsforscher ihrem Thema annähern, begleitet jedoch nicht nur den Forschungsalltag, sondern auch unseren täglichen Umgang mit alten Menschen. Zweck meiner konstruktivistischen Analyse des Alters ist deshalb — neben der Erlangung eines akademischen Grades — die Nachzeichnung von Mustern, in denen uns Alter vertraut gemacht wird.

Mit jeder Theorie über Alter oder Altern wird dieses Phänomen in unserem Alltag plaziert. Auch das Fernsehen, in dessen Rahmen die Gruppe 'alte Menschen' wie eine exotische, aber bedrohliche Tierart präsentiert wird, trägt seinen Teil dazu bei, die Beobachtungsperspektive 'unsere Senioren' zu festigen und sie auch gleichzeitig mit Varietät zu versorgen. Die unterschiedlichen Möglichkeiten, die einer modernen Beschreibung von Alter zur Verfügung stehen, lassen sich nun entweder als Beweis einer großen Vielfalt des Alterns verstehen oder als Hinweis auf die Inhaltslosigkeit der Formel 'Alter' lesen, die nach Bedarf gefüllt werden kann. Die erstgenannte Begründung reklamiert die klassische Alternsforschung (1. Teil) für sich. Die Vorstellung eines kompletten Altersbildes leitet eine Forschungspraxis, die Ergebnisse zum Thema 'Alter' kompiliert in der Hoffnung, sie alle einmal zu einem ganzen Bild zusammensetzen zu können. Die Anfänge dieser Forschungspraxis lassen sich chronologisch fixieren:

60er Jahre: Begonnen hat die klassische Alternsforschung mit der sicherlich grundlegendsten Frage: *Hat Alter einen Sinn?* Vor gesellschaftstheoretischem Hintergrund war Alter als eine Strukturvariable sichtbar geworden, in der man folgerichtig auch eine Funktion und so auch einen Sinn vermutete. (Kap. II)

70er Jahre: Als dieses von Talcott PARSONS' Strukturfunktionalismus motivierte Unternehmen gesellschaftskritischen Interessen unterlag, konnte man definitionstheoretisch anschließen: *Wird man alt gemacht?* Jürgen HOHMEIER lokalisierte Alter als Resultat einer spezifischen gesellschaftlichen Verfassung, die mit ihrem (Werte-)Zentrum auch ihren Rand benennt. PARSONS' Beobachtung von Funktionslosigkeit wurde so als Marginalisierung des Alters begründet. (Kap. III)

80er Jahre: Nachdem gesellschaftstheoretisch der Standort abgesichert schien, traten individuumszentrierte Forschungsinteressen in den Vordergrund: *Wann ist man alt?* Martin KOHLI und Ursula LEHR formulierten von Positionen aus, die gegensätzlicher gar nicht sein konnten, Gesetzmäßigkeiten des Alternserlebens, um dem, was als Identitätsentwurf eines alten Menschen angenommen wurde, gerecht zu werden. KOHLI ergänzte die Marginalisierungsthese um die Vermutung eines Identitätsverlusts durch den Ruhestand; LEHR propagierte dagegen die Möglichkeiten einer geroprophylaktischen Veränderung des problematischen Alterns. (Kap. IV)

90er Jahre: Eine Synthese aus gesellschafts- und individuumszentrierten Ansätzen versucht schließlich die hier als Differenzansatz bezeichnete Lebenslage-Forschung von Hans Peter TEWS und Gerhard NAEGELE: *Sind alte Menschen anders?* Ihre forschungspraktisch, aber auch theoretisch interessierte Zusammenfassung der alten Menschen als Gruppe öffnet die Alternsforschung für ungleichheitssoziologische Fragestellungen, indem sie Alter — wie auch immer differenziert — mit Hilfebedürftigkeit gleichsetzt. (Kap. V)

Dieser Durchgang durch 40 Jahre Alternsforschung umfaßt die Grundlagen einer gesellschaftstheoretischen Problematisierung des Alters. Die Analysen, die sich über die *keywords* Funktion, Definition, Identität und Differenz begründen, werden von mir nicht als Indikator für gesellschaftliche Probleme, sondern für semantische Traditionen gelesen. Die Problematisierung von Alter ist offensichtlich der wissenschaftlichen Thematisierung immer schon mitgegeben. Auf dieser Beobachtung aufbauend werden im 2. Teil dieser Arbeit die inhaltlichen Präzisierungsversuche als Differenzierungen gelesen, die mit dem Alter auch immer schon die Kriterien seiner Identifizierung kennen. An die Voraussetzung von Altersphänomenen richtet sich die Frage nach Möglichkeiten der Beobachtung von Alter. Theorieimmanente Schwächen einer ontologisierenden Alternsforschung sind der Anhaltspunkt für eine Infragestellung der Kategorie 'Alter'. Nicht so sehr der Facettenreichtum des Phänomens 'Alter' rückt dabei in den Vordergrund. Die Schwachstellen der vier klassischen Zugänge — wie diese Fragestellungen ab nun bezeichnet werden sollen — werden als Chancen für eine differenzierungstheoretisch informierte Theorieanlage genutzt. Auf dem Boden von Niklas LUHMANNs Systemtheorie werden historische, gesellschaftstheoretische, biographische und wissenschaftliche Perspektiven auf das Thema 'Alter' nachgezeichnet. Ich übernehme dabei die Beobachtungen der klassischen Alternsforschung, die zwar demonstriert, *daß* nach dem Sinn des Alters gefragt wird, *daß* alte Menschen als alte Menschen angesprochen werden, *daß* man sich alt fühlen kann und auch *daß* es altersspezifische Phänomene gibt, aber dies nicht über eine Essenz 'Alter' erklären kann. Es gelingt ihr nicht, ein gesellschaftliches Interesse an der Altersphase auszuweisen, Diskriminierungen auf eine Ursache zurückzuführen, Altsein zu messen und eindeutige Gruppenmerkmale zu benennen.

Anstelle der ontologisierenden Fragen werden deshalb semantische Verdichtungen dieser Fragen wieder aufgegriffen. Die *'Altersphase'* (Kap. VII) wird als Lesetradition der Alternsforschung auf ihren plausibilisierenden Hintergrund befragt und lenkt so den Blick nicht auf Sinndefizite, sondern auf gesellschaftsstrukturelle Bedingungen, unter denen Sinndefizitartikulationen 'Alter' als Transportmittel benutzen können. Genauso verfahre ich mit dem aktuellen Interesse an *Altersbildern* (Kap. VIII). Nicht Vergleich und Qualifizierung stehen im Vordergrund meiner Analyse, sondern die Nachzeichnung des Entstehungszusammenhangs einer Vielfalt von Altersbildern, die uns heute nicht nur in der Wissenschaft, sondern auch beim Einkaufen, beim Fernsehen, beim Abendessen begegnen. Auf der Grundlage der modernen 'Altersphase' — man setzt voraus, daß Alter alle betrifft, und man wird früher oder später auch als alter Mensch angesprochen — stellt sich natürlich auch die Frage nach individuellen Ausprägungen der Betroffenheit von Alter. Als *Lebensrückblick* (Kap. IX) wird die biographische Selbstbeobachtung geführt, die von der klassischen Alternsforschung auf ihren Umgang mit Sinnressourcen und Sinndefiziten überprüft wird. Sieht man das Thema 'Alter' jedoch als Endpunkt eines sinnhaften Geschehens und nicht als Anfang, rücken äquivalente Techniken der Altersthematisierung in das Blickfeld. Von Altern zu sprechen, stattet biographische Daten mit einer zeitlichen Perspektive aus, die auch auf andere Strukturierungen zurückgreifen kann als auf altersbedingte Erwartungslosigkeit. Die Folgen für die Disziplin *Alternsforschung* (Kap. X) selbst sind unübersehbar. Mit Hilfe ontologisierender Fragestellungen hat sie sich mit einer Realität ausgestattet, die sich jedoch mit jeder neuen Frage wieder verändert und unendliche Forschungsperspektiven bereithält. Von wo aus auch immer man schaut, man sieht wieder andere, neue 'Altersspezifika', die sich im schlimmsten Falle auch noch mit den Forschungsergebnissen verändern. Diese Arbeit soll dazu beitragen, solche Phänomene kontrollieren zu können. Mit der Alternsforschung entsteht eine Perspektive, die zwar nichts über das Alter, aber viel über moderne Thematisierungen von Alter aussagt.

Über sein eigenes Altern kann man dabei leider nichts lernen. Als Alternsforscherin ist mir die 'Altersphase' und das Altern so vertraut wie jedem anderen Alternsforscher und so fremd wie 'normalen' Menschen. Ich kann also weder eine vorzeitige Option auf 'die Weisheit des Alters' noch auf Wissen über alte Menschen erheben. Wovon der Leser jedoch profitieren kann, ist die forschende Unvoreingenommenheit gegenüber 'Altersphänomenen' und seinen Äquivalenten, die auf der Skala von Sinndefiziten und Sinnressourcen über Lebensbedingungen der modernen Gesellschaft Auskunft geben. Auf diese Weise möchte ich Perspektiven auf ein Alter jenseits der klassischen Alternsforschung etablieren.

Um zu sehen, was man sehen kann und nicht sieht, wenn man (nur) nach Alter fragt, bietet sich die Lektüre dieses Buches an. Der Aufbau der Arbeit gliedert sich in zwei Teile. Im ersten Teil wird die klassische Alternsforschung abgehandelt, im zweiten Teil eine konstruktivistisch informierte Alternsforschung eingeführt. Der erste Teil besteht aus vier Kapiteln, die an klassische Fragen anschließend vier theoretische

Zugänge profilieren. Auf PARSONS und seine Erben EISENSTADT, SCHELSKY, TARTLER und WOLL-SCHUMACHER in Kapitel II folgt HOHMEIERs Stigma-Theorie (Kapitel III). KOHLIs und LEHRs Versuche zur Identitätstheorie folgen im IV. Kapitel und im V. Kapitel werden TEWS' und NAEGELEs Zusammenfassungen über den Gruppenbegriff präsentiert. Der zweite Teil wird von einem Übergangskapitel eingeleitet (Kapitel VI), in dem die Ergebnisse des ersten Teils zusammengefaßt werden und der Leser schon einen Einblick in die theoretische Grundlage der folgenden Kapitel erhält. Daran anschließend folgen historische (Kapitel VII), gesellschaftstheoretische (Kapitel VIII) und biographische (Kapitel IX) Perspektiven, die wiederum in disziplinärem Interesse (Kapitel X) zusammengefaßt werden. Zum Schluß wird der Versuch unternommen, was sich nur getrennt voneinander entwickeln ließ, als ganzes Bild wieder dem alltäglichen Erleben zugänglich zu machen (Kapitel XI).

Der ontologisierenden Sprache vom Alter etwas entgegenzusetzen, ist fast unmöglich. Vielleicht gelingt es aber dem Hinweis auf äquivalente Sinnressourcen, feste Vorstellungen etwas zu erschüttern. Daß vieles in diesem Buch redundant dargestellt wird, ist dem Bemühen geschuldet, solche Befunde, die die Sicherheit des anthropologisierten Altersbildes erschüttern, immer wieder ins Gedächtnis zu rufen. Daß vieles fehlt, was die moderne Gerontologie an Forschungsergebnissen zusammengetragen hat, ergibt sich über die forschungsleitende Perspektive: Das Phänomen Alter in seinen Facetten darzustellen und nicht als Gesamtbild.

Kapitel II: Hat Alter einen Sinn?

Die Frage nach der Funktion des Alters.
Antworten von T. Parsons, S.M. Eisenstadt, H. Schelsky,
R. Tartler und I. Woll-Schumacher

Die Methode des Funktionalismus ist von Talcott PARSONS zur Entwicklung einer Gesellschaftstheorie verwendet worden, die eine ganze Epoche soziologischen Denkens beeinflußt hat und deren Wirkungsgeschichte auch heute noch — z.B. in der soziologischen Alternsforschung — anhält. Da mit dem Status einer „reifen" Theorie jedoch immer auch ihre oberflächliche Rezeption verbunden ist, verspricht eine Überprüfung der Alternsforschung auf ihre Prämissen einen neuen Blick auf z.T. bereits zum „Kanon" der Alternsforschung gehörige Antworten. Die allgemeine Frage, die diesen Antworten vorausgeht, thematisiert *die sozialstrukturelle Bedeutung, die hohem Alter in der modernen Gesellschaft zukommt*. Den Soziologen PARSONS trotz seiner vergleichsweise spärlichen Äußerungen zum hohen Alter an den Anfang dieses Kapitels zu stellen, rechtfertigt sich durch seine theoretische Grundlegung einer Gesellschaftstheorie, die die Integration aller Mitglieder einer Gesellschaft beschreibt. Die — aus der Sicht der klassischen Alternsforschung — *problematische Integration alter Menschen* hat mit dem PARSONSschen Strukturfunktionalismus ein erstes Erklärungsmodell gefunden.

Den Beginn des Versuchs, eine allgemeine soziologische Theorie zu entwerfen, markiert PARSONS mit einem Problem. „Seine klassische moderne Formulierung war mit HOBBES' Konzept des 'Naturzustand' gegeben und damit stellte sich die Frage, warum menschliche Gesellschaften angesichts all ihrer Nöte nicht schon längst einem Naturzustand des 'Krieges aller gegen alle' anheimgefallen waren." (Parsons 1975, 53f.) Auch die PARSONS-Rezeption beginnt meist mit dem Hinweis auf den englischen Philosophen und Staatstheoretiker Thomas HOBBES. Die Einordnung in eine jahrhundertealte Tradition philosophischer Bemühungen illustriert überzeugend PARSONS' vorrangiges Interesse an gesellschaftlichem „Equilibrium", ohne ihn voreilig des Konservatismus zu bezichtigen.[1] Die Antwort, die PARSONS auf die Frage nach den Bedingungen von Ordnung formuliert, basiert auf der Identifikation von Strukturen und Funktionen. Über spezifische Strukturen und deren Funktionen sichert eine

---

[1] Die Behauptung, der Vorwurf des Konservatismus beruhe auf mangelhafter Rezeption des PARSONSschen Werks (vgl. Jensen 1976, 57, Anmerkung 3; Münch 1982, 19ff.), läßt sich nur schwer entkräften angesichts einer Theorie, die ihr Inventar immer wieder umgestellt hat. Vgl. dazu auch Jeffrey C. ALEXANDER (1987, 59), der PARSONS selbst eine ungenaue Rezeption seines eigenen Werks vorwirft. Talcott PARSONS und Robert F. BALES formulieren 1955 in einem Vorwort zu ihrer Sozialisationstheorie eine Begründung für die uneinholbaren Ausmaße der Theorie: „Indeed, it is our experience ... that the relations of interdependence and interpenetration of these problems are so close, that any depth of exploration on the one hand must lead directly into deeper preoccupation with the other." (Parsons & Bales 1955, VI)

Gesellschaft — so PARSONS — ihren Bestand. (Vgl. Parsons 1945, 36ff.) Die Verknüpfung von invarianten Strukturen mit Hilfe von Funktionen stellt eine Methode dar, die von der funktionalistischen Sozialanthropologie eingeführt worden war. Die britischen Ethnologen Bronislaw MALINOWSKI und Alfred R. RADCLIFFE-BROWN kombinierten mit jeweils unterschiedlicher Gewichtung des Individuums oder der Gesellschaft Einzelteile[2] *zu einem störungs- und konfliktfrei funktionierendem Ganzen.* (Vgl. auch Korte 1995, 177) An die Stelle von historisch-psychologischen Methoden sollte so die Erforschung allgemeiner, zeitlich überdauernder Gesetzmäßigkeiten treten. (Vgl. Radcliffe-Brown 1923, 20ff.) Die Analogie zum Organismus erklärt auch PARSONS' Interesse an gesellschaftlichem Gleichgewicht. Brigitte STEINBECK konkretisiert: „Beim Organismus wird *die* Wirkung eines Organs als Funktion bezeichnet, die eine Voraussetzung der *gesunden* Verfassung des Organismus erfüllt." (Steinbeck 1964, 109)

Den Orientierungspunkt für soziale Funktionen stellt bei PARSONS jedoch nicht Gesundheit, sondern ein Kompositum aus individuellen Motiven und allgemeinen Normen und Werten dar (s.u.). Den Zusammenhang zwischen Strukturen und Funktionen verdeutlicht er, indem er zwischen „Elementen eines Systems, die für einen bestimmten Zweck als gegeben angenommen werden", und „ihre[n] Eigenschaften und ihre[n] Beziehungen zu anderen verbundenen Elementen" (Parsons 1964a, 32) unterscheidet. Die Annahme einer invarianten Struktur impliziert damit immer auch Annahmen über Begründungen für die spezifische Verfassung der Struktur, eben „die Frage nach dem funktionalen Beitrag" (ebd.). Strukturen lassen sich demzufolge über ihre Funktionen erklären. PARSONS bindet soziologisches Wissen durch diese Methode an "die Logik des Beweises von Kausalbeziehungen" (ebd., 33). Eine Gesellschaft existiert als Ganzheit, *weil* Funktionen dies sicherstellen. Als Ganzheit repräsentiert sie auf diese Weise auch den Sinnfundus, der die Zuammenführung von Unterschieden zu einer Einheit ermöglicht. Wenn man — wie PARSONS das tut — voraussetzt, daß für den Bestand einer Gesellschaft alle Einzelteile aufeinander abgestimmt sein müssen, also eine gemeinsame (Werte-)Basis vorhanden ist, besteht neben der *Möglichkeit* zur Zusammenführung aller Einzelteile auch die *Notwendigkeit* dazu. Unterschiede lassen sich nun im Hinblick auf die Einheit rechtfertigen und werden folgerichtig als notwendige Differenzierungen gefaßt.

Die strukturfunktionale Auseinandersetzung mit der Kategorie 'Alter' knüpft — wie im folgenden zu zeigen sein wird — an genau dieser Stelle an, scheitert aber auch an genau dieser Stelle. Folgt man PARSONS, dann entsteht die Frage nach der Funktion der Lebensphase 'hohes Alter' mit der modernen Differenzierung des Lebenslaufs. Während Lebenslaufs und Erwachsensein in einer Leistungsgesellschaft, die den Beruf im Vordergrund sieht, leicht zu verorten sind, stellt hohes Alter aus strukturfunktionalistischer Perspektive ein Rätsel dar. Shmuel N. EISENSTADT, Helmut SCHELSKY,

---

2   MALINOWSKI rekurriert z.B. auf Bedürfnisse und Triebe (vgl. Malinowski [1944] 1965, 75ff.), RADCLIFFE-BROWN dagegen auf Institutionen und Rituale (vgl. Radcliffe-Brown 1931, 58ff.).

Rudolf TARTLER und Irene WOLL-SCHUMACHER haben sich der Aufgabe gestellt, dieses Rätsel zu lösen.[3]

Die unterschiedlichen Versuche zur Bestimmung der Altersphase, die auf den nächsten Seiten entwickelt werden, führen auch in die Architektur des Strukturfunktionalismus näher ein. Eine Berücksichtigung der unterschiedlichen Phasen dieser Theorie findet jedoch nur in bezug auf PARSONS' eigene Analyse der Kategorie 'Alter' statt. Die Weiterentwicklung des Struktur- zum Systemfunktionalismus ist in der allgemeinen Alternsforschung nicht zur Kenntnis genommen worden.

1. Auf der Suche nach einer gesellschaftlichen Funktion des Alters

Beschreibungsmöglichkeiten von 'hohem Alter' orientieren sich immer wieder an holistischen[4] Gesellschaftstheorien. Die populäre Rede von der Ausgliederung alter Menschen setzt ein Gesellschaftskonzept voraus, das nach Bedingungen von Integration bzw. Desintegration fragt. Auch wenn Talcott PARSONS sicherlich nicht in die Reihe der prominenten Alternsforscher einzureihen ist, muß gerade seinen theoretischen Arbeiten für die Alternsforschung eine besondere Bedeutung zugemessen werden. Über die Verortung des Individuums in der modernen Gesellschaft nach Maßgabe sozialstruktureller Variablen fragt er nach der Funktion von 'Alter', schon bevor sich eine phänomenologische Beschreibung aufdrängt. Nicht demographische Veränderungen der Gesellschaftsstruktur begründen seine Auseinandersetzung mit dem Thema 'Alter', sondern das Ziel, „fundamental building stones" (Parsons 1951, 18) einer das Sozialsystem, die Persönlichkeit und das kulturelle System umfassenden Handlungstheorie zu identifizieren. Die charakteristische Vorgehensweise von PARSONS, „using the society as a 'norm'" (ebd., 19), grenzt sich explizit von *middle range*-Theorien (vgl. Merton 1969, 9) ab und beabsichtigt die Beschreibung von Gesellschaft als einer Ganzheit. In den folgenden drei Kapiteln folge ich PARSONS' Versuchen, die Kategorie 'Alter' in diesem Rahmen zu verorten.

In die Epoche, die als Strukturfunktionalismus vom späteren Systemfunktionalismus abgegrenzt werden soll (vgl. Wenzel 1990, 22ff.), fällt die erste Auseinandersetzung von PARSONS mit der Kategorie 'Alter'. In dem Schema „achievement/ascription" (Parsons 1951, 64) wird die Variable 'Alter' als Strukturdeterminante aus den *pattern variables* (vgl. Tabelle 1) abgeleitet. Auch Alter gehört demzufolge zu einem „sufficiently generalized system of categories for the systematic description and comparison of the structure of systems" (ebd., 21). Den Aufbau seiner Handlungstheorie aus strukturellen Merkmalen begründet PARSONS außer mit empirischen Re-

---

[3] Der Auswahl dieser Soziologen könnten sicherlich noch andere, vor allem US-amerikanische Autoren wie Mathilda W. RILEY und Irving ROSOW zugerechnet werden. Die Repräsentativität der Lösungswege ist jedoch auch so gesichert.

[4] JENSEN definiert Holismus wie folgt: „Aus einem holistischen System, beispielsweise einer holistisch interpretierten Theorie, kann man nicht einzelne Teile aussondern und für sich sinnvoll betrachten oder überprüfen. Insbesondere lassen sich holistische Theorien nur als *ganze* testen und daher nur als ganze akzeptieren oder verwerfen." (Jensen 1976, Fn. 45, S. 66) Da PARSONS „immer die ganze Welt auf einmal zum Thema machen muß" (ebd., 49), fällt seine Sozialtheorie mit der Gesellschaftstheorie zusammen.

gelmäßigkeiten[5] vor allem mit heuristischen Motiven. PARSONS selbst räumt ein, daß er sich mit seiner Orientierung an Strukturen zunächst gegen eine prozessuale Analyse entscheidet, die alle Variablen in immer neuen Zusammenhängen beschreiben könnte. Da er jedoch das Wissen um dynamische Zusammenhänge für fragmentarisch hält (vgl. ebd.), entscheidet er sich für eine Kombination aus invarianten und varianten Variablen. Auf diese Weise erhält auch die (invariante) Kategorie 'Alter' ihre Bedeutung als „mode of structural differentiation" (ebd., 21).

An diese ersten noch sehr statischen und abstrakten Stellungnahmen zur Differenzierung qua Alter schließt sich mit der systemfunktionalen Phase[6] (b) in PARSONS' Werk eine dynamischere Einordnung an. Einige der Mängel der „second best type of theory" (ebd., 20) können mit der Entwicklung des 'Vier-Funktionen-Paradigmas' ausgeglichen werden. Die Entstehung von Ordnung wird nun nicht mehr auf eine Kombination von *pattern variables* zurückgeführt, sondern auf die Emergenz des Handlungssystems. Wenn PARSONS die Einheit einer Handlung anhand von vier Funktionen (Erhaltung latenter Strukturen, Integration, Adaptation, Zielverwirklichung) und zwei Achsen (intern/extern, konsumatorisch/instrumentell) benennt (vgl. Tabelle 2), erhält er zwar ein begrifflich sehr eng limitiertes Modell zur Klassifizierung, das aber — wenn es sich in allen Systemen wiederfinden läßt — mehr Verknüpfungen und damit auch Variationen innerhalb der gesamten Gesellschaftstheorie zuläßt. Da alle Systeme die gleichen Funktionen erfüllen, entsteht nun eine Vergleichbarkeit, deren kombinatorischer Spielraum von PARSONS erstmals auch für eine detaillierte Beschreibung der Situation alter Menschen genutzt wird. Mit der Aufnahme biologischer Elemente (Verhaltensorganismus) in das Sozialsystem wird die Kategorie 'hohes Alter' anhand der Frage nach den Fähigkeiten bestimmt. Weil PARSONS die These eines generellen Abbaus im Alter nicht bestätigen kann, entsteht eine Diagnose, die sich als „Problematik des Alterns" bis in die gegenwärtige Altersforschung fortgesetzt hat: Alte Menschen können weit mehr, als ihnen von der Gesellschaft ermöglicht wird. Die Bilanz aus *capacities* und *opportunities* ist für alte Menschen negativ.

Die Einmusterung dieser Variablen in den gesellschaftlichen Zusammenhang, d.h. in das Wechselspiel von Stabilität verbürgenden Mechanismen gesellschaftlicher Ordnung, läßt PARSONS einen Weg aus diesem Dilemma beschreiben, der als *normative upgrading* bezeichnet wird. Unvereinbarkeiten, die aus einem Differenzierungsprozeß resultieren, werden demzufolge durch übergeordnete, verallgemeinerte Werte integriert. So kommt PARSONS zu dem Schluß: „Our broadest suggestion — we hope it does not smack too much of naïve harmonism — is that a society which has been

---

[5] PARSONS hat diesem Vorgehen den Namen „Analytischer Realismus" gegeben, der der Tatsache Rechnung trägt, daß die Zerlegung von Ganzheiten an der Realität orientiert ist, aber nicht der Realität entspricht. (Vgl. Parsons, The Structure of Social Action, 1939, 730, zit. n. Wenzel 1986, 15) In seinen Untersuchungen greift PARSONS auf „abstrakte, analytisch definierte Entitäten (zurück), die sämtlich aus der Masse der bekannten und erkennbaren 'Daten' über menschliches Handeln und Verhalten abstrahiert werden" (Parsons & Platt [1973] 1990, 29).

[6] Die Einteilung in Strukturfunktionalismus und Systemfunktionalismus folgt dem Vorschlag von Harald WENZEL (1990, 16ff.). Niklas LUHMANN betont dagegen, daß PARSONS Emergenz auf Handlungen, nicht auf Systeme zurückführt. (Vgl. Luhmann 1978, 215; 1980, 6) Die von WENZEL eingeführte Unterscheidung ist im gegenwärtigen Rahmen hinreichend komplex.

increasing in its 'production' of older people has at the same time been creating an increasing demand for their contributions." (Parsons 1962, 31f.)

Der Wunsch nach einer harmonischen Lösung dieses Problems ist bis heute aktuell. Die Aufgabe der folgenden Seiten wird es sein zu verdeutlichen, daß ein Grund für diese Kontinuität in dem theoretischen Fundament, also im Strukturfunktionalismus PARSONSscher Prägung zu suchen ist. Die Modelle, die PARSONS für eine Analyse des Altersproblems nutzt, werden nach den genannten theoretischen Prämissen unterschieden: Auf den strukturfunktionalen Lösungsversuch (a) folgt der systemfunktionale Ansatz (b) und daran anschließend die evolutionistische Perspektive (c).

a) Alter im Schema achievement/ascription: *Fehlanzeige*

In PARSONS' *strukturfunktionalistischer Phase* wird Handeln als das Resultat des Zusammenwirkens einer Vielzahl von Faktoren verstanden, die sich — sofern sie institutionalisiert sind — zu einer Struktur zusammenfügen. Die drei entscheidenden Bezugspunkte für diese Struktur ergeben sich aus den Begriffen 'Aktor', 'Situation' und 'Orientierung des Aktors auf die Situation'. In dem Buch „The Social System" (1951) ordnet PARSONS alle nur denkbaren Einflußmöglichkeiten auf soziales, d.h. bedeutungsvolles Handeln über diese drei Konstanten. „Reduced to the simplest possible terms, then, a social system consists in a plurality of individual actors interacting with each other in a situation which has at least a physical or environmental aspect, actors who are motivated in terms of a tendency to the 'optimization of gratification' and whose relation to their situations, including each other, is defined and mediated in terms of a system of culturally structured and shared symbols." (Parsons 1951, 5f.) Daraus ergibt sich bekanntlich die für PARSONS' frühe Phase typische Definition der kleinsten Einheit sozialer Systeme, der *action-units*, als Kompositum aus Persönlichkeitssystem, sozialem System und kulturellem System. Strukturen entstehen immer genau dann, wenn sich die Handelnden im Prozeß der Interaktion an Erwartungsmustern orientieren und auf diese Weise Rollen, Status, aber auch der Handelnde selbst (als „composite bundle of statuses and roles", ebd., 26) entstehen. Folgerichtig beschäftigt sich PARSONS damit, Orientierungsmöglichkeiten auf ihre unterschiedliche Qualität zu befragen.

Für die Frage nach der Bedeutung der Kategorie 'Alter' lassen sich aus diesen Informationen die zwei entscheidenden Zugangsmöglichkeiten ableiten, die PARSONS für seine Auseinandersetzung mit diesem Thema wählt. Zunächst entscheidet er sich für eine systematische Verortung lebensaltersspezifischer Phänomene im biologischen Organismus als „physical aspect" und damit als „non-action environment" (ebd., 27). Altern gehört demzufolge zu den „problems of the limits of social variability in the structure of social systems which may be imposed by the biological constitution of the relevant population" (ebd., 9). Der zweite Zugang zu dieser Thematik findet sich über die 'pattern variables'. Mit Hilfe von fünf *alternative-pairs* benennt PARSONS qualitative Dimensionen von Orientierungsmöglichkeiten:

I. The Gratification-Discipline Dilemma Affectivity vs. Affective Neutrality
II. The Private vs. Collective Interest Dilemma Self-Orientation vs. Collectivity-Orientation
II. The Choice Between Types of Value-Orientation Standard Universalism vs. Particularism
IV. The Choice between 'Modalities' of the Social Object Achievement vs. Ascription
V. The Definition of Scope of Interest in the Object Specificity vs. Diffuseness

Tabelle 1: Pattern variables nach PARSONS *(1951, 67, Herv. I.S.)*

Diese alternativen Orientierungsmöglichkeiten reagieren auf Erfordernisse einer arbeitsteiligen, aus unterschiedlichen Teilsystemen bestehenden Gesellschaft. Während es — so PARSONS — im Berufsleben vorrangig darauf ankomme, affektive Neutralität zu zeigen, ein Arzt also z.B. von persönlichen Motiven der Abneigung oder Zuneigung während einer Behandlung abstrahieren müsse, sei die Rolle der Mutter gerade durch ihre affektive Ausrichtung gekennzeichnet. Auch das biologische Lebensalter findet in diesem System von Variablen einen Platz, und zwar als Modalität des sozialen Objekts. „All objects have attributes, they not only *do* this or that, but they *are* such and such. They have attributes of sex, age, intelligence, physical characteristics, statuses in relational systems, e.g., collectivity membership. [...] This may be the criterion for differentiation of treatment and of expectations of his behavior." (Ebd., 64) In Übereinstimmung mit Ralph LINTON, der das Begriffspaar *achievement/ascription* eingeführt hat (vgl. Linton [1945] 1974, 66ff.), ordnet PARSONS Alter, Geschlecht, Ethnizität, aber auch individuelle Eigenschaften wie Intelligenz und Aussehen den askriptiven Kriterien zu. Im Gegensatz zu den leistungsbezogenen Attributen, die vom einzelnen als Handelndem *erworben* werden müssen, charakterisieren die *zugeschriebenen* Attribute eine Differenzierungsmöglichkeit, die dem einzelnen als Organismus innewohnt und nicht gewechselt werden kann. (Vgl. Parsons 1951, 94) Die weitere Unterscheidung askriptiver Kriterien in klassifikatorische und relationale untermauert zusätzlich den invarianten Status dieser Kategorien: „The initial allocative criteria ... [of a society, I.S.] are in the nature of the case ascriptive, both classificatory, with respect to age and sex, which presumably (sic!) *cannot* be changed, and relational, with respect to kinship unit membership, which conceivably might." (Ebd., 117) Grundsätzlich tritt Lebensalter also als eine Variable auf, die nicht vom Handelnden beeinflußt werden kann, sondern dem Objekt der Handlung als klassifikatorisches Charakteristikum (vermutlich) unveränderlich innewohnt.

Obwohl Alter als strukturelle Kategorie außerhalb des Handlungssystems verortet wird, kann sich mit ihr aber auch ein „*quality-complex*" (ebd., 64) — so PARSONS — verbinden, der Erwartungsmuster prägt. Grundlage für einen differenzierenden Umgang mit biologisch unterschiedlich ausgestatteten Objekten der Handlung seien nämlich Fähigkeiten zur Übernahme kultureller Muster. Da Handeln neben den *motivational forces* immer auch *value orientation* beinhalte (vgl. ebd., 6ff.), komme der Sozialisation, also dem Lernen, und damit auch den Fähigkeiten des einzelnen eine besondere Bedeutung zu. „Each individual actor is a biological organism acting in an environment. Both the genetic constitution of the organism and the non-socio-cultural environment set limits to this learning, though these limits are very difficult to specify." (Ebd., 16, vgl. auch 542f.) Mit seiner „analysis of capacity to learn" (ebd., 16) wählt PARSONS einen Bezugspunkt zur Beschreibung des individuellen Aktors, der dem „alte(n) biologische(n) Streit über Vererbung versus Umwelteinflüsse" (Parsons 1975, 31) übergeordnet ist, trotzdem — in seinem verallgemeinernden Bezug auf biologische Grenzen — aber einem Denken verhaftet bleibt, das biologische Attribute reifiziert.

Ein schönes Beispiel für dieses Denkmodell findet sich in einem relativ frühen Text von PARSONS: "Age and Sex in the Social Structure of the United States" (1942).[7] Seine sozialstrukturelle Untersuchung zur Funktion geschlechtlicher und altersspezifischer Differenzierung verdeutlicht weit vor der Entwicklung der *pattern variables* beispielhaft die Grenzen strukturfunktionalistischer Analyse. PARSONS geht es in diesem Aufsatz vor allem um eine Begründung für das Verhalten Jugendlicher, das sich auffallend von den moralischen Werten der Gesellschaft entferne. Um diesen Befund zu erklären, greift er auf zwei Dichotomien zurück: männlich/weiblich und nicht-berufstätig/berufstätig. Während die erste Unterscheidung allgemeine Beobachtungen zu geschlechtsspezifischen Rollen aufgreift, führt er mit der zweiten ein Erklärungsmodell ein, das sich eigentlich auf den Lebenslauf insgesamt beziehen soll. Tatsächlich gelingt es ihm aber nur, Aussagen über Jugendliche und über berufstätige Erwachsene zu treffen. Die kurze Thematisierung der Situation alter, nicht berufstätiger Menschen bleibt unbefriedigend. Die Erklärung für das auffällige Sozialverhalten Jugendlicher, vor allem junger Männer, findet sich in der Sozialisationsfunktion: „There is reason to believe that the youth culture has important positive functions in easing the transition from the security of childhood in the family of orientation to that of full adult in marriage and occupational status." (Parsons 1942, 101) Mit anderen Worten: Weil im Berufsleben von Männern ein Verhalten erwartet werde, das — in seiner Spezialisierung auf ganz bestimmte Fähigkeiten — eine Erfüllung von umfassenderen, die Persönlichkeit des einzelnen betreffenden Wünschen verhindere, stehe im Mittelpunkt der Jugendzeit ein Verhalten, das als „either on the borderline of parental approval or beyond the pale" (ebd., 93) zu bezeichnen sei. PARSONS führt diese Unterscheidung zwischen Jugend und Erwachsensein in einem Modell gegensätzlicher Orientierungen zusammen: „It is very definitely a rounded humanistic pattern rather

---

[7] PARSONS selbst vermutet, daß u.a. dieser Text für seinen Ruf als „talentierter und 'anregender' Essayist, der über die vielfältigsten Themen schrieb, jedoch ohne 'Solidität' und 'Gründlichkeit'" (Parsons 1975, 51), verantwortlich ist.

than one of competence in the performance of specified functions." (Ebd., 92) Weil das eine nicht ohne das andere denkbar sei, der Wunsch nach Persönlichkeitsentfaltung durch die spätere Spezialisierung gerechtfertigt sei und *vice versa*, ist diese Problematik für ihn hier abgeschlossen.

Selbst wenn man die Legitimierung dieses zirkulären Begründungsmusters, das genau so auch von PARSONS hinsichtlich geschlechtsspezifischer Rollen angewandt wird, über den vorausgesetzten Wertekonsens akzeptiert, bleibt doch die Frage: Wie erklärt PARSONS die „structural isolation" (ebd., 103) alter Menschen? Ohne diesen sehr frühen Aufsatz mit seinem eher essayistischen Stil überstrapazieren zu wollen, drängt sich die Vermutung auf, die sehr undifferenzierte und kurze Auseinandersetzung mit der Altersgruppe 'hohes Alter', die eigentlich auch als 'nicht-berufstätig' einzuordnen wäre, könne einer theoretischen Schwäche geschuldet sein. So präzise, wie in den vorhergehenden Abschnitten Gegensätzlichkeiten benannt und aufeinander zurückgeführt werden, so unbestimmt bleibt die Erklärung für die desolate Situation alter Menschen. „In view of the very great significance of occupational status and its psychological correlates, retirement leaves the older man in a peculiarly functionless situation, cut off from participation in the most important interests and activities of the society." (Ebd., 103) Ohne Arbeit seien alte Menschen ihrer Möglichkeiten, etwas zu leisten, beraubt und müßten sich deshalb zwangsläufig mit einem niedrigen Status arrangieren. Diese *Diagnose des umfassenden Funktionsverlusts qua Ruhestand* mit seinen negativen Konsequenzen findet sich auch in den späteren Schriften PARSONS' wieder. Eine Lösung dieses Problems vermag er jedoch zu diesem Zeitpunkt nicht zu finden. Die für die Jugendlichen typische Kombination der Faktoren 'Konzentration auf persönliche Interessen' und 'nicht-berufstätig' wird von ihm an dieser Stelle nicht angeführt. Der Versuch, unterschiedliche Lebenslagen mit einem strukturellen Muster von Gegensätzen in eine Gesellschaft als Ganze zu integrieren, verliert bei der Gruppe 'alte Menschen' seine Grundlage. *Offensichtlich ist mit dem 'hohen Alter' eine Lebenslage entstanden, deren Differenzierung im Lebenszyklus nicht über Funktionen erklärt werden kann.* Vermutlich verhindert auch die Orientierung an der über das Berufsleben gegebenen Dreiteilung des Lebenszyklus eine produktivere Antwort. Dichotomische Begründungen werden auf diese Weise ausgeschlossen, da sie schon besetzt sind von der Kombination Jugendlicher/Erwachsener.

Innerhalb seiner strukturfunktionalistischen Phase setzt sich PARSONS mit dieser Problematik nicht weiter auseinander. Theorietechnisch hat er eine Vielzahl von Faktoren zur Hand, mit denen sich eine Altersdifferenzierung zwar beschreiben, aber — für das hohe Alter — nicht erklären läßt. Ein Grund hierfür mag in der Wahl der analytischen Kategorien 'achievement/ascription' liegen. Solange eine Erklärung vor allem über unveränderliche biologische Attribute und Leistungsorientierung gewählt wird, erscheint die Lebenslage 'Alter' — dominiert von biologischen Kriterien — als soziales Problem.

Über die Orientierung an einem anderen Schema gelangt PARSONS in seiner späteren Phase zu neuen Einsichten.[8]

b) Alter im Schema capacities/opportunities: *negative Bilanz*

Die Auseinandersetzung mit dem Thema 'Alter' erhält mit den theoretischen Neuerungen des PARSONSschen Systemfunktionalismus eine veränderte Grundlage. Die Parallelisierung soziologischer Theoriebildung mit Paradigmen biologischer Prozesse begründet die Beobachtung, eine Gesamtheit kultureller Symbole gewährleiste — dem Genpool menschlichen Lebens vergleichbar — die Einheit gesellschaftlicher Differenzierungsprozesse (vgl. Parsons 1955, 397ff.). „The great biological importance of this apparently has largely to do with variation; it is a mechanism which continually produces *new* combinations." (Ebd.) Die Weiterentwicklung dieser Analogie führt ihn zur Annahme eigenständiger Teilsysteme innerhalb der Gesellschaft, die sich alle aufgrund derselben Prinzipien von ihrer Umwelt abgrenzen. PARSONS identifiziert vier Funktionen, die grundlegend für jeden Systembildungsprozeß seien:

Die *Adaptation* reguliert den Kontakt zwischen System und Umwelt durch Anpassung an und Nutzung von Umweltbedingungen.

Die *Zielverwirklichung* beschreibt das Bestreben des Systems, eigene spezifische Interessen auf Dauer berücksichtigt zu sehen.

Die *Integration* garantiert Einheit bei sachlichen und zeitlichen Differenzen innerhalb des Systems.

Die *Erhaltung latenter Strukturen* bezeichnet die Fähigkeit des Systems, seine Eigenständigkeit zu benennen und durchzusetzen. (Vgl. z.B. Parsons [1973] 1990, 25ff.)

Instrumentell	konsumatorisch	
Erhaltung latenter Strukturen (**L**atent pattern maintenance)	Integration (**I**ntegration)	intern
Adaption (**A**daptation)	Zielverwirklichung (**G**oal Attainment)	extern

Tabelle 2: AGIL-Schema nach PARSONS

Das Zusammenwirken struktureller Variablen wird im Rahmen dieses Modells, das als AGIL-Schema in die Theoriegeschichte eingegangen ist, über jedem System zugrundeliegende Funktionen gesteuert. Die Vorteile einer systemischen Konzeption lassen

---

[8] JOHNSON findet eine überzeugende Begründung für die laufende Veränderung der PARSONSschen Theorie: „Good theory rarely springs full blown from the head of the scientist." (Johnson 1975, 7)

sich mit Hilfe der beiden Achsen 'intern/extern' und 'instrumentell/konsumatorisch' verdeutlichen. Während das vorherige strukturfunktionale Modell Teilsysteme nur mit immer wieder neuen Kombinationen der *pattern variables* beschreiben kann, gelingt es der systemfunktionalen Theorie, alle Systeme gleichermaßen charakterisierende Mechanismen der Entstehung zu benennen. Ausgangspunkt ist das Problem des Bestands, das auf der horizontalen Achse (instrumentell/konsumatorisch) in ein Zeitproblem (Gegenwärtigkeit/Zukünftigkeit) und auf der vertikalen Achse (intern/extern) in ein Problem der Differenz von System und Umwelt zerlegt wird.

Mit der PARSONSschen Weiterentwicklung des strukturellen Determinismus zu Handlungssystemen gewinnen selbstreflexive Mechanismen an Bedeutung (vgl. Luhmann 1988, 130),[9] die PARSONS eine dynamischere Argumentation ermöglichen. Unvereinbarkeiten zwischen Teilsystemen müssen nicht mehr über polarisierende *pattern variables* aufgefangen werden; die Differenzierung an sich — ohne inhaltliche Bestimmung — wird als Ermöglichung größerer Freiheiten gesellschaftlicher Evolution begriffen. An die Stelle des strengen Determinismus von Strukturen und Funktionen der früheren Phasen tritt ein neuer Steuerungsmechanismus: die Kybernetik. „Angesichts der Frage der Systemabgrenzungen und anderer Aspekte des Funktionsablaufs im Handlungssystem richtete meine Aufmerksamkeit sich zunehmend auf Probleme der Steuerung. [...] Solche Ideen gründeten im biologischen Denken, wonach lebende Systeme ausdrücklich offene Systeme sind, die mit ihrer Umwelt in beständigem Austausch stehen." (Parsons 1975, 30)

In diesem neu entworfenen Zusammenhang von unterschiedlichen Systemen, die alle miteinander in Beziehung stehen, über einheitliche Mechanismen koordiniert werden und über unterschiedliche Aufgaben die Stabilität der Gesellschaft sichern, erhält auch der Organismus eine neue Bedeutung. Im Rahmen der sehr abstrakt gewählten Funktionsbestimmungen gewinnen biologische Prozesse eine soziale Qualität. Die Übertragung des AGIL-Schemas auf den Verhaltensorganismus führt zu folgendem Ergebnis:

Adaptation kognitive Fähigkeit (Gehirn)	*Zielverwirklichung* Fähigkeit zur Implementierung (Hände)
Erhaltung latenter Strukturen genetische Basis (Gene)	*Integration* affektive Fähigkeit (erotischer Komplex)

Tabelle 3: Verhaltensorganismus nach PARSONS

---

[9] LUHMANN legt eine Lesart des seiner Meinung nach für die Bedeutung von PARSONS' theoretischer Arbeit zentralen Handlungssystems nahe, die eine Abschaffung des „begrifflich-deduktiven Theoriearrangements" (Luhmann 1988, 137) und die Umstellung auf Selbstreferenz behauptet.

In der Hierarchie der nun vier Systeme 'Kultursystem', 'Sozialsystem', 'Persönlichkeitssystem' und 'Verhaltensorganismus' steht letzteres wegen seines hohen Energieanteils und seiner geringen Informationsdichte an unterer Stelle. Diese Einstufungen orientieren sich an kybernetischen Theorien, die zwischen steuernden und konditionierenden Faktoren unterscheiden. (Vgl. Parsons 1966, 28f.)

Neben der genetischen Basis fällt vor allem die Charakterisierung des Organismus aufgrund unterschiedlicher Fähigkeiten auf. Folgerichtig konzentriert sich PARSONS in seinen späteren Schriften zum hohen Alter auch vorrangig auf eine altersspezifische Beschreibung anhand von Fähigkeiten. Die beiden Aufsätze „The Aging in American Society" (1962) und „Towards a Healthy Maturity" (1964) geben darüber nähere Auskunft. Eine Bestandsaufnahme zu Fähigkeiten stellt zunächst wiederum die Bedeutung der Berufstätigkeit innerhalb der amerikanischen Wertstruktur in den Vordergrund. Die Organisation von beruflicher Arbeit auf einen Höhepunkt der Karriere hin impliziere jedoch — so PARSONS — immer auch einen Abstieg. *Peak* und *decline* bedingten einander und seien wiederum charakteristisch für die männliche Rolle. (Vgl. Parsons 1962, 25 u. 30) Die Diskussion um Fähigkeiten einer Bevölkerungsgruppe, die sich im Ruhestand befindet, die also schon alleine aufgrund ihrer Stellung im Berufsleben einen Statusverlust hinzunehmen hat, bedarf deshalb eines zusätzlichen Begriffs: neben individuelle *capacities* werden gesellschaftliche *opportunities* gestellt. Die statischen, wiewohl um einen *quality complex* ergänzten, askriptiven Kriterien der früheren Phase sind einem Wechselspiel von individuellen Fähigkeiten und gesellschaftlichen Chancen gewichen. „What is realistically an opportunity in particular depends on the capacity of the individual to do what the opportunity in turn makes possible." (Parsons 1964b, 238)

PARSONS' Beurteilung der Situation alter Menschen ist jedoch nach wie vor negativ. Während auf der Seite der Fähigkeiten durchaus nicht von einem *generellen* Abbau im Alter gesprochen werden könne, sei die Situation alter Menschen trotzdem davon geprägt. (Vgl. Parsons 1962, 30) Einen Grund für diesen Widerspruch findet er in einem Wertesystem, das „dying in full harness" (ebd., 25) favorisiere, den langsamen biologischen Abbau aber nicht in das Ideal des Aktivismus (vgl. ebd., 24 und 1964b, 241) integrieren könne. PARSONS greift an dieser Stelle nicht auf die „hypothesis of simple denial of death" (Parsons 1962, 27) zurück. Der Möglichkeit zur Verdrängung würde „a general pressure to be clear about the 'facts of life'" (ebd.) entgegenstehen. Stattdessen hält er Apathie für die treffendere Diagnose; eine Apathie, die aus dem Konflikt zwischen gesellschaftlichen Einstellungen zu Altern und Tod und den Motivationen des einzelnen resultiere. (Vgl. ebd.) Während sich eine z.B. religiöse Erklärung der „ultimate realities"[10] (vgl. Parsons 1966, 8) für den aufgeklärten Ameri-

---

10 „[T]he ultimate reality with which we are ultimately concerned in grappling with what Weber called the 'problems of meaning' – e.g., evil and suffering, the temporal limitations of human life, and the like". (Parsons 1966, 8) Klaus FELDMANN sieht in diesen Formulierungen eine *anthropologische* Fundierung von PARSONS' Religionssoziologie. (Vgl. Feldmann 1995, 150) M.E. handelt es sich jedoch hier nur um Grenzen strukturfunktionaler Erklärungen, die u.a. über die „Natur" des Menschen formuliert werden. Ob dies schon ausreichend ist für eine anthropologische, eine inhaltliche Komponente umfassende Bestimmung, ist zweifelhaft. Insofern PARSONS aber in seinen späteren Schriften die „ultimate reality" zu einem umfassenden System ausbaut („conditio humana", Parsons 1978),

kaner als problematisch darstelle[11], wisse er doch gleichzeitig um die Tatsache des Sterbens. (Vgl. Parsons 1962, 35) Für seine weitere Beschäftigung mit Altern hat das Thema 'Tod und Sterben' jedoch keine übermäßige Bedeutung, da für alte Menschen genau wie für junge zunächst die Organisation des täglichen Lebens die wichtigste Aufgabe sei. „[P]ersons who are knowingly approaching death, in general, do so relatively without fear." (Parsons 1964b, 24)

Nachdem die Nähe zum Tod als Charakteristikum einer Altersphase abgelehnt worden ist — und damit auch der klassische Weg für eine positive Bewertung dieser Phase als Vorbereitung auf den Tod abgeschnitten ist —, bleibt einzig und allein die Konstatierung eines Dilemmas übrig: „Do either of two relatively simple versions of the American attitude suffice here, namely the ideal of going on without change until arbitrarily cut off and the practice of being socially declared, through retirement, to be no longer useful because of incapacity for further achievement?" (Parsons 1962, 25) Die Bilanz von Fähigkeiten und Möglichkeiten ist eindeutig negativ.

Eine Konsequenz dieses Widerspruchs sieht PARSONS in der Häufung von Krankheiten im hohen Alter. Da Funktionslosigkeit im allgemeinen innerhalb des amerikanischen Wertesystems als negativ angesehen werde und nur bei Krankheit Akzeptanz fände, sei es wahrscheinlich, daß alte Menschen Krankheiten zur Legitimation ihrer Untätigkeit benutzten. „If it is the broad societal verdict upon older people that they are 'useless', then the obvious way to legitimize their status is to *be* useless through the incapacitation of illness." (Parsons 1964b, 253) Diese Argumentation verdeutlicht sehr schön die Freiheitsgrade, die PARSONS mit dem Systemfunktionalismus gewonnen hat: Ein in bezug auf die ganze Gesellschaft eher dysfunktionales Verhalten (bewußtes Krankwerden) übernimmt innerhalb des einzelnen Systems (Verhaltensorganismus) eine integrative Funktion.

PARSONS geht aber noch weiter in seiner Argumentation, wenn er versucht, Wege aus dem Dilemma aufzuzeigen. Natürlich steht auch weiterhin das Modell einer weitgehend integrierten Gesellschaft im Vordergrund. Es bedarf jedoch eines neuen Mechanismus, um Integration bei immer weitergehender funktionaler Differenzierung zu gewährleisten. Das Prinzip des *normative upgrading* bietet hierfür die Lösung.

c) Alter und normative upgrading: *Zukunftsaussichten*

Auf der Grundlage des systemfunktionalen Paradigmas räumt PARSONS den eigenständigen Abgrenzungsmechanismen der Teilsysteme zunehmend mehr Bedeutung ein. Seine Analyse einzelner Teilsysteme folgt daher stärker einer phänomenologischen Beschreibung und fragt erst dann nach der Funktion dieses Systems für die gesamte Gesellschaft. Die solchermaßen theoretische Einbeziehung auch von sozia-

---

erübrigt sich eine genauere Einordnung. Da PARSONS Systeme über menschliches Handeln erklärt, läßt sich keine Trennung von 'menschlichen Attributen' und Strukturfunktionalismus plausibilisieren; anthropologische Begrenzungen werden nicht als eine Qualität *sui generis* eingeführt. (Vgl. Brandt 1993, 231ff.)

[11] Vgl. zur Problematik „eines religiösen Kollektivbewußtseins in einer säkularen Gesellschaft" bei PARSONS Feldmann 1995, 151f.

lem Wandel relativiert Ralf DAHRENDORFs Kritik am statischen Charakter des Strukturfunktionalismus (vgl. Dahrendorf 1967, 237ff.). Niklas LUHMANN faßt die theorieimmanenten Möglichkeiten zusammen: „Gefordert war nur, daß es sich, wenn um Änderungen, dann um sich aus der Struktur ergebende Änderungen, und wenn um Konflikte, dann um sich aus der Struktur ergebende Konflikte handeln müsse." (Luhmann 1988, 127)

PARSONS wählt diesen strukturdeterminierten Zugang auch bei seiner späteren Auseinandersetzung mit der Altersproblematik. Den ersten Schritt stellt dabei die Beschreibung des Alters als eigenständige Lebensphase im gesamten Lebenszyklus dar. „The aspect of immediate concern ... is differentiation with respect to the life cycle." (Parsons 1964b, 244) Die Entstehung dieser Altersgruppe sieht PARSONS in der Industrialisierung begründet. Mit der Einführung organisierter Arbeit sei ein Beschäftigungsmuster entstanden, das — zum Nachteil der alten Arbeiter — ein generelles Ende der Beschäftigung bei einem bestimmten Alter vorsehe. (Vgl. ebd., 250) Das *retirement-pattern* ist also Resultat eines Differenzierungsprozesses, bei dem spezielle Funktionen, nämlich die Arbeitskraft jüngerer Menschen, für spezielle Aufgaben in Anspruch genommen werden. Die Arbeit werde nicht mehr — wie vorher — von allen Menschen erledigt, sondern von denen, die dazu besonders geeignet seien. Diese Entwicklung bezeichnet PARSONS als *adaptive upgrading*. „Standardhebung durch Anpassung ist der Prozeß, durch den ein größeres Spektrum von Hilfsmitteln sozialen Einheiten verfügbar gemacht wird, so daß ihr Funktionieren von einigen, insbesondere sozialen Beschränkungen, denen ihre Vorgänger unterlagen, befreit werden kann." (Parsons [1971] 1972, 41) Ähnliche Prozesse des *adaptive upgrading* untersucht PARSONS am Beispiel der Trennung von Produktion und Haushalt. Während hierbei jedoch mit der Berufstätigkeit des Mannes auch die häusliche Spezialisierung der Frau entstanden sei, lasse sich für die Alten keine eigenständige Funktion erkennen. Die Gruppe der alten Menschen ist damit — folgt man PARSONS — als ein Nebenprodukt der Arbeitsteilung entstanden.

Den entscheidenden Ansatzpunkt für die Suche nach Funktionen dieser Altersgruppe stellt die Definition des Verhaltensorganismus über Fähigkeiten dar. Wie im vorherigen Kapitel bereits beschrieben wurde, lehnt PARSONS die generelle Diagnose vom Abbau im Alter ab. Zu den individuell möglicherweise noch vorhandenen Fähigkeiten komme aber — unter Einbeziehung des sozialen Wandels — noch eine weitere Komponente hinzu, die funktionale Dominanz kognitiver Fähigkeiten in modernen Gesellschaften. „In sociological terms, the importance of these capacities may be related to the *upgrading* aspect of the development of the society. With its general process of social growth and differentiation, bigger and more difficult things are continually being undertaken which, for increasing numbers of individuals, call into play their higher capacities along the lines which have been indicated." (Parsons 1964b, 243) Inwieweit diese intellektuellen Fähigkeiten, die sich von physischen Fähigkeiten durch ihren im Lebenslauf späteren Leistungshöhepunkt unterscheiden (vgl. ebd., 243), zum Tragen kämen, sei damit nur noch abhängig von persönlichen und biologischen Bedingungen, nicht aber mehr von der gesellschaftlichen Ablehnung von 'hohem Alter'. Die Vernachlässigung der Fähigkeiten alter Menschen stelle sich unter diesen Bedingungen als Verschwendung von Ressourcen heraus. (Vgl. ebd., 240)

Dieser optimistischen Einschätzung zum gesellschaftlichen Umgang mit menschlichen Fähigkeiten widerspricht laut PARSONS auch nicht die für das amerikanische Wertesystem charakteristische Idealisierung von Jugend. Im Gegenteil, dieser Befund untermauert seine These von der evolutionär veränderten Bedeutung von Fähigkeiten. Der gegenwärtige Jugendkult verweist demnach symbolisch auf 'Pionierzeiten' der Gesellschaft, in denen notwendigerweise physische Fähigkeiten für den Aufbau wichtiger gewesen seien als intellektuelle. (Vgl. ebd., 242) „But the basic emphasis is on the point that, the more sophisticated the culture, the higher the level of intellectually defined technical competence, of responsibility and the like, the more it seems likely that people past their physical 'prime' will have capacities of the first importance for the society." (Ebd., 243)

Die für das PARSONSsche Denken charakteristische Kombination aus Evolution und Fortschritt findet in diesem prekären Fall von Altersdifferenzierung ihre theoretische Absicherung mit dem Mechanismus des *normative upgrading*. An Differenzierungsprozesse schließt sich demzufolge immer eine Phase der Wertegeneralisierung an, um Spezialisierungen wieder an die Einheit der Gesellschaft zurückzubinden. Der moderne Umgang mit Geld, Recht und Macht sei diesem Prinzip zu verdanken (vgl. Parsons [1971] 1972, 41f.). Die für alte Menschen entscheidenden Veränderungen in der Wertestruktur betreffen — wie schon ausgeführt — vor allem den gesellschaftlichen Umgang mit kognitiven Ressourcen. Den veränderten gesellschaftlichen Bedarf indiziert nach PARSONS auch die mit Elaine CUMMING und William E. HENRY als *disengagement* bezeichnete Form von Lebensgestaltung im Alter.[12] Für den weitgehenden Rückzug alter Menschen aus aktiven Rollen ist — so PARSONS — die für die moderne Gesellschaft typische Form von Individualisierung verantwortlich: *institutionalized individualism*. Im Mittelpunkt dieses Individualisierungstheorems steht ein moralisches Paradox: Das menschliche Bedürfnis nach Persönlichkeitsentfaltung — frei von funktionalen Bezügen — soll respektiert werden. Gleichzeitig greift die Gesellschaft mit normativen Regulierungen in das Leben des einzelnen ein. (Vgl. Parsons 1964c, 159f.; [1973] 1990, 63f.) Im Rückgriff auf seine frühe 'voluntaristische Phase' und seine DURKHEIM-Rezeption geht PARSONS wiederum vom Ideal der integrierten Gesellschaft aus, betont jedoch — im Unterschied zur Akzentuierung von positiven (Freiheit) und negativen (Kontrolle) Seiten dieses Phänomens — für den Fall der Gruppe 'alte Menschen', daß Individualisierungsprozesse[13] mit einer umfassenderen Inklusion größerer Bevölkerungsanteile auch mehr Chancen zur Emanzipation böten. „[I]n the idea of relative freedom from the involvements and obligations of earlier stages of the life cycle" (Parsons 1962, 32) sieht PARSONS eine neue Möglichkeit, die Lebensge-

---

[12] PARSONS bezieht sich auf die berühmte Studie von Elaine CUMMING und William E. HENRY: Growing Old: The Process of Disengagement (1961).

[13] Individualisierungsprozessen liegen bei PARSONS immer gemeinsam geteilte Werte zugrunde. (Vgl. Parsons 1990a, 11f.) Ihre Bedeutung liegt im Strukturfunktionalismus nicht so sehr im Bausatzcharakter „biographischer Kombinationsmöglichkeiten" (Beck 1986, 217), die der „Außensteuerung" (ebd., 212) durch Institutionen ausgeliefert sind, sondern — im Gegenteil — in der institutionell gestützten Erweiterung von „Fähigkeiten ..., jene Werte zu verwirklichen, denen sie verpflichtet sind" (Parsons 1990a, 11).

staltung im Alter positiv zu akzentuieren. Die Verlagerung der Interessen und Pflichten vom Aktivismus des Berufstätigen hin zu „advisory and fiduciary capacities after retirement" (ebd., 33) sei bereits bei alten Menschen mit hohem Status häufig anzutreffen und werde sich — den Ungleichzeitigkeiten von Differenzierungsprozessen Rechnung tragend — zeitversetzt in der gesamten Bevölkerung durchsetzen. (Vgl. ebd., 33)

Die Rettung aus dem Dilemma einer funktionslosen Differenzierung des Lebenszyklus wird also auf zwei Wegen vorbereitet. Während auf der einen Seite eine fortschrittliche Gesellschaft zunehmend auf spezielle Fähigkeiten alter Menschen zurückgreifen müsse, werden alte Menschen — denen die positive Seite des Musters *institutionalized individualism* zugute kommt — freigesetzt aus den Verpflichtungen des Berufslebens. Auf diese Weise ließe sich eine Lebensphase des hohen Alters denken, die mit „positive functional significance, both for the individual and for the society" (ebd., 28) ausgestattet sei. Das zentrale Problem des „Altersforschers" PARSONS, nämlich die Funktionslosigkeit im Alter, wäre damit behoben: *Mit der Differenzierung wird — so seine Hoffnung — eine zukünftige funktionale Beschreibung von hohem Alter vorbereitet.*

Die folgenden Interpreten des Strukturfunktionalismus ignorieren diesen Befund und setzen wieder bei den Anfängen Parsonianischer Gesellschaftstheorie an. Ich beginne die Vorstellung der von PARSONS geprägten Alternsforscher mit Shmuel N. EISENSTADT.

2. Alter tradiert Wissen

Die Prägung der jugendsoziologischen Forschung durch Shmuel N. EISENSTADTs Buch „From Generation to Generation — Age Groups and Social Structure" (1956) ist unumstritten (vgl. Plake 1993, 110ff.). Weniger intensiv war die Auseinandersetzung mit diesem Klassiker innerhalb der Alternsforschung; zum Teil sicherlich auch deshalb, weil EISENSTADT selbst den Schwerpunkt seiner Analyse auf Jugendgruppen legt. Trotzdem bildet natürlich die Frage nach der Bedeutung von Altersdifferenzierungen innerhalb einer Gesellschaft auch für die Beschäftigung mit dem 'hohen Alter' die entscheidende Grundlage.

EISENSTADT greift für seine Analyse vor allem auf zwei theoretische Vorgaben des „frühen" PARSONS zurück. Er erklärt Gesellschaft als einen Zusammenhang aus Persönlichkeit, kulturellem System und sozialer Struktur (vgl. Eisenstadt 1966, 16ff.) und bezieht sich für die konkrete sozialstrukturelle Einordnung auf die PARSONSschen *pattern variables*. Die Dreiteilung der Gesellschaft gewinnt jedoch bei EISENSTADT in bezug auf die Altersdifferenzierung eine neue Gewichtung, die sich — wie es sich bei dieser Thematik auch schon beim 'frühen' PARSONS zeigen ließ (vgl. Parsons 1942) — vorrangig auf biologische Entwicklungsprozesse bezieht. Als Schüler des Psychologen Erik H. ERIKSON übernimmt EISENSTADT dessen Theorie der Persönlichkeitsentwicklung, die auf acht Stufen des Lebensalters unterschiedliche Grade der „Reifung" beschreibt. Dabei findet sich z.B. das hohe Alter als letzte Stufe vor die Aufgabe gestellt, „Ich-Integrität gegen Verzweiflung" (Erikson [1950] 1965, 262) zu entwickeln.

Die Kombination von biologischen und kulturellen Einflüssen zu Altersstufen (Erikson [1950] 1965, 241ff.) birgt für EISENSTADT die entscheidenden Bedingungen für sozialstrukturelle Gemeinsamkeiten und Unterschiede. „Die stufenweise Entwicklung und Entfaltung von Kräften und Fähigkeiten ist nicht nur eine universale, biologisch bedingte und unvermeidbare Tatsache. Obwohl die grundlegenden biologischen Vorgänge sich wahrscheinlich in allen menschlichen Gesellschaften mehr oder weniger ähneln, variiert ihre kulturelle Bedeutung — zumindest in Einzelheiten — von einer Gesellschaft zur anderen, und alle Gesellschaften müssen sich mit den Problemen auseinandersetzen, die aus der Tatsache des Alters folgen." (Eisenstadt 1966, 13)

Biologische Determinanten werden einerseits psychoanalytisch, andererseits auch anthropologisch aufgegriffen. Max SCHELERs Beschreibung des Menschen als „weltoffenes" Wesen (vgl. Scheler 1966, 36ff.) relativiert die Bedeutung angeborener biologischer Eigenschaften und begründet die Notwendigkeit, über soziale Institutionen, vor allem Rollen, die „Lücke" zwischen Instinkt und äußerem Zwang zu schließen. Dem Einfluß PARSONS' ist schließlich die Konzentration der soziologischen Analyse auf Bestandsprobleme der Gesellschaft zu verdanken. (Vgl. Eisenstadt 1966, 17) Im Vordergrund steht dabei nicht so sehr die Abgrenzung einzelner Systeme, sondern vielmehr die Bindung des Fortdauerns der Gesellschaft an die Generationenabfolge.

In der Folge dieser Prämissen gelangt EISENSTADT zu einer Bestimmung des „Wesens" von Altersstufen. Die Notwendigkeit einer zeitlichen Strukturierung von Lebensaltern ergibt sich — so EISENSTADT — über die Rolle des einzelnen als „Übermittler oder Empfänger des kulturellen und sozialen Erbes" (vgl. ebd., 17). *Hohes Alter läßt sich in diesem Prozeß des Tradierens von Wissen als Endpunkt eines Kontinuums unterschiedlicher Reifegrade bestimmen.* Im Gegensatz zu PARSONS geht EISENSTADT nicht von einem kurvenförmigen Ablauf des menschlichen Lebens aus, sondern von einem stufenweisen Anstieg. Hohes Alter bedeutet demgemäß nicht Abbau, sondern beinhaltet — als Inbegriff der gereiften Persönlichkeit — den Höhepunkt der menschlichen Entwicklung. Die altersspezifischen Rollenerwartungen gestalten sich entsprechend über eine hierarchische Struktur: „Man kann sie in drei Hauptkategorien unterteilen: die Fähigkeit, Autoritätspersonen zu gehorchen; die Fähigkeit, mit gleichen zu kooperieren; die Bereitschaft, Verantwortung und Autorität gegenüber anderen auf sich zu nehmen." (Eisenstadt 1966, 21) Diese drei Dispositionen sind nicht — wie bei PARSONS — abhängig von der sozialstrukturellen Verortung, z.B. im Berufsleben, sondern ergeben sich einzig und allein mit der Stellung im Generationengefüge. Während bei PARSONS Sozialstruktur und biologische Variablen miteinander verflochten sind[14], dominiert bei EISENSTADT eine stärkere Gewichtung der biologischen Determinante 'Alter'.

Die mit dem Stufenmodell verbundenen Konsequenzen faßt EISENSTADT mit den beiden Kategorien 'Diffusität' und 'Komplementarität' zusammen. Die erste der beiden Kategorien leitet sich aus dem PARSONSschen Orientierungsmuster 'Diffusität — Spezifität' ab. (Vgl. Tabelle 1) Wie schon bei PARSONS wird sie auch von EISENSTADT benutzt, um Rollenerwartungen zu beschreiben, die sich auf die gesamte

---

[14] Vgl. z.B. den Essay „Age and Sex in the Social Structure of the United States" (1946, 89), den EISENSTADT gekannt haben wird. (Vgl. Kap. II.1a)

Persönlichkeit, nicht so sehr auf spezielle Fähigkeiten beziehen. Als „symbolischer, manchmal sogar als ritueller Ausdruck eines allgemeineren Verhaltensmusters" (ebd., 14) sind die Altersstufen für eine grundlegende Persönlichkeitsbildung zuständig, auf der aufbauend spezielle Rollen übernommen werden können. Paradigmatisch wird hier also eine 'Wesensbestimmung' der einzelnen Altersstufen durchgeführt, denen vor jeder kulturellen Überformung immer schon eine eigene Qualität zukommt. Mit der zweiten Kategorie 'Komplementarität' wird eine Zuordnung von Altersstufen beschrieben. Die unterschiedlichen Altersstufen lassen sich demzufolge auf eine übergreifende Gemeinsamkeit zurückführen: Das Prinzip der Persönlichkeitsentwicklung bestimmt sich immer über die Stellung des einzelnen im Prozeß der Tradierung von Wissen: Ein Kind, das lernt, lernt auch, wie man jemandem etwas beibringt. Altersstufen haben EISENSTADT zufolge immer nur eine Bedeutung im Verhältnis zu den anderen Stufen. Er entfaltet hier einen Gedanken, der auch für ERIKSONs Entwicklungstheorie charakteristisch ist. Unterschiedliche Entwicklungsschritte gründen demnach in einem gemeinsamen Kern, der schon alle Anlagen für den Reifungsprozeß der Ich-Identität enthält (vgl. Erikson [1950] 1965, 214ff.). Nur über den Entwurf des „ganzen Menschen" lassen sich einzelne Seiten seiner Persönlichkeit erklären.

Im weiteren Verlauf seiner Argumentation baut EISENSTADT auf dieser klassifikatorischen Bestimmung biologisch determinierter Altersdifferenzierung auf, konzentriert sich nun aber auf eine funktionale Erklärung. Aus dieser Perspektive müssen sich alle Beobachtungen auf ihre Bedeutung für die Bestandserhaltung befragen lassen. Während die Diffusität der Altersstufen solidarisches Handeln gewährleistet, d.h. den Wertekonsens der Gesellschaft sichert (vgl. ebd., 20), ermöglicht Komplementarität die Kontinuität individueller und sozialer Entwicklung (vgl. ebd.). Die Operationalisierung der Bestandserhaltung des Systems u.a. über die Kontinuierung von Wissen läßt sich sehr schön an der „besonderen" Stellung alter Menschen ablesen. „Daß man die Achtung, die man älteren Menschen, d.h. dem 'Alter' schuldet, so stark betont, ist ... eine grundlegende Vorbedingung für die Aufrechterhaltung der sozialen Kontinuität." (Ebd., 22) In seinem Bestreben, die Notwendigkeit zur Tradierung von Wissen nicht nur sozial, sondern auch biologisch und anthropologisch zu begründen, unterscheidet sich EISENSTADT von PARSONS. Die Qualifizierung von Wissen ergibt sich bei ihm nicht über das Argument der Funktionalität, sondern über das der persönlichen Reife. Erst in einem zweiten Schritt begründet er dann, daß persönliche Entwicklung auch gesellschaftliche Funktionen übernimmt. Mit der Diagnose, daß alte Menschen als Wissensvermittler einen besonderen Status haben, illustriert er seine Präferenz für eine den Menschen in den Mittelpunkt der Analyse positionierende Soziologie. Diese von PARSONS abweichende Akzentuierung des Strukturfunktionalismus läßt sich auch in seinen späteren modernisierungstheoretischen Arbeiten wiederfinden. Zunächst soll jedoch die Grundlegung dieser Arbeiten, EISENSTADTs Spezialisierung auf Fragen des Vergleichs und Wandels von Gesellschaften, über seine Auseinandersetzung mit unterschiedlichen Formen von Altersdifferenzierung nachgezeichnet werden.

Nachdem EISENSTADT die Abfolge von Altersgruppen über seine anthropologisch-biologische Beschreibung menschlicher Entwicklung begründet hat, geht es ihm beim Vergleich unterschiedlicher Gesellschaften um den Nachweis funktionaler Zusammenhänge zwischen Altersgruppen und Sozialstruktur. Die vergleichende Studie verschiedener Gesellschaften — „primitiver, historischer und moderner" (ebd., 7) — bleibt auch in seinen späteren Arbeiten die entscheidende Methode, um sich der Modernisierungsproblematik, „dem zentralen Leitmotiv seines Werks" (Plake & Schulz 1993, 26), zu nähern. Ein Ergebnis seines Vergleichs besteht in der Beobachtung, daß Altersgruppen — im Gegensatz zu Altersstufen — nicht in allen Gesellschaften existieren. Im Zentrum seiner Untersuchung steht die These, „daß Altersgruppen in den Gesellschaften entstehen, in denen die Familie (oder die Verwandtschaftseinheit) nicht die wichtigste Einheit der sozialen und wirtschaftlichen Arbeitsteilung bildet und in der das Individuum verschiedene allgemeine Rollendispositionen erwerben und erlernen muß, die nicht innerhalb der Familie erlernt werden können." (Ebd., 280) Dabei unterscheidet EISENSTADT im Rückgriff auf die PARSONSschen *pattern variables* zwischen Rollenerwartungen, die auf diffusen, zugeschriebenen und partikularistischen Wertmustern aufbauen, und solchen, die Universalimus und Leistungs- und Spezifitätsorientierungen in den Vordergrund stellen. Immer dann, wenn Mitglieder der Gesellschaft Rollen übernehmen, deren Wertorientierung von der innerhalb der Familie gelernten abweicht, entsteht die Notwendigkeit, diese neue, zum Familiensystem in Spannung stehende Rolle zu integrieren. Denn — so EISENSTADTs psychosoziale Prämissen der Identitätsentwicklung — die Reife des einzelnen und sein Status (= Altersstufe) sind an die Entwicklung der gesamten Persönlichkeit, nicht einzelner Fähigkeiten gebunden. (Vgl. ebd., 46) Insofern sich nicht gesellschaftliche Komplexität in den Handlungsvollzügen des Familien- und Verwandtschaftssystems erschöpft, bedarf es also der Kompensation durch Altersgruppen.

EISENSTADT identifiziert zwei Fälle, in denen diese Situation eintritt:
1. Gesellschaften, in denen Differenzierungen wie z.B. politische Macht oder Kriegsführung an Altersstufen gebunden sind (Beispiel: die sudanesischen *Nuer* und die kenianischen *Nandi*). Gesellschaftlicher Status wird dabei über die Mitgliedschaft in einer Altersklasse zugewiesen. Die gesellschaftliche Verortung des einzelnen anhand von universalen Kategorien der Mitgliedschaft ist in diesem Fall mit der askriptiven Kategorie 'Alter' kombiniert. Diese, von der Persönlichkeit des einzelnen abstrahierenden Rollenzuweisungen, die zu Konkurrenz und Feindseligkeit führen können, werden durch Altersgruppen, in denen Solidarität und Gleichheit im Vordergrund stehen, unterstützt und so in die Gesellschaft als Ganze integriert.
2. Gesellschaften, in denen Differenzierungen wie z.B. Berufstätigkeit an Leistungen gebunden sind (moderne Gesellschaften). Der einzelne wird hierbei im Lauf seiner Entwicklung mit Wertorientierungen konfrontiert, die nicht mit denen seiner Familie übereinstimmen. Gesellschaftlicher Status, also volle Mitgliedschaft, ist in diesen Fällen an die Entwicklung einer korporativen Solidarität gebunden. Die Vorbereitung dieser „kollektiven Identität" (ebd., 34) ist Aufgabe von formalen und informellen Altersgruppen, die nicht universal sind, sondern sich nur auf die Jugendphase beziehen. In diesen Altersgruppen üben Jugendliche diffuse Rollen ein, die die Ablösung von der Familie erleichtern und die Ausdehnung solidarischer Orientierungen auf das abstraktere Bezugssystem Gesellschaft ermöglichen. „In universalistischen Leistungsgesellschaften ... kann ein Einzelner nicht den vollen Status erreichen, wenn er sein Verhalten bei der Arbeit nur nach den zugeschriebenen partikularistischen Kriterien des Familienlebens ausrichtet; ein solches Verhalten würde sich als Spannungsmo-

2. Alter tradiert Wissen

ment im sozialen System erweisen." (Ebd., 37) Altersgruppen stellen demnach einen Verbindungsbereich zwischen Familie und anderen institutionellen Bereichen der Gesellschaft dar. Sie verleihen eine erweiterte Identität, die mit den Erwartungen der Gesellschaft übereinstimmt. Jugend ist in der modernen Gesellschaft - so EISENSTADT - jedoch keine Altersgruppe, die eine integrative Funktion erfüllt; sie bereitet lediglich vor. Als Bereich der „sekundären Institutionalisierung" (ebd., 335) gewährte sie Freiheiten außerhalb gesellschaftlicher Notwendigkeiten.

In EISENSTADTs Analysen dominiert zunächst die strukturfunktionalistische Prämisse der Bestandserhaltung. Auch EISENSTADT konzipiert „society as a 'norm'" (Parsons 1951, 64). Im Gegensatz zu PARSONS konkretisiert er jedoch diese Norm am Maßstab der menschlichen Entwicklung. Den Konvergenzpunkt zwischen anthropologisch-biologischen Entwicklungstheorien und Strukturfunktionalismus bildet die 'Reife'. Nur weil EISENSTADT auch den 'Menschen als Norm' einführt, gelingt es ihm, dem hohen Alter eine besondere Stellung auch noch in der modernen Gesellschaft zuzusprechen. Da er menschliche Entwicklung über komplementäre Altersstufen erklärt, bindet er das hohe Alter an die Rolle des Vermittlers von Wissen. Er räumt ein, daß mit zunehmender Bedeutung eines universalistischen Leistungserwerbs auch die Bedeutung von askriptiven Kriterien und damit auch des Lebensalters allgemein abnehme. Aber: „Wenn dabei auch die Ausdrücklichkeit des Alterskriteriums im Prozeß der Rollenzuordnung in den allgemeinen Gesellschaftsbereichen nachgelassen hat und wenn sie auch für mehrere Bereiche und Organisationen nicht gilt, so verursacht das doch keine wesentliche Minderung des Respekts gegenüber Älteren. Alter und Seniorität zählen noch sehr viel, wenn auch auf eine mehr allgemeine und diffuse Weise und nicht mehr als ein spezifisches Kriterium der Rollenzuordnung." (Eisenstadt 1965, 228)

Mit dieser für die moderne Gesellschaft nur noch „relativen Bedeutung des Alterskriteriums" (ebd., 230) rettet sich EISENSTADT aus der — durch die strukturfunktionalistische Perspektive verursachten — Misere. In bezug auf die Jugendgruppen gelingt ihm eine funktionale Beschreibung, die sowohl Gesellschaft als auch Persönlichkeit berücksichtigt. Er diagnostiziert: „Hier (in modernen Gesellschaften, I.S.) konzentriert sich die Übermittlung des sozialen Erbes mehr oder weniger auf die Entwicklung einer autonomen Persönlichkeit ohne eine sehr präzise Rollenvorschrift." Denn: „In einem solchen System liegt die Hauptbetonung auf der Aufrechterhaltung der grundlegenden Wahlregeln und der allgemeinen Identifikationssymbole der Gesellschaft. Ein solches System hängt notwendigerweise mehr von der vollen psychologischen Reife und Autonomie seiner Mitglieder ab als von irgendeiner detaillierten Rollenvorschrift." (Ebd., 335)

Für alle anderen Altersgruppen gibt es im Anschluß an diese „'psychologische' Vorbereitung" (ebd.) keinen Bedarf mehr an institutionalisierten Altersgruppen, wiewohl Altersstufen selbst noch vorhanden sind. Seniorität existiert nur noch auf der diffusen, die Persönlichkeit betreffenden Ebene. Strukturfunktional läßt sich eine besondere Stellung alter Menschen damit nur noch über den Umweg eines normativen Menschenbildes rechtfertigen. Demzufolge wird der Bestand der Gesellschaft über die Integration 'reifer' Menschen gesichert, die sich wechselseitig in den Altersstufen bestätigen. Symptomatisch für die schwache Argumentation EISENSTADTs an dieser Stelle ist, daß er nur noch von „Respekt gegenüber Älteren" (ebd., 228), aber nicht mehr von der über einen Wissensvorsprung legitimierten Autorität der Alten selbst spricht. Zunehmende universalistische Leistungsorientierungen beinhalten bei EISENSTADT — im Gegensatz zu PARSONS — keine problematischen Konsequenzen für das hohe Alter. Alte Menschen repräsentieren als reife Persönlichkeit die Einheit der Gesellschaft.

Inwieweit bei EISENSTADT die Leugnung einer 'Altersproblematik', die sich einem rein strukturfunktionalistischen Denken entsprechend hätte ergeben müssen, der statischen Gesellschaftstheorie geschuldet ist, läßt sich nur vermuten. 1956 identifiziert er Jugendgruppen als einen der „wichtigsten Mittelpunkte" (ebd., 298; vgl. auch 318ff.) sozialen Wandels. Die Erforschung der Bedingungen, unter denen sozialer Wandel stattfindet, bleibt auch in seinen späteren Untersuchungen zentrales Thema, allerdings mit einer veränderten Bewertung der integrativen Komponente des Strukturfunktionalismus. Diese Entwicklung bezeichnet er als einen „Übergang von einem relativ geschlossenen zu einem offenen systemischen Ansatz — einem Ansatz, der das Gewicht auf die relative Autonomie der verschiedenen organisationellen Systeme legt" (Eisenstadt 1979, 32). Mit der Berücksichtigung von „systemic tendencies" (Eisenstadt 1993, 8) entdeckt sich seiner Untersuchung von Revolutionen und Transformationen auch eine größere Vielfalt von Prozessen sozialen Wandels. Als Grundlage dieses Differenzierungsprozesses verortet er „Symbolstrukturen" (ebd., 8), die sich gesellschaftsübergreifend als Konfliktlinien durch einzelne Teilsysteme ziehen. Institutionen lassen sich demzufolge nicht mehr als Resultat geteilter Erwartungsmuster beschreiben. „Es gibt in jeder institutionellen Ordnung eine *Vielheit von Akteuren* — Individuen und Gruppen —, die eine unterschiedliche Kontrolle über natürliche und gesellschaftliche Ressourcen ausüben und sich diese Kontrolle streitig machen." (Eisenstadt 1979, 19, Herv. I.S.) Codes und Programme bündeln die unterschiedlichen kulturellen Orientierungen und werden deshalb zum Fixpunkt für EISENSTADTs soziologische Analyse. (Vgl. ebd., 19ff.) Udo GRÜN vermutet in dieser Zentrierung des EISENSTADTschen Strukturfunktionalismus auf „die anthropologische Dimension der Kultur" (Grün 1993, 50) den Einfluß Martin BUBERs auf seinen ehemaligen Schüler.

Wie auch immer man diese Entwicklung interpretiert, es läßt sich eine Tendenz zur Abschwächung strukturfunktionalistischer Theorievorgaben zugunsten von existentiellen und kollektiven Symboldimensionen konstatieren. (Vgl. Eisenstadt 1993) „Human creativity and freedom, the autonomy of human agency" (ebd., 22) bezeichnen 1993 — so EISENSTADT — Dimensionen menschlichen Handelns, die sicherlich mehr Flexibilität individuellen Handelns ermöglichen, als dies zur Zeit seiner Abfassung der Altersgruppenstudie möglich war. Eine Vielfalt von Normen ist an die Stelle des ganzheitlichen Modells der Persönlichkeitsentwicklung getreten. Vermutlich würden sich ihm alte Menschen unter diesen Bedingungen als *eine* Gruppe von vielen im Kampf um die Anerkennung ihrer Interessen darstellen. Altersspezifisch wären diese Interessen dabei nur in ihrer Bindung an existentielle Sinndimensionen, z.B. die Nähe zum Tod. Die Interpretation von EISENSTADTs Jugendstudie gewinnt jedoch durch die Einbeziehung der späteren Literatur vor allem eine Bestätigung im Hinblick auf die — für EISENSTADT typische — Dominanz anthropologischer Dimensionen. Die Behauptung eines Bereichs gesellschaftlichen Lebens außerhalb des strukturfunktionalistischen Erklärungsmodells ist bei ihm nicht nur der Altersproblematik geschuldet. Eine ähnliche „Ergänzung" des Strukturfunktionalismus um den „Menschen" kann bei der folgenden Nachzeichnung von Helmut SCHELSKYs Auseinandersetzung mit den „Paradoxien des Alters" beobachtet werden.

3. Alter sollte Freiheit ermöglichen

Helmut SCHELSKY beschäftigt sich 1959 mit den „Paradoxien des Alters in der modernen Gesellschaft", um mit diesem Aufsatz auch das hohe Alter in die Reihe der „biologischen Grundbefindlichkeiten" (Schelsky 1959, 199) einzubeziehen, die bereits — wie etwa schon Geschlecht, Ethnizität und Aussehen — einer soziologischen Neubestimmung unterzogen worden seien. Die thematische Fokussierung der Soziologie auf den Menschen ist seiner Ansicht nach bereits von der Psychoanalyse, der funktionalistischen Ethnologie und der philosophischen Anthropologie vorbereitet worden, erkläre sich jedoch insgesamt über die Entstehung der Industriegesellschaft und den damit einhergehenden „sozialen Strukturumbruch" (ebd., 199). SCHELSKY bezieht sich mit dieser Argumentation vor allem auf die mit dem Individualisierungsprozeß verbundenen negativen Konsequenzen. „In der 'Natur' des Menschen, wie wir sie als konstant und unverrückbar zu sehen gewohnt waren, steckt in Wirklichkeit die Konstanz einer ganz bestimmten sozialen Grundverfassung, die zwar die enorme Epoche von Beginn der bäuerlichen Seßhaftigkeit und des Hirtennomadentums bis zum 19. Jahrhundert, also drei bis sechs Jahrtausende (sic!), umfaßt, aber eben doch historisch und regional begrenzt ist und heute in ihren Grundstrukturen umbricht." (Ebd., 199) Vor dem Hintergrund einer schon fast als ewig zu bezeichnenden 'Konstanz' sozialer Verortung finde demzufolge ein Prozeß der Neubewertung statt, der sich auch im „Gegenstandsbereich der Soziologie als Krisenwissenschaft" (ebd., 200) niederschlage. Wenn SCHELSKY von diesem Befund — in HEGELscher Manier — auf „das Ende des wesentlichen Ausgriffs der modernen Soziologie" (ebd.) schließt, beschreibt er damit auch die bis heute noch charakteristische Begrenzung der Alternsforschung über die analytische Kategorie 'Mensch'.

Trotz gesellschaftlichen Wandels bleibt 'Alter' bei SCHELSKY eine vorsoziale Kategorie, die — wie er es am Beispiel der Jugend illustriert — „zwar kein soziales Gebilde darstellt, aber als eine Verhaltensform angesehen werden muß, die in allen ihren Zuständen, leiblich, seelisch und geistig, sozial mitbestimmt ist" (Schelsky 1963, 13). Ähnlich wie PARSONS und EISENSTADT wählt auch SCHELSKY eine Perspektive, die mit der klassischen Verbindung von „Leib, Seele und Geist" eine holistische Betrachtungsweise postuliert. Die mit dieser Vorgehensweise verbundenen Konsequenzen liegen auf der Hand: „In dieser Verschmelzung der Wissenschaft vom Menschen zu einer allgemeinen anthropologischen Verhaltensforschung sind die alten Wissensdisziplinen und ihre Gegenstände nicht mehr exakt trennbar, was der Wirklichkeit des von ihnen zu erkennenden Menschen entspricht, aber zugleich die wissenschaftliche Aussage darüber außerordentlich erschwert." (Ebd., 13)[15]

---

[15] Vgl. zum Begriff der „Verschmelzung" LUHMANNs Kritik an dieser und ähnlichen Metaphern (1981a, 210). Die mit der „Verschmelzung" verbundenen Probleme für Analysen sind charakteristisch für alle strukturfunktionalistischen Versuche zur „ganzheitlichen" Rekonstruktion von Wirklichkeit. Harald WENZEL bezeichnet den „Analytischen Realismus" von PARSONS als die „Kehrseite

Mit der soziologischen Analyse der Situation alter Menschen beschränkt sich SCHELSKY jedoch zunächst auf sozialstrukturelle Kategorien, die ihren Ursprung im Strukturfunktionalismus nicht verleugnen können. Vor dem Hintergrund der 'Industriegesellschaft' identifiziert SCHELSKY drei, den Alternsprozeß entscheidend beeinflussende gesellschaftliche Bereiche: Familie, Arbeit und Freizeit.[16] In allen dreien ist — so SCHELSKY — ein Funktionsverlust der alten Menschen zu diagnostizieren. Die *familiäre Situation* charakterisiert er anhand der TARTLERschen Formel „Innere Nähe bei äußerer Distanz" (vgl. Kap. II.4) und bezieht sich damit auf eine bei alten Menschen zu beobachtende Tendenz, getrennt als „Altenfamilie" von der „Eltern-Kinder-Familie" (ebd., 206) zu leben, mit dieser aber in engem Kontakt zu stehen. SCHELSKY stellt diesem „neuen Tatbestand der Familie in den Generationen" (ebd.) ein heute nur noch als idealisiert zu bezeichnendes Familienleben einer traditionalen Gesellschaft gegenüber, wenn er davon spricht, daß — zwar aufgrund von materiellen Interessen — immerhin von einer „hohen und selbstverständlichen Vorsorge und Fürsorge für den alten Menschen in ihrem Schoß" (ebd., 201) ausgegangen werden könne.[17]

Berufstätigkeit und Freizeit verknüpft SCHELSKY — der strukturfunktionalistischen Tradition entsprechend — zu komplementären Bereichen. Wenn alte Menschen mit der Ausgliederung aus der Arbeitswelt auf „eines der wichtigsten Medien der Umwelt- und Personstabilität" (ebd., 211) verzichteten, verliere auch der Freizeitbereich seine kompensatorische Funktion. (Vgl. ebd., 216ff.) Im Rahmen dieser Bestandsaufnahme stellt SCHELSKY dem strukturell bedingten, umfassenden Funktionsverlust Altersbilder entgegen, die genau das Gegenteil behaupten. So sei in der Familie trotz „Generationsnivellierung der Erfahrungs- und Verhaltensmöglichkeit" (ebd., 208) noch von „Altersweisheit" (ebd.) die Rede, im Berufsleben werde trotz des „umfassenden Umweltentzugs" (ebd., 212) das Ideal eines „gesicherten Alters" (ebd., 213) propagiert und die ununterbrochene Freizeit im Alter werde mit dem Bild des „schöpferischen Alters" (ebd., 218) verklärt. SCHELSKY faßt diese Gegensätze zwischen strukturellen Möglichkeiten und Idealen als *Paradoxien der modernen Gesellschaft* zusammen.

Eine Begründung dieser Paradoxien entlehnt er jedoch nicht nur der strukturfunktionalistischen Analyse. Diese „Kluft, die heute zwischen Altersvorstellungen und Altersbild einerseits und Altersrealität andererseits klafft" (ebd.), werde durch sowohl strukturelle als auch normative Bedingungen des menschlichen Lebens gestützt. Neben der funktionalistischen Analyse der gesellschaftlichen Situation alter Menschen findet bei SCHELSKY auch immer eine idealistische Betrachtungsweise ihre Berechtigung. Obwohl er sich nach den Erfahrungen des zweiten Weltkrieges gegen das „idealistische Denken" wendet, „das den Boden einer unmittelbaren und sicheren Welterfahrung, auf den es sich in seiner Entstehung hatte stützen können, inzwischen

---

des organischen Charakters komplexer Ganzheiten und der damit einhergehenden emergenten Eigenschaften" (1986, 15).

[16] Den Analysen von SCHELSKYs Aufsatz liegt die Untersuchung von Rudolf TARTLER zugrunde (vgl. Kap. II.4). Da TARTLER jedoch als Mitarbeiter von SCHELSKY auch von dessen theoretischen Instrumentarien geprägt ist und SCHELSKYs Veröffentlichung zu einem früheren Zeitpunkt entstanden ist, scheint die Reihenfolge der Kapitel gerechtfertigt.

[17] Vgl. zur Kritik des idealisierten Bildes der traditionalen Familie Kapitel VII.3a.

unter den Füßen verloren" (Schelsky 1965, 8) habe, und er sich deshalb in dem Buch „Auf der Suche nach Wirklichkeit" (1965) auf eben derselben Suche befindet, kann er doch nicht seine Wurzeln im Idealismus verleugnen. Der von Wolfgang LIPP als „lebensphilosophische ... Gesamthaltung" (Lipp 1986, 85) bezeichnete Akzent bei der Bestimmung des Alters führt zu einer „anthropologisch-soziologische[n] Grundformel" (Schelsky 1959, 210), die das „Bedürfnis nach Lebenskontinuität bei teilweiser Funktionsentlastung" (ebd.) beinhaltet. Lebenskontinuität verweist bei SCHELSKY jedoch nicht auf eine rein formale Bestimmung von Aktivitäten, sondern auf die „besondere Lebens-Chance in der Besinnung auf das Überdauernde und den Alltagsaufgaben des Lebenskampfes Enthobene" (ebd.). Diese vergleichsweise pathetische Formulierung begründet sich in einer an der „Person" orientierten Argumentation, die immer wieder den Gegensatz von „Freiheit und Sachzwang" (Baier 1977, 7ff.) thematisiert. (Vgl. Rendtorff 1977; Prisching 1985) SCHELSKY entwirft darauf aufbauend: „Wir sind hiermit wieder bei dem Appell an die Freiheit des Individuums, das altersgemäße (sic!) Leben zu verwirklichen — oder zu verfehlen. Aber in dieser Mahnung leuchtet doch der Widerspruch auf, daß wir einerseits das Alter als den Lebenserfolg der Person strikte als privat, als endgültiges 'Privatisieren', ansehen und so ein 'Hände weg' von aller Organisation des Lebensabends fordern möchten, auf der anderen Seite aber ein universaler Drang zur Organisation der Freizeit für Alte ... zu den wohl unvermeidlichen Entwicklungstrends unserer Gesellschaft gehört ... ." (Schelsky 1959, 217)

Die Kombination der Begriffe „Lebensabend" und „Person" zu einem „altersgemäßen Leben" verdeutlicht, in welcher Weise SCHELSKY neben die strukturfunktionalistische Deskription die normative Programmatik stellt. Im Gegensatz zu PARSONS und EISENSTADT kann er im Strukturfunktionalismus selbst keine anthropologische Dimension entdecken. Erst mit Hilfe der „Person" werden auf das Leben des einzelnen bezogene Elemente über einen getrennten Erklärungsstrang eingeführt, nun jedoch nicht mehr organizistisch analogisiert, sondern lebensphilosophisch. (Vgl. Schelsky 1963, 12ff.) Die Beschreibung des hohen Alters als „Lebensabend" stimmt zwar mit den bisherigen funktionalistischen Modellen überein, akzentuiert jedoch stärker die Vorstellung von der Freiheit des einzelnen, dem Leben selbst innewohnende Bedürfnisse nach Sinnfindung zu berücksichtigen. Das Charakteristische an SCHELSKYs Diagnose zur Situation alter Menschen ist nun, daß er die mangelnde Berücksichtigung dieses Bedürfnisses innerhalb der Gesellschaft beklagt. Mit kulturkritischer Attitüde, die sich u.a. seiner Nähe zu seinem Leipziger Lehrer Hans FREYER verdankt, setzt er sich mit dem Einfluß einer Gesellschaft auseinander, die — wie z.B. im Alter mit dem Instrument der Alterssicherung — über Institutionen das Handeln der Person einschränkt. Wenige Jahre später wird er formulieren, Wissenschaft und Technik würden „das Bedürfnis nach Bewahrung und Rettung des 'ganzen Menschen' mit seiner wissenschaftlich nicht faßbaren und manipulierbaren seelischen Tiefe unvermeidlich hervorrufen" (Schelsky 1961, 40). In eben dieser Entwicklung macht er einen „konstitutionellen, d.h. in der allgemeinen Verfassung der Gesellschaft begründeten, Altersnotstand" (Schelsky 1959, 210) aus. *Der alte Mensch steht — so Schelsky — als Persönlichkeit mit seinen Bedürfnissen der gegebenen Sozialstruktur gegenüber, und zwar nicht nur aufgrund nicht genutzter Fähigkeiten (wie bei Parsons), sondern grundsätzlich als Mensch, dessen 'Leben' anderen Gesetzlichkeiten folge als die Gesellschaft.*

In einer längeren Auseinandersetzung mit funktionalistischen Erklärungsmodellen stellt SCHELSKY 1970 neben den systemfunktionalen Ansatz einen anthropologischen und einen personfunktionalen Ansatz. Ausgangspunkt ist bei allen drei Ansätzen eine unterschiedliche Akzentuierung von „Leitideen" (Schelsky 1970, 48), die am 'Bestand' orientiert seien und aufgrund dieses Zieles auch immer eine normative Komponente hätten. Wo systemfunktionale Erklärungen vom 'Ganzen' her dächten und folgerichtiguniversalistisch angelegt seien, würden personfunktionale Ansätze vom „Grundgedanken der Freiheit der Person", der „größtmögliche(n) freie(n) Selbstbestimmung des Individuums" (ebd., 48) ausgehen und seien entsprechend individualistisch geprägt. Den Weg zu dieser am Menschen orientierten Erklärung findet SCHELSKY über die funktionale Ethnologie. Während PARSONS für die Entwicklung des Strukturfunktionalismus vor allem auf RADCLIFFE-BROWN und dessen Orientierung an gesellschaftlichen Zusammenhängen zurückgreift, entscheidet sich SCHELSKY für den anderen prominenten Vertreter des frühen Funktionalismus: Bronislaw MALINOWSKI und dessen Betonung des Menschen und seiner Natur als Ausgangspunkt der Analyse. Da ihm jedoch die Beschränkung MALINOWSKIs auf „permanent vital sequences" (Malinowski [1944] 1965, 75ff.) in ihrer biologischen Fundierung zu kurz gegriffen ist, erweitert SCHELSKY diese Perpektive um „'Ideen', menschliche Vorstellungen, Bewußtsein und Denken" (Schelsky 1970, 49) und positioniert das Erklärungsmodell individuellen Handelns neben dem universalistischen systemischen Modell. In ihrer Komplementarität ergäben beide letztlich das Ganze. (Vgl. ebd., 42)

SCHELSKYs Versuche, auf dieser Basis soziologisches Wissen zu reformulieren, münden in der „Transzendentalen Theorie", deren Transzendenz sich nicht auf Außerweltliches bezieht, sondern die Grenzen der Soziologie erweitern soll. (Vgl. Krawietz 1985) Als transzendental gelten ihm z.B. jene anthropologischen Elemente, die er bereits früher als vorsoziale Strukturierung der Wirklichkeit vorausgesetzt hat. Auch wenn diese Überlegungen zu einem späteren Zeitpunkt als der Abfassung seiner Studie zum hohen Alter entstanden sind, illustrieren sie doch die spezifische Wendung, die SCHELSKY mit seiner Konzentration auf den Begriff des 'Menschen' der 'Altersproblematik' gegeben hat. In seiner Tradition, mit grundsätzlichen Abweichungen und konkreteren Überlegungen, steht Rudolf TARTLER, der als Mitarbeiter von SCHELSKY eine groß angelegte Untersuchung zum hohen Alter durchgeführt hat.

4. Alter sollte Kontinuität ermöglichen

Die unter dem Titel „Das Alter in der modernen Gesellschaft" (1961) bekannt gewordene Studie Rudolf TARTLERs gehört sicherlich mit zu den entscheidenden Versuchen der Nachkriegszeit, die Bedeutung der Kategorie 'Alter' zu benennen. Im Gegensatz zu der fast zeitgleich begonnenen Untersuchung der Bonner Forschungsgruppe um Hans THOMAE (vgl. Kap. IV.2) interessiert sich jedoch TARTLER für eine grundsätzliche Revision des Alters-Begriffs, nicht für eine umfassendere Erforschung altersspezifischer Charakteristika. Der „präsumptive Hintergrund fast aller Altersforschung" (Tartler 1961, 18) soll in Frage gestellt werden: „Erklärt man nämlich die Änderungen gewisser Verhaltensweisen und Haltungen des Menschen in den höheren Lebensjahren mit 'altersspezifischen Eigenschaften', dann interpretiert man diese als

Folge des Alterns und kann somit das Phänomen 'Alter' nicht anders als einen bloßen bio-psychischen Entwicklungsvorgang verstehen." (Ebd., 18)

Die Motivation für die Erstellung und Sichtung von 206 Altersmonographien und zusätzlichen 80 Interviews speziell mit Bewohnern von Altenheimen beschafft aber auch eine auf den Zusammenhang von Modernisierung und Altersdifferenzierung bezogene These: *Der vor dem Hintergrund der Industriegesellschaft hergeleitete Individualisierungsprozeß müßte eigentlich* — so TARTLER — *„zur Auflösung des Alters als soziale[m] Gebilde"* (ebd., 18) *führen*. Daß nach wie vor Stereotypen zum 'hohen Alter' anzutreffen seien, müsse von sozialstrukturellen Erfordernissen her erklärt werden. Der Erforschung derjenigen gesellschaftlichen Strukturen, die auf 'Alter' zurückgreifen, widmet sich deshalb seine Untersuchung.

Genauso wie SCHELSKY, dessen Artikel auf den empirischen Daten von TARTLER aufbaut, greift auch TARTLER auf die drei Dimensionen 'Familie', 'Beruf' und 'Freizeit' zurück. Ausgangspunkt von SCHELSKYs und TARTLERs strukturfunktionalistischer Zeitdiagnose ist der mit industriellen Produktionsformen einhergehende Strukturwandel der Familie. Während sich jedoch SCHELSKYs Stellungnahmen vorrangig auf allgemeine Zusammenhänge von Strukturen und Altersbildern beziehen, analysiert TARTLER konkrete Phänomene, die er unter programmatischen Überschriften zusammenfaßt: „Ausgliederung und Vereinsamung — die falsche Gleichung" und „Innere Nähe durch äußere Distanz — die neue Harmonie zwischen Alter und Familie". Er wendet sich — aufbauend auf seinen monographischen Daten — radikal gegen Stereotypisierungen, die im Alleinleben von alten Menschen die Ursache für einen Funktionsverlust ausmachen. Stattdessen müsse umgekehrt der Trend zum Getrenntleben von alten Eltern und erwachsenen Kindern als Folge eines strukturellen Wandels angesehen werden, der alte Menschen ihrer altersspezifischen Funktionen beraube und deshalb auch altersheterogene Wohnformen verhindere. TARTLER greift zur Erklärung dieses Zusammenhangs auf die bereits von PARSONS beschriebene veränderte Bedeutung von askriptiven Merkmalen zurück, die durch die Dominanz der an Leistung orientierten funktionalen Differenzierung entsteht. Moderne Auffassungen zu Erziehungsfunktion und Traditionsvermittlung führt TARTLER auf Prozesse der „Generationsnivellierung" zurück. Demzufolge erfüllen alte Menschen nur noch in besonderen Fällen familiäre Funktionen: „In der Regel üben jedoch diese alten Menschen diese Funktionen nicht auf Grund eines altersspezifischen Sozialprestiges aus, vielmehr gründet sich die Legitimität ihrer Funktionsausübung gerade auf ihre altersunspezifische individuelle Leistungsfähigkeit." (Ebd., 55)

In diesem Zusammenhang entsteht eine für die heutige Altersforschung sehr ungewöhnliche Interpretation[18] zur Beziehung von Altersdiskriminierung und funktionaler Differenzierung. Während SCHELSKY die *Paradoxien des Alters* in der Differenz von funktionalen Sachzwängen und personalen Freiheitsbedürfnissen sieht, erklärt

---

18 Ungewöhnlich ist diese Interpretation deshalb, weil die moderne Suche nach Identität, die in der Altersforschung in inhaltlicher und theoretischer Hinsicht alle nur denkbaren Freiheiten genießt, funktionale Limitierungen kritisiert und eben nicht zum Ausgangspunkt von Identitätskonzepten macht. (Vgl. Kap. II.5)

TARTLER genau diesen Zusammenhang von Funktion und Person in umgekehrter Weise als ein Zuviel an Person und ein Zuwenig an Funktion. Der Rückgriff auf das Alter des Gegenübers verursacht demnach in funktionalen Bezügen eine „unangemessene Intimisierung des Umganges mit älteren Menschen" (ebd., 40). Um den Unterschied zu SCHELSKY noch einmal zu verdeutlichen: Nicht Bedürfnisse der 'Person' müssen laut TARTLER geschützt werden, sondern gerade der Rekurs auf die 'Person' beeinträchtigt die Freiheit alter Menschen. Zur Begründung dieses Zusammenhangs führt TARTLER den Begriff der „Funktionsdoppelbödigkeit" (ebd., 39) ein. „Damit ist der Tatbestand gemeint, daß unter dem offiziellen und nach außen hin allein sichtbar werdenden sachlichen Funktionsschema ein diesem oftmals völlig gegensätzliches zweites, internes, nirgends formal festgelegtes, dennoch aber institutionalisiertes und vom jeweiligen System eingearbeitetes und einkalkuliertes Funktionsgefüge liegt, das als Komplementärstruktur die optimale Funktionsleistung erst garantiert." (Ebd.) Die Argumentation über Komplementarität ist innerhalb des Strukturfunktionalismus nicht unbekannt. Die PARSONSschen *pattern variables* legitimieren sich über ihre wechselseitige Bedingtheit[19], aber auch EISENSTADTs Begründung der Generationsabfolge greift darauf zurück. TARTLER benutzt diesen Begriff, um funktionsfremde Anteile in Interaktionen zu erklären. Rollenverhalten tritt demnach häufig in Kombination mit „subkutane(r) Intimität" (ebd.) auf und verweist so auf die vormals zusammenhängenden Lebensräume der Arbeit und der Familie. Die Annahme eines Wirkens beider Anteile in jeder Handlung stellt jedoch eine Interpretation des Strukturfunktionalismus dar, die erst mit den folgenden, „Rollenkonflikte" problematisierenden interaktionistischen Rollentheorien gefaßt wird. (Vgl. Kassel 1978, 115ff.) Während bei PARSONS personale (Internalisierung) und soziale (Institutionalisierung) Elemente in ihrer Trennung funktionalisiert werden, steht bei TARTLER die Funktionalität der Kombination im Vordergrund: Allem Handeln wird ein zugrundeliegender Mechanismus der Entdifferenzierung zugeschrieben. Auch hier lassen sich mit dem Rückgriff auf eine Einheit von Sachlichkeit und Persönlichkeit ganzheitliche Tendenzen identifizieren. Indem TARTLER das Bild der „Funktionsdoppelbödigkeit" verwendet, kompensiert er die mangelnde theoretische Begründung des Mechanismus durch die Suggestivkraft des Bildes. Im Gegensatz zur normativen Setzung eines geordneten gesellschaftlichen Ganzen (PARSONS) kann TARTLER seine paradoxe[20], für alte Menschen nachteilige Beobachtung nicht normativ, sondern nur über die Einführung eines auf Komplementarität beruhenden Mechanismus begründen. Das diesem Mechanismus inhärente Konfliktpotential ist evident. TARTLERs Funktionsdoppelbödigkeit imaginiert einen strukturfunktionalen Zusammenhang, der aufgrund seiner Kombination, nicht seiner Differenzierung interessiert. *Die Notwendigkeit zur Rückführung*

---

[19] PARSONS benutzt für diesen Zusammenhang den Begriff „binary fission" (Parsons 1955, 396) und vermutet in binärer Teilung „the most 'economical' way of taking any given step from relative simplicity to a higher level of complexity" (ebd.).

[20] Nicht SCHELSKYs allgemeine Paradoxie (= strukturell erzeugte Altersbilder verweisen auf ein besseres Alter, das jedoch an eben diesen Strukturen scheitert.) wird hier wieder aufgegriffen. TARTLER verortet seine Paradoxie auf dem Boden konkreter Handlungen. Nicht Ziele, sondern Operationen stehen hier im Vordergrund.

4. Alter sollte Kontinuität ermöglichen

differenzierter Bestandteile auf eine Ganzheit wird dadurch nicht funktional im Hinblick auf eine Norm erklärt (Bestandsfunktionalismus), sondern schlicht vorausgesetzt. Eine Metapher ersetzt die theoretische Begründung.

Diese Vorgehensweise stellt sicherlich ein schönes Beispiel für die Mängel vieler strukturfunktionalistisch orientierter Erklärungen dar. Die Begründung qua Funktionalität produziert Gesetzmäßigkeiten, die mehr über verfügbare Theorieelemente aussagen als über die Notwendigkeit der Verknüpfung. Generalisierende Begründungen schließen von einzelnen aktualisierten Referenzen auf Strukturen und unterwerfen andere Möglichkeiten diesem Muster[21]. Beide, SCHELSKY und TARTLER, kommen mit strukturfunktionalistischen Erklärungen zu völlig unterschiedlichen Ergebnissen. Während SCHELSKY Personalität durch (System-) Funktionen gefährdet sieht, fordert TARTLER den Schutz der Personalität durch die Aufrechterhaltung von Funktionen. Funktionen sind so zu selbständigen Bestandteilen einer Umwelt geworden und müssen sich nicht mehr über ihren Bezug zum Ganzen erklären. Während PARSONS das mit diesen funktionalen Erfordernissen verbundene Konfliktpotential als Dysfunktion mit der Einbeziehung evolutionären Wandels integriert, formulieren SCHELSKY und TARTLER Gesellschaftskritik. Sie verlassen den Boden holistischer Theoriebildung, verlieren damit aber auch die theoretische Begründung von Funktionalität. Funktionalität wird mit „Sachlichkeit und Personneutralität" (ebd., 39) ineinsgesetzt und der „Intimität" (ebd.) gegenübergestellt. Sowohl PARSONS als auch EISENSTADT identifizieren Funktionalität noch als einen die Sozialstruktur und die Persönlichkeit übergreifenden Mechanismus; bei SCHELSKY und TARTLER ist Funktionalität zu einem nicht hinterfragten Prinzip geronnen. Diese Umgangsweise mit dem theoretischen Inventar des Strukturfunktionalismus ist sicherlich auch mit ausschlaggebend für die gesellschaftskritische Rezeption des Funktionsbegriffs der nächsten Generation der Altersforscher gewesen. (Vgl. Kap. III)

TARTLERs weitere Argumentation verwendet den verkürzten Funktions-Begriff für seine anthropologisch orientierte Beschreibung des alten Menschen. Im Mittelpunkt der Argumentation steht — wie schon bei SCHELSKY — die Charakterisierung der modernen Gesellschaft als Berufsgesellschaft. Mit Rückgriff auf Arnold GEHLEN schreibt TARTLER dem Beruf eine Entlastungsfunktion zu. Die Einengung auf ein spezialisiertes Handlungsfeld werde demzufolge zwar als Belastung empfunden, trage aber „zur Erleichterung der Existenzbewältigung wesentlich" (ebd., 86) bei. „Die außerordentliche Bedeutung dieser 'Umweltstabilisierung' für die menschliche Existenz liegt nun darin, daß der aufgebaute 'Außenhalt' auf die Innenstabilisierung des Menschen zurückwirkt." (Ebd., 87)[22] Der gleiche Zusammenhang wird von TARTLER

---

[21] LUHMANN kritisiert, PARSONS' Funktionsbegriff suggeriere die Existenz „determinierter Systeme", in denen bestimmte Ursachen bestimmte Wirkungen zeitigten, was jedoch im sozialen Leben nicht vorkomme. (Luhmann 1972a, 12) Vgl. für den LUHMANNschen Gegenbegriff 'Komplexität' Kap. VII.1.

[22] Der Einfluß von David RIESMANs Untersuchung zum Zusammenhang von Gesellschaftsformen und Charaktertypen ist unübersehbar. (Vgl. Riesman [1950] 1961) TARTLER übernimmt bei seiner Typisierung von Rentnern auch RIESMANs Unterscheidung von Autonomen, Angepaßten und Anomalen (vgl. Tartler 1961, 154ff., Riesman 1954, 484-491).

auch am Beispiel familiärer Beziehungen illustriert, in denen nicht „menschliche Nähe" (ebd., 82) im Vordergrund stehen solle, sondern die funktionale Einordnung auch des alten Menschen. „Wo dem einzelnen innerhalb der Intimgruppe keine soziale Rolle und Funktion gegeben ist, durch die die menschlichen Intimbeziehungen reguliert und standardisiert werden, muß es zur dauernden gegenseitigen innerlichen Überbeanspruchung kommen." (Ebd., 83)

Mit der *Kontinuität*[23] der *Lebensgestaltung* und der *Notwendigkeit zur Lebensvorsorge* vermeint TARTLER die entscheidenden zwei anthropologischen Konstanten menschlichen Lebens allgemein, nicht des 'hohen Alters' speziell, zu bestimmen. (Vgl. ebd., 87ff.) Bezogen auf die Situation der alten Menschen resultiert daraus zunächst ein Plädoyer für die Aufrechterhaltung von beruflicher Tätigkeit auch im Alter. In den Ergebnissen seiner Untersuchung findet TARTLER eine Bestätigung seiner Hypothese. Während selbständig Beschäftigte, bei denen „Berufstätigkeit und persönliches Interesse weitgehend zusammenfallen" (ebd., 108), eine berufliche Weiterbeschäftigung im Alter gerne nutzten, stehe den Unselbständigen diese Möglichkeit nicht offen; sie seien einem umfassenden Funktionsverlust ausgesetzt. (Vgl. ebd., 118) Folgerichtig fordert TARTLER die Einführung einer flexiblen Altersgrenze.

Aufgrund seiner programmatischen Ergebnisse sind TARTLERs Forschungen unter dem Etikett 'Aktivierungstheorie' bekannt geworden. Nicht mehr *disengagement* im Alter steht im Vordergrund — so hatte es noch die Untersuchung von CUMMING und HENRY (1961) nahegelegt —, sondern die *Aufrechterhaltung von Aktivität*. An die Stelle des „traditionellen Altersvollzugs" (ebd., 95) müsse der „Verzicht auf eine definitive Altersrolle bei Fortführung der beruflichen Funktionen" (ebd.) treten. Die „Altersnivellierung" (ebd.) habe die Altersrolle überflüssig gemacht. Ähnlich wie bei PARSONS — aber im Unterschied zu SCHELSKY — führt also auch TARTLERs Argumentation über die Dominanz von Leistungskriterien zur nachrangigen Bedeutung von askriptiven Merkmalen. Im Gegensatz zu PARSONS ist jedoch TARTLER der Weg der strukturfunktionalen Analyse versperrt. Die theoretische Herleitung seines Befunds beruht — wie oben dargestellt — auf einer Segregation von funktionalen und persönlichen Handlungsanteilen und ermöglicht ihm so, von der in den vorherigen Ansätzen angenommenen gesellschaftlichen Notwendigkeit zur Ausgliederung alter Menschen abzusehen und stattdessen Rechte des einzelnen auf kontinuierliche Lebensgestaltung in den Vordergrund zu stellen. Die 'Altersproblematik' wird nicht auf einer Ebene sozialstruktureller Funktionen verortet, sondern erscheint als Thema politischer Entscheidung. TARTLER faßt den „Wandel in der Interpretation der Altersnotsituation von der materiellen zur inneren Altersverelendung" (ebd., 15) als sozialwissenschaftliche Thematik und grenzt soziologische Analysen davon ab. (Vgl. ebd., 15)

Eine Einordnung TARTLERs in die Altersforschung hat hauptsächlich anhand seiner eher programmatischen sozialwissenschaftlichen Forderungen stattgefunden.

---

[23] Für die Wahl dieses Begriffs zeichnen u.a. auch Untersuchungen des Psychiaters Hans BÜRGER-PRINZ zur Gefährdung der Persönlichkeit durch Veränderungen der persönlichen Umwelt verantwortlich. Vgl. Tartler 1961, 87.

Der entscheidende Aspekt seiner soziologischen Arbeit, nämlich die konsequente Negation altersspezifischer Charakteristika, ist dagegen völlig vernachlässigt worden. Noch SCHELSKY behauptet ein anthropologisch fundiertes altersspezifisches Bedürfnis nach „teilweiser Funktionsentlastung" (Schelsky 1959, 210), und PARSONS und EISENSTADT sind durch die Verwendung von 'Altersstufen' auch an eine Bestimmung des 'hohen Alters' gebunden. TARTLER ist für lange Zeit der einzige Alternsforscher, der die Kategorie selbst in Frage gestellt hat.[24] Die Vernachlässigung dieses Versuchs zur theoretischen Neubestimmung durch die weitere Alternsforschung ist auffällig. Mit dem Namen der Disziplin scheint immer auch schon das Forschungsobjekt als Standort kategorialer Bestimmung gerechtfertigt zu sein.

5. Alter sollte zur Persönlichkeitsentfaltung genutzt werden

Im Gegensatz zu den letzteren Versuchen zur Bestimmung der Altersphase akzentuiert Irene WOLL-SCHUMACHER 1980 mit ihrer Forderung nach „Desozialisation" den Strukturfunktionalismus wieder als holistische Theorie. Mit der Gesellschaft als Ganzer benennt sie den Rahmen für die Verortung alter Menschen. Grundlage ihrer Argumentation ist die Annahme einer *gesellschaftlichen Notwendigkeit zur Desintegration alter Menschen*. Selbst bei PARSONS findet sich diese Diagnose in ihrem konkreten Bezug auf alte Menschen nur sehr viel abgeschwächter wieder, wenn er sich mit „the allocation of personnel" (Parsons [1951] 1966) oder dem Tod (vgl. Parsons 1962) auseinandersetzt. WOLL-SCHUMACHER formuliert dagegen sehr direkt: „Plötzliche, nicht geregelte Ausfälle durch Altersdefizite oder Tod würden die gesellschaftliche Stabilität gefährden und hätten bei großer Häufung den Zusammenbruch des Systems zur Folge." (Woll-Schumacher 1980, V) Sie wendet sich damit explizit gegen theoretische und praktische Versuche, alte Menschen wieder in die Gesellschaft zu integrieren. Die „gesellschaftliche Entfremdung" alter Menschen müsse als „Preis der Sozialisation von jüngeren" (ebd., 36) begriffen werden. Resultat dieser Desintegration sei jedoch ein „Sozialisationsvakuum am Ende des Lebenszyklus" (ebd.), da alte Menschen — im Gegensatz zu Jugendlichen und Erwachsenen — die Abgabe von Rollen nicht durch die Übernahme neuer Rollen kompensieren könnten. Neben diese gesellschaftlichen Notwendigkeiten plaziert WOLL-SCHUMACHER einen moralischen Anspruch zur weitergehenden Sozialisation, in diesem Falle zu einer Desozialisation. Als „kulturellem Gebilde" „dürfte es sich (unserer Gesellschaft) verbieten, Menschen sozialer Desintegration zu überantworten, ohne sie bei der personalen Adaption dieses Zustands desozialisatorisch zu unterstützen" (ebd., Vf.).

Der Rückgriff auf PARSONS ist eindeutig, wenn auch — wie im folgenden zu zeigen sein wird — die Rezeption seiner Schriften eher oberflächlich ist.[25] Was sich

---

[24] Daß er selbst diese Kategorie trotzdem inhaltlich füllt, ist mehr dem Untersuchungsdesign als den theoretischen Prämissen geschuldet: Wer nach Alter fragt, bekommt Beschreibungen von Alter. Altersbilder werden auf genau diese Weise erzeugt. (Vgl. Kap. VIII)

[25] Ärgerlich ist dies vor allem, wenn man bedenkt, daß WOLL-SCHUMACHER im Gegensatz zu ihren Vorgängern 1978/79 bereits eine umfangreiche Diskussion von PARSONS' Schriften vorlag. Auch positive Anschlüsse an den Strukturfunktionalismus sind offensichtlich vor der Gefahr der ungenauen Rezeption nicht gefeit.

bei PARSONS als Resultat einer komplexen, durch viele Bezüge abgesicherten Gesellschaftstheorie ergibt und von ihm immer wieder auch als vorläufig bezeichnet worden ist (vgl. Parsons 1951, 20), wird von WOLL-SCHUMACHER nicht als theoretische Perspektive, sondern als Gesellschaft selbst genommen. *Der Schritt von der Identifikation des 'Problems' zu dessen Lösung benutzt 'Kultur' als moralischen Imperativ, anstatt die Funktionalität kultureller Wertvorstellungen in den Gesamtzusammenhang gesellschaftlicher Strukturen einzumustern.*

Ähnlich gestaltet sich auch WOLL-SCHUMACHERs Umgang mit PARSONS' Sozialisationstheorie. Aufbauend auf einem Konzept von komplementären Altersstufen, das vermutlich EISENSTADT entlehnt ist, formuliert sie: „Altersstufen fügen den biologischen Prozeß des Heranwachsens, Reifens und Sterbens in ein soziales Ordnungssystem ein." (Ebd., 3) Die Statik ihrer apodiktisch formulierten Prämissen verdeutlichen ihre Ausführungen zur Sozialisation von Jugendlichen und Erwachsenen. Während die ersteren noch keine Mitglieder der Gesellschaft seien, nähmen die zweiteren einen den kulturellen Regeln folgenden Status ein. Mitgliedschaft sei nur möglich, „wenn der einzelne in der spezifischen Art handelt, wie es für sein Alter, Geschlecht und Status sozial festgelegt ist" (ebd., 14). „Niemandem ist es erlaubt, die gesellschaftlich definierten Alterspositionen nach seinen individuellen Wünschen einzunehmen." (Ebd., 3) Anstatt dem Anliegen PARSONS' folgend, die Entstehung gesellschaftlicher Ordnung zu beschreiben, ontologisiert sie das theoretische Inventar des Strukturfunktionalismus.[26] Die Gerinnung sozialwissenschaftlichen Wissens zu leeren Formeln wird hier paradigmatisch vorgeführt. Erinnert sei auch noch einmal an die — verglichen mit WOLL-SCHUMACHER — vorsichtige Annäherung von PARSONS an das Thema 'hohes Alter' über die Kategorien *capacities/opportunities* (vgl. Kap. II.1b), die weitgehend von askriptiven Merkmalen abstrahiert.

Aufbauend auf der Dreigliederung des Lebenslaufs charakterisiert WOLL-SCHUMACHER das 'hohe Alter' als eine der Jugend sehr ähnliche Phase. Beide Male würde „keine Erziehungsverantwortung, keine berufliche Vollbeschäftigung und keine militärische Verteidigung" (ebd., 3)[27] erwartet. Im Gegensatz zu den Jugendlichen werde der Status der Alten jedoch nicht durch gesellschaftliche Strukturen wie Rollen, Institutionen und Werte gestützt, so daß sich Alterssozialisation „weitgehend in individuell induzierter Form" (ebd., 13) vollzöge. Für die Übernahme neuer Rollen mangele es an *Motivation*, da diese keinen sozialen Gewinn versprächen, außerdem an *Wissen* über Rollenerwartungen, nicht so sehr jedoch an *Fähigkeiten*, die nur durch den biologischen Abbau eingeschränkt würden. (Vgl. ebd., 27ff.) Mit dem Ziel, diese Defizite auszugleichen und eine Anleitung zur Distanzierung von der Gesellschaft „nach

---

[26] Neben der oberflächlichen Rezeption ist dieser Argumentation sicherlich auch eine anachronistische Einschätzung sozialisatorischer Limitierungen vorzuwerfen. Eher Uneindeutigkeiten als Regeln altersspezifischen Verhaltens dominierten auch 1978/79, dem Zeitpunkt der Abfassung dieser Habilitationsschrift, schon die soziologische Diskussion und sicher auch die gesellschaftliche Praxis.

[27] WOLL-SCHUMACHER konzediert geschlechtsspezifische Differenzen, die sie jedoch über die Trennung der Funktionsbereiche Beruf und Familie erklärt und im weiteren wegen der Orientierung des Strukturfunktionalismus am Berufsleben vernachlässigt. Vgl. ebd., 60ff.

kulturgebundenen Leitideen vom 'glücklichen Alter'" (ebd., VI) zu geben, entwirft WOLL-SCHUMACHER Prinzipien einer Desozialisation im Alter.

Auch bei WOLL-SCHUMACHER bildet — wie eingangs schon erwähnt — Komplementarität ein Stützkorsett für theoretische Zusammenhänge. Zwischen Geburt und Tod siedelt sie sozialisatorische Prozesse an, deren umgekehrt proportionale Gewichtung sich in einer zu einem Höhepunkt aufsteigenden und dann wieder abfallenden Lebenskurve abbilden läßt.

1. Ziel	Existenzerhaltung der Gesellschaft	
	Geburt — Lebenszyklus — Tod	
2. Mittel (und Unterziel)	Integration	Desintegration
3. Mittel (und Unterziel)	Sozialisation	Desozialisation
4. Mittel	positive Normen, Rollen	negative Normen, Rollen

Tabelle 4: Sozialisation nach WOLL-SCHUMACHER (1980, 107)

Während in der Kindheit Prozesse der Sozialisation überwiegen, erleben Erwachsene — so WOLL-SCHUMACHER — eine Kombination aus sozialisatorischen und desozialisatorischen Elementen. Als alt kann nach diesem Schema jemand eingestuft werden, der vorrangig Desozialisation erfährt. (Vgl. ebd., 84) Die Argumentation über einen sich wechselseitig bedingenden Mechanismus verwandelt die klassische Sozialisationstheorie in eine Abfolge zunehmenden Statusgewinns und ergänzt sie um eine negative Seite: die Desozialisation. Grundlage hierfür ist wiederum die Positionierung von Lebensaltersstufen im Hinblick auf einen Reifungsprozeß, der diesmal jedoch — im Unterschied zu EISENSTADT — seinen Höhepunkt im Erwachsenenalter findet; das hohe Alter wird nur durch Sterbeprozesse charakterisiert. (Vgl. ebd., 3) Auf diesem Weg ist eine strukturfunktionale Beschreibung von Altern entstanden, die nicht über anthropologische Konstanten (EISENSTADT) oder über autonome (SCHELSKY) oder heteronome (TARTLER) Personalität zentriert wird, stattdessen aber einer übergeordneten Moral bedarf. WOLL-SCHUMACHERs „Bestreben, der 'Menschlichkeit' und 'Humanität' einen besonderen Platz einzuräumen, deshalb auch den Betagten ein 'glückliches Leben' zu gewähren" (ebd., 89), verdeutlicht in seiner Wortwahl jedoch eher definitorische Hilflosigkeit als eine strukturfunktional begründete Notwendigkeit. Bei PARSONS führt der Weg zu einer Neubestimmung der Altersphase über Fähigkeiten, also Funktionen, die alte Menschen für die Bestandserhaltung der Gesellschaft unverzichtbar werden lassen. WOLL-SCHUMACHER dagegen erklärt sozialisierte Funktionslosigkeit zum gesellschaftlichen Ziel und vernachlässigt dabei, daß Prozesse der Wertgeneralisierung an Differenzierungen anschließen, diese aber nicht erzeugen können. (Vgl. Parsons 1966, 28) Nicht das Bedürfnis, einzelnen gesellschaftlichen Gruppen ein „glückliches Leben" zu bereiten, sondern umgekehrt die Notwendigkeit, deviantes Verhalten zu integrieren, erzeugt gesellschaftlichen Wandel. Solange jedoch funktionslose alte Menschen durch z.B. Rebellion oder gesteigerte Hilfebedürftigkeit nicht den Bestand der Gesellschaft gefährden, gibt es keine (strukturfunktionale) Begründung für altersspezifische Integrationsbemühungen.[28]

WOLL-SCHUMACHER ergänzt das Konzept einer normativ integrierten Gesellschaft um eine idealistische Komponente. Über diesen Sonderweg gelangt sie zu einer Beschreibung der Situation alter Menschen, die — außerhalb der Gesellschaft stehend — neue soziale Freiheiten[29] genießen. Im Auseinanderfallen von sozialen und personalen Funktionen der Altersdesozialisation erkennt sie das Proprium des hohen Alters. „Dabei umfaßt Desozialisation sowohl die Aneignung von Verhaltensmustern, die ein weitgehend individuell bestimmtes Handeln im Abseits gesellschaftlicher Aufgabenstellung vermitteln, als auch die Herausbildung einer Persönlichkeit, die auf soziale Anleitung und institutionelle Stützen verzichten kann." (Woll-Schumacher 1980, 65) Jenseits von positiven Rollenvorschriften und allgemeinverbindlichen Normen eröffnet der soziale Rückzug neue Möglichkeiten: „eine vom gesamtgesellschaftlichen Bezug gelöste Lebensweise", „Rückzug auf sich selbst", „eine relativ freie Persönlichkeitsgestaltung", „Lizenz für Selbstgesetzlichkeit" und „Individualität und Selbstbezogenheit" (ebd., 85f.). Am Ende des Lebens steht eine kategoriale Trennung von Gesellschaft und Persönlichkeit.[30]

Manifestationen der Altersdesozialisation sieht WOLL-SCHUMACHER in drei Formen der Lebensführung. Im *eudämonistischen* Konzept dominiert die personale Leistung und rechtfertigt den Verlust von Funktionen. „Wird nämlich das eigene Glück Zweck und Ziel der Existenz, lösen sich Menschen relativ leicht aus ihrer sozialen Verwurzelung." (Ebd., 90) Aber auch *aktivistische* Orientierungen erfüllen diese Kompensationsfunktion. Alte Menschen können neue Funktionen in Positionen übernehmen, in denen das „Risiko — physiologischer Abbau und Tod — kalkulierbar bleibt" (ebd., 94). Ein weitaus größerer Freiraum ist mit der Zugehörigkeit zu einer *Subkultur* verbunden, in der alte Menschen „weitreichende Desintegration in einer Enklave sozialer Integration überspielen" (ebd., 98) können.

Die Attraktivität des rollentheoretischen Ansatzes von WOLL-SCHUMACHER ist sicherlich zu weiten Teilen der Begründung einer fast räumlichen Trennung zwischen Gesellschaft und alten Menschen zu verdanken. Durch die Abkoppelung personaler Freiheiten von sozialen Zwängen gelangt sie zu einer Bestimmung der Altersphase, die frei ist von — wie auch immer begründeten — Determinanten. Die auf dieser

---

[28] Auch wenn Jeffrey C. ALEXANDER an PARSONS selbst eine Neigung beobachtet, gesellschaftliche Ordnung auf kulturelle Vermittlung zurückzuführen, „an equation that reinforced his tendency to reduce his multidimensional position to a more idealistic one" (Alexander 1987, 56), verbietet sich die Herstellung eines kausalen Bezugs zwischen Kultur und Altersdesozialisation.

[29] WOLL-SCHUMACHER begeht nicht den Fehler, von 'Freizeit' zu sprechen, deren Sinn sich in einer Leistungsgesellschaft nur über Arbeit, also nicht über Ruhestand ergeben kann. (Vgl. Woll-Schumacher 1980, 87) SCHELSKY und TARTLER bauen — im Gegensatz dazu — ihre Kritik am Ruhestandsmodell über genau dieses Freizeitideal auf. (Vgl. Kap. II.3 und 4)

[30] PARSONS selbst hat — auch wenn er altersspezifische Freiheiten des *institutionalized individualism* konstatiert — die Annahme, es gäbe eine altersspezifische Lebensweise, abgelehnt. Genau wie alle anderen Menschen beschäftigten sich alte Menschen auch weiterhin mit alltäglichen Sorgen: „The same basic interlocking of considerations of task or obligation with those of self-interest which applies at other age-levels seems also to be present here." (Parsons 1964b, 242)

Grundlage mögliche Beschreibung einer Vielfalt von Alternsprozessen erwirtschaftet dem Desozialisationskonzept Plausibilität aufgrund seiner Nähe zum Individualisierungstheorem. Der Preis für diesen Gewinn besteht jedoch in der theorietechnisch unsauberen Implementation des Strukturfunktionalismus. Nicht das theoretische Inventar, sondern der Wille zur Bestimmung der Altersphase steht am Beginn des Desozialisationskonzepts.

6. Grenzen des Funktionsansatzes
Der Sinn des Alters kann nur normativ behauptet werden

Strukturfunktionalistische Theorieelemente haben für eine Beschreibung von hohem Alter eine breite Anwendung gefunden. Allen Auseinandersetzungen liegt eine gemeinsame Diagnose zugrunde: *Mit der Durchsetzung beruflicher Spezialisierung ist eine funktionslose Altersphase entstanden, die sich nur noch über ihre Stellung im biologischen Entwicklungsprozeß kennzeichnen läßt.* Abgesehen von EISENSTADTs Analyse, die sich nur mittelbar mit dem 'hohen Alter' beschäftigt, resultiert aus diesem Umstand immer auch gleichzeitig eine Einordnung als Dilemma, Paradoxie, Altersnotsituation oder Problem. Auswege oder Lösungen lassen sich jedoch nie innerhalb des Strukturfunktionalismus formulieren, sondern bedürfen immer eines zweiten „Standbeins". EISENSTADT, SCHELSKY, TARTLER und WOLL-SCHUMACHER bewegen sich außerhalb der strukturfunktionalistischen Argumentation, wenn sie eine inhaltliche Beschreibung des Alters versuchen.

Einen klassischen Weg, um über den Strukturfunktionalismus hinauszukommen, bietet dabei vor allem die *Dreiteilung des Lebenslaufs.* EISENSTADT ordnet der letzten Phase zunächst die Pflicht zur Vermittlung von Traditionen zu und erkennt auf diese Weise auch einen besonderen Status alter Menschen. WOLL-SCHUMACHER unterscheidet nach „Heranwachsen, Reifen und Sterben" (Woll-Schumacher 1980, 3) und negiert eben diesen besonderen Status. Gerade von 'Reife' wird in strukturfunktionalistisch orientierten Texten viel gesprochen, ohne daß Eindeutigkeit über die Kriterien zu ihrer Bestimmung besteht. Ob die der Biologie entstammende Metapher das Ende der Jugendzeit, die Phase der Berufstätigkeit als Erwachsener oder das hohes Alter bezeichnet, immer attestiert sie eine gelungene Entwicklung. Parallel zur Bestimmung gesellschaftlicher Prozesse über die Einheit der Gesellschaft findet damit eine Einordnung biologischer Prozesse über die Norm 'Mensch' statt. In beiden Fällen erfordern diese Normen eine Beschreibung der einzelnen Elemente über eine Ganzheit, für die der Organismus als Vorbild dient. Nachdem auf diese Weise das 'hohe Alter' ins Blickfeld gerückt ist, muß es auch — zumindest theoretisch — integriert werden. Während EISENSTADT die konsequente Problematisierung vermeidet, wenn er vom „Recht auf Respekt" spricht, gewinnt WOLL-SCHUMACHER ihre Einsichten über einen zweifelhaften Kulturbegriff, der Hilfeleistung für eine Gruppe funktionsloser Menschen eher erhofft denn funktional erklärt.

Grundlage dieser beiden theoretischen Versuche zum Alter wie auch derer von PARSONS, SCHELSKY und TARTLER sind immer theoretische „Provisorien" (Luhmann 1981, 210). Dualität, Komplementarität, Funktionsdoppelbödigkeit und Verschmelzung beenden durch ihre „bildhafte Evidenz" (ebd.) die Analyse: Wo ein Traditionsempfänger ist, muß auch ein Traditionsvermittler sein; wo von Wachstum die

Rede ist, muß auch vom Tod gesprochen werden,[31] sachliche Bezüge werden durch persönliche ergänzt oder funktionale Zwänge persönlichen Freiheiten gegenübergestellt. Die Existenz der einen Seite impliziert immer schon die Notwendigkeit der anderen und produziert auf diese Weise Ganzheiten. Zu welchen Problemen dies führen kann, hatte PARSONS vermutlich schon sehr früh bei der Abfassung seines Artikels „Age and Sex in the Social Structure of the United States" (1942) erkannt. So überzeugend seine Analyse zur Jugendkultur scheint, so unbrauchbar sind seine Anmerkungen zum hohen Alter. Die Dichotomie 'Jugendlicher/Erwachsener' mit den Attributen 'Gesamtpersönlichkeit/Spezialisierung' hat bereits mögliche andere Seiten der Kategorie 'Alter' belegt, so daß sich keine fruchtbare Dichotomie mehr bilden läßt. Solange PARSONS auf der Bedeutung von askriptiven Merkmalen für eine funktionale Bestimmung von Lebensaltern beharrt, bleibt er undeutlich in seinen Ausführungen.

Dieses Dilemma wird von SCHELSKY und TARTLER auf einer ganz ähnlichen Ebene im Rahmen einer *dualistisch konzipierten Handlungstheorie* aufgegriffen. Neben eine eingeschränkte strukturfunktionalistische Gesellschaftstheorie sind selbständige, der Persönlichkeit zuordenbare Residuen getreten, die sich einer direkten funktionalen Bestimmung über die Gesellschaft als Ganze[32] entziehen. Daß genau diese Persönlichkeit sowohl als autonome bei der Bestimmung menschlicher Freiheit (SCHELSKY) als auch als heteronome in der Gefährdung des einzelnen (TARTLER) herhalten muß, scheint eher auf die je nach Bedarf manipulierbare Variabilität des auf diese Weise erweiterten Strukturfunktionalismus hinzuweisen, als Vertrauen in die theoretische Analyse zu rechtfertigen.

Mit dem Ziel, der ganzheitlichen Beschreibung von Gesellschaft noch eine Komponente hinzuzufügen, sind Menschenbilder und Persönlichkeitstheorien entstanden, die die theoretische „Sackgasse" mit Kontingenz versorgen. Offensichtlich sprengt der Versuch, hohes Alter funktional zu bestimmen, die Möglichkeiten des Strukturfunktionalismus. Bis auf PARSONS in seiner späteren Auseinandersetzung mit diesem Thema und TARTLER mit seiner kategorialen Neubestimmung tendieren alle Autoren zu einer Ergänzung der Theorie mit dem Ziel, altersspezifische Charakteristika zu benennen. Der Gedanke, daß auf diese Weise die Kategorie 'Alter' erzeugt wird, drängt sich auf und wird bestätigt, wenn man sich die zunehmend normative Akzentuierung in der Beschreibung der Altersphase vergegenwärtigt. Während der PARSONSsche Strukturfunktionalismus wohl individuelle Interessen und Bedürfnisse kennt und auch geneigt ist, Freiheiten im Alter zu konstatieren, formulieren EISENSTADT, SCHELSKY und WOLL-SCHUMACHER grundsätzliche Ziele menschlicher Entwicklung. Was bei PARSONS als „ultimate reality" (Parsons 1966, 8) — zu diesem

---

[31] Genau diese Regel scheint heute am offensichtlichsten in volkswirtschaftlichen Planungen an ihre Grenzen zu gelangen und schärft schon an dieser Stelle den Blick für eine evolutionstheoretische Beschreibung anstelle des ehemaligen Entwicklungskonzepts. (Vgl. Kap. VII)

[32] Für TARTLER gilt dies nur eingeschränkt, da er über die „Funktionsdoppelbödigkeit" einen Zusammenhang zwischen funktionalen sachlichen und den eher dysfunktionalen persönlichen Handlungselementen behauptet und auf diese Weise die persönlichen Anteile funktionalisiert.

6. Grenzen des Funktionsansatzes

Zeitpunkt noch[33] — eine Grenze der Gesellschaft darstellt, wird von den anderen über 'den Menschen' in die Theorie integriert und dem hohen Alter als Aufgabe gestellt. Auf diese Weise sind gleich zwei Probleme gelöst: Die Lebensphase 'Alter' kann bestimmt werden, und der Gesellschaft als umfassendem (totalitären) Funktionszusammenhang wird gleichzeitig ein Korrektiv gegenübergestellt.

Im Vergleich mit diesen Alternstheorien, die von der Existenz der Altersphase auf eine Kategorie 'Alter' schließen, wirkt PARSONS' Orientierung an dem Schema *capacities/opportunities* sehr viel konsequenter. Anstatt über theoretische Ergänzungen imaginiert er eine Lösung der 'Altersproblematik' über gesellschaftlichen Wandel. Die Hinzunahme der Zeitdimension ermöglicht ihm, weitgehend von der Kategorie 'Alter' zu abstrahieren: Wie jeder andere 'Verhaltensorganismus' zeichnet sich — PARSONS zufolge — auch derjenige alter Menschen durch Fähigkeiten aus; Fähigkeiten allerdings, für die noch nicht die Zeit gekommen ist. Die Temporalisierung der Problematik ermöglicht ihre Lösung. Eine an Ganzheiten orientierte Perspektive muß also nicht unbedingt auf einem rein am biologischen Alter orientierten Konzept aufbauen, aber auch sie versagt bei der Frage, welche Funktion alte Menschen im Hinblick auf die Gesellschaft als Ganze haben. Ähnlich hilflos stellt sich TARTLERs Versuch dar, von der Kategorie 'Alter' losgelöst eine Kontinuität der Lebensvollzüge und die Einführung der flexiblen Altersgrenze zu fordern. Programmatik dient hier als Kompensation der Mängel funktionaler Differenzierung. Die funktionale Bestimmung des 'hohen Alters' mißlingt in allen genannten Fällen, da die Gesellschaft als Ganze keinen Bedarf an alten Menschen formuliert. Neben dieser Gesellschaftstheorie angesiedelte Konstanten bieten dagegen eine Vielfalt an Beschreibungsmöglichkeiten an und laden die Kategorie 'Alter' normativ auf.

---

[33] In seiner letzten größeren Veröffentlichung formuliert PARSONS auf der Basis der „ultimate realities" unter dem Titel „conditio humana" ein eigenständiges System. (Vgl. Parsons 1978) Trotzdem bleibt er jedoch auch hier den zentralen Prinzipien des 'AGIL-Schemas' verpflichtet und führt keine eigenständige anthropologische Dimension ein. (Vgl. Brandt 1993, 231)

Kapitel III: Wird man alt gemacht?

Die Frage nach der Definition des Alters.
Antworten von J. Hohmeier

Wenn Jürgen HOHMEIER 1978 den Definitionsansatz für die Alternsforschung nutzt und „Alter als Stigma" beschreibt, ist damit neben der strukturfunktionalen Erklärung eine völlig neue Perspektive entstanden. Die Vielzahl an „sozialen Problemen", die der Funktionalismus sichtbar gemacht hatte (vgl. Karstedt 1975, 173ff.), wird in den 70er Jahren[1] auf der Basis einer gemeinsamen Theorie zusammengeführt. Hinter diesem Vorgehen steckte die Vermutung, daß das, was der Strukturfunktionalismus als abnorme Persönlichkeitsstruktur oder fehlgelaufene Sozialisation behandelt, als Abweichung nicht zufällig neben dem, was als „normal" angesehen wird, steht, sondern in der Definition des „Normalen" begründet ist. Das „Ätiologische Erklärungsmodell" sollte deshalb durch eine Theorie ersetzt werden, die nicht nach Ursachen abweichenden Verhaltens fragt, sondern nach Konstitutionsprozessen. (Vgl. Bohle 1987; Keckeisen 1974, 24)

Mit diesem Ziel führt der HOHMEIERsche Stigmatisierungsansatz unterschiedliche theoretische Konstrukte zusammen. Er beginnt zunächst mit einer Diagnose der Situation alter Menschen: Ähnlich wie Arbeitslosigkeit und Armut führe hohes Alter zur Randständigkeit. (Vgl. Hohmeier 1978, 10) Die Beschreibung von alten Menschen als Randgruppe entwirft ein neues Bild der Gesellschaft. Während PARSONS eine hierarchische, nach Status gestufte Gesellschaft annimmt, deren Ungleichheiten durch Leistung[2] legitimiert werden, prägt nun das Modell einer Gesellschaft mit einem Zentrum und einer Peripherie die soziologische Diskussion. Desintegration erscheint nicht mehr nur als eine Möglichkeit, sondern als Normalfall. Die gleichen Strukturen, von denen die meisten Mitglieder der Gesellschaft profitieren, stellen demzufolge für einige wenige, eben Randgruppen, nahezu unüberwindbare Hindernisse dar. Die Ursache für die Benachteiligung wird in individuellen und gesellschaftlichen Funktionen vermutet. Die Soziologie der 70er Jahre ersetzt die voluntaristische Begründung gesellschaftlicher Einheit von PARSONS durch eine operationale: Gesellschaftliche Strukturen werden durch Herrschaft aufrechterhalten. 'Systemstabilisierung', 'Leistungsgesellschaft' und die 'Schichtvariable' spannen in ihrer negativen Akzentuierung

---

[1] Schon in den 60er Jahren beendeten konflikttheoretische Ansätze die Dominanz des Strukturfunktionalismus. ALEXANDER spricht für die US-amerikanische Soziologie von der „anti-Parsonianmovement of the 1960s" (Alexander 1987, 257). Der Höhepunkt deutscher gesellschaftskritischer Forschung ist jedoch mit der Neugründung von Universitäten und dem Zuwachs an Sozialpädagogik-Professuren in den 70er Jahren anzusiedeln (vgl. Klima 1979, 244ff.)

[2] PARSONS konzediert, daß Leistung natürlich nicht das einzige Kriterium zur Statuszuweisung darstellt. Die *Möglichkeit*, Fähigkeiten *einzusetzen*, ist als ebenso wichtig anzusehen. (Vgl. Parsons 1964b, 238) Ein typisches Beispiel für eine problematische Kombination aus Fähigkeiten und Möglichkeiten stellt eben das hohe Alter dar. (Vgl. Kap. II.1b)

einen neuen Bedeutungshorizont auf, der zur Problematisierung von Ungleichheit führt. Aufgabe der Soziologie ist nun nicht mehr die Beschreibung, sondern die Veränderung der Gesellschaft: „An die Stelle des Sollzustandes eines selbstgeregelten Systems tritt der antizipierte Endzustand eines Bildungsprozesses." (Habermas 1967, 193)

Neben dieser von den Begrifflichkeiten 'Macht' und 'Herrschaft' geprägten makrotheoretischen Ebene greift der Stigmatisierungsansatz aber auch auf eine eher mikrotheoretische Ebene zurück: Devianz wird über Definitionsprozesse erklärt, die in Interaktionen entstehen. Der Stigma-Begriff von Erving GOFFMAN stand Pate für den HOHMEIERschen Ansatz, der GOFFMANs Beschreibung um den *prozessualen Ablauf der Stigmatisierung* ergänzt. HOHMEIER hat sich damit für eine Variante des Symbolischen Interaktionismus entschieden, die die individualistische Handlungskonzeption[3] um strukturelle Variablen ergänzt. Die Benennung der Organisation als Rahmen von Interaktion ermöglicht GOFFMAN einen Nachweis asymmetrisierender Handlungen auf der konkreten Ebene von *face to face*-Beziehungen. Immer dann, wenn zwei Menschen ihre Erwartungen aufeinander abstimmen, werde nicht — mit Hilfe von institutionalisierten Anteilen — auf die Gesellschaft als Ganze Bezug genommen, sondern im *gegebenen Rahmen* eine Definition erzeugt. Ordnung resultiert demzufolge aus der Notwendigkeit, individuelle Identität — nicht gesellschaftliche Einheit — herzustellen. (Vgl. Bohnsack 1992, 41f.)

HOHMEIER verknüpft diese beiden Theorieanteile, das gesellschaftskritische Marginalisierungstheorem (Makroebene) und das interaktionistische Stigmatisierungsmodell (Mikroebene), auf der Mesoebene, der Ebene der Organisation. Dem Definitionsansatz stehen demzufolge drei Analyseebenen zur Verfügung: Gesellschaft, Interaktion und Organisation. In Organisationen lassen sich am eindeutigsten asymmetrische Etikettierungsprozesse nachweisen. Die interaktionistisch geprägte Kriminalsoziologie nutzt z.B. Aktenmaterial, um Karrieren devianten Verhaltens nachzuzeichnen. (Vgl. Sack 1968) Hilfe-Organisationen produzieren demzufolge genau das, was sie eigentlich beseitigen sollen. In gesellschaftskritischer Attitüde wird dieses Phänomen der 'Leistungsgesellschaft' zugerechnet: Als verlängerter Arm des Zentrums kontrollieren Organisationen Randgruppen und legitimieren deren abweichenden Status. (Vgl. Offe [1972] 1980, 130) HOHMEIER identifiziert den Zugriff durch Organisationen als Entstehungsort von Abweichung und begründet das Phänomen funktional im Hinblick auf individuelle und gesellschaftliche Motive.

Problematisch an diesem Erklärungsmodell ist die Vermittlung zwischen den beiden Theorieanteilen 'Gesellschaftskritik' und 'Symbolischer Interaktionismus': Folgen soziale Prozesse allgemeinen strukturellen Bedingungen (dem Ziel der Systemstabilisierung) oder werden die entscheidenden Weichen in der Interaktion gestellt?

---

[3] ALEXANDER unterscheidet den Symbolischen Interaktionismus in zwei Ansätze, die das individualistische Dilemma, „a choice between the indeterminacy of residual categories and the randomness of pure contingency" (Alexander 1979, 223), unterschiedlich aufgreifen. Während BLUMER mit seiner MEAD-Rezeption Interaktion als eine Konfrontation von zwei Individuen beschreibt, sieht GOFFMAN in der Interaktion auch Anteile (Rahmen), die über die *face to face*-Beziehung hinausgehende Strukturierungen erzeugen.

Auf welche Weise wird das Ziel, Kontrolle auszuüben, in die konkrete Hilfeleistung übersetzt? Diese Fragen können von devianzsoziologischen Ansätzen nicht beantwortet werden. Auch HOHMEIER spricht von Klärungsbedarf in dieser Hinsicht. (Vgl. Hohmeier 1975, 20f.; Albrecht 1975, 92; Karstedt 1975, 190) Die Vorzüge der Stigma-Theorie zur Erklärung des 'problematischen' Alters liegen sicherlich in dem Nachvollzug interaktionistischer Definitionsprozesse. Auch die Einbettung dieses Phänomens in den Rahmen der Organisation ermöglicht über diese Limitierung eine neue Perspektive. Der Rückbezug dieser beiden Ebenen, Interaktion und Organisation, auf ein Gesellschaftsbild mit Zentrum und Peripherie schränkt jedoch diesen Gewinn wieder ein. Die Grobheit der gesellschaftstheoretischen Analyse steht dann in keinem Verhältnis mehr zur Detailliertheit der Organisations- und Interaktionsanalyse.

Die Gliederung dieses Kapitels berücksichtigt die unterschiedlichen Ebenen: *Gesellschaft, Interaktion, Organisation.* Nachdem zunächst mit Hilfe des Begriffs 'Randgruppe' die gesellschaftstheoretische Einordnung nachgezeichnet wird (Kap. III.1), folgt die Darstellung des Stigmatisierungsansatzes in seinem theoretischen Umfeld (Kap. III.2). Vorzüge und Nachteile des HOHMEIERschen Erklärungsansatzes lassen sich am besten am Beispiel von Etikettierungsprozessen in Hilfe-Organisationen darstellen (Kap. III.3). Abschließend wird der Definitionsansatz auf seine Konsequenzen für die Bestimmung des Alters in der modernen Gesellschaft überprüft (Kap. III.4).

1. Gesellschaft: Alter wird marginalisiert

Den Hintergrund für die Beschreibung der Gruppe alter Menschen als Randgruppe stellt eine — im Vergleich zum Strukturfunktionalismus — veränderte gesellschaftliche Situation dar. Die Politisierung der Soziologie in den 60er Jahren (vgl. Alexander 1979, 117; Neidhart 1976, 431) hat die Kritik an Herrschaftsstrukturen in den Mittelpunkt gerückt und Minderheiten und Unterprivilegierte zum Zentrum revolutionären Wandels erklärt. Als in den 70er Jahren sozialdemokratische Programme zur Sozialplanung die eher traditionelle Sozialhilfe ablösten, entstand auch ein größerer Bedarf an wissenschaftlichem Personal, das sich genau diesem Thema widmete. Soziologische Forschung wurde von Sozialpädagogen auf Beschreibungsmöglichkeiten von „sozialen Problemen" überprüft. (Vgl. Klima 1979, 244f.) Im Gegensatz zur lange Zeit dominanten Praxis, einzelne Problembereiche gesondert zu erforschen mit dem Ziel, sie spezialisierten Organisationen zugänglich zu machen, betrachtete man nun das Vorhandensein von „Problemgruppen" als Indikator gesellschaftlicher Mißstände. (Vgl. Karstedt 1975, 181ff.) Die soziologisierte Kulturkritik benannte mit ihnen „Opfer des Arbeitsmarktes"[4].

Die theoretische Herleitung des Phänomens „Randgruppe" erweist sich jedoch als arbiträr: Zunächst muß man genauer benennen, was im Zentrum einer Gesellschaft steht, um dann den Rand definieren zu können. 'Leistung' und 'Konsum' gelten

---

[4] So lautet der Titel eines Buches von Claus OFFE und dem Projekt Arbeitsmarktpolitik (1977), das mit dem Ausschluß vom Arbeitsmarkt verbundene Prozesse der Desintegration beschreibt. Claus OFFE und Karl HINRICH sprechen unpräzise von „physischen oder zwingenden (sic!) kulturellen Gründen (Stigmatisierung)" (Offe & Hinrich 1977, 34), die für Arbeitsmarktrisiken prädestinieren.

als die entscheidenden Charakteristika einer 'spätkapitalistischen' Gesellschaft. Ob von Ralf DAHRENDORF („Soziale Klassen und Klassenkonflikt in der industriellen Gesellschaft" 1957), Jürgen HABERMAS („Strukturwandel der Öffentlichkeit" 1962) oder Claus OFFE („Strukturprobleme des kapitalistischen Staates" 1972) analysiert, immer zeichnet die Gesellschaft ein Klassengegensatz aus, der die vielfältigen Institutionen von "Massendemokratie und Wohlfahrtsstaat" (Treibel 1994, 53) in den Verdacht der 'Systemstabilisierung' bringt. „Die Analyse und Kritik der adaptiven Selbsttransformationen des Systems, die uns heute in Gestalt planifikatorischer und technokratischer Steuerungstechniken, sozialdemokratischer Reformpolitik, wohlfahrtsstaatlicher Daseinsvorsorge, pluralistischer oder korporativistischer Organisation des Klassenkompromisses, rüstungsintensiver Technologiepolitik, multinationaler Großunternehmen und bürokratisierter Interessengruppen überall vertraut sind, muß deshalb die Analyse von Klassenkonflikt und ökonomischer Krise ergänzen." (Offe [1972] 1980, 25) Totalitäre Autoritätsstrukturen verhindern demzufolge die Emanzipation unmündig gehaltener Bürger.[5]

Der Rahmen, der von dieser Gesellschaftskritik aufgespannt wird, ist — wie das obige Zitat verdeutlicht — sehr allgemein und setzt schlichtweg alles dem Verdacht aus, Herrschaftsstrukturen aufrechtzuerhalten. Umso wichtiger ist es den Verfechtern dieser Kritik, konkrete 'Opfer' benennen zu können und mit ihnen Agenten sozialen Wandels auszumachen. All diejenigen, die zentrale gesellschaftliche Normen und Werte nicht teilen, werden zu potentiellen Auslösern von Konflikten. (Vgl. Karstedt 1975, 171f.) Um Randgruppen identifizieren zu können, muß man also zunächst die 'Kerngesellschaft' bestimmen und kann dann ergänzen, wer nicht dazugehört. Eine Aufstellung von Alfred KÖGLER verdeutlicht dieses Vorgehen. Er identifiziert als Problemgruppen des Jahres 1973: „Jugendliche; Alte; kinderreiche Familien; ausländische Arbeitnehmer; Behinderte; Anstaltsbevölkerung, insb. im Strafvollzug; weibliche Arbeitnehmer; ältere Arbeitnehmer; Drogen- und Rauschmittelabhängige; sozial Gefährdete; Obdachlose; Nichtseßhafte; Heimarbeiter; Aussiedler; Kriegsopfer; Vertriebene und Kriegssachgeschädigte; geschiedene Ehegatten; Opfer von Straftaten; Künstler; aus der Landwirtschaft ausscheidende Arbeitnehmer; ungelernte Arbeitnehmer; Bewohner von strukturschwachen Gebieten." (Kögler 1976, 15)

Die kritische Auseinandersetzung mit solchen Listen forderte jedoch schon sehr früh, genauere Kriterien anzulegen. In einer ersten Zusammenfassung zum Thema 'Randgruppen' schlug Friedrich FÜRSTENBERG folgende Definition vor: „Derartige lose oder fester organisierte Zusammenschlüsse von Personen, die durch ein niedriges Niveau der Anerkennung allgemein verbindlicher sozio-kultureller Werte und Normen und der Teilhabe an ihren Verwirklichungen sowie am Sozialleben überhaupt gekennzeichnet sind, sollen als *soziale Randgruppen* bezeichnet werden." (Fürstenberg 1965, 237) Neben der Organisationsform lenkt FÜRSTENBERG vor allem den Blick auf Desintegrationsprozesse. In strukturfunktionaler Tradition sieht er hierarchische Differenzierungen von funktionalen Differenzierungen (Beruf, Familie, Freizeit) abgelöst, die nicht jedem offenstehen. Nicht nur die Akzeptanz des gemeinsamen Wer-

---

[5] Vgl. auch Herrmann KORTE zum Thema „Soziologie als angewandte Aufklärung" 1994, 46ff.

tehorizonts ist deshalb seiner Meinung nach wichtiges Kriterium, sondern vielmehr die konkrete Überprüfung der Möglichkeiten jedes einzelnen, an den zentralen gesellschaftlichen Teilbereichen zu partizipieren. Ist ein Ausschluß aus einem dieser Bereiche mit einer umfassenden Isolation verbunden, rechtfertigt dies das Etikett 'Randgruppe'. FÜRSTENBERG verweist damit erstmals auf strukturelle Ursachen für Desintegration. Typisch erscheint ihm deshalb der Fall der alten Menschen, die „keine Bindungen an die Arbeitswelt und die Familie mehr" (ebd., 235) besitzen. Die „Verkürzung des Erlebnishorizonts" (ebd.), die mit Desintegration verbunden sei, könne an ihnen beispielhaft verdeutlicht werden. Beispielhaft für die soziologische Bearbeitung des Themas ist jedoch auch der generalisierende Zugriff auf die 1965 schon sehr große Gruppe von Menschen.

Dieser sehr frühen Auseinandersetzung mit dem Thema folgen weitere, die jedoch nun das Primat nicht mehr nur auf „die Stellung im sozialen Beziehungsgefüge" (ebd., 237) legen, sondern vor allem auf Machtstrukturen. (Vgl. Kartstedt 1975, 181) Während noch FÜRSTENBERG davor warnt, eine 'Kerngesellschaft' und eine Orientierung des einzelnen daran anzunehmen (vgl. Fürstenberg 1965, 237), gehen machtorientierte Ansätze wieder zunehmend von einem über Werte bestimmbaren Zentrum aus. Susanne KARSTEDT gelangt in einem Aufsatz zur soziologischen Theorie der Randgruppe zu einer Definition, laut der es sich bei Randgruppen um Gruppierungen handelt, „deren Werte, Normen, Verhalten und/oder äußere Erscheinung von den herrschenden Gruppen, bzw. der Mehrheit, als Bedrohung des gültigen normativen Systems, des gesellschaftlichen Wertekonsensus sowie der eigenen Legitimierungsansprüche und sozialen Ressourcen angesehen werden, weil die Randgruppenangehörigen den gesellschaftlichen Standards entweder nicht genügen können oder diese durch ihre normative Orientierung in Frage stellen und bekämpfen." (Karstedt 1975, 182) Die Komplexität dieser Definition (wie auch der von FÜRSTENBERG) macht — aus heutiger Perspektive — auf die Probleme aufmerksam, die mit einer Zusammenfassung von so unterschiedlichen Gruppen wie den oben erwähnten verbunden sind. Manche von ihnen sind freiwillig organisiert (Jugendgruppen, Vertriebene), andere wiederum finden sich eher unfreiwillig zusammen (Strafgefangene) und wiederum andere sind kaum als eine Gruppe zu identifizieren (ungelernte Arbeitnehmer, weibliche Arbeitnehmer). Allen gemeinsam sei jedoch — so KARSTEDT — die Distanz zum Wertezentrum, und darüber erkläre sich auch — machttheoretischen Ansätzen zufolge —, warum es diesen Menschen schlechter gehe als anderen: Als „Bedrohung" des Wertekonsens werden sie aus relevanten gesellschaftlichen Teilbereichen ausgeschlossen. (Ebd.) Begründet wird diese Ungleichheit durch die Unfähigkeit (gewollt oder auch nicht gewollt), dem Leistungsprinzip zu entsprechen und zur Erzeugung und Konsumption von Gebrauchswerten (vgl. Offe [1972] 1980, 59) beizutragen. *Mit dieser marxistischen Wendung des Arbeitsbegriffs ersetzt das anthropologisch generierte, normative Bild des nicht entfremdeten Menschen die vormalige Orientierung an einem strukturfunktional begründeten normativen Gesellschaftsbild.* Der Wert der Arbeit bestimmt sich nicht über gesellschaftliches Interesse an Ordnung, sondern über Emanzipationsbedürfnisse des einzelnen. „Entfremdete Arbeit" und der Ausschluß von der Arbeitswelt stellen demzufolge die entscheidenden Repressionstechniken der spätkapitalistischen Gesellschaft dar. (Vgl. ebd., 58ff.)

Für die Analyse des HOHMEIERschen Ansatzes ist diese kurze soziologiegeschichtliche Einordnung sicherlich verpflichtend, obwohl HOHMEIER selbst auf diesen gesellschaftstheoretischen Diskurs nur sehr oberflächlich zurückgreift. 1978, als er zusammen mit Hans-Joachim POHL das Buch „Alter als Stigma oder wie man alt gemacht wird" herausgibt, liegt die „heiße Phase der Studentenbewegung" schon weit zurück; marxistisches Gedankengut ist zu einem festen Bestandteil soziologischer Analyse geworden, ohne daß es im einzelnen auf seine Genese befragt werden müßte. Wenn HOHMEIER von „gesellschaftlichen Funktionen" (Hohmeier 1975, 19) spricht, haben sich die Konnotationen dieser Begrifflichkeiten im Vergleich zur strukturfunktionalen Analyse gewandelt. In jedem sozialen Kontakt läßt sich nun der Einfluß „machtstrukturierter Kommunikation" (Bohnsack 1992, 44) identifizieren. Mit seiner Erklärung für das Phänomen, „Alt gemacht zu werden", greift HOHMEIER diese Begründungsmuster auf. Er beginnt mit einer Benennung der Kriterien, die eine Einordnung als 'Randgruppe' rechtfertigen. Neben der eingeschränkten gesellschaftlichen Integration und damit verbundener räumlicher und psychischer Isolation spielt vor allem die Stereotypisierung und Diskriminierung alter Menschen eine entscheidende Rolle.[6] (Vgl. Hohmeier 1978, 10) Zurückgeführt wird diese Beobachtung auf die Funktionsprinzipien der „Leistungsgesellschaft" (ebd., 16). „'Alter', wie das Stereotyp es sieht, steht zu Werten wie Leistung, Erfolg, Flexibilität, Gesundheit, Genuß und Autonomie in einem Gegensatz ... ." (Ebd.) In ihrer Abweichung von der Norm der jungen Erwachsenen verbleibt alten Menschen nur noch eine negativ akzentuierte Altenrolle.

Wie oben schon angedeutet, ist die Beziehung zwischen der Definition des 'Zentrums' und des 'Randes' nicht ganz unproblematisch. Gibt es einen 'Kern' der Gesellschaft? Und vor allem: Gibt es eine rationale Orientierung an diesem 'Kern'? (Vgl. Fürstenberg 1965, 237) Wie läßt sich ein so vielfältiger 'Rand' diesem 'Kern' zuordnen? HOHMEIER wählt einen typischen Lösungsweg. Mit Hilfe des Altersstereotyps kann er (definierte) Attribute alter Menschen benennen und von diesen wiederum rückschließen auf zentrale Werte. Für HOHMEIER „liegt es auf der Hand, daß gerade das Altersstereotyp in zentralen gesellschaftlichen Werten und Normen verankert ist" (ebd., 15). Was 'Rand' ist und was 'Zentrum', bestimmt sich also gegenseitig; der Definition von Randgruppen, aber auch von Randgruppen-Listen wird auf diese Weise der oben beschriebene Freiraum eröffnet.[7]

---

[6] Für die Gruppe der alten Menschen hat KÖGLER eine Einordnung als Randgruppe vor einem allgemeineren Horizont versucht. Er attestiert ihnen den Status einer Randgruppe, allerdings mit Einschränkungen: „Insgesamt ist die Zuordnung des Begriffs 'ältere Menschen' zu der Lebensphase der über 65jährigen fragwürdig. Ihre generelle Einstufung als Randgruppe ist höchst problematisch und rechtfertigt sich nur daraus, daß bei den über 65jährigen ein hoher Anteil von einkommensmäßig und situativ in der Wohnsituation, der Infrastrukturversorgung usw. benachteiligten Personen festzustellen ist." (Kögler 1976, XVIII) Die entscheidende Qualität im Definitionsprozeß verdankt sich wohl eher der Diskriminierung, wie sie von HOHMEIER in den Vordergrund gestellt wird.

[7] Ganz ähnlich argumentiert auch Jean-Pierre JUNKER, dessen Essay „Alter als Exil. Zur gesellschaftlichen Ausgrenzung alter Menschen" (1973) von HOHMEIER gelobt wird. JUNKERs These lautet, „daß die Ausgrenzung der Alten zum System gehört und es deshalb kennzeichnet" (Junker 1973, 9). Die Werte der Leistungs- und Konsumgesellschaft seien „unverträglich ... mit dem Alter, oder vielmehr mit den Unwerten, die man in dieser Gesellschaft mit dem Alter assoziiert" (ebd., 34). Ihm reicht der

Die Plausibilität des Marginalisierungstheorems ergibt sich aber in den 70er Jahren auch über Veränderungen des Arbeitsmarktes. In den Jahren nach der ersten großen Wirtschaftskrise der Nachkriegszeit 1966/67 ist die Erwerbsquote rückläufig, so daß Mitte der 70er Jahre Arbeitslosigkeit zu einem dominanten Thema der Sozialpolitik wird. Arbeitslos sind in diesen Jahren zunehmend ältere Arbeitnehmer und auch ein Kündigungsschutz für diese Gruppe wird häufig durch vorzeitige Entlassung umgangen. Die Einführung der flexiblen Altersgrenze 1972, die mittlerweile wieder abgeschafft worden ist, entspricht sowohl den Bedürfnissen vieler Arbeitnehmer, aber auch vieler Arbeitgeber. Thema der Alternsforschung ist somit nicht mehr die Isolation alter Menschen durch Ruhestand und Hilfebedürftigkeit, sondern ihre Diskriminierung mit den entsprechenden Folgen. In dem Aufsatz von Hans-Joachim POHL „Zur Ausgliederung älterer Arbeitnehmer aus dem Berufsleben" wird diese Entwicklung wiederum auf die Werte der Industriegesellschaft zurückgeführt, die ältere Arbeitnehmer als solche mit minderer Leistungsfähigkeit erscheinen lassen. (Vgl. Pohl 1978, 85)

HOHMEIER greift mit seinem Erklärungsansatz diese Überlegungen auf und erhält folgende Diagnose: Die Diskriminierung anhand von zentralen gesellschaftlichen Werten führt zu einer umfassenden Desintegration alter Menschen. (Vgl. Hohmeier 1978, 12) Seine Kritik an der generalisierenden Tendenz dieses Stereotyps illustriert die charakteristischen Schwächen des Argumentationsstils dieser und ähnlicher 'systemkritischer' Etikettierungsansätze. Während zunächst von der 'Definitionsmacht' der Leistungsgesellschaft ausgegangen wird und Möglichkeiten zur Entstigmatisierung und zu einem positiven Altern sichtbar werden (vgl. Hohmeier 1978, 29), wird an anderer Stelle auf die „Schichtvariable" (ebd., 28) hingewiesen; Generalisierungen orientieren sich demnach einseitig an den ärmsten alten Menschen und vernachlässigen individuelle und soziale Unterschiede. (Vgl. ebd., 16) HOHMEIER baut also auf zwei Beobachtungen auf: 'Alte Menschen sind marginalisiert'[8] und: 'Von den ärmsten der Alten wird unzulässig auf alle alten Menschen geschlossen.' Die Ursache für beide Mißstände werden dann allgemein in 'gesamtgesellschaftlichen' Machtstrukturen gesehen, die sowohl für Definitionsprozesse als auch für materielle Defizite (Armut) verantwortlich gemacht werden. Genau diese Zusammenfassung ist jedoch logisch inkonsistent. Entweder gibt es schichtspezifische Unterschiede zwischen alten Menschen *oder* 'hohes Alter' insgesamt ist ein Negativ-Wert der Industriegesellschaft. Für alle anderen Beobachtungen hätte es ausgereicht, von Generalisierungen und Stereotypisierungen zu sprechen.

Die gesellschaftskritische Erklärung von Marginalisierungsprozessen ergänzt die soziologische Analyse um eine neue Dimension, in der es eben nicht mehr um problematische Lebenslagen, sondern um strukturell erzeugte Benachteiligungen geht.

Hinweis auf die Gegensätzlichkeit beider Seiten (Leistungsgesellschaft und hohes Alter); eine genauere Bestimmung scheint überflüssig.

[8] Er begründet die 'problematische' Lage: „Schließlich wird die Situation alter Menschen auch in unserer Gesellschaft in zunehmendem Maße als 'soziales Problem' gesehen, dessen Bewältigung sowohl sozialpolitische wie auf den einzelnen gerichteten sozialfürsorgerische Maßnahmen notwendig macht." (Hohmeier, 1978, 10f.) Hilfeleistung dient rekursiv zur Begründung von Hilfebedürftigkeit!

Die Inanspruchnahme der 'Leistungsgesellschaft' für diese Begründung ermöglicht die Zusammenführung vielfältiger Problematiken über einen 'Kern', der sich wechselseitig über den 'Rand' bestimmt. Aus dieser Perspektive findet jedes Problem (das der Definition und auch das der Schichtabhängigkeit) seine Ursache in einer im ganzen negativ bestimmten Gesellschaft.[9] Undifferenziertheit ist nicht nur gesellschaftlichen Definitionsprozessen vorzuwerfen, sondern in dieser Hinsicht vor allem der theoretischen Argumentation.

2. Interaktion: Alter wird stigmatisiert

Der Stigma-Ansatz wird in der Devianzforschung genauso wie interaktionistische Ansätze immer in seiner Abgrenzung zum ätiologischen Paradigma verortet. Es soll nicht mehr um *Ursachen* abweichenden Verhaltens gehen, stattdessen werden *Prozesse* der Benennung untersucht. (Vgl. Opp 1974, 179ff.; Meyer & Weber 1981, 54ff.; Friedrich 1986, 10ff.) Manfred BRUSTEN und Jürgen HOHMEIER gehen im Vorwort einer dreibändigen Auseinandersetzung mit theoretischen Hintergründen und praktischen Konsequenzen des Stigma-Ansatzes von folgender Definition aus: „Als 'Stigmatisierung' werden soziale Prozesse bezeichnet, die durch 'Zuschreibungen' bestimmter — meist negativ bewerteter — Eigenschaften ('Stigmata') bedingt sind oder in denen stigmatisierende, d.h. diskreditierende und bloßstellende 'Etikettierungen' eine wichtige Rolle spielen, und die in der Regel zur sozialen Ausgliederung und Isolierung der stigmatisierten Personengruppe führen." (Brusten & Hohmeier 1975, 1f.) Im Unterschied zu Erving GOFFMAN, von dem der Begriff des Stigmas übernommen worden ist (vgl. Goffman [1963] 1970), geht es den Autoren nicht um eine *Benennung* auffälliger Kennzeichen, sondern um den *Umgang* mit diesen Kennzeichen.

GOFFMANs Gebrauch des Stigma-Begriffs ist in vieler Hinsicht nicht so weitreichend wie der von HOHMEIER; er ist aber auch nicht auf eine Nutzung für gesellschaftskritische Zwecke angelegt. Wenn GOFFMAN von Stigmata spricht, beschreibt er lediglich mögliche — in vielen Fällen sogar wahrscheinliche — Bezugspunkte für die Entwicklung persönlicher und sozialer Identität. Der Umgang mit 'Symbolen' als Zeichen für soziale Information ist demzufolge charakteristisch für *jede* Interaktion. Immer gehe es darum, Erwartungen zu formulieren, die persönliche Eigenschaften genauso wie strukturelle Merkmale umfassen. (Vgl. ebd., 10) In seinen „Begrifflichen Vorklärungen" führt GOFFMAN in diesen Zusammenhang knapp ein: „Die Gesellschaft schafft die Mittel zur Kategorisierung von Personen und den kompletten Satz von Attributen, die man für die Mitglieder jeder dieser Kategorien als gewöhnlich und natürlich empfindet. Die sozialen Einrichtungen etablieren die Personenkategorien, die man dort vermutlich antreffen wird. Die Routine sozialen Verkehrs in bestehenden Einrichtungen erlaubt es uns, mit antizipierten Anderen ohne besondere Auf-

---

[9] Diese Inkonsistenz der Argumentation wird auf der theoriekritischen Ebene der Auseinandersetzung mit Devianzforschung als Idealismus vorgeworfen, „womit gemeint ist, daß fälschlicherweise dem Bewußtsein oder dem prozessual-interaktiven Inkraftsetzen gesellschaftlicher Realität gegenüber objektiven, materiellen Faktoren ein Primat eingeräumt wird". (Vgl. Bohle 1987, 8) Marxistische Kritik am *labeling approach* schließt hier an. (Vgl. Werkentin u.a. 1972) Die zusammenfassende Diskussion des Stigma-Ansatzes greift dieses Problem noch einmal auf. (Vgl. Kap. III.4)

merksamkeit oder Gedanken umzugehen. Wenn ein Fremder uns vor Augen tritt, dürfte uns der erste Anblick befähigen, seine Kategorie und seine Eigenschaften, seine 'soziale Identität' zu antizipieren ... " (Ebd.) Die Apodiktik dieser Formulierungen kann über die Ungeklärtheit des Ursprungs der genannten 'Kategorien' nicht hinwegtäuschen. Sowohl GOFFMANs Tendenz, „theory talk" zu vermeiden (vgl. Hettlage & Lenz 1991, 16), als auch sein vorrangiges Interesse an prozessualen Kategorien der Interaktion sind für diese Verkürzungen verantwortlich. Trotzdem vermitteln diese Sätze mit ihrem sehr alltagsnahen Anknüpfungspunkt („Wenn ein Fremder uns vor Augen tritt ...") eben gerade diese Normalität[10] von Definitionsprozessen. Ein Zeichen wird zum Stigma, wenn sich Erwartungen mit ihm verbinden, die in unerwünschter Weise von der Normalität abweichen. (Vgl. Goffman [1963] 1970, 13) GOFFMAN unterscheidet zwischen sichtbaren und nicht-sichtbaren Stigmata und diskreditierten und diskreditierbaren Menschen. Während die einen (Diskreditierte mit sichtbarem Stigma) bei jedem sozialen Kontakt auf kontingente Verknüpfungen ihres Stigmas mit anderen Attributen gefaßt sein müssen, bleibt den anderen (Diskreditierbare mit nicht-sichtbarem Stigma) die Möglichkeit, im Sinne eines „Stigma-Managements" (ebd., 68) die Verarbeitung von Informationen durch Täuschen oder Geheimhalten zu steuern. Wiederum weist GOFFMAN darauf hin, daß es sich bei diesen Praktiken um Charakteristika *aller* Interaktionen handelt. „Stigma-Management ist ein Ableger von etwas Fundamentalem in der Gesellschaft: dem Stereotypisieren oder 'Profilieren' unserer normativen Erwartungen in bezug auf Verhalten und Charakter." (Ebd.)

Es wäre also nicht konsequent, für diese „fundamentalen" Techniken einen gesonderten theoretischen Zugriff zu formulieren, nur weil der Bezugspunkt über ein Stigma gegeben ist. GOFFMANs Generalisierung findet aber nicht nur auf einer anderen Ebene statt als bei HOHMEIER, sie wird auch situativ unterbrochen. Sein Vergleich von Interaktionen deckt *unterschiedliche* Techniken der Stigmatisierten selbst, aber auch der 'Normalen' im Umgang mit Stigmatisierten auf. Nicht immer könne dabei — so GOFFMAN — von einem Einfluß des negativen Kennzeichens ausgegangen werden. Angehörige, mit dem Stigma Vertraute, können es übersehen; in manchen Situationen könne es gar nicht wahrgenommen werden, weil die Begegnung zu kurzfristig oder auf anderes fokussiert sei. GOFFMAN weist ausdrücklich darauf hin, daß Stigmata nicht immer wirksam sind, daß es vielmehr wichtig sei, auf „*verschiedenartige* Strukturen ..., in denen Kontakt vorkommt und stabilisiert wird" (ebd., 72, Herv. I.S.), zu achten. Die Vielfalt an Umgangsweisen mit Stigmata, die GOFFMAN zusammenstellt, ist erstaunlich. Als beeinflussende Faktoren identifiziert er den Status des Gegenübers, die Gewöhnung der anderen aber auch die eigene Erfahrung im Umgang mit der Andersartigkeit. *Relationalität* und *Kontingenz* benennt er als die entscheidenden Merkmale seines Stigma-Begriffs. (Vgl. ebd., 11, 25) Nur in der jeweiligen *face to face*-Beziehung

---

10   Als „naturalistische Forschung" stellt Karl LENZ GOFFMANs Methode, „Wissen aus Empirie zu akkumulieren" (Lenz 1991, 52), in die Nähe der „Grounded Theory" von Barney GLASER und Anselm F. STRAUSS (vgl. ebd.).

gewinnt ein Zeichen eine negative Qualität, deren genaues Ausmaß wiederum von den Verknüpfungen abhängig ist.[11]

Diesem sehr beweglichen Stigma-Begriff gegenüber erscheint der von HOHMEIER genutzte Ansatz eher statisch. Im Gegensatz zu der situationsabhängigen Flexibilität postuliert er ein Modell überdauernder Stabilität. Das Ende des *Stigmatisierungsprozesses* markiert eine „Altenrolle", ein „relativ geschlossenes Bedeutungssystem ..., innerhalb dessen alle Erscheinungen als 'altersbedingt' interpretiert werden können" (Hohmeier 1975, 19). Den Weg dahin bereiten drei Schritte: 1. Generalisierung, 2. Pathologisierung, 3. Selbsttypisierung. (Vgl. ebd., 13f.) Von vorhandenen biologischen Merkmalen (z.B. graue Haare, langsamer Gang) wird auf Alter geschlossen. Dieser *master status* wird in einem nächsten Schritt „durch den monokausalen Rekurs auf biologische Prozesse als Abweichung von einer Norm — entweder der des Erwachsenen oder der des 'normalen' alten Menschen" (ebd., 13) als Krankheit negativ akzentuiert und wird dann nach und nach in das Selbstbild übernommen. HOHMEIER greift auf eine Analyse von Vern L. BENGTSON und Joseph A. KUYPERS zurück, um diesen Ablauf zu konkretisieren. (Vgl. Tabelle 5)

Die Kombination dieses Prozesses mit Zeitmarken ergänzt die interaktionistische Analyse um eine neue Qualität: *„Konditionierungen" und wiederholte „Heranführungen" verweisen auf eine determinierende Temporalstruktur.* Den organisationsspezifischen 'Karriere'-Modellen sehr ähnlich (vgl. Sack 1968) wird eine Struktur altersdifferenzierender Erwartungen beschrieben, die Alter erzeugt. Das Bild einer Gesellschaft, die keinen Bedarf an alten Menschen hat und deren Älterwerden anleitet, findet sich eher undeutlich im Hintergrund formuliert; der Akzent liegt auf den Jahrzehnte umfassenden Prozessen der Typisierung. Die Ergänzung des interaktionistischen Typisierungsprozesses um die chronologisch fixierte 'Alterskarriere' stellt HOHMEIERs Beitrag zur Alternsforschung dar.

---

[11] Vgl. dazu auch die Auseinandersetzung von Armin NASSEHI mit dem MEADschen Zeitbegriff. Die Auflösung von Wirklichkeit in Ereignispräsenzen und die „induktionslogische Konstitution" (Nassehi 1993, 115) eines emergenten Ordnungsniveaus führen zu einer Konzeption von „Sukzession als operative(m) Geschehen, d.h. als aus sich selbst konstituierte Sequenz von Ereignissen mit sich stets wandelnden ereignishaften Gegenwarten" (ebd., 114). Die MEADsche Sozialität wird von NASSEHI als „Temporalkategorie" (ebd., 116) gefaßt, nicht als determinierende Struktur und nicht als determiniert durch intentionales Bewußtsein. (Vgl. ebd., 122) Symbole als „zeitfeste Sinnspeicher" (ebd., 129) erzeugen zwar eine Struktur, die aber einzig und allein die Vermittlung von unterschiedlichen Perspektiven gewährleistet und eben keine kausalen Handlungszusammenhänge erklärt. (Vgl. ebd., 136) Diese *essentials* des 'Symbolischen Interaktionismus' verdeutlichen, wie wenig eine strukturell begründende (HOHMEIER) oder über Bewußtsein auflösende (KECKEISEN) Devianztheorie noch mit interaktionistischen Ansätzen zu tun hat. Sicherlich sind GOFFMANs Arbeiten nicht mit MEADs theoretischen Ausführungen gleichzusetzen. GOFFMANs Wahl der Begriffe Kontingenz und Relationalität legt aber eine Parallelisierung nahe.

2. Interaktion: Alter wird stigmatisiert

1	Auf Grund biologisch-altersbedingter Merkmale (Haare, Gesicht, Gang etc.) wird ein Individuum für Typisierungen ‚verwundbar'.	um 50. Lebensjahr
2	Es erfolgt eine Etikettierung gemäß dem Altersstereotyp, in dessen Rahmen vielfältige Eigenschaften als ‚alt' oder ‚alternd' gedeutet werden.	
3	Über Hinweisreize und Erwartungen wird das Individuum an die Altenrolle herangeführt, deren Übernahme aber zunächst noch mit dem Hinweis auf eigene Interpretationen zurückgewiesen wird.	um 55. Lebensjahr
4	Durch verstärkten Umweltdruck und durch Konditionierungsprozesse beim Individuum selbst wird die Rolle teilweise übernommen und ins Selbstkonzept integriert, Veränderungen werden zunehmend dem eigenen ‚Alter' zugeschrieben.	um 60. Lebensjahr
5	Rollen werden aufgegeben, bis dahin vorhandene Fähigkeiten verlernt, weil sie infolge der neuen Verhaltensorientierung nicht mehr benötigt werden.	um 65. Lebensjahr
6	Das Lernen der Altenrolle ist weitgehend abgeschlossen und das Individuum identifiziert sich mit ihr; es zieht sich aus den sozialen Beziehungen zurück und verhält sich zumeist konform mit der Altenrolle seiner sozialen Schicht.	um 70. Lebensjahr

Tabelle 5: Stigmatisierung im Alter nach HOHMEIER *(1975, 21f.)*

Das Modell von KUYPERS und BENGTSON — auf das sich HOHMEIER bezieht — kennt diese Dimension nicht. In ihrer Analyse von „Social competence and breakdown" (1973) gehen sie von einem spiralförmigen Verlauf aus:

„ (1) An elderly individual, whose self-concept may already be vulnerable because of role loss or negative stereotypes concerning aging, experiences a health related crisis; this leads to

(2) labeling of the older person as dependent by the social environment ...;

(3) atrophy of previous competency skills occurs; and

(4) the individual adopts the self-concept of sick, inadequate, or incompetent. This leads to further vulnerability, *and the negative cycle occurs again*, with further consequences to social and psychological competence." (Passuth & Bengtson 1988, 342, Herv. I.S.)

Auch BENGTSON und KUYPERS gehen von einer Verschlechterung der Situation durch Wiederholung aus (vgl. ebd.); die Wiederholung selbst bedingt sich jedoch durch einen Kreislauf von Fremd- und Selbsttypisierungen und eben nicht durch allgemeine gesellschaftliche Altersstufen.

Ähnlich wie im Umgang mit GOFFMANs Forschungen nutzt HOHMEIER auch das Modell von KUYPERS und BENGTSON in veränderter Weise. Der Rahmen der Interaktion wird gesprengt, um zeitlich überdauernde Strukturen beschreiben zu können. Was durch eine Fokussierung von Interaktionen in den Blick gerät (Stigma und Typisierungsprozesse), wird in interaktionsübergeordneten Zusammenhängen interpretiert. Auf diese Weise verlieren Beobachtungen der Interaktionsanalyse ihre situative Bedingtheit. Es ist dann nicht mehr die Emergenz von Interaktionen, die den Rekurs auf Stigmata ermöglicht (oder auch nahelegt), stattdessen dienen Interaktionen der Durchsetzung gesellschaftlicher Erwartungen. *Wo sich Goffman, aber auch Kuypers und Bengtson darüber wundern, wie Interaktionen Erwartungen erzeugen und Normen aktivieren, legt Hohmeier einen übergeordneten Zusammenhang zugrunde und fügt deren Ergebnisse in die Logik der 'Leistungsgesellschaft'.*

Der Versuch, diesen Zusammenhang zu konkretisieren und Stigmatisierungen funktional zu begründen, stellt sich als sehr schwierig heraus. HOHMEIER vermutet in seinem Aufsatz „Stigmatisierung als sozialer Definitionsprozeß" (1975) individuelle und gesellschaftliche Einflüsse. Als Orientierungsfunktion und Identitätsstrategie führen Stigmatisierungen abweichenden Verhaltens zur Stabilisierung des „bedrohte(n) seelische(n) Gleichgewicht(s)" (Hohmeier 1975, 11). Der Gesellschaft dienen sie durch die Benennung von 'Sündenböcken' zur Systemstabilisierung, zur Ablenkung vom Klassenantagonismus, zur Belohnung der Normkonformität der 'Normalen' und als Herrschaftsfunktion zur „Unterdrückung solcher Gruppen ..., deren wirtschaftliche oder politische Konkurrenz *man* zu verhindern wünscht oder die *man* aus anderen Gründen von der Teilhabe an der Gesellschaft ausschließen will" (ebd., 12, Herv. I.S.). An anderer Stelle benennt er diese gesellschaftliche Dimension als „Interessen globaler gesellschaftlicher Institutionen" (ebd., 21).

Auch wenn sich die Frage nach den Triebkräften hinter dem geheimnisvollen „man" (ebd., 12, s.o.) aufdrängt, soll es hier nicht um eine Kritik kritischer Gesellschaftstheorie gehen. Vielmehr ist es wichtig aufzuzeigen, daß HOHMEIER mit seiner Argumentation unterschiedliche Theorieelemente miteinander kombiniert, die sich in dieser Kombination widersprechen. Entweder entstehen Stigmata in Interaktionen[12] oder durch gesellschaftliche Strukturen. Letztere Begründung widerspricht auch der Distanzierung des Definitionsansatzes vom ätiologischen Paradigma. Es sollte eben nicht mehr um die Benennung von Ursachen gehen, sondern um Konstruktionen vielfältiger Abweichungsmöglichkeiten in Abhängigkeit von unterschiedlichen Normen. Das schlagende Argument der Typisierungsansätze ist ja gerade ihre Beschreibung von *relationalen Selektionen* und nicht von *substantiellen Determinierungen*.

3. Organisation: Alter wird etikettiert

Die Verbindung der theoretischen Ansätze, Gesellschaftskritik und Symbolischer Interaktionismus, stellt sich auf der Ebene der 'institutionellen Stigmatisierung' als weniger problematisch heraus. Der Plausibilität dieser Beschreibungen verdankt sich sicherlich die Prominenz des HOHMEIERschen Stigma-Ansatzes. Undeutliche gesellschaftskritische Implikationen werden hier durch konkrete organisationsspezifische Strukturierungen ersetzt. Im Stigmatisierungsprozeß selbst werden Organisationen

---

[12] Daß diese Stigmata auch auf gesellschaftliche Normen zurückgreifen, wenn sie 'Normalität' benennen, wurde bereits oben mit einem Zitat von GOFFMAN beschrieben. Auch die mangelnde Verknüpfung von Gesellschaft und Interaktion wurde bereits oben als Schwäche des Symbolischen Interaktionismus bezeichnet. Dennoch verbietet es sich, mit unter spezifischen Prämissen (Interaktionsanalyse) entstandenen Ergebnissen (Typisierungen) in einem anderen Rahmen (Gesellschaftskritik) einen anderen Zusammenhang zu begründen (Alter als negativer Wert der Leistungsgesellschaft), wenn beide Rahmen sich gegenseitig ausschließen.

3. Organisation: Alter wird etikettiert

vorrangig am Ende der 'Alters-Karriere' verortet: Als Ersatz für familiäre Hilfe übernehmen Altenheime Aufgaben der Versorgung bei Hilfebedürftigkeit. HOHMEIER charakterisiert Organisationen im Rückgriff auf die kritische Auseinandersetzung der Etikettierungstheorie mit der organisierten Erzeugung von Devianz. Der Benennung von Hilfebedürftigkeit folgt demzufolge auch die Kontrolle des Hilfebedürftigen. (Vgl. Peters 1989, 9ff.) Am Beispiel von Heimordnungen führt HOHMEIER aus: „Es darf angenommen werden, daß die in den Hausordnungen sichtbare Orientierung an der traditionellen Altenrolle [= Passivität, Dankbarkeit, Bescheidenheit der Ansprüche und Zurückgezogenheit, I.S.] deshalb so durchgängig und verbreitet ist, weil gerade ein Bild vom alten Menschen, das diesen im Rahmen eines generellen Abbaus psychischer und sozialer Kompetenz sieht, den Interessen des Altenheimpersonals entgegenkommen muß. Dies ist deshalb der Fall, weil das konventionelle Altenbild die Sozialisation des Heimbewohners in die Abhängigenrolle unterstützt, die Regelung aller Lebensvollzüge nach den in Krankenhäusern geltenden Prinzipien fördert und damit Routine, reibungsloses Funktionieren sowie Distanz zu den Bewohnern erleichtert und weil es zum anderen eine Quelle für die Legitimation des institutionellen Handelns im Sinne von Bewahrung und Versorgung darstellt." (Hohmeier 1978, 24) Die Verfestigung der Altenrolle verdankt sich laut HOHMEIER neben temporalen Limitierungen (Alternsstufen) diesem institutionellen Zugriff. (Vgl. ebd.)

Mit dem Wechsel des Interpretationsrahmens von Gesellschaft zu Organisation gewinnt auch die Behauptung einer Kontrollfunktion einiges an Plausibilität. Die von HOHMEIER beschriebenen Elemente pflegerischen Handelns zeichnen ein Bild stationärer Altenpflege, das sicherlich für die 70er Jahre (und natürlich die Zeit vorher) charakteristisch ist. Die „Satt-und-Sauber-Pflege" als einer der unkompliziertesten Pflegestile hatte ein Bild von alten Menschen erzeugt, das weitgehend von individuellen Eigenschaften absah und eine Uniformität defizitärer Alternsverläufe nahelegte. (Vgl. Strauch 1978, 102ff.).

Unter dem Titel „Asyle" hat GOFFMAN 1961 diese Beobachtung zum Gegenstand einer Analyse gemacht. Als „totale Institutionen" (Goffman [1961] 1973, 16) gelten ihm solche Einrichtungen, deren Klienten sich sowohl räumlichen als auch zeitlichen Anordnungen hinsichtlich ihrer Lebensvollzüge (spielen, schlafen, arbeiten an einem Ort) und Tagesabläufen unterwerfen müssen. (Vgl. Goffman [1961] 1972, 17) Konsequenzen dieser für die moderne Gesellschaft ungewöhnlichen Form der Entdifferenzierung sieht er in der Betonung überwachender Tätigkeiten auf seiten des Personals mit dem Ziel der Unterwerfung der Insassen: „In einer totalen Institution ... werden die Aktivitäten eines Menschen bis ins kleinste vom Personal reguliert und beurteilt; das Leben des Insassen wird dauernd durch sanktionierende Interaktionen von oben unterbrochen ... . Jede Bestimmung raubt dem einzelnen eine Möglichkeit, seine Bedürfnisse und Ziele nach seinen persönlichen Gegebenheiten auszugleichen, und setzt sein Verhalten weiteren Sanktionen aus." (Ebd., 45) GOFFMAN identifiziert in dem Rahmen 'Organisation' strukturelle Variablen, die die Interaktion beeinflussen. Die „bürokratische Organisation ganzer Gruppen von Menschen" (ebd., 18) synchronisiert eine Vielzahl von Lebensvollzügen und erzeugt damit eine institutionsspezifische Uniformität. In seiner Auseinandersetzung mit „The moral career of the mental patient" (1969a) und „The effects of inmate status" (1969b) rekonstruiert er den Vorgang der Anpassung eines psychisch Kranken an die neue Umgebung 'psychiatrische

Klinik'. Der Verlauf dieser Karriere wird jedoch — so GOFFMAN — eben nicht durch eine spezifische Funktion der Klinik (Kontrolle) oder ein gesellschaftliches Interesse (Ausgliederung) bestimmt, ganz zu schweigen von individuellen Problemen der Abweichung (psychische Erkrankung), sondern vielmehr durch ein unglückliches Zusammenspiel von zufälligen Faktoren. „Career contingencies" (Goffman 1969a, 95) wie z.B. der Verlust des Arbeitsplatzes, das Ende der Beziehung und ein Umfeld, das diese Probleme nicht bearbeiten kann, lassen die Einweisung als Lösung erscheinen. Genauso seien Zufälle dafür verantwortlich, daß der Betroffene sich tatsächlich zu einer Behandlung bereiterkläre, die im Grunde genommen seinen Zustand noch verschlimmere: Mit dem Eintritt in die Organisation wird er durchgängig als psychisch Kranker angesprochen; ein Etikett, das sehr grundsätzlich die Normalität seines Trägers in Frage stellt. Schließlich hänge auch die Entlassung des Patienten wiederum von kontingenten Entscheidungszusammenhängen ab: Gibt es einen Arbeitsplatz, eine Wohnung, Angehörige? GOFFMAN faßt diese Beobachtung zusammen: „However, in the degree that the 'mentally ill' outside the hospitals numerically approach or surpass those inside hospitals one could say that mental patients distinctively suffer not from mental illness, but from contingencies." (Ebd., 93)

Auf der anderen Seite dieser Willkür findet sich laut GOFFMAN „the circuit of agents" (ebd., 93): die nächsten Angehörigen (die sich mit dem Arzt „verbünden"), „Kläger" (die die Einweisung vorschlagen), Vermittler (die den Kontakt zur Klinik herstellen) und schließlich die Anstaltsleitung und das Personal. Als offizielle Seite der Karriere repräsentieren sie eine externe Perspektive; ihnen allen gemeinsam ist eine Orientierung auf den Patienten als psychisch Krankem. Damit verbundene Effekte der Hospitalisierung erklärt GOFFMAN zusammenfassend „not merely out of its possessor's interactions with significant others, but also out of the arrangements that are evolved in an organisation for its members." (Goffman 1969b, 194) Bedingungen der Organisation sind vor allem für die negativen Seiten der Behandlung, die Einschränkung der persönlichen Freiräume, verantwortlich. Im konkreten Kontext der „totalen Institution" dominieren Interventionen in die alltäglichen Lebensvollzüge des einzelnen, die kontrollierenden Übergriffen gleichkommen. An anderer Stelle spricht GOFFMAN von "frames" (Goffman 1974), die unterschiedliche Limitierungen der Interaktion mit sich ziehen. In diesem Sinne verwendet er auch hier den Bezugsrahmen 'Organisation'. Mit dem Wissen um allgemeine Erwartungen in einem spezifischen Kontext entsteht eine entsprechend „gefärbte" Interaktion. Genau diesem Phänomen spürt GOFFMAN mit seinen detaillierten Interaktionsanalysen nach und eröffnet dem Leser so einen Blick auf das *Zusammenspiel von persönlichen Kontingenzen und offiziellen Konstanten*. Einflüsse der Organisation werden von ihm also zugestanden, jedoch nur auf der Ebene der Interaktion verortet. Interessen an der Behandlung psychisch Kranker vermutet er eher bei Angehörigen bzw. „Klägern", die unter der problematischen Beziehung zu dem Betroffenen leiden, als bei wie auch immer bezeichneten gesamtgesellschaftlichen Agenten. Als Begrenzung kontingenter Interaktionen *ermöglicht* die Organisation deviantes Verhalten, sie *verursacht* es jedoch nicht. Daß letztlich in „totalen Institutionen" immer auch Devianz entsteht, kann damit innerhalb dieser Argumentation nicht über interaktionsübergreifende Strukturen erklärt werden. (Vgl. Goffman [1982] 1994, 75) Wohl aber läßt sich ein kontrollierendes Element als Bestandteil des Rahmens 'Organisation' identifizieren.

3. Organisation: Alter wird etikettiert

Mit der Beobachtung von kontrollierenden Elementen in der Beziehung zwischen Helfer und Hilfebedürftigem hat ein neues Paradigma in der Devianzsoziologie Fuß gefaßt. Die aus den USA stammende[13], in Deutschland von Fritz SACK[14] eingeführte „neue" Devianzsoziologie bewährte sich zunächst auf dem Gebiet der Kriminologie. Auf der Basis von Statistiken zu kriminellem Verhalten bei nicht strafrechtlich erfaßten Menschen bestreitet SACK die Möglichkeit, abweichendes Verhalten nur über die Kenntnis des Verbrechers bestimmen zu können. Tatsächlich mache sich regelmäßig ein weitaus größerer Teil der Bevölkerung strafbar („etwa 80-90% (haben) irgendwann einmal irgendetwas getan, das Gesetze unter Strafe stellen" (Sack 1968, 463), ohne rechtlich belangt zu werden. Die positive Definition „Wer gegen ein Strafgesetz verstößt, ist ein Verbrecher" wird von ihm deshalb als unzureichend betrachtet. Stattdessen geraten Prozesse der Definition von Verbrechen und Verbrechern durch juristische Institutionen in den Blick. „Die entscheidende wissenschaftliche Frage ... besteht darin, wie man sich den Prozeß des Herausfilterns der letztlich 'kriminellen Population', d.h. derjenigen, gegen die schließlich 'im Namen des Volkes' ein Urteil gesprochen wird, vorzustellen hat." (Sack 1968, 463f.) Prinzipiell könnte dies nach dem Zufallsprinzip passieren, aber SACK geht aufgrund von soziologischen Untersuchungen zur Schicht- und Familienabhängigkeit von Verbrechen davon aus, „daß dieser Selektionsprozeß nach bestimmten Regelmäßigkeiten abläuft, daß sich soziologische Gesetzmäßigkeiten nachweisen lassen, die hier im Spiele sind" (ebd., 464). Er lenkt die Aufmerksamkeit auf organisationsspezifische Tendenzen, eine Handlung so zu rekonstruieren, daß sie sich der Struktur und Logik juristischer Entscheidungen fügt. Wenn Kriminelle wesentlich aus Unterschichten und zerrütteten Familien stammen, liege das daran, daß abweichendes Verhalten bei diesen Gruppen kriminalisiert werde; in anderen Schichten und Familien gäbe es laut Statistik genauso viele Normverstöße, die jedoch nicht zu einem Bestandteil der typischen kriminellen 'Karriere' würden. (Vgl. ebd., 473) Auch SACK dient letztlich ein marxistisch-orientiertes Gesellschaftsbild zur Einordnung dieser Phänomene als Bestandteile von Klassenjustiz und Klassengesetzgebung. (Vgl. Meyer & Weber 1981, 63) Das Prozeßmodell fokussiert jedoch explizit die Kategorie 'Organisation' als Bezugsrahmen für Definitionsleistungen.[15] SACK erklärt die Verursachung von Devianz über den kontrollierenden Zugriff

---

[13] Howard S. BECKER wird als einer der „Urväter" des *labeling approach* in der Devianzsoziologie bezeichnet (vgl. Meyer & Weber 1981, 55). Sein 1963 erschienenes Buch „The Outsider" erklärt die Entstehung abweichenden Verhaltens über Drogengebrauchern über interaktionistische Prozesse. (Vgl. Becker [1963] 1973) Als weitere „Väter" gelten: Frank TANNEBAUM, Edwin H. LEMERT, Kai T. ERIKSON, John J. KITSUE, Aaron V. CIRCOUREL, Erving GOFFMAN und Harold GARFINKEL. (Vgl. Opp 1974, 180)

[14] Fritz SACK wird als Vertreter des „radikalen *labeling approach*" gehandelt, demzufolge alle Abweichung auf Interpretation beruht und sich nicht über Designata einordnen, geschweige denn erklären läßt. (Vgl. Sack 1968, 465) Karl Dieter OPP bestreitet dies und unterstellt „faktische Ereignisse" (Opp 1974, 207), anhand derer ein Verhalten als eindeutig abweichend zu benennen sei. Niklas LUHMANN löst diese Problematik auf, indem er Abweichung/Konformität vor dem Hintergrund eines normativen Erwartungskontextes plaziert. (Vgl. Luhmann 1984, 439f.) Die eindeutige Identifikation von Abweichung ist demzufolge möglich, bleibt jedoch immer beobachterabhängig.

[15] Wolfgang KECKEISEN spricht diesen 'Karriere'-Modellen eben diesen Definitionscharakter ab, da sie „von dem inkriminierten Ereignis nicht nur buchstäblich durch einen Augenblick, sondern durch

der Organisation als strukturellem Faktor, der Erwartungen bindet, *indem* er von Interaktionen abstrahiert[16].

HOHMEIER vernachlässigt eben diese Kategorie als eigenständige Analyseebene. Aufbauend auf seiner Gesellschaftskritik unterstellt er ein unmittelbares Interesse der 'Leistungsgesellschaft' an kontrollierender Einflußnahme. Um die Durchsetzung von Stigmatisierungen zu erklären, wendet er die Frage nach der Kontrolle in die Frage nach der „Macht, über die Stigmatisierer und Stigmatisierte verfügen. Stigmatisierungen sind gegen Gruppen, die über wenig Macht verfügen, leichter durchzusetzen als gegen Gruppen mit großer Macht." (Hohmeier 1975, 9) *Das Interesse eines 'Systems' an der Durchsetzung von Normen, die den einen nützen, den anderen schaden, führt demzufolge zu repressiven Mechanismen allgemein innerhalb der Gesellschaft und konkret in Organisationen, die als 'verlängerter Arm' der Gesellschaft fungieren.* (Vgl. Hohmeier 1978, 15) Anstatt zunächst nach Konditionierungen durch die Organisation zu fragen, wählt er den direkten Weg vom gesellschaftlichen Interesse zur defizitären Pflege.

Zusammenfassend läßt sich festhalten: Der Rekurs auf die Organisation 'Altenheim' begründet sich zunächst als Verweis auf nur eine der möglichen Analyseebenen (Gesellschaft, Organisation, Interaktion), übernimmt aber letztlich die Beweislast für alle, wenn es um die Frage der konkreten Durchsetzung von Stigmatisierungen geht. Was sich in gesamtgesellschaftlichen Zusammenhängen nur vage formulieren ließ (vgl. Kap. III.1), in Interaktionen fast völlig aus dem Blick geriet (vgl. Kap. III.2), gewinnt nun mit Hilfe der Kategorie 'Organisation' Profil. Im Gegensatz zu SACKs Analyse verliert jedoch HOHMEIERs Ansatz mit diesem Kollaps der Ebenen die entscheidenden Argumente. Die kritisierte Pflege alter Menschen erklärt er nicht in ihrer Abhängigkeit von den Bedingungen der Organisation, sondern von der spezifischen Organisations*form*. (Vgl. Hohmeier 1978, 24) Durch dieses Vorgehen wird die Plausibilität der Beobachtung einer kontrollierenden institutionellen Hilfeleistung auf das gleiche undurchsichtige Prinzip eines gesellschaftlichen „man" zurückgeführt, das schon für die Marginalisierung und Stigmatisierung alter Menschen verantwortlich sein sollte.

4. Grenzen des Definitions-Ansatzes
Die Diskriminierung des Alters kann nicht kausal erklärt werden

Die für die 70er Jahre charakteristische Argumentationsfigur der machtausübenden und herrschaftssichernden Marginalisierung will asymmetrische Verhältnisse in der Gesellschaft als Ganzer, in Interaktionen und in Organisationen begründen. In der Auseinandersetzung um die Frage nach der Altersdifferenzierung in modernen Gesell-

---

raumzeitliche wie soziale Distanz getrennt" (Keckeisen 1974, 49) seien. Definitionen würden aber die „Situation(en) des 'labeling' *und* die Situation(en) des 'devianten Ereignisses'" (ebd., 48) bestimmen. In der Kritik an der mangelnden Berücksichtigung der interaktionistischen Komponente ist KECKEISEN sicher zuzustimmen. Wenn er jedoch Kontrolle über die Bindung von Interaktionen an intentionales Bewußtsein erklärt, vergibt auch er die entscheidenden Möglichkeiten zur Bestimmung von Emergenz über Interaktionen.

[16] Vgl. dazu die Ausführungen von SACK zu Jugendgerichtsprozessen, in denen über den Tathergang in der Verhandlung selbst keine Einigung erreicht werden kann, weswegen die richterliche Rekonstruktion juristische Evidenzen produzieren muß. (Vgl. Sack 1968, 466)

4. Grenzen des Definitions-Ansatzes

schaften eröffnet HOHMEIERs Stigma-Ansatz damit eine Perspektive, die biologische Determinismen radikal leugnet. Nicht 'hohes Alter' selbst erzeuge altersdifferenzierende Erwartungen, sondern eine Gesellschaft, deren zentrale Werte unvereinbar mit 'Alter' seien. Die Utopie einer emanzipierten Gesellschaft eröffnet den Blick auf ein Altern, das im besten Fall auf diese Kategorie nicht mehr zurückgreifen muß. Mit anderen Worten: „Alter läßt sich entstigmatisieren." (Hohmeier 1978, 29) Während noch der strukturfunktionale Theorierahmen von einer spezifischen Funktion alter Menschen in jeder Gesellschaft ausging, führt HOHMEIER die Entstehung dieser Altersgruppe mit ihren negativen Attributen auf eine spezifische Gesellschaftsform zurück. Eine Veränderung der Gesellschaft führt demzufolge nicht zu einer positiven Funktionsbestimmung des 'hohen Alters', sondern zu einem nicht über Leistungen und Repressionen bestimmten Leben, im Alter vermutlich genauso wie in der Jugend.

Genauer wird dieses Positivbild von HOHMEIER nicht bestimmt. Dieser Mangel ist charakteristisch für gesellschaftskritische Ansätze. Ebenso wie die Definition von 'Rand' und 'Kern' bedingen sich auch gesellschaftskritische Diagnose und Utopie. Was werden soll, läßt sich ableiten aus dem, was ist, und *vice versa*. Die Analyse transportiert Bedeutungen auf beiden Ebenen und rechtfertigt auf diese Weise ihre Diffusität. Auf diese zirkuläre Argumentation macht auch Walter SCHULZ aufmerksam, wenn er formuliert: „Sie [die kritische Soziologie, I.S.] deckt die Widersprüche dieser [gesellschaftlichen, I.S.] Situation auf und bemißt (sic!) sie an dem Entwurf einer repressionsfreien Gesellschaft, deren Glieder durch ein emanzipiertes Bewußtsein bestimmt sind." (Schulz 1993, 159) Unpräzise, generalisierende Aussagen der soziologischen Gesellschaftskritik verdanken sich eben diesem Vorgehen. Auch HOHMEIERs Analyse muß vor dem Hintergrund dieser Theorietradition gelesen werden.

Den Beginn seiner Ausführungen markiert die Einordnung des Themas in den Kanon der 'Sozialen Probleme', der 'Randgruppenarbeit'. Problematisches Altern wird bei HOHMEIER genauso vorausgesetzt wie bei PARSONS. An die diffuse Bestimmung der Qualitäten einer Randgruppe 'alte Menschen' schließt sich eine interaktionistische Erklärung des Marginalisierungsprozesses an. Dem chronologischen Altern folgend werden alte Menschen an die Altenrolle herangeführt. Die Verortung dieses Prozesses in Interaktionen baut dabei zunächst auf interaktionistische Prämissen, betrachtet Interaktionen aber auf einer übergeordneten Ebene als ausführendes Organ gesellschaftlicher Definitionsprozesse. Auf diese Weise werden die Beobachtungen von BENGTSON und KUYPERS und von GOFFMAN, die wechselseitige Definitionsprozesse unterstellen, asymmetrisiert und ihrer zeitlichen Flexibilität und inhaltlichen Kontingenz beraubt. *Die statische Beschreibung einer umfassenden Diskriminierung, die einerseits von der differenzierten Situation alter Menschen abstrahiere, andererseits gerade in ihrer Generalisierung auf gesellschaftliche Definitionsprozesse verweise, ist in sich nicht stimmig.* HOHMEIER geht es nicht um die mögliche Entstehung von Altersbildern, die in ihrer negativen Akzentuierung alte Menschen einschränken. Er fokussiert diskriminierende Handlungen, die individuelle und gesellschaftliche Funktionen erfüllen: Die Stigmatisierung dient neben der Stabilisierung von Identität der Ausgliederung alter Menschen. Mit der Unterstellung von Lebensverhältnissen alter Menschen, die nicht den Tatbestand der Ausgliederung erfüllen, wird aber das gesamte Erklärungsmodell in Zweifel gezogen. In diesem Fall könnte allenfalls ein diskriminierendes Altersbild beschrieben werden, dessen Schädlichkeit durch mangelnden Realitätsbezug und eben nicht durch seine Verdoppelung in den Altenrollen entsteht. Die von HOHMEIER eingeforderte Differenzierung im Umgang mit alten Menschen in unterschiedlichen Lebensverhältnissen müßte sich zuallererst in seiner Theorie widerspiegeln. Schwankt das Ausmaß der Diskriminierung, dann deutet dieser Befund eher auf intervenierende Variablen hin als auf einen allgemeinen zentrifugalen Mechanismus. Das Marginalisierungstheorem der 70er Jahre hat zu der Vereinbarung zweier in sich widersprüchlicher Ergebnisse geführt, die sich beide nur über ihre problematisierende und gesellschaftskritische Stoßrichtung rechtfertigen, nicht aber durch ihre logische Verknüpfung.

Inkonsistenzen durch den Rekurs auf „gesellschaftliche Definition" ergeben sich auch in der Konkretisierung von Marginalität am Beispiel von Organisationen. Defizitäre Altersbilder zu benennen, die im organisatorischen Zugriff entstehen, erwirtschaftet dem Stigma-Ansatz einen Zugewinn an Plausibilität. Nicht der normale Mensch auf der Straße (und auch nicht ein dahinter stehendes gesellschaftliches Agens) diskriminieren demzufolge alte Menschen, sondern Experten. Die von vornherein asymmetrische Hilfesituation wird von einer positiven in eine negative Beziehung gewendet. HOHMEIER gibt sich aber wiederum nicht mit dieser Beobachtung und dem Rahmen 'Organisation' zufrieden. Er parallelisiert organisationsspezifische Statusunterschiede als Machtunterschiede mit gesellschaftlicher Herrschaft und Repression. Mit anderen Worten: In gesellschaftlichem Interesse erzeugen *und* kontrollieren Organisationen deviantes Verhalten.

An dieser Stelle ist es gar nicht nötig, die heftige Diskussion um eine idealistische oder eine materialistische Verortung des *labeling approach* nachzuvollziehen.[17] Inwieweit Devianz mit faktischen Designata korreliert, läßt sich bei HOHMEIER recht gut benennen. 'Hohes Alter' läßt sich zwar „aus der Klammer einer deterministischen biologischen Sichtweise" (Hohmeier 1978, 29) lösen, stellt aber in seiner physiologischen Auffälligkeit einen eindeutigen Bezugspunkt nicht nur der Stigmatisierung, sondern auch des Stigma-Ansatzes dar. Die GOFFMANsche „Visualität" (Goffman [1963] 1970, 64) des hohen Alters verhindert eine Radikalisierung des Ansatzes im Sinne von SACK. Dennoch verbleibt die Frage nach der Übersetzung von gesellschaftlichen Interessen in Handlungen von Experten. Wie schon gesagt: Es geht nicht um universale Wertvorstellungen, die — wie von PARSONS angenommen — qua Sozialisation internalisiert werden. HOHMEIER unterstellt partikulare Interessen, die eben nicht von allen geteilt werden und deshalb durchgesetzt werden müssen. Helge PETERS kritisiert zu Recht in diesem Zusammenhang: „Die Annahme der Definierbarkeit des Handelns und die Annahme eines politischen und ökonomischen Wollens sagen ja wenig darüber, wie sich dieses Wollen in den Köpfen der Kontrolleure in Kontrollhandeln umsetzt." (Peters 1989, 186) Die Devianzsoziologie — und auch HOHMEIER —

---

[17] Monika FRIEDRICH faßt diesen Befund als Spannung zwischen den Begriffen 'Konstruktion' und 'Produktion': „Während Konstruktion auf die menschliche Leistung in der Interaktion, auf die intentionalen Aspekte der Devianzzuweisungsprozesse, die sich in den Mechanismen der gesellschaftlichen Reaktion realisieren, verweist, signalisiert der Terminus Produkt, daß Abweichung über den Prozeß ihrer Herstellung sich gleichsam von ihm abgelöst und als *Ereignis, Resultat, Effekt* objektiv feststellbares Faktum wird." (Friedrich 1986, 46)

bleibt diese Antwort schuldig. In Interaktionen und Organisationen lassen sich Phänomene verorten, die sich nicht über die Gesellschaft als Ganze erklären lassen.

Die Kritik am Stigma-Konzept von HOHMEIER läßt sich zusammenfassend als eine Kritik am reduktionistischen Umgang mit den drei Ebenen 'Gesellschaft', 'Interaktion' und 'Organisation' benennen. Selbst wenn man die gesellschaftskritische Diagnose von 'Kern' und 'Rand' mittragen würde, erzeugt die Auflösung von 'Interaktion' und 'Organisation' in ihre gesellschaftliche Determinanz mehr neue Fragen, als daß sie Antworten liefert. Die nachträgliche gesellschaftskritische Einordnung von nicht nur interaktionsspezifischen, sondern auch organisationsspezifischen Konditionierungen[18] entwertet deren Plausibilität und entzieht sowohl der Diagnose als auch der Utopie den Boden. Weder die gesellschaftliche Definition eines negativen Alters noch die Emanzipation von diesem Stereotyp läßt sich unter diesen Bedingungen operationalisieren.

---

[18] PETERS benennt als Manko der Devianzsoziologie die Erweiterung interaktionistischer Ansätze um machttheoretische und anthropologische Annahmen. (Vgl. Peters 1989, 186) Auch die Kritik an den Karrieremodellen, die „von dem inkriminierten Ereignis nicht nur buchstäblich durch einen Augenblick, sondern durch raumzeitliche wie soziale Distanz getrennt" (Keckeisen 1974, 49) sind, und deshalb wohl kaum das Etikett 'interaktionistisch' verdienen, berechtigt zu der Annahme eines eigenständigen Rahmens 'Organisation'.

Kapitel IV: Wann ist man alt?

Die Frage nach der Identität im Alter.
Antworten von M. Kohli und U. Lehr

Sowohl die funktionale Bestimmung des Alters als auch der Definitionsansatz haben nur sehr oberflächlich auf empirische Darstellungen zu Alternsprozessen zurückgegriffen. Die qualitative Bestimmung dessen, was Alter charakterisiert, erfolgte dort über gesamtgesellschaftliche Gesetzmäßigkeiten und fragte nicht so sehr nach individuellen Ausprägungen. Mit der Lebenslaufforschung in der Soziologie und der Biographieforschung in der Psychologie hat sich in den 80er Jahren[1] das Interesse vom eher statischen Modell des hohen *Alters* dem des lebenslangen *Alterns* zugewandt. Die Überlegung, daß das Erleben z.B. des Ruhestandes von vorangegangenen Erfahrungen geprägt ist, verspricht neue Erklärungen für die Beobachtung einer zunehmenden Differenzierung von Alternsverläufen. Unter dem Titel „Alter als Identität" werden deshalb in diesem Kapitel Alternstheorien vorgestellt, die den Fokus von gesellschaftlicher Einheit auf die Einheit des individuellen Lebensentwurfs umstellen.

Martin KOHLI und Ursula LEHR[2] haben von entgegengesetzten Punkten der Argumentation aus das Interesse der Altersforschung auf den gesamten Lebensverlauf und die Frage nach den Insignien des individuellen Alterns gelenkt. Während KOHLI als Soziologe *gesellschaftliche Strukturen* als entscheidende Determinanten des Alternsverlaufs benennt, gelangt die Psychologin LEHR im Verlauf ihrer Forschung zu einer stärkeren Gewichtung der *individuellen Persönlichkeit*. Beiden Zugängen (dem soziologischen und dem psychologischen) gemein ist ein Interesse an einer kausalen Bestimmung des (unterschiedlichen) Alterserlebens. Die Beschreibung einer Identität, die Alter für sich in Anspruch nimmt, steht — mehr oder weniger explizit — am Ende der Forschungsarbeit, und die Frage, wie man zu noch zuverlässigeren Aussagen über

---

[1] Wenn — wie im folgenden — unter Biographieforschung die Arbeiten Ursula LEHRs gefaßt werden, wird dies unter Soziologen wie Psychologen sicherlich Erstaunen hervorrufen. LEHRs Forschungen stehen in der Tradition der Bonner Schule (vgl. Kap. IV.2) und werden dementsprechend einer entwicklungspsychologisch orientierten kognitiven Psychologie zugeordnet. Im Rahmen dieser Arbeit werden jedoch Erklärungsmodelle zu Alter und Altern unterschieden und so läßt sich auch eine Profilierung von LEHRs Forschungsarbeiten über eines ihrer bekanntesten Werke rechtfertigen: „Zur Situation der älterwerdenden Frau" (Lehr 1987). Wie schon in ihrer Studie zur „Frau im Beruf" (Lehr 1969), konzentriert sich LEHR darin auf die Nachzeichnung unterschiedlicher biographischer Verläufe mit entsprechenden Verarbeitungsmustern.

[2] Ursula LEHRs Forschungen wird in dieser Arbeit vor allem wegen der Typikalität ihres Ansatzes eine prominente Stellung eingeräumt. Natürlich läßt sich die psychologische Gerontologie nicht auf LEHRs Arbeiten reduzieren. Neueste Forschungen wie z.B. die von Hans-Werner WAHL (Wahl & Baltes 1990, Wahl 1992) erarbeiten sich ihre „Realität" viel differenzierter, als dies bei LEHR zu beobachten ist (vgl. auch Schroots 1996). Die Orientierung an einer essentiellen Alterskategorie ist jedoch bei den neueren psychologischen Forschungen fast noch auffälliger als bei LEHRs Biographieforschung. (Vgl. Baltes & Baltes 1989)

Alternsverläufe kommen kann, motiviert neue Arbeiten in dieser Tradition. Typisch für die beiden Forschungsstränge, die im folgenden dargestellt werden, ist der Wechsel zwischen individualisierenden und generalisierenden Aussagen. Noch scheinen die Ergebnisse, die man präsentieren kann, erst vorläufig zu sein, da man noch nicht alle Variablen kennt, die einen Einfluß ausüben könnten.

Ein solcher Zugang zum Thema ‚hohes Alter' legt eine Konzeption zugrunde, derzufolge Alter als Resultat der vorangegangenen Erfahrungen erscheint. So wie man eine Summe in mögliche Summanden zerlegen kann, werden in der Identitätsforschung kausale Zusammenhänge zwischen Lebensereignissen und Alterserscheinungen benannt. Die Absicherung dieses Zugangs erfolgt über unterschiedliche Prämissen, die im folgenden unter den Überschriften „Soziale Identität" (Kap. IV.1) und „Personale Identität" (Kap. IV.2) dargestellt werden. Während KOHLI als Fundament seiner Forschungen die 'Arbeitsgesellschaft' (Kap. IV.1a) benennt, als Vergesellschaftungsinstrument dann den Lebenslauf einführt (Kap. IV.1b) und die biographische Dimension (Kap. IV.1c) eher unterbelichtet bleibt, geht LEHR von der biographischen Verarbeitung des Alterns aus (Kap. IV.2a), nimmt dann eine entwicklungspsychologische Perspektive ein (Kap. IV.2b) und kontrolliert ihre Theorie schließlich über eine objektivierte Realität (Kap. IV.2c).

1. Soziale Identität im Alter

Wenn Martin KOHLI der Kategorie 'Alter' einen Platz zuweist, bestimmt er zuvor den Rahmen, in dem er sich mit seiner Analyse bewegt. Im Spannungsfeld von „objektiven Gegebenheiten und subjektiven Handlungsbeiträgen" (Kohli 1993, 35) entscheidet er sich als Soziologe zunächst für eine genauere Bestimmung der modernen Gesellschaft und ihrer „Objektivationen" (ebd.). Seine Diagnose umfaßt mehrere Stufen. Sie beginnt mit der allgemeinen Einordnung als Arbeitsgesellschaft, identifiziert dann den Lebenslauf als Instrument der „moralischen Integration moderner Gesellschaften" (Kohli 1987, 395) und benennt — im Hinblick auf Fragen nach der subjektiven Identität — auch die Bedeutung biographischer Einflüsse. Sein Interesse gilt sozialen Mechanismen, die gesellschaftliche Einheit und eine daran orientierte Identität des einzelnen bewirken. Charakteristisch für dieses Vorgehen ist die vorrangige Beschäftigung mit der Erforschung des Ruhestands. Problematische Konsequenzen der Berentung werden hierbei nicht allein vor einem wirtschaftlichen Hintergrund aufgezeigt; KOHLI spricht stattdessen explizit von einer „Moralökonomie" (ebd.). Auf der Basis von „gemeinsam geteilten grundlegenden moralischen Selbstverständlichkeiten" (ebd., 395), die eine Gesellschaft auszeichne, formuliert er Forschungshypothesen und -ergebnisse zum Spannungsfeld zwischen subjektiv akzeptiertem und abgelehntem Ruhestand. Eine ähnliche, normativ integrierende Funktion wie der Begriff der 'Moralökonomie' übernimmt in diesem Zusammenhang der Begriff „Engagement" (Kohli 1993, 23) im Ruhestand. Wiederum geht es KOHLI dabei um die Nachzeichnung eines übergeordneten Sinnzusammenhangs, diesmal des „Lebenssinns" (ebd., 13).

Man könnte also den eingangs genannten Diagnoseschritten entsprechende Bezugspunkte zur Seite stellen:

1. Soziale Identität im Alter

Arbeitsgesellschaft	Moralökonomie
Lebenslauf	Engagement
biographische Perpektiven	Lebenssinn

Tabelle 6: Determinanten der Lebenslaufforschung nach KOHLI

KOHLI würde vermutlich die Inhalte der rechten Spalte als „kulturelle Dimensionen von Vergesellschaftung und Subjektivität" (ebd.) bezeichnen; er selbst führt nur die Begriffe 'Lebenssinn' und 'Identität' als Beispiele für eben diesen Fokus an. (Vgl. ebd.)

Im folgenden soll unter der Überschrift dieser Begriffspaare dem von KOHLI vorgeschlagenen Weg zu einer Bestimmung der Kategorie 'hohes Alter' in der modernen Gesellschaft nachgegangen werden.

a) Arbeitsgesellschaft und Moralökonomie

Jeder der Aufsätze von Martin KOHLI beginnt mit einer — fast gleichlautenden — Charakterisierung der modernen Gesellschaft als Arbeitsgesellschaft.[3] „Arbeit sichert in ihnen [in den Arbeitsgesellschaften, I.S.] nicht nur — wie auch in allen anderen Gesellschaften — die wirtschaftliche Reproduktion, sondern ist darüber hinaus der Fokus ihrer grundlegenden Werte und Weltauffassung; Arbeit ist nicht nur unter dem Gesichtspunkt des materiellen Überlebens und der Organisation wirtschaftlicher und politischer Interessen relevant, sondern auch unter dem Gesichtspunkt der kulturellen Einheit der Gesellschaft sowie der Erfahrung und Identität ihrer Mitglieder." (Kohli 1992, 233) Die Identifikation des einzelnen *in* der Gesellschaft *anhand* der Gesellschaft gelingt demzufolge über eine Einordnung in das Erwerbssystem. Die Bedeutung des Erwerbssystems in der modernen Gesellschaft fußt — so KOHLI — auf einer Dominanz der „Vergesellschaftungsleistungen der Wirtschaft" (ebd.), die zu einem „eigenen gesellschaftlichen Teilsystem" (ebd.) Arbeit geführt habe. Eine nochmalige Aufzählung der — ökonomisch durch die Wirtschaft, soziologisch durch die Arbeitsgesellschaft (vgl. ebd.) — wahrgenommenen Aufgaben ergibt das Bild einer Gesellschaft, die

– mit Einkommen und entsprechenden Konsumchancen ausstattet,

– mit systematischen Aufgaben konfrontiert und Kompetenz fordert,

– den Alltag regelhaft strukturiert,

– in soziale Beziehungen einbindet,

---

[3] Mit dem Begriff der Arbeitsgesellschaft bezieht sich KOHLI auf eine typische Beschreibung der Gesellschaft in den 80er Jahren. Die — im Vergleich zur Industrie- oder dann später Leistungsgesellschaft — allgemeiner gehaltene Diagnose war allerdings mit ihrer Entstehung auch schon strittig, was sich in dem Titel des Soziologentages von 1982 niederschlägt: „Die Krise der Arbeitsgesellschaft?" (vgl. Matthes (Hg.) 1983). KOHLI selbst bezieht sich nur in Andeutungen auf diese Kontroverse und entscheidet sich im Zweifelsfalle dafür, anstatt den Arbeitsbegriff aufzugeben, ihn auf andere Tätigkeitsformen (Hausarbeit, Ehrenamt ...) auszuweiten. (Vgl. Kohli 1989, 51)

— einen gesellschaftlichen Ort zuweist und
— Identität prägt. (Vgl. ebd.)

In diesem Netz aus materiellen und ideellen Faktoren versucht KOHLI nun, den Standort alter Menschen zu bestimmen, und gelangt dadurch zu einer herausgehobenen Bedeutung des 'Ruhestands': *Die Situation alter Menschen zeichnet sich demzufolge durch den strukturellen Ausschluß alter Menschen aus gesellschaftlichen Sinnzusammenhängen aus.* KOHLI diagnostiziert als Ende des allgemeinen Vergesellschaftungsprogramms ein „'Herausfallen' aus der Gesellschaft" (Kohli 1993, 22), eine „strukturelle Marginalisierung" (ebd.). Genau an dieser Stelle gewinnt der Begriff der Moralökonomie[4] seine Bedeutung. KOHLI formuliert mit seiner Hilfe eine Norm für die gesellschaftliche Organisation des Zusammenlebens, derzufolge es immer um eine sinnvolle Gestaltung reziproker Beziehungen auf der Basis von „gemeinsam geteilten grundlegenden moralischen Selbstverständlichkeiten" (Kohli 1987, 395) geht.

Man fühlt sich durch dieses Bild einer moralisch integrierten Gesellschaft an den PARSONSschen Strukturfunktionalismus erinnert. Beide theoretischen Annäherungen — die von PARSONS und die von KOHLI — unterstellen ein übergeordnetes Interesse an einem geordneten Ganzen. Während jedoch PARSONS die Bestandssicherung der Gesellschaft als Ausgangspunkt seiner normativen Bestimmung anführt, setzt KOHLI bei den subjektiven Bedürfnissen des einzelnen an. (Vgl. Kohli 1993, 22ff.) *Gesellschaftliche Integration wird auf ihre Konsequenzen für den einzelnen überprüft.* KOHLI eröffnet mit dieser Argumentation nicht eine umfassende kritische Perspektive auf die 'Arbeitsgesellschaft', vielmehr geht es ihm darum zu untersuchen, wie gesellschaftliche Zusammenhänge sich auf das Denken und Handeln des einzelnen auswirken. Mit einer ungleich weniger komplexen Gesellschaftstheorie als PARSONS ist ihm dies auch möglich. Im Gegensatz zu PARSONS schließt KOHLI direkt von der wirtschaftlichen Organisation der Arbeit auf das Leben des einzelnen,[5] indem er zwischen objektiven Strukturen und subjektivem Handeln unterscheidet. Die Entfernung des Menschen aus der Gesellschaftstheorie und seine Verortung als Subjekt außerhalb charakterisiert die für die späten 70er und die frühen 80er Jahre typische Spannung zwischen 'gesellschaftlichen Strukturen' und 'menschlichen Bedürfnissen'.

KOHLI geht also von einer Wechselwirkung zwischen gesellschaftlichen und individuellen Faktoren aus und impliziert damit einen Zusammenhang, der sich am

---

[4] Der Begriff selbst stammt von Edward P. THOMPSON und wurde von ihm verwandt, um — neben Not und Armut — ein Motiv für Protestverhalten der englischen Unterschichten im 18./19. Jahrhundert zu beschreiben. In der deutschen Übersetzung wird mit Hilfe des Begriffs der „sittlichen Ökonomie" der Bezug zu den traditionellen „guten Sitten" hergestellt. Demzufolge orientiert sich die Unterordnung des einzelnen unter Interessen des Gemeinwesens an moralischen Grundannahmen über Rechte und Pflichten aller; eine Verletzung dieser Normen führt zur Rebellion. (Vgl. Thompson 1979, 13ff.)

[5] Ich brauche an dieser Stelle nur an die Funktionalisierung von gesellschaftlichen Strukturen bei PARSONS zu erinnern. Der Bezug war immer über das gesamte Gesellschaftssystem gegeben, jedoch auch immer nur teilsystemspezifisch möglich. PARSONS interessierten deshalb auch Vermittlungsinstanzen zwischen den — häufig polaren — Differenzierungen, und er scheiterte bei der Bestimmung des hohen Alters an eben dieser Problematik: Sinngebung bei gesellschaftlicher Funktionslosigkeit. (Vgl. Kap. II.1)

ehesten als 'Widerspiegelung' bezeichnen läßt. Objekt und Subjekt werden unterschieden, sie lassen sich jedoch wechselseitig über ihre jeweiligen Ausprägungen identifizieren. In seinem Gebrauch des Subjekt-Begriffs läßt sich KOHLIs Ansatz als ein handlungstheoretischer Zugang benennen. Der Mensch agiert demzufolge als sich seiner selbst bewußtes Individuum und gestaltet gesellschaftliche Zusammenhänge. (Vgl. Kohli 1993, 35) Mit einem solchermaßen ausgestatteten Bild von alten Menschen analysiert KOHLI deren Situation und gelangt zu folgendem Ergebnis: „Indem sie (die Ruhestandsphase, I.S.) das Maß für einen legitimen Abschluß des Arbeitslebens gibt, stellt sie auch eine moralische Größe dar." (Kohli 1993, 27) An diesem Satz läßt sich sehr schön der Argumentationsverlauf verdeutlichen: *Kohli nutzt als Basis den theoretischen Rahmen der Arbeitsgesellschaft, nimmt dann die Perspektive des Arbeitnehmers ein und formuliert von da aus das Ziel eines geordneten, konsentierten Ablaufs.* Die Notwendigkeit einer normativen Beschreibung der Gesellschaft ergibt sich also weniger aus konservativen Überzeugungen heraus, sondern vielmehr über den Zusammenhang von subjektiver Identität und objektiven Strukturen. Um es noch einmal zu verdeutlichen: Weil der einzelne seine Selbstbeschreibung an gesellschaftlichen Vorgaben orientiert, seine Identität also auf gesellschaftlichen Sinnvorgaben aufbaut, müssen Möglichkeiten geschaffen werden, die dem einzelnen in dieser Hinsicht entgegenkommen. Die Nähe zu phänomenologischen Ansätzen ist evident.

Wie eingangs schon erwähnt, sieht KOHLI wichtige Forschungsdesiderata in der systematisierten Erfassung von Faktoren, die über das Arbeitsleben vermittelt sind. (Vgl. Kohli 1989, 51) Auch wenn er sich mit HURRELMANN zum Konzept des „produktiv realitätsverarbeitenden Subjekts"[6] (Hurrelmann 1983, vgl. Kohli 1991, 303) bekehren läßt, bleibt er letztlich dennoch dem Ideal einer umfassenden Benennung beeinflussender Faktoren verhaftet.[7] Dieses Interesse verdankt sich unter anderem auch einer Bewertung seiner Forschungsergebnisse im Hinblick auf soziale Ungleichheit. Unter dem Titel „Alter als Herausforderung für die Theorie sozialer Ungleichheit" (1990) ergänzt KOHLI die klassischen Strukturmerkmale der sozialen Benachteiligung um die Kategorie des hohen 'Alters'. Dabei warnt er davor, die Bedeutung der gesellschaftlichen Altersgliederung herunterzuspielen oder zu verneinen, denn dann verschwinde „die Ungleichheit *des* Alters ... hinter der Ungleichheit *im* Alter, und letzteres ist ein nicht weiter differenzierungsbedürftiger Teil der Ungleichheiten im Leben als ganzem" (Kohli 1990, 393f.). Frauen und Männer im Alter zu unterscheiden, führt seiner Meinung nach zur Unsichtbarkeit der Alterskategorie und wird von ihm deshalb abgelehnt. Einer Generalisierung der Kategorie 'Alter' sind damit alle Türen

---

[6] Mit diesem Begriff wird eine entscheidende Wende in der Sozialisationsforschung markiert. Es geht von nun an eben nicht mehr um mehr oder weniger kausale Beziehungen zwischen objektiven und subjektiven Strukturen, sondern um die eigenständige selektive Bearbeitung von Realität. Vgl. Hurrelmann 1983.

[7] Eine typisches Forschungsinteresse KOHLIs lautet wie folgt: „Es wäre z.B. zu klären, wie weit ältere Industriearbeiter, die auf dem Land leben, sich in ihren Orientierungen (wieder) an die dörflich-landwirtschaftliche Kultur annähern und wie weit sie (durch biographische Erinnerung oder aktuelle Beziehungen, etwa über die Gewerkschaft) nach wie vor der Kultur der Industriearbeit verhaftet bleiben." (Kohli 1990, 400) Neben den vielen Eventualitäten, die da einbezogen werden müssen, stellt sich hier auch die Frage nach „*der* Kultur der Industriearbeit" (Herv. I.S.).

geöffnet[8], und Ruhestandsforschung (zu vorwiegend männlichen Erwerbsverläufen) kann als Alternsforschung ausgegeben werden.

Einen genaueren Überblick über KOHLIs Forschungsarbeiten erhält man über die 'Lebenslaufforschung', die im folgenden Kapitel über den Begriff des „Engagements" profiliert wird.

b) Lebenslauf und Engagement

Als Soziologe ist Martin KOHLI mit seiner These von der *Institutionalisierung des Lebenslaufs* bekannt geworden. (Vgl. Kohli 1983, 1985, 1988) Dieser Beobachtung zufolge läßt sich der Modernisierungsprozeß als „ein Übergang von einem Muster der relativen Zufälligkeit der Lebensereignisse zu einem des vorhersehbaren Lebenslaufs" (Kohli 1986, 185) beschreiben. KOHLI verdeutlicht diese Beobachtung an einem Vergleich der Sterblichkeitsdaten des 19. und des 20. Jahrhunderts.[9] Während noch im Jahr 1840 die Wahrscheinlichkeit zu sterben über den gesamten Lebensverlauf (bei hoher Säuglingssterblichkeit) verteilt war, ergibt sich für das Jahr 1980 die für die moderne Gesellschaft typische Rektangularisierung der Kurve: Erst in den letzten Lebensjahrzehnten steigt die Sterblichkeitsrate, dann jedoch sehr steil. Parallel zu dieser demographischen Veränderung konstatiert KOHLI ein zunehmendes Interesse an erwartbaren Lebensabläufen sowohl von seiten der einzelnen als auch durch die Gesellschaft. „Der Lebenslauf kann als ein Regelsystem aufgefaßt werden, das die zeitliche Dimension des individuellen Lebens ordnet. Dieses System ist heute eine der wesentlichen Vermittlungsinstanzen zwischen Gesellschaft und Individuum." (Kohli 1986, 183) Als Institution, das heißt, als eine Struktur unpersönlicher Erwartungen, steht der Lebenslauf genau zwischen Gesellschaft und Individuum und erzeugt ein ordnendes Muster sowohl gesellschaftlicher (Dreiteilung des Lebenslaufs in Vorbereitungs-, Erwerbs- und Ruhestandsphase) als auch individueller Bedürfnisse (Normalbiographie).

Diese unter dem Etikett 'Verzeitlichung' aufgeführten Befunde werden von KOHLI in späteren Aufsätzen ansatzweise revidiert, wenn er Auflösungstendenzen der klassischen Normalbiographie konzediert. (Vgl. Kohli 1988, 42ff.; 1991, 314ff.) Für die Gegenwart scheinen nun gerade die Destandardisierung von Erwartungen und damit die De-Institutionalisierung „eine gewisse Vorreiterfunktion [zu] haben, d.h. als kulturelle Modelle [zu] dienen" (Kohli 1988, 43). Theorietechnisch begegnet KOHLI diesen Veränderungen mit einer stärkeren Gewichtung der „Biographisierung der Lebensführung" (ebd., 43), so daß nun als Charakteristika des „Lebenslaufregimes" (ebd., 33) die drei folgenden Elemente gelten:

---

[8] Vgl. dazu auch Kap. IV.1c und KOHLIs Ausführungen zu speziellen Altersleistungen.
[9] KOHLI greift auf Daten von James F. FRIES und Lawrence M. CRAPO zur Sterblichkeit in den USA zurück. (Vgl. Kohli 1985, 4f.)

1. Soziale Identität im Alter

> "1. *Kontinuität* im Sinn einer verläßlichen, auch materiell gesicherten Lebensspanne;
>
> 2. *Sequenzialität* im Sinn eines geordneten (und chronologisch festgelegten) Ablaufs der wesentlichen Lebensereignisse; und
>
> 3. *Biographizität* im Sinn eines Codes von personaler Entwicklung und Emergenz." (Ebd., 37)

KOHLIs Argumentation für die Institution des Lebenslaufs gelingt es, in dem Bild einer Trennung von objektiven Strukturen und subjektivem Handeln eine Vermittlungsinstanz zu installieren, die für beide Seiten — Gesellschaft und Individuum — eine sinnstiftende Funktion übernimmt. Wie an dem Begriff der 'Moralökonomie' schon deutlich wurde, unterstellt KOHLI einen Gesellschaftsbegriff auf der Basis moralischer Integration. Veränderungen resultieren unter diesen Bedingungen aus einem veränderten Alltagsverständnis von Wirklichkeit[10], werden also von allen mitgetragen und ermöglichen so eine Übereinstimmung zwischen objektiven Strukturen und subjektiven Bedürfnissen. Erst auf dieser Grundlage läßt sich sinnvoll von einer gesellschaftlichen Integration des einzelnen reden.

Die Orientierung am Konzept der Arbeitsgesellschaft hat zu der bereits mehrfach erwähnten Dreiteilung des Lebenslaufs in Ausbildungszeit, Erwerbstätigkeit und Ruhestand (vgl. Kohli 1986, 183) geführt. Mit der Betrachtung solcher Phasen in ihrem zeitlichen Nacheinander entsteht gleichzeitig ein neuer Zugang zum Thema 'hohes Alter': die Alternsforschung.[11] Diese Temporalisierung der Forschungsperspektive impliziert — als Folge des Synchronisierungsbedarfs moderner Gesellschaften — eine diachrone Beschreibung von Alter; sie geht von Alterns*prozessen* aus. Nicht mehr statische Untersuchungen sollen im Vordergrund stehen, sondern stattdessen zeitlich umfassende Erklärungsmodelle. Der Wunsch, Kausalitäten zu identifizieren,[12] begründet eine Gewichtung des Lebenslaufs im Sinne einer „vorgeordnete[n] (heteronome[n]) Realität" (Voges 1987, 10). Wolfram FISCHER und Martin KOHLI formulieren typisch: „Wir sind der Ansicht, daß Biographieforschung sich dieses Aspekts 'subjektiver' Prozessierung *sozial vorgegebener* 'objektiver' biographischer Schemata nicht begeben darf. Das Grundkonzept von Biographie als Orientierungsmuster muß vielmehr die dichotome Begrifflichkeit 'objektive Struktur' — 'subjektive Verarbeitung'

---

[10] Mit dem phänomenologischen Subjektbegriff eng verbunden ist der Zugang zur „Wirklichkeit" über Interpretation. (Vgl. Kohli 1988, 38) Noch bevor KOHLI fragen kann, ob es einen gesellschaftlichen Konsens gibt, geht er von einem gemeinsam geteilten Horizont aus, eben der Kultur. Aber: „Kulturelle Codes geben keine vollständige und widerspruchsfreie Orientierung in der Welt, sie sind immer auslegungsbedürftig. Die Subjekte können ihnen folgen oder sich ihnen widersetzen; die Codes können ihnen unproblematisch zugänglich sein oder müssen von ihnen als legitime Ansprüche erst eingeklagt werden." (Kohli 1988, 42) Kultur als zusammenfassender Begriff für Normen und Werte — auf die Nähe zum PARSONSschen Strukturfunktionalismus ist bereits hingewiesen worden (s.o.) — ermöglicht somit Einheit durch eine Verbindung von Stabilität und Wandel.

[11] Die Alternsforschung mit ihrer Betonung prozessualer Elemente ist natürlich nicht von Martin KOHLI erfunden worden. Vor allem aus den USA sind entscheidende Impulse für eine dynamischere Konzeption des Altersbegriffs gekommen. Vgl. Hagestadt & Neugarten 1985.

[12] Karl-Ulrich MAYER faßt den Lebenslaufbegriff als einen „endogenen Kausalzusammenhang" (Mayer 1987, 60).

schon im Ansatz ... integrieren ..." (Fischer & Kohli 1987, 29, Herv. I.S.)[13] Ohne die theoretisch unterbestimmten Begrifflichkeiten überstrapazieren zu wollen, läßt sich für KOHLI eine gewisse Seitenlastigkeit im Hinblick auf die Bewertung des traditionellen Themas der Lebenslaufforschung, die objektiven Strukturen, konstatieren.

Diese kurze Analyse der Begriffsgeschichte zum Thema Lebenslauf begründet sich über die weitreichenden Konsequenzen für die Fassung des Ruhestandsbegriff. Es läßt sich zeigen, wie KOHLI das, was er als objektive Strukturen bezeichnet, nach und nach über das Konzept der Arbeitsgesellschaft, des Lebenslaufs und dessen Dreiteilung in Phasen konkretisiert.[14] Die Thematik des hohen Alters wird auf diese Weise auf die Ruhestandsproblematik zugespitzt. Die Frage, wie der Ruhestand sich als eigenständige Phase entwickelt hat, steht im Mittelpunkt der empirischen Forschungen, in denen KOHLI eine kontinuierlich abnehmende Erwerbsquote bei Männern über 60 Jahren und einen zunehmenden Anteil der Älteren insgesamt an der Bevölkerung beschreibt. (Vgl. Kohli 1990) Im Gefolge dieser Entwicklung von altersirrelevanten zu altersrelevanten Gesellschaftsstrukturen gewinnt das hohe Alter seine Bedeutung. Das Instrument des gesetzlich geregelten Ruhestands wird von KOHLI jedoch wiederum vorrangig auf seine kulturelle Funktion befragt und tritt so als „Faktor der sozialen Integration" (Kohli 1987, 399) auf: Während einerseits die alten Menschen selbst die Rente als Ausgleich für frühere Arbeitsleistungen empfinden, werden andererseits ökonomische Interessen an einem Austausch der Arbeitskräfte erfüllt. (Vgl. ebd., 410) Dieser — nun schon bekannte (vgl. Kap. IV.1a) — Zusammenhang von subjektiven Deutungen und gesellschaftlichen Interessen wird mit dem Begriff des Engagements konkretisiert. Der Begriff „verweist auf den Doppelsinn, in dem wir den Vergesellschaftungsbegriff verstehen: wie die Tätigkeitsformen die Teilnehmer engagieren und wie letztere sich selber darin engagieren" (Freter & Kohli 1993, 275).

Die Wahl dieses Begriffs verdankt sich aber auch darüber hinausgehenden Interessen an einer Neufassung des Arbeitsbegriffs. KOHLI versucht mit einer Analyse von Tätigkeiten jenseits des Erwerbslebens den Arbeitsbegriff für eine gesellschaftstheoretische Beschreibung zu retten. „Wertewandel, Zuwachs an freier Zeit und Neubewertung der Arbeit außerhalb des Marktes erhöhen die Bedeutung von Tätigkeiten, die gewisse Analogien zur Erwerbsarbeit aufweisen, aber weder ihren Zwangscharakter haben noch (primär) monetär geregelt sind — neben Haus- und Eigenarbeit auch freiwillige Tätigkeiten im Rahmen von Ehrenamt oder Selbstorganisation und schließ-

---

[13] FISCHER und KOHLI versuchen mit dieser Aussage eine Synthese der beiden Forschungsstränge Lebenslaufforschung und Biographieforschung, die sich thematisch und methodisch anhand der Unterscheidung von objektiv und subjektiv voneinander wegbewegen. Aus der Perspektive der Lebenslaufforschung gestehen sie die zunehmende Bedeutung biographischer Verarbeitungsprozesse zu, fordern aber für die Biographieforschung im Gegenzug die Akzeptanz determinierender Sozialstrukturen.

[14] Wenn man diese Schritte als Entscheidungen nachzeichnet, die auch anders hätten ausfallen können, könnte man auch sagen, er generiert diese Perspektive. Mit der Darstellung der unterschiedlichen Zugänge zum Thema 'hohes Alter' soll jedoch zu diesem Zeitpunkt noch keine grundsätzliche Kritik am Vorgehen verbunden werden. Ich möchte zunächst nur auf theorieimmanente Unstimmigkeiten hinweisen.

lich auch Tätigkeiten im Rahmen institutionalisierter Hobbykulturen. Im Ruhestand lassen sich diese Tätigkeiten in besonders reiner Form beobachten. Mit dieser Erweiterung wird zugleich der Weg vorgezeichnet, der zu beschreiben ist, um die Theorie der Arbeitsgesellschaft insgesamt noch halten zu können." (Kohli 1993, 19) *Die Einführung der 'kulturellen' Dimension Engagement über die soziologische Kategorie des Lebenslaufs ermöglicht es Kohli, am hohen Alter exemplarisch Veränderungen der modernen Gesellschaft zu beschreiben.* Wenn er jedoch zu dem Ergebnis kommt, auf diesem Weg am Begriff der Arbeitsgesellschaft festhalten zu können, vergibt er die entscheidenden Potentiale seiner Perspektive. Wo jede Tätigkeit als Rechtfertigung für die Diagnose 'Arbeitsgesellschaft' ausreicht, verliert diese Diagnose ihren Erklärungswert: Jede Gesellschaft als Arbeitsgesellschaft zu beschreiben (vgl. Kohli 1992, 233), ersetzt die soziologische Differenzierung durch eine anthropologische Konstante.

Diese Akzentuierung seiner theoretischen Analyse begründet auch die Betonung von Tätigkeit und Aktivität im hohen Alter. (Vgl. Kohli 1993, 19) „Es kann also vermutet werden, daß der Wegfall der Erwerbsarbeit insofern problematisch ist, als er auch einen Wegfall von Aktivitätsanregungen mit sich bringt — es sei denn, es gelinge, sie durch andere systematische Aktivitäten zu ersetzen." (Ebd., 21) Der integrative Ansatz KOHLIs schließt von der „Einbettung in soziale Zusammenhänge" (ebd., 22) auf eine allgemeingültige Bewertung individueller Handlungen und gesellschaftlicher Strukturen: „Die moralische Dimension der Aktivität im Ruhestand liegt darin, daß es um die Beteiligung der Älteren am zentralen gesellschaftlichen Projekt geht." (Ebd., 23) Diese letzten Zitate verdeutlichen noch einmal beispielhaft die kausale Begründungsstruktur von KOHLIs Argumentation. Der alte Mensch möchte — so KOHLI — tätig sein bzw. aktiv sein, weil *die* Gesellschaft dies favorisiert. Empirisch abgesichert ist die Beschreibung des aktiven Alters als Ideal jedoch nicht. KOHLI selbst weist an vielen Stellen darauf hin, daß Theorien über Zufriedenheit oder Unzufriedenheit im Alter bei Tätigkeit oder Untätigkeit als ambivalent zu beurteilen sind. (Vgl. Kohli 1993, 20) Seine Argumentation mit Hilfe des Instruments Lebenslauf führt als determinierende Variable die vorherige Berufstätigkeit ein. Aber auch die Unterstellung eines Zusammenhangs zwischen z.B. repetitiven Tätigkeiten und einer Zufriedenheit im Alter, die Ruhestand als Befreiung ansieht, läßt sich nicht generalisieren. (Vgl. ebd.) Alles, was bleibt, ist die — etwas schlichte — Behauptung eines Interesses an Aktivität im hohen Alter.

Die Kategorien 'Lebenslauf' und 'Engagement' werden von KOHLI genutzt, nicht nur um die Entstehung der Phase 'hohes Alter' herauszustellen, sondern auch um eine normative Einordnung zu ermöglichen. Die Wiederholung dieser Argumentationsfigur läßt sich auch auf der nun folgenden Konkretionsebene beobachten. Auf dem Kontinuum zwischen gesellschaftlichen Strukturen und subjektiver Verarbeitung steht letztere nun im Vordergrund.

c) Biographische Perspektiven und Lebenssinn im Alter

Eine Begründung für die — aufgrund vielfältiger möglicher Variablen — empirisch nicht mehr beschreibbare Differenzierung von Lebensläufen im hohen Alter findet KOHLI in der speziellen Bedeutung der „biographischen Tiefendimenson" (Kohli 1993, 24). „Da im höheren Alter die aktuelle Klassenlage relativ unbestimmt ist und die aktuellen institutionellen Anreize und Bindungen spärlich sind, können solche biographischen Bezüge die Oberhand gewinnen." (Kohli 1990, 400) KOHLI imaginiert ein Vakuum gesellschaftlicher Verortung im hohen Alter, das durch die Rückschau auf frühere Verpflichtungen gefüllt wird. (Vgl. Kohli 1992, 251) Diese Form der „Vergesellschaftung über Erinnerung" (Kohli 1990, 402)[15] stellt eine der typischen Eigenheiten dar, die KOHLI für das hohe Alter ausmacht.[16]

Unter „Biographisierung des Ruhestands" (Kohli 1990, 401) versteht KOHLI demzufolge eine gesteigerte Form der individualisierenden Lebensführung, in deren Zentrum weniger institutionelle Vorgaben als persönliche Motive stehen. Die Auseinandersetzung mit der Vergangenheit, die unter dem Titel 'Lebensrückblick' geführt wird, kann fehlende aktuelle Bezüge zur Umwelt ersetzen, aber auch neue Planungen ermöglichen. KOHLIs Warnung vor der Gefahr des Identitätsverlusts im Ruhestand (vgl. Kohli 1992, 251) verdeutlicht die Stoßrichtung seiner Argumentation: *Altern wird von Kohli als Balanceakt für die Wahrung der individuellen Identität verstanden.* Während dem einen Rentner durchaus ein Neuanfang im Ruhestand gelingt, verliert der andere mit dem Verlust institutioneller Regelungen den Boden unter den Füßen. Da sich keine kausalen Begründungen für dieses Phänomen aus dem Lebenslauf ableiten lassen, greift KOHLI auf das Instrument der biographischen Verarbeitung zurück und eröffnet sich damit neue Freiheitsdimensionen.

Das Pendant zum Identitätsbegriff bildet der „Lebenssinn", der — so KOHLI — „zu einer zunehmend knapperen Ressource" (Kohli 1993, 13) geworden sei. Wenn er Tätigkeiten im Alter untersucht, unterscheidet er zwischen „nützlichen" und „nutzlosen" Tätigkeiten (Kohli 1993, 41), die zu einer mehr oder weniger „sinnvollen Identität" (ebd.) beitragen. Es ist an dieser Stelle wenig hilfreich, den Sinn- und den Identitätsbegriff — wie sie KOHLI verwendet — konkreter fassen zu wollen. KOHLI selbst setzt diese Begrifflichkeiten ebenso selbstverständlich und unhinterfragt voraus wie die Trennung von objektiven Strukturen und subjektiver Verarbeitung. Auch die Differenzierung in soziale und individuelle Identität (vgl. Kohli 1987, 411) gehört zu den Voraussetzungen seiner theoretischen Analyse. Deutlich dürfte jedoch geworden sein, daß es ihm immer, ob bezogen auf die Gesellschaft, den Lebenslauf oder die Biographie, um die Herstellung einer Einheit geht, die sich über einen allgemeinen Sinnzusammenhang begründet.

d) Resümee: Alter = Ruhestand

Wenn man KOHLIs Argumentation zum hohen Alter auf ihre Ergebnisse befragt, erhält man — im Vergleich zu der funktionalen Bestimmung oder dem Definitionsansatz — eine Perspektive, die weniger substantielle als morphogenetische Aussagen

---

[15] Vgl. auch Kapitel IX, in dem unter dem Titel 'Lebensrückblick' ähnlich normative Alternsbeschreibungen zusammengefaßt werden.

[16] Weitere hält er für möglich, wenn er von einem „für die Älteren spezifischen Typ von Leistungen und Produktivität" (Kohli 1993, 31) spricht. KOHLI weist auf eine Veröffentlichung von Freya DITTMANN-KOHLI und Paul B. BALTES hin mit dem Untertitel: „Wisdom as a prototypical case of intellectual growth". Vgl. Kohli 1989, 52.

1. Soziale Identität im Alter

trifft. Nicht die Frage, was hohes Alter auszeichnet, steht im Vordergrund, sondern die Nachzeichnung einer Entwicklung, an deren Ende hohes Alter steht. Die Eindimensionalität *des* Alters ist von der Vielfalt moderner Alternsverläufe abgelöst worden, die sich wiederum nur noch über einen individualisierenden Zugang beschreiben läßt. Nach wie vor werden Vorstellungen von der Einheit der Gesellschaft transportiert, jetzt jedoch ergänzt um eine Einheit des Lebenslaufs.

Identität fungiert in diesem Rahmen als entscheidender Bezugspunkt der Analyse. Die Konzeption der Gesellschaftstheorie über das handelnde Subjekt (vgl. Kohli 1985, 22) zeichnet für diesen Fokus verantwortlich: Bei aller Differenzierung ermöglicht die Orientierung am Subjekt eine umfassende Perspektive. KOHLI und ROBERT sprechen von einem Blick „auf das 'ganze Leben'" (Kohli & Robert 1984, 4). Da KOHLI innerhalb seiner Alternsforschung selbst keinen Bezug zu einer speziellen subjektorientierten Gesellschaftstheorie herstellt, ist es an dieser Stelle auch nicht möglich, seinen Gebrauch des Subjekt-Begriffs zu präzisieren und zu überprüfen. Wohl aber kann sein Anspruch, im Rahmen von objektiven gesellschaftlichen Strukturen (Arbeitsgesellschaft, Lebenslauf) und subjektivem Handeln Aussagen über die Phase des hohen Alters treffen zu können, als Maßstab einer Kritik gelten.

Die Nachzeichnung der theoretischen Argumentation konnte verdeutlichen, wie am Ende von KOHLIs Analyseschritten der Ruhestand als Charakteristikum der modernen Gesellschaft, aber auch der Altersphase und damit der individuellen Identität im Alter entsteht. Im Laufe der theoretischen Bewegung von der Gesellschaft zur Biographie verliert eben diese Kategorie immer mehr an Konturen. *Als institutionelles Vakuum stellt der Ruhestand letztlich nur noch den Raum für eine unbestimmte Identität zur Verfügung.* An mehreren Stellen innerhalb der letzten Kapitel wurde bereits auf die relativierte Bedeutung hingewiesen, die KOHLI selbst der Diagnose 'Arbeitsgesellschaft' zukommen läßt, aber auch auf die Probleme, die sich aus den Versuchen, einen kausalen Zusammenhang zwischen Erwerbsleben und Ruhestand herzustellen, ergeben. Auch wenn KOHLI immer wieder von einem Forschungsbedarf spricht, um eben diese Zusammenhänge zu erhellen, scheint er sich doch mit der knappen Ergänzung der Lebenslauftheorie um eine biographische Dimension von solchen Wünschen zu verabschieden.

Ist die Konzentration auf den Ruhestandsbegriff unter diesen Bedingungen noch ausreichend? Abgesehen davon, daß KOHLIs Diagnose nur für die moderne Gesellschaft gilt und sich somit die Behauptung einer ahistorischen Alterskategorie relativiert, verliert der inhaltlich nicht bestimmbare Ruhestandsbegriff seinen Erklärungswert. Ansätze KOHLIs, mit der Erforschung von Engagement im Alter diese Leerstelle zu füllen, verweisen eher auf eine Auflösung des Arbeitsbegriffs als auf dessen Bestätigung. Charakteristisch für diesen Balanceakt zwischen 'Arbeitsgesellschaft' und 'Biographisierung' ist die nachgeordnete Bedeutung, die dem 'weiblichen Altern' in KOHLIs Analyse zukommt. Aufgrund ihrer nur partiellen Erwerbsbeteiligung erscheinen ihm Lebensläufe von Frauen als nicht so interessant für eine Untersuchung. Frauen seien — so KOHLI — „nicht direkt in den wesentlichen Arenen des öffentlichen Lebens engagiert" (Kohli 1992, 244). Erstaunlich ist diese Einschätzung vor allem vor dem Hintergrund der „Feminisierung des Alters" (Tews 1993, 29), also der Tatsache, daß die Gruppe der alten Menschen zum großen Teil aus alten, zumeist nichtberufstätigen Frauen[17] besteht, die auch in den entsprechenden Institutionen der Altenhilfe und -betreuung eine weitaus aktivere Rolle übernehmen als alte Männer. (Vgl. Höpflinger 1994, 93ff.) Wenn man bedenkt, daß schon KOHLIs gesellschaftstheoretische Analyse in ihrer Berechtigung schwankt, muß man natürlich erst recht die Behauptung der Typikalität des männlichen Lebenslaufs vor dem Hintergrund eines zahlenmäßig überlegenen weiblichen Bevölkerungsanteils kritisieren.

Zusammengenommen lassen sich nur wenige seiner alterssoziologischen Erklärungen als eben solche klassifizieren. Ruhestandsforschung wäre ein besserer Begriff für KOHLIs Ansatz. Sowohl die begrenzte Reichweite in bezug auf weibliche Lebensentwürfe als auch die Orientierung am Modell der Arbeitsgesellschaft lassen sich so rechtfertigen. Dieser Forschung ginge es dann um eine Bestimmung dessen, was am Ende einer männlichen Normalbiographie steht. Die Kategorie 'Alter' bliebe davon unbeeindruckt.

2. Personale Identität im Alter

Wenn hier — wie schon eingangs erwähnt — den Arbeiten Ursula LEHRs als entscheidendem Fokus die Frage nach der biographischen Verarbeitung des Alterns unterstellt wird, gibt dies sicherlich nicht den *common sense* gerontologischer Selbsteinschätzung wieder.[18] Diese Einordnung ergibt sich erst aus einem Blickwinkel, der die beiden theoretischen Ansätze der Alternsforschung in den 80er Jahren parallelisiert und dabei erstaunliche Übereinstimmungen feststellt. Martin KOHLI und Ursula LEHR haben sich von Standpunkten aus, die gegensätzlicher gar nicht sein könnten, an eine temporalisierende Beschreibung des Alters gemacht. Während KOHLI über den Lebenslauf das Subjekt in den Mittelpunkt seiner Arbeiten stellt, dieses aber über die gesellschaftliche Strukturen bestimmt wissen will, beginnt LEHR ihre Analysen bei einer über die Entwicklung entstandenen Persönlichkeit und bezieht erst über die Intervention eine objektivierte Gesellschaft mit ein. Auch bei LEHR findet sich — parallel zu KOHLI — eine Dreiteilung des theoretischen Inventars in Subjekt, Objekt und deren temporalisierte Verknüpfung, jedoch mit einem gegenläufigen Argumentationsverlauf.

---

[17] In der EU insgesamt liegt der Frauenanteil bei 61% der über 70-79jährigen und bei 69% bei 80jährigen und Älteren. Bei den sogenannten Hochbetagten liegt Deutschland mit einem Frauenanteil von 71% EU-weit an der Spitze. Vgl. Statistisches Bundesamt 1994, 21.

[18] Der *commen sense* gerontologischer Forschung wird sicherlich auch mit meiner Fokussierung auf die Arbeiten LEHRs nicht wiedergegeben. Natürlich gibt es eine Vielzahl an Forschungen, in denen weitaus differenzierter argumentiert wird (vgl. Wahl 1992) oder auch solche, die sich gänzlich unbeeindruckt von LEHRs Ansatz zeigen. An dieser Stelle soll einzig und allein ein typischer Forschungsansatz dargestellt werden, der – und dies ist sicherlich unbestreitbar – einen hohen Bekanntheitsgrad aufweist. Auch wenn zusammenfassende Formulierungen dies nahelegen, kann es bei der kritischen Würdigung dieses Ansatzes also keinesfalls um eine Gesamteinordnung gerontologischer Forschung gehen. Meine Kritik läßt sich nur übertragen, wenn und insoweit andere Forschungen LEHRs Argumentation übernehmen.

2. Personale Identität im Alter

Diesen drei Ebenen ist im folgenden nachzugehen unter Überschriften, die zuerst die Biographie in den Mittelpunkt rücken, dann den entwicklungstheoretischen Ansatz betonen und — diesmal zum Schluß — Limitierungen durch die Gesellschaft thematisieren.

a) Die biographische Verarbeitung des Alters

Die biographische Perspektive hat in Ursula LEHRs Forschungsarbeiten von Beginn an eine entscheidende Rolle gespielt. Als Mitarbeiterin an der Bonner Längsschnittuntersuchung des Alters (BLSA)[19] wurde sie durch Hans THOMAE mit einem entwicklungspsychologischen Ansatz konfrontiert, der das klassische Phasenmodell durch das Konzept der individuellen Verarbeitung der Umwelt ersetzt. Die Daten der Untersuchung bestanden folgerichtig aus biographischen Interviews, die auch das Material für die als Habilitationsschrift anerkannte umfassende Untersuchung der weiblichen Berufstätigkeit bereitstellten. Unter dem Titel „Die Frau im Beruf" kommt LEHR 1969 zu dem Ergebnis, daß — im Gegensatz zur gängigen Kritik an weiblicher Berufstätigkeit — „die berufliche Tätigkeit der Frau als 'Chance' zu einer *zusätzlichen* Form der Selbstverwirklichung zu deuten" sei (Lehr 1969, 397), darüber hinaus also ihre Berufstätigkeit zu fördern, nicht zu problematisieren sei. Als Methode psychologischer Exploration nutzt sie autobiographische Erzählungen von 500 Frauen und 160 Männern und erhofft sich davon die „methodische Erfassung psychischen Geschehens in seinem natürlichen Zusammenhang" (ebd., 94). Sie antizipiert eine Kritik an diesem Vorgehen als einem zu subjektiven Verfahren, begründet ihre Wahl der Methode jedoch mit den Prämissen kognitivistischer Ansätze, denen zufolge es nur einen über die individuelle Verarbeitung vermittelten Zusammenhang zwischen objektiven Verhältnissen und subjektivem Erleben gibt. (Vgl. ebd., 91f.)

In den folgenden Jahren greift LEHR immer wieder auf dieses Thema zurück, um es schließlich im Jahr 1987 mit konkretem Bezug zum hohen Alter zu vertiefen: „Zur Situation der älterwerdenden Frau. Bestandsaufnahmen und Perspektiven bis zum Jahr 2000." Grundlage der Untersuchung stellen wiederum Daten der Bonner Lebenslaufforschung dar. LEHR hat fast 2000 Biographien der von 1895 bis 1939 geborenen Männer und Frauen auf prägnante Kohortenunterschiede und Ähnlichkeiten untersucht. Sie unterscheidet ihre Stichprobe in 5 Gruppen, beginnt mit den 50jährigen der 80er Jahre und zählt in zehner Schritten bis zu den 90jährigen. Als Differenzbegriffe nutzt sie vier Dimensionen: Soziale Aspekte, epochale Aspekte, biologische Aspekte und Aspekte des Lebenszyklus. Während sie unter *sozialen* Ein-

---

[19] Die von Hans THOMAE geleitete Bonner Längsschnittuntersuchung (BLSA) beobachtete über einen Zeitraum von 15 Jahren Personen aus zwei Geburtskohorten (1900–1905 und 1890–1895). Diese anfangs 222, zum Schluß nur noch 48 Personen wurden von 1965 bis 1980 siebenmal untersucht, interviewt und getestet. Die Methode der Längsschnittuntersuchung sollte dabei intraindividuelle Unterschiede aufdecken und die Zusammenfassung zu Kohorten soziokulturelle Einflüsse ausschalten. Im Mittelpunkt standen (1) die soziale und sozioökonomische Situation, (2) die intellektuelle und psychomotorische Leistungsfähigkeit, (3) die Gesundheit und subjektive Belastung, (4) Persönlichkeitsvariablen wie Aktivität, Angepaßtheit, Rigidität, Ängstlichkeit und Selbsterleben und (5) die erlebte Situation, d.h. die individuelle Einschätzung der eigenen aktuellen Lebenssituation. (Vgl. Thomae & Lehr 1973)

flüssen die Verortung in der Gesellschaft anhand von Kategorien wie z.B. Geschlecht, Status und Beruf faßt, verwendet sie das Adjektiv *epochal* im Sinne historischer Einflüsse (Kriegszeiten, unterschiedliche Arbeitsbedingungen, hygienische Verhältnisse). *Biologische* Kategorien finden nur indirekt eine Verwendung, insofern sich mit ihrer Hilfe eine einseitige Determination weiblichen Alterns über die Menopause entkräften läßt.[20] (Vgl. Lehr 1987, 4ff.) Ganz entscheidende Unterschiede können im Hinblick auf *lebenszyklisch* bedingte Veränderungen wie z.B. Kindheit, Jugend, Ehe, Mutterschaft, Berufstätigkeit usw. ausgemacht werden. Um zu verdeutlichen, wie die Ergebnisse der LEHRschen Analyse weiblicher Biographien nach diesem Modell aussehen, sollen hier beispielhaft die beiden Jahrgänge der um 1905 und 1915 Geborenen verglichen werden. Während die Älteren, also die in den 80er Jahren 80jährigen, die NS-Zeit aufgrund einer Hochschätzung ihrer Mutterrolle als durchaus positiv erlebt haben, fühlt sich die spätere Generation um eben diese Erfahrung betrogen. Noch vor der Familiengründung wurden ihre Männer, Verlobten oder Freunde eingezogen; das Familienleben wurde von vornherein von den Einschränkungen des 2. Weltkriegs geprägt. Diese unterschiedliche Gewichtung im Erleben des 2. Weltkriegs läßt sich auch im Vergleich zu männlichen Biographien beobachten. Während sich die entscheidenden Schritte im Leben der Männer als beeinflußt von historischen Daten wie Kriegszeiten zeigen, spielen genau diese Zäsuren für Frauen — je nach lebenszyklischer Stellung — eine eher nachgeordnete Rolle. Belastungen ergeben sich stattdessen eher durch unerwünschte Schwangerschaften oder durch die Veränderungen in der Rollenverteilung vor, während und nach dem Krieg. (Vgl. ebd., 33f.)

Diese Ergebnisse werden von LEHR in einem Modell erklärt, in dem eine Zeitachse mit einer Vielzahl möglicher Einflüsse konfrontiert wird. (Vgl. Abbildung 1) Im Mittelpunkt dieses Modells steht die Verarbeitung durch das Subjekt. LEHR beruft sich auf Studien zu „developmental tasks", die den Nachweis geführt hätten, „daß objektiv vergleichbare Situationen ... subjektiv unterschiedlich erlebt werden — bzw. eine unterschiedliche kognitive Repräsentanz erfahren, je nach bisheriger Entwicklung, je nach der jeweiligen Konstellation gegenwärtiger situativer Bedingungen und je nach den persönlichen Zukunftserwartungen — und auch dementsprechend unterschiedliche Formen der Auseinandersetzung erkennen lassen." (Ebd., 24) An anderer Stelle unterscheidet LEHR in „biographische Momente (Vergangenheitsaspekt), situative Gegebenheiten (Gegenwartsaspekt) und Ziel- und Wertvorstellungen (Zukunftsaspekt)" (ebd.), um die zeitliche Einordnung zu illustrieren.

---

[20] Sowohl Menarche als auch Menopause haben sich innerhalb des letzten Jahrhunderts als zeitlich flexible Daten herausgestellt. Eine immer früher einsetzende Menstruation und eine sich verzögernde Menopause führten zu einer Ausdehnung der Zeit der weiblichen Geschlechtsreife und zu einer Verschiebung der Altersgrenze. Auch biologische Daten unterliegen sozialen Einflüssen. (Vgl. Lehr 1987, 4ff)

2. Personale Identität im Alter 87

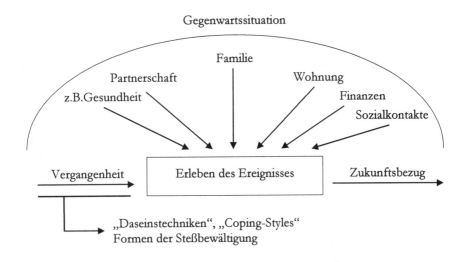

Abbildung 1: Biographische Methode nach LEHR *(1987, 25)*

Spätestens jetzt wird deutlich, daß die „biographische Methode" LEHRs auf ungenauen Begrifflichkeiten basiert. Stellt die Biographie einen der möglichen Einflüsse dar oder faßt sie als Oberbegriff, als Verarbeitungsmodus, sämtliche Einflußmöglichkeiten zusammen? Da LEHR selbst sich nur sehr knapp zu diesen Fragen äußert, läßt sich für die Nachzeichnung ihrer Argumentation in dieser Hinsicht kein Boden gewinnen. Umso konkreter stellt sich ihre Unterscheidung in subjektive und objektive Variablen dar. „Beide Aspekte — subjektives Erleben einer relativ großen Bevölkerungsgruppe, erfaßt mit sehr anspruchsvollen Methoden der Biographischen Forschung [LEHR verweist an dieser Stelle auf mehrere Veröffentlichungen von THOMAE zur biographischen Methode, I.S.] sowohl unter qualitativen als auch unter quantitativen Aspekten analysiert — als auch historische Quellenforschung bzw. sozialgeschichtliche Analysen sind notwendig zum Verständnis der heutigen Lebenssituation älterer Frauen. Die Bedeutung des subjektiven Erlebens bzw. der kognitiven Repräsentanz wurde in der gerontologischen Forschung ... sehr deutlich herausgestellt: Der Mensch verhält sich nicht danach, wie die Situation objektiv ist, sondern danach, wie er sie erlebt." (Ebd., 52) Auch die Apodiktik dieser Sätze kann nicht über die Begrenztheit der Argumentation hinwegtäuschen. Im Gegensatz zu KOHLIs soziologischer Analyse dessen, was objektive Verhältnisse sind, wird hier eine Eindimensionalität objektiver Verhältnisse behauptet, die als solche z.B. historisch eindeutig erfaßt werden können. Dieser etwas leichtfertige Umgang mit dem Gegenpol des Subjekts läßt sich in einer psychologischen Analyse sicherlich rechtfertigen. Problematisch ist jedoch in diesem Rahmen die gleichzeitige Betonung einer kognitiven Repräsentanz dieser Umwelt. *Die subjektive Verarbeitung aller Einflüsse vorausgesetzt, stellt sich die Frage, wer — nicht subjektiv — Objektivitäten wahrnehmen kann.* Während Martin KOHLI mit seinem Konzept der Arbeitsgesellschaft einen strukturierten Rahmen für die Identifikation objektiver Verhältnisse benennt, bleibt LEHR einzig und allein das realitätsverarbeitende Subjekt und eine —

wie in LEHRs Untersuchungen deutlich wird — auf ein quantifizierbares Datenformat gebrachte Welt.

Prototypisch lassen sich die Konsequenzen dieser Theorietechnik an LEHRs Forschungen zu Einsamkeit und Isolation von alten Menschen verdeutlichen. „Mit 'Isolation' bezeichnet man die realen Gegebenheiten, die objektive Häufigkeit der Sozialkontakte, — mit 'Einsamkeit' jedoch das subjektive Erleben dieser Situation." (Lehr 1978b, 20) Diese Form der „Realität" stellt auch in ihren interventionistischen Ansätzen (vgl. Kap. IV.1c) die entscheidenden Limitierungen für eine Beeinflussung von Alternsprozessen bereit. (Vgl. Lehr 1979) Ohne die Inhalte der nächsten Kapitel vorwegzunehmen, kann schon hier auf die Problematik dieses Vorgehens verwiesen werden. So wie LEHR Einsamkeitsgefühle bei ausreichenden Sozialkontakten durch therapeutische Intervention verscheuchen will, dient ihr auch Unzufriedenheit im Alter als Ansatzpunkt einer umfassenden Steuerung des Alternsprozesses. Ein zukünftiges „Altern ohne zu altern", denn „Was rastet, das rostet" (Lehr 1983, 17), ist Ziel ihrer gerontologischen Studien. Wo sich subjektives Erleben an objektiven Daten messen läßt, ist der Schritt zu einer Therapeutisierung des hohen Alters nicht weit. Über das subjektive Alterserleben hinaus können Möglichkeiten einer Optimierung benannt werden, die 'defizitäres' Altern neben eine Lebensweise stellen, die sich von der jugendlicher Erwachsener kaum unterscheidet. (Vgl. Baltes & Baltes 1989) Natürlich soll an dieser Stelle nicht einer 'altersspezifischen Lebensweise' der Weg bereitet werden, aber die Verneinung altersspezifischer Defizite führt bei LEHRs Argumentation nicht zu einer Ablehnung altersdifferenzierender Kategorien insgesamt, sondern zu einer Betonung von jugendlichen Idealen. Mit Hilfe von „Geroprophylaxe" (Lehr 1978b, 22) versucht sie ein neues Bild vom Alter zu erzeugen: „... das Bild vom alten Menschen als einem kompetenten, selbständigen, selbstverantwortlichen Bürger" (Lehr 1983, 22).

Diese „Umerziehung" mutet aufgrund ihrer programmatischen, emanzipativen Ausrichtung heute — in den 90er Jahren — fast etwas altmodisch an. Als einseitige normative Orientierung an Aktivitätspostulaten ist sie von den Praktikern der Ganzheitlichkeit (vgl. Hummel 1982, 23f.) kritisiert worden[21] und stellt heute nur noch *eines* der vielen Programme, die beim Älterwerden helfen sollen, dar. Im Gegensatz zu KOHLIs Analyse führt LEHRs Subjekt/Objekt-Ansatz zu einer Hypostasierung individueller Möglichkeiten. Gesellschaft fungiert als Rahmen, der zwar deprivieren kann, aber auch — bei veränderter subjektiver Wahrnehmung — die gegenteilige Wirkung haben kann. Die Beobachtung einer Variabilität in Alternsverläufen aufgrund unterschiedlicher Wahrnehmung der Umwelt hat zu der Bezeichnung „Differentielle Gerontologie" geführt und die Individualität von Alternsverläufen in den Vordergrund gerückt, aber auch einer Normierung des Alters den Weg bereitet: Wenn LEHR formuliert: „'Älter werden — aktiv bleiben' ... zum Wohle der Menschheit, der gesamten

---

[21] Konrad HUMMEL würde natürlich nicht die emanzipative Ausrichtung von LEHRs Forschungen kritisieren, sondern eben diese leugnen, da LEHR nicht an 'gesellschaftlichen Herrschaftsstrukturen' ansetzt. (Vgl. Kap. IX.2) Dennoch läßt sich m.E. dieses Etikett für LEHRs Arbeiten benutzen, die sich der Ermöglichung „eigener Aktivität, eigener Durchsetzungsfähigkeit und Selbständigkeit (man muß ja nicht gleich das abgegriffene Wort 'Emanzipation' wählen)" (Lehr 1978b, 22) widmet.

Gesellschaft, vor allem aber zum Wohle der älteren Generation selbst" (Lehr 1983, 23), fühlt man sich an Turnvater Jahn erinnert. Erstaunlich ist diese normative Wendung jedoch vor allem, weil die theorietechnische Anlage ihrer Forschungen eigentlich gerade diese Verallgemeinerung verbieten müßte. *Die Betonung einer differentiellen Gerontologie und des kognitiven Ansatzes hätte gerade auf die Problematik einer solchen Generalisierung hinweisen müssen.* Anstatt sich von der Unterbestimmtheit der objektiven Variablen zu einer objektivierenden Zufriedenheitsskala verführen zu lassen, hätte LEHR die Unmöglichkeit dieses Vorgehens betonen müssen. Diese mit dem Subjekt/Objekt-Ansatz verbundenen Widersprüchlichkeiten lassen sich auch auf den anderen Ebenen der Argumentation wiederfinden. Subjektive Unterschiede werden — wie im folgenden — in objektiven Normen aufgehoben.

b) Entwicklung und Persönlichkeit

Ursula LEHRs Forschungen sind in vieler Hinsicht geprägt von den Arbeiten des Psychologen Hans THOMAE. Im Hinblick auf ihre biographische Methode und die entwicklungspsychologische Konzeption verweist sie auf THOMAE, ohne dessen Thesen jedoch eigenständig zu reproduzieren. Für eine genauere Fassung des Zusammenhangs von persönlicher Identität und Entwicklung beziehe ich mich deshalb auf THOMAEs eigene Schriften. Mit einer Verbindung der beiden Konstrukte 'Persönlichkeit' und 'Entwicklung' zu einer psychologischen Biographik hat er schon sehr früh (1956) der Alternsforschung neue Wege aufgezeigt. Entscheidend dabei war die Abwendung von Phasenmodellen mit ihren aufeinander aufbauenden Entwicklungsstufen, die — wie z.B. bei ERIKSON (vgl. Kap. II.2) — für das hohe Alter eine von Integrität geprägte Persönlichkeit erwarten. (Vgl. Erikson 1973 [1959], 118) THOMAE wendet sich gegen diese normierenden Lebenslaufkonzepte und fordert eine flexible Theorieanlage, die 'Entwicklungsaufgaben' stärker an individuelle Lebenssituationen bindet. Aufgrund seiner Erfahrung mit phasenuntypischen Entwicklungsprozessen formuliert er Skepsis „gegenüber einer Stufenlehre, die zu sehr eine innere Gesetzmäßigkeit betont und zu wenig die Einbettung des leibseelischen Geschehens in eine spezifische soziale Lage, in ein je besonderes Lebensschicksal, in ein Gefüge und Gegengefüge von 'Rollen' berücksichtigt, die der einzelne durchspielt." (Thomae 1956b, 108) An die Stelle einer auf- und absteigenden Linie, eines Stufenmodells oder einer Spirale sich immer auf einem höheren Niveau wiederholender Themen stellt er „das konkrete Leben in seiner Auseinandersetzung mit dem je begegnenden Geschick" (Thomae 1956a, 111). Mit dieser lebensphilosophischen Öffnung[22] der Entwicklungspsychologie rückt das hohe Alter als ein — im Vergleich zu vorhergehenden eindimensionalen Erklärungen — ungleich komplexeres Geschehen in den Mittelpunkt. Als Teil des Erwachsenenlebens werden nun auch dem hohen Alter noch

---

[22] Hiermit soll nicht einer lebensphilosophischen Ausrichtung der Alternsforschung das Wort geredet werden. Gerade lebensphilosophische Ansätze (vgl. Rosenmayr 1983: Die späte Freiheit) tendieren zur Formulierung von Sinnangeboten im Alter, die sich in ihrer Generalisierung kaum überbieten lassen. Entscheidend ist in diesem Zusammenhang vielmehr, daß mit der THOMAEschen entwicklungstheoretischen Akzentuierung der „Problematik" des hohen Alters mehr Freiraum geschaffen wird, als dies vorher der Fall war.

Aufgaben zugestanden, die Zielstrebigkeit, Aggressivität und Leidenschaft voraussetzen. „Die zeitgeschichtliche Situation stellt also die 'Aufgaben', nicht eine abstrakte Lebenslaufstruktur." (Thomae 1968, 204)

Die beiden Konstrukte 'Persönlichkeit' und 'Entwicklung'[23] werden von THOMAE im Hinblick auf eine am „Durchschnittsmenschen" (Thomae 1968, VII) orientierte empirische Psychologie durchleuchtet. Anstatt diese Begriffe jedoch innerhalb der klassischen Dichotomie 'Struktur (Persönlichkeit) — Prozeß (Entwicklung)' einzuordnen, geht THOMAE von einer die Seiten wechselnden Verfassung aus, „daß fast alles, was Form und geronnene Struktur am menschlichen Charakter ist, einmal Geschehen war, und daß vieles, was jetzt Geschehen ist, einmal Form, Haltung, Bereitschaft, Triebkraft werden kann" (Thomae 1951, 1). THOMAE führt diese nun eher unübersichtlich gewordenen Zusammenhänge auf dem Boden seiner Biographik wieder zusammen. Nur im Einzelfall, vor dem Hintergrund der individuellen Lebenssituation, wird seiner Meinung nach das verständlich, was Psychologie ansonsten allgemein und abstrakt formulieren möchte.

Entscheidend für meine Argumentation ist in diesem Zusammenhang sein Interesse an zeitlichen Verläufen: „Verhalten, das uns den Zugang zum 'Individuum und seiner Welt' erschließen soll, muß stets als Teil oder Aspekt einer individuellen Biographie gesehen werden. Denn nur in der zeitlichen, nicht in der räumlichen Extension ist ein Wesen wie der Mensch vollständig erfaßbar." (Thomae 1968, VII) Schon seit den 50er Jahren arbeitete THOMAE an einer Konzeption von temporalisierter Individualität, die dem heutigen soziologischen Lebenslauf-Begriff, wie ihn z.B. KOHLI verwendet (vgl. Kap. IV.1b), sehr nahe kommt. Natürlich trifft THOMAE als Psychologe dabei keine Aussagen über gesellschaftsstrukturelle Veränderungen, die eben eine solche Konzeption des Individuums nahelegen. Parallel zur soziologischen Lebenslaufforschung breitet sich jedoch in dieser psychologischen Lebenslaufforschung[24] ein ganz ähnlicher Ansatz vor, der — analog zum Lebenslauf-Begriff — den Begriff der Entwicklung benutzt. *Zwischen den einzelnen und die Gesellschaft, Individuum und Welt*[25]*, Subjekt und Objekt, tritt ein Instrument, das der Annahme Rechnung trägt, eine Beschreibung des einzelnen sei nur noch als zeitbezogene Diagnose möglich.* Im Vergleich zu KOHLIs Lebenslauf-Begriff radikalisiert Thomae diesen Ansatz. Ihm gelingt es mit Hilfe seiner biographischen Methode weit stärker, als es die soziologische Alternsforschung bislang geschafft hat, Altern aus vorgegebenen Stufen, Phasen, Lebensabschnitten herauszulösen. THOMAEs Definition zu Altern lautet schon 1956: „[Das Kriterium für den Prozeß des seelischen Alterns] ist danach gleichbedeutend mit dem Grad, in dem Routine, Gewohnheit, eingeschliffene Verhaltens- und Erlebnisbahnen über die Fähigkeit zu eigenständiger Gestaltung des Lebens die Oberhand gewinnen. Insofern

---

[23] So ist im übrigen auch die Festschrift zum 60. Geburtstag von Hans THOMAE betitelt. Vgl. Lehr & Weinert 1975.

[24] Unter dem Titel 'Lebenslaufpsychologie' firmierten die vielen Längsschnittuntersuchungen, die von THOMAE konzipiert und unter seiner und LEHRs Leitung durchgeführt wurden.

[25] Genauer: „Das Individuum und seine Welt". So lautet der Titel des Werkes, in dem THOMAE ausführlich seine biographische Methode in Theorie und Praxis beschreibt und dabei auch gleichzeitig seine Persönlichkeits- und Entwicklungspsychologie fundiert.

können die Zeitpunkte des Beginns der körperlichen und seelischen Alterung weit auseinanderliegen." (Thomae 1956a, 112) Auch wenn seine Ausdrucksweise der Zeit entsprechend auf unklare Konzepte wie 'Seele' referiert[26], verhindert er mit eben diesem „Joker" eine Engführung der Argumentation.

Die unter dem Namen 'Differentielle Gerontologie' bekannt gewordene Altersforschung der Bonner Schule[27] hat ein Bild von Alter konzipiert, das individuelle Alternsverläufe in den Mittelpunkt stellt und davon ausgehend die Praxis der Altenhilfe fundiert. Die mit der LEHRschen Interventionsgerontologie eingeleitete normative Wende innerhalb der psychologischen Altersforschung verdankt sich weniger der Grundlegung durch THOMAE[28] als der — der Gerontologie von Anfang an eigenen — programmatischen Ausrichtung am „Erfolgreichen Altern". Die schon eingangs beschriebene Unbestimmtheit des Objekt-Begriffs setzt sich im Praxisbezug der Gerontologie als uneingeschränkte Normativität durch. Das folgende Kapitel stellt insofern wiederum eine Parallele zu KOHLIs Argumentation dar, als auch er an der ungeklärtesten Stelle seiner Analyse, dem Subjekt, den Ausweg in die Normativität sucht.

c) Geroprophylaxe

Eine geradezu missionarische Motivation steht am Beginn der gerontologischen Forschung: „The practical purpose of gerontology is to help people, live better in their later years ... — However, we do not have general agreement on what good living in the later years is." (Havighurst 1963, zit. n. Lehr 1989, 2) Was zu diesem Zeitpunkt noch unklar war, sollte schon bald konkretisiert werden, und zwar in den Begriffen 'Lebenszufriedenheit' und 'Erfolgreiches Altern'. Die (psychologische) Gerontologie hat sich — noch vor einer theoretischen Analyse — der Verbesserung der Lebensverhältnisse alter Menschen verpflichtet. Innerhalb der Geschichte der Altersforschung ist dies kein ungewöhnliches Vorgehen. Wie die Analysen der soziologischen Zugänge bis jetzt zeigen konnten, steht am Beginn der einzelnen Theorien zumeist eine Problembeschreibung. Im Unterschied zur soziologischen Altersforschung hat sich dieser psychologische Ansatz jedoch gleichzeitig für eine Benennung der positiven

---

[26] Daß seit John Broadus WATSON und seinem Behaviourismus sowohl die 'Seele' als auch das 'Bewußtsein' innerhalb der Psychologie des 20. Jahrhunderts nur noch eingeschränkte Bedeutung haben (vgl. Bruder 1993, 69f.), kann THOMAE, der sich in der Nachfolge der geisteswissenschaftlichen Psychologie Wilhelm DILTHEYs und Eduard SPRANGERs sieht, nicht vorgeworfen werden. Vgl. zur Differentiellen Psychologie Thomae 1977, 77.

[27] Unter dem Etikett 'Bonner Schule' läßt sich der größte Teil der psychologischen Altersforschung subsummieren. Als prominenteste 'Schülerin' gilt zur Zeit Ursula LEHR. Bei THOMAE haben aber auch Norbert ERLEMEIER und Reinhard SCHMITZ-SCHERZER, bei LEHR Paul C. BALTES promoviert. Allen 'Schülern' gemeinsam ist eine individualisierende Betrachtung des hohen Alters, die mehr oder weniger auch auf soziale Zusammenhänge zurückgreift. Eben dieses Vorgehen hat der Bonner Schule manche Kritik von soziologischer Seite eingetragen. Vgl. Hohmeier 1978, 27.

[28] Es soll an dieser Stelle nicht verschwiegen werden, daß auch THOMAE von altersspezifischen Themen wie der Auseinandersetzung mit Tod und Sterben ausgeht. (Vgl. Thomae 1956a, 108) Die anthropologische Verknüpfung von hohem Alter und Tod gehörte jedoch damals wie auch heute noch zum *common sense* der Altersforschung, vor allem der Altenhilfe. Zur Kritik an dieser letzten Bastion der vermeintlichen Eindeutigkeit innerhalb der Altersforschung vgl. Kap IX.4.

Seite entschieden. Wohlweislich lassen kritische und emanzipative soziologische Theorien eben diese Dimension unbestimmt[29] und machen sie stattdessen von veränderten gesellschaftlichen Verhältnissen abhängig. Ohne diese gesellschaftliche Ebene der Argumentation treten aus psychologischer Perspektive eher pragmatische Interessen in den Vordergrund. Das Thema der amerikanischen Psychologie in der Tradition von William JAMES, aber auch John Broadus WATSON und Burrhus Frederic SKINNER, Hilfeleistung bei der Anpassung des einzelnen an eine zunehmend komplexer werdende Welt zu leisten (vgl. Bruder 1993, 70f.), läßt sich auch in der deutschen Gerontologie wiederfinden. Ursula LEHR formuliert als Ziel, „ein hohes Lebensalter bei psychophysischem Wohlbefinden zu erreichen" (Lehr 1979a, VI), und benennt als Methode die Intervention (vgl. ebd.). (Vgl. Tabelle 7)

Optimierung	Geroprophylaxe Prävention	Rehabilitation Therapie Restauration Korrektur	Management „contain conditions"
Schaffung günstiger Entwicklungsbedingungen	Vorbeugung eines Altersabbaus	Rückgängigmachen von Störungen, von bereits eingetretenen Schäden, von Abbauerscheinungen	Zurechtkommen mit irreversiblen Problemsituationen, Sicherung des Erreichten
durch:	durch:	durch:	durch:
Geistige Entwicklung durch 'enrichement', Anregung Körperliche Entwicklung durch sportliche Betätigung Interessenentwicklung	Erhaltung der körperlichen, geistigen und sozialen Fähigkeiten durch lebenslanges Training Pflege der Interessen, richtige Ernährung	Wiedergewinnung der Kompetenz in den verschiedenen Lebensbereichen Reaktivierung körperlicher, geistiger und sozialer Fähigkeiten durch gezieltes Neueinüben, Trainieren, Fördern durch Fordern	Auseinandersetzung mit der Problemsituation Veränderung der inneren Einstellung kognitive Umstrukturierung Einüben von *coping*-Stilen aber auch: Veränderung der ökologischen Bedingungen, prothetische Maßnahmen

Tabelle 7: Interventionsgerontologie nach LEHR *(1979a, 4)*

Diese umfassende Therapeutisierung des hohen Alters — wie eingangs schon erwähnt: „zum Wohle der Menschheit" (Lehr 1983, 23) — repräsentiert ein der Kindheit und seinen Erziehungsnotwendigkeiten vergleichbares umfassendes Erziehungsprogramm. In allen Fällen geht es hier jedoch — im Gegensatz zur Kindheit — um

---

[29] Was dazu führt, daß auch die Problemanzeige unterbestimmt ist. Vgl. Kap. III.1.

die Beibehaltung, nicht um die Anhebung eines Niveaus. *Lehr hat sich dem Kampf gegen den Abbau verschrieben und faßt alle Möglichkeiten, das durchzusetzen, in ihrer programmatischen Forschung zusammen.*

Wie ist es zu diesem umfassenden Versuch, einen neuen alten Menschen zu schaffen, gekommen? Sicherlich rechtfertigt die Ausgangslage, eine vom Defizitmodell[30] geprägte Theorie und Praxis, viel dieses kämpferischen Engagements. Die Untersuchungsergebnisse der Differentiellen Gerontologie konnten erstmals mit Hilfe empirischer Daten die Generalisierung dieses Modells widerlegen. In bezug auf die geistige Leistungsfähigkeit und die Veränderung der Persönlichkeit im Alter konnte LEHR auf die Unangemessenheit des Defizitmodells hinweisen. „Hier sind so viele höchst individuelle, persönlichkeitsspezifische Komponenten zu berücksichtigen und eine Vielzahl ganz spezieller ureigenster Erfahrungen während des bisherigen Lebenslaufs, die das Verhalten und Erleben im Erwachsenenalter bestimmen.

Darüber hinaus spielt die gegenwärtige Lebenssituation im Geflecht ihrer situativen und sozialen Bezüge eine entscheidende Rolle." (Lehr 1977, 297) Bei dieser Vielzahl beeinflussender Faktoren wundert es um so mehr, daß LEHR mit dem Ziel des 'Erfolgreichen Alterns' zu generalisierenden Aussagen gelangt, die von dieser Komplexität abstrahieren. Läßt sich am Ende eines höchst individualisierten Lebenslaufs Erfolg in so allgemeinen Kategorien beschreiben? Ist Aktivität („Älter werden — aktiv bleiben") tatsächlich das einzige, das zählt? Der Schlüssel für diese simplifizierenden Schlußfolgerungen der Gerontologie liegt in dem verkürzten Objekt-Begriff. So komplex die subjektive Wahrnehmung einer Situation auch ist, laut THOMAE und LEHR muß sie sich an 'der Realität' messen lassen. LEHR formuliert wie folgt: „Im Rahmen der Erörterung möglicher therapeutischer Maßnahmen wurde herausgestellt, wie sehr die richtige (sic!) Sicht der Gegenwart und die Verarbeitung der Gegenwart dazu beitragen können, das Leben in jeder Situation zu akzeptieren." (Lehr 1977, 298) Die Frage nach den Maßstäben für eben diese „richtige Sicht" drängt sich auf, wird aber von LEHR nicht beantwortet.

Wenn sich Alternsverläufe nur über die individuelle Biographie verstehen lassen, erscheint diese programmatische Ausrichtung der psychologischen Alternsforschung problematisch. Die Vielfalt der möglichen Einflüsse, die für ein spezifisches Alterserleben verantwortlich sind, soll mit therapeutischen Mitteln der Steuerung durch den einzelnen zugänglich gemacht werden. Subjektivität und Objektivität würden im Erfolgsfalle zusammenfallen. LEHR betont ausdrücklich, daß die soziale Umgebung den einzelnen mit unterschiedlichen Möglichkeiten zur Anpassung ausstattet. Wer zeit seines Lebens repetitiven Tätigkeiten nachgegangen sei, tue sich im Alter schwer, selbständig neue Betätigungsfelder zu finden. (Vgl. Lehr 1977, 211f.) Die Begründung dieses Phänomens über Sozialität etabliert eine 'objektive' Variable außerhalb des Subjekts. Erfolgloses Altern, das sich diesem Umstand verdankt, soll nun jedoch therapeutisch im Sinne einer Anpassung an eben diese soziale Umwelt — die keinerlei

---

[30] Unter dem Namen 'Defizitmodell' werden Beschreibungen des hohen Alters zusammengefaßt, die von einem naturwüchsigen Abbauprozeß im Alter ausgehen. Demzufolge verringern sich die Fähigkeiten und Fertigkeiten alter Menschen, die sich daraufhin aus dem öffentlichen Leben zurückziehen. (Vgl. Lehr 1977, 48ff.)

Bedarf an der Tätigkeit dieses alten Menschen hat — behandelt werden. Wie dabei Zufriedenheit entstehen soll, ist fraglich.

Die entscheidende Kritik richtet sich an dieser Stelle jedoch nicht so sehr gegen einen unterbestimmten Objekt-Begriff, sondern vielmehr gegen die Zusammenführung subjektiver und objektiver Analyseebenen. Die spezifische Fassung des Objekt-Begriffs zeichnet dabei verantwortlich für die generalisierende Normativität. Die LEHRsche „Geroprophylaxe" verschenkt den Freiraum, den die biographische Methode ihr eingebracht hat.

d) Resümee: Alter = Abbau

Ursula LEHR hat sich dem Thema 'Altern' auf zwei Ebenen angenähert. Ihr ursprüngliches Interesse richtet sich auf die Erforschung der subjektiven Dimension: die biographische Verarbeitung von äußeren Einflüssen. Eine entscheidende Rolle nimmt dabei der THOMAEsche Entwicklungsbegriff ein, demzufolge Entwicklung nicht an psychosoziale Gesetzmäßigkeiten gebunden ist (Phasenmodelle), sondern an ein Zusammenspiel von situativen und persönlichen Faktoren: Entwicklungsprozesse können über das gesamte Leben verteilt stattfinden. Konsequenterweise stellt sich auch Altern als ein Prozeß dar, der keine Altersgrenze kennt, sondern je nach persönlicher Flexibilität oder Rigidität früher oder später einsetzen kann.

Diese zeitlich verflüssigte Form von Persönlichkeit hat zunächst zu einer Auflösung der Altersphase geführt. Mit dem Praxisbezug dieses psychologischen Ansatzes, der Interventionsgerontologie, gewinnt jedoch ein sehr schlicht konzipierter Objekt-Begriff an Bedeutung, der die vorgängigen Prämissen der Subjektivität auf 'eine Realität' zurückführt. Ab dieser Stelle der Argumentation dominieren normative Konzepte zum 'Erfolgreichen Altern' die vormals noch differenzierten Entwicklungsprozesse. Strenggenommen hätte das theoretische Inventar sowohl THOMAE als auch LEHR eine allgemeine Aussage zum Altern verbieten müssen. Wo — mit LEHR im Rückgriff auf THOMAE — „nicht die objektive Situation das Verhalten bestimmt, sondern weit mehr die Art und Weise, wie diese objektive Situation kognitiv repräsentiert ist, wie sie subjektiv wahrgenommen wird" (Lehr 1987, 17), differieren individuelle Entwicklungs- und Persönlichkeitsbeschreibungen: „Entwicklungsprozesse, Alternsveränderungen, sind weder generell noch universell" (ebd., 23). Wie sich diese Prozesse zum Altern verhalten, kann LEHR nur bestimmen, indem sie auf eine vorgegebene Umwelt zurückgreift, in der hohes Alter mit allen möglichen negativen Begleiterscheinungen eine der objektiven Variablen darstellt. Subjektivität erscheint vor diesem Hintergrund als Problem, denn sie ermöglicht „eine generelle Fehleinstellung zum Alter und daraus resultierende mangelnde Vorbereitung" (ebd., 22). *Die 'Biographische Methode' Lehrs setzt hohes Alter voraus, erklärt dann differentielle Alternsverläufe und konfrontiert diese mit einer verallgemeinernden Bewertung.* Individualität wird letztlich dem Diktat einer sich als objektiv gerierenden Norm unterworfen.

Dieses Wechselspiel zwischen unabhängigen und abhängigen Variablen scheint jedoch nicht nur im Hinblick auf den Widerspruch von Differentialität und Normativität problematisch zu sein. Es hat auch Konsequenzen für die Bestimmung von Sozialität und Persönlichkeit. Immer wieder weist LEHR auf die Bedeutung einer „Vielzahl sozialer wie auch ökologischer Bedingungen" (ebd.)[31] hin, die zu einer Benachteiligung im hohen Alter führen können. Da es ihrem Hilfeprogramm jedoch einzig um 'Anpassung' geht, werden aus eben diesen objektiven Variablen im nächsten Schritt wiederum subjektiv beeinflußte und beeinflußbare Variablen. Ob soziale Determinanten nun dem Einflußbereich des einzelnen entzogen sind oder nicht, bleibt ungeklärt. Wie jemand altert, ist bei LEHR einerseits „soziales Schicksal" (Lehr 1977, 300), andererseits der subjektiven Deutung unterworfen und darüber auch zu gestalten. Sozialität erzeugt demzufolge Probleme, die über die persönliche Kompetenz gelöst werden. Dieser Satz würde von LEHR sicher nicht unterschrieben. Auch sie weist auf die Notwendigkeit hin, die Lebensbedingungen von alten Menschen zu ändern. (Vgl. ebd., 310) Nicht die Individualisierung von sozialen Problemen ist ihr deshalb vorzuwerfen, sondern eine ungenaue Argumentation, die den empirischen (unabhängigen) Objekt-Begriff mit einem theoretischen (abhängigen) vermischt.

3. Grenzen des Identitätsansatzes
Altsein ist kein meßbares Datum

Die Parallelität der Ansätze von Martin KOHLI und Ursula LEHR läßt sich auf verschiedenen Ebenen nachzeichnen. Auch wenn KOHLI vorrangig über alte Männer forscht, LEHR dagegen alte Frauen in den Mittelpunkt ihrer Analysen rückt, bleiben noch genug Gemeinsamkeiten. Tabelle 8 listet auf, wie sich die Autoren ihrem Thema annähern.

Beide unterscheiden die theoretischen Konstrukte 'Subjekt' und 'Objekt', um zu Aussagen über Alternsprozesse zu gelangen, und beide entscheiden sich für eine Verzeitlichung ihrer Analyse mit Hilfe einer „Zwischenebene". Ob 'Lebenslauf' oder 'Entwicklung', gemeint ist immer, daß sich keine von der Lebenszeit unabhängigen Aussagen zu Menschen treffen lassen. Identität, also die Bestimmung des Menschen als einer Einheit, wird zu einer temporalen Kategorie und rechtfertigt die Frage: Wann ist man alt? (Vgl. Tabelle 8)

Während KOHLI den Begriff der Identität explizit gebraucht (vgl. Kohli 1993, 41), führt ihn LEHR über den Umweg der Persönlichkeit ein. Bei beiden wird eine Identifikationsmöglichkeit des einzelnen anhand eines überdauernden Profils vorausgesetzt. Beide fragen: Wie sind die Menschen, die wir erforschen, so geworden, wie sie sind? Folgerichtig versuchen sie, — je nach disziplinärem Schwerpunkt — eben diese Identität in ihre einzelnen Bestandteile zu dekomponieren, und kommen gemeinsam zu dem Ergebnis: Ein Mensch ist, was er geworden ist. Schon an dieser Stelle entstehen erste Probleme bei der Erfassung all der möglichen Einflüsse im Leben des einzelnen (vgl. Kohli 1989, 51 und Lehr 1987, 31ff.).

---

[31] Der Kritik, die Altersproblematik zu individualisieren (vgl. Hohmeier 1978, 27), versucht LEHR auch mit einem entsprechenden Nachtrag in der 3. Auflage der „Psychologie des Alterns" (Lehr 1977) zu entgehen.

	Lebenslaufforschung (Martin Kohli)	Biographieforschung (Ursula Lehr)
Objekt	Gesellschaft als Abeitsgesellschaft	Realität (Sozialität)
Subjekt	Biographizität	Kognitivität
Identität	Individualität über den Lebenslauf	differentielle Persönlichkeit über Entwicklung

Tabelle 8: Vergleich KOHLI *und* LEHR

Nur mit Hilfe von Objektivitäten kann diese Unübersichtlichkeit strukturiert werden. Während KOHLI zu diesem Zweck auf die 'Arbeitsgesellschaft' zurückgreift, kontrolliert LEHR ihren Subjekt-Begriff über die 'Realität'. Auf eben diesen Wegen wird auch die Kategorie 'Alter' eingeführt: *Kohli verallgemeinert den Ruhestand und Lehr setzt Alter als Thema der Realität schlicht voraus.* Im Mittelpunkt steht dann die individuelle Ausgestaltung dieser Lebensphase bzw. dieses Entwicklungsabschnitts.

Beiden Ansätzen gemein ist auch eine normative Komponente, die theoretisch unterbestimmte Stellen überdeckt. KOHLI unterstellt beispielsweise jeder Selbstbeschreibung eine Orientierung an gesellschaftlichen Sinnvorgaben. Das Bedürfnis nach Integration überformt — laut KOHLI — die individuelle Identität. Dieser Subjekt-Begriff provoziert die Frage nach der Eigenständigkeit der subjektiven Perspektive. LEHR vernachlässigt — im Gegensatz dazu — die objektive Dimension, summiert aber ähnlich die ganze Vielfalt der Subjektivität unter vermeintlich objektive Normen. *Das Endprodukt dieser Analysen stellt so in beiden Fällen ein Identitätsbegriff dar, der auf defizitäre Alternsprozesse verweist (Sinnverlust durch Berentung bzw. fehlerhafte Anpassung an Abbauprozesse[32]).* Vor diesem Hintergrund läßt sich aber auch die programmatische Ausrichtung beider Theorieanlagen erklären: „Engagement" (KOHLI) und „Aktivität" (LEHR) stehen für die positive Gestaltung des Alternsverlaufs.

Die Wahl des Subjekt-Begriffs wird vor diesem Hintergrund verständlich. Der beforschte 'alte Mensch' wird als objektiv beeinflußt gedacht, aber auch als jemand, der sein Schicksal gestalten kann. *Das Thema des selbstbewußt handelnden Subjekts[33] erzeugt*

---

[32] Es sei an dieser Stelle noch einmal daran erinnert, daß Anpassung bei LEHR nicht die Akzeptanz defizitärer Prozesse beinhaltet, sondern deren bestmögliche Vermeidung. LEHR verwendet hierfür den Begriff der „Geroprophylaxe" (Lehr 1979a, 4). Anpassung ermöglicht es dem einzelnen, eine gegebene Situation für seine eigenen Ziele zu nutzen, also möglichst gut zu leben.

[33] Auf die lange Geschichte der Subjektphilosophie einzugehen und den Subjektbegriff darüber zu konkretisieren, wäre an dieser Stelle wenig hilfreich, da weder KOHLI noch LEHR diesbezüglich ihre Theorietraditionen ausweisen. Es bleibt nur die Möglichkeit, über die Verwendung des Subjektbegriffs auf entsprechende Konnotationen zu schließen.

einen Freiraum, der nach normativer Bestimmung geradezu verlangt.[34] Die einheitliche Altersbestimmung verdankt sich dieser normativen Komponente.

Im Unterschied zu den vorangegangenen Theorien ist jedoch — trotz der generalisierten Programmatik — mit dem Lebenslauf- und Biographiekonzept eine ungleich dynamischere Beschreibung entstanden, als bislang denkbar war. Daß nach wie vor eine Orientierung an der Kategorie 'Alter' stattfindet, ist eher Resultat einer theoretischen Inkonsequenz als unbedingte Notwendigkeit. Weder Ruhestand (bei Männern) noch biologischer Abbau können soziologische bzw. psychologische Aussagen begründen, die eine Zentrierung auf hohes Alter rechtfertigen. *Altern stellt sich so als Prozeß heraus, der nicht meßbar im Sinn einer kausalen Analyse ist.* Was KOHLI und LEHR als Kriterium gilt, kann individuelles Alterserleben nicht konkretisieren.

---

[34] LUHMANN konstatiert hier, daß die Definition von Sinn über das Subjekt an eine „immanente Normativität der Faktizität des Subjekts" (Luhmann 1984, 108) anknüpfe, so Sinnvolles von Sinnlosem trenne und letzteres als Ansatzpunkt für Kritik nutze, „mit der der Standpunkt des Subjekts sich zur Universalität wieder aufrundet" (ebd.).

Kapitel V: Sind alte Menschen anders?

Die Frage nach der Differenz zwischen Alten und anderen.
Antworten von K. Mannheim, H.P. Tews und G. Naegele

Die Frage nach dem, was alte Menschen von anderen Menschen unterscheidet, steht im Mittelpunkt der Alternsforschung der 90er Jahre. Im Gefolge der bereits genannten Ansätze konzentriert sich diese Forschung nun auf eine genauere Bestimmung der gesamten Gruppe 'alte Menschen'. Abgrenzungen werden zunächst im Hinblick auf andere Gruppen markiert: Wer gehört zu der Gruppe der alten Menschen? Sie gewinnen aber auch innerhalb der Gruppe an Bedeutung und führen zu der Frage: Wie unterscheiden sich die Mitglieder dieser Gruppe? In sozialpolitikwissenschaftlicher Perspektive stellt auch dieser Ansatz wieder die Frage: Welche Probleme charakterisieren diese Gruppe?

Im Gegensatz zu dem von Martin KOHLI und Ursula LEHR profilierten Identitätsansatz werden nicht mehr dynamische Lebens*verläufe*, sondern komplexe Lebens*lagen* analysiert. Mit Peter A. BERGER und Stefan HRADIL lassen sich jedoch beide Zugänge (Lebenslauf und Lebenslage) — zusammen mit der Lebensstilforschung — als neues Programm zur Erforschung sozialer Ungleichheit identifizieren. Nicht mehr ökonomisch begründete vertikale Differenzierungen (Klasse, Schicht, Beruf), aber auch nicht nur horizontale Disparitäten (Geschlecht, Regionen, Ethnien) werden von der Ungleichheitsforschung vorausgesetzt. Die entscheidende Problematik wird in den späten 80er Jahren auf einer tieferen Ebene vermutet, nämlich in dem „offenkundig problematisch gewordene(n) Verhältnis von 'objektiven' Lebensbedingungen und 'subjektiven' Lebensweisen bzw. Lebensstilen" (Berger & Hradil 1990, 9). Woran schon KOHLI und LEHR immer wieder scheiterten, nämlich einer vereinheitlichenden Bestimmung von „objektiven Strukturen" und „subjektiven Handlungsentwürfen", soll in neuer Terminologie angegangen werden. Vor allem der Begriff der Lebenslage steht hierbei im Zentrum: „'Lebenslagen' bündeln auf der Ebene von Individuen, Haushalten und Familien in der Sachdimension vielfältige Handlungsressourcen und -bedingungen, die getrennten Institutionen und gegeneinander autonomisierten Subsystemen entstammen." (Ebd., 18) Trotz gesellschaftlichem Wandel und verzeitlichter Biographien verspricht dieses Programm also, mit einem punktualisierten Zugriff auf Menschen in „Lebenslagen" endlich wieder generalisierbare Informationen vor allem zu problematischen Gruppen gewinnen zu können.

Die Namen von Hans Peter TEWS und Gerhard NAEGELE repräsentieren eben diesen Zugang zur Alternsforschung. TEWS' Beschreibung des „Strukturwandel im Alter" differenziert innerhalb der Gruppe 'alte Menschen' zwischen unterschiedlichen Lebenslagen, die er mit den Etiketten „Feminisierung, Überalterung, Entberuflichung, Singularisierung und Verjüngung" (Tews 1993, 23ff.) faßt. NAEGELE möchte dagegen — trotz aller internen Differenzierung — auch weiterhin die gesamte Gruppe der alten Menschen im Blick haben, wenn er anstelle von Altenhilfepolitik eine allgemeine

Altenpolitik fordert. (Vgl. Naegele 1993, 180) Beide — TEWS und NAEGELE — schwanken immer wieder in ihren Bestimmungen dessen, was problematisch an der Gruppe alter Menschen ist. Die auf der einen Seite von TEWS identifizierten „Neuen Alten" sollen auf der anderen Seite — laut NAEGELE — nicht die „Alten Alten" mit ihrem positiven Image dominieren. Der Bogen der sozialpolitikwissenschaftlichen Analyse spannt sich zwischen mehr oder weniger negativem Altern. Ob es um Ungleichheit im Alter oder die Ungleichheit des Alters im Vergleich mit anderen gesellschaftlichen Gruppen geht, die Lebenslage des einzelnen soll Auskunft geben.

Schon in den 20er Jahren dieses Jahrhunderts hat Karl MANNHEIM auf ganz ähnliche Weise versucht, Generationen voneinander abzugrenzen. An die Stelle des Vorurteils, alte Menschen seien konservativ, setzt er eine generationenübergreifende Perspektive, die je nach Generationslagerung, Generationseinheit und Generationszusammenhalt unterschiedliche einheitsstiftende Inhalte identifiziert. (Vgl. Mannheim [1928] 1964, 541) Nicht das Alter, sondern die gemeinsame Erfahrung von Zeitgeschichte führt zu einem spezifischen Bild einer Generation. Ob dieses sich nun als konservativ oder eher progressiv darstellt, hängt folgerichtig von den historischen Einflüssen ab. Als einer der ersten Auseinandersetzungen mit dem Thema „Alter" und „Altersgruppen" soll der 1928 geschriebene Aufsatz von Karl MANNHEIM „Das Problem der Generation" meine Auseinandersetzung mit diesem Forschungsansatz 'Lebenslage' vorbereiten. Die sich an diesen Aufsatz anschließende Kritik des Generationenbegriffs verweist auf die Probleme, die sich dem Lebenslage-Konzept von TEWS und NAEGELE stellen: Der Wunsch, gemeinsame Charakteristika von Gruppen zu benennen, wird von der möglichen Vielfalt von Beschreibungsmöglichkeiten *ad absurdum* geführt.

Auf die Auseinandersetzung mit dem MANNHEIMschen Generationenbegriff (Kap. V.1) folgt auf den nächsten Seiten die Darstellung des von TEWS und NAEGELE genutzten Lebenslagekonzepts (Kap. V.2). Eine Präzisierung des Differenzansatzes läßt sich mit TEWS' Identifikation eines „Strukturwandel des Alters" (Kap. V.2a) und NAEGELEs Forderung nach einer neuen Altenpolitik (Kap. V.2b) bewerkstelligen. Die Kritik des Differenzansatzes beendet dieses Kapitel (Kap. V.3).

1. Die Unterscheidung der Generationen

Wenn Karl MANNHEIM 1928 den Generationenbegriff für die soziologische Forschung entdeckt, analysiert er ihn mit dem gleichen Interesse, mit dem er sich dem Thema der „Sozialen Lagerung"[1] insgesamt widmet: dem Interesse eines Wissenssoziologen, der Auskunft über den Zusammenhang von Wissen und sozialen Strukturen, in denen solches Wissen entsteht, haben möchte. Ein Jahr später ist mit „Ideolo-

---

[1] Der formalsoziologische Begriff der „Lagerung" interessiert sich für das Verstehen des „ursprünglichen Lebenszusammenhangs" (Wilhelm Dilthey) (vgl. Mannheim [1929] 1969, 40f.). Nicht kausal zu bestimmende Beziehung zwischen einzelnen Variablen, sondern „die gegenseitige funktionelle Durchdringung seelischer Erlebnisse und sozialer Situationen" (Mannheim [1929] 1969, 40) wird von MANNHEIM als das Thema der Soziologie benannt. Er versucht, dem sinnhaften Bezug des einzelnen auf seine Umwelt nachzugehen und erhält dabei Ergebnisse, die — ganz im Sinne des Lebenslage-Konzepts — Aussagen zu gesellschaftlichen und individuellen Wechselwirkungen einer Situation ermöglichen.

1. Die Unterscheidung der Generationen

gie und Utopie" (Mannheim [1929]1969) ein Buch entstanden, das auf die generelle „Seinsverbundenheit des Wissens" (ebd., 229) hinweist und nur der „freischwebenden Intelligenz" (ebd., 135)[2] die Fähigkeit zuerkennt, die unterschiedlichen Perspektiven zu einem Gesamtbild zu integrieren.

Ähnlich wie die Angehörigen einer Klasse sind Angehörige einer Generation durch ihre spezifische Form der „sozialen Lagerung" geprägt. Diese „einer jeden Lagerung inhärierende Tendenz" (Mannheim [1928] 1964, 528) trägt dem Umstand Rechnung, daß 'der Proletarier' seine Umwelt von einem anderen Standpunkt aus betrachtet als 'der Unternehmer' und so auch der Geburtsjahrgang der Jahrhundertwende andere Seiten der Welt kennenlernt als ein früherer oder späterer. MANNHEIM verwendet den Begriff der „Aspektstruktur", um zu verdeutlichen, daß jede Erkenntnis auf ihren Entstehungszusammenhang verweist (vgl. Mannheim [1929] 1969, 233). Im Gegensatz zu den sozio-ökonomischen Bedingungen, die für die Klassenlagerung ausschlaggebend seien, benennt MANNHEIM „Naturgegebenheiten" (Mannheim [1928] 1964, 529) als Grundlage der Generationenlagerung:[3] „Die Generationenlagerung ist fundiert durch das Vorhandensein des biologischen Rhythmus im menschlichen Dasein: durch die Fakta des Lebens und des Todes, durch das Faktum der begrenzten Lebensdauer und durch das Faktum des Alterns." (Ebd., 527) MANNHEIMs Argumentation geht jedoch über diese zunächst nur „anthropologischen Tatsachen" (ebd.) hinaus, um Generationen als „soziales Phänomen" (ebd.) zu untersuchen.

Nachdem er eine Gesellschaft mit Generationenabfolge mit einer solchen, in der eine Generation ewig lebt, kontrastiert hat, gelingt es ihm, „Grundtatsachen im Gebiete der Generationenerscheinungen" (ebd., 529) zu identifizieren. Anhand der folgenden fünf Phänomene charakterisiert er eine 'Gesellschaft der Sterblichen':

„ a) durch das stete Neueinsetzen neuer Kulturträger;

b) durch den Abgang der früheren Kulturträger;

c) durch die Tatsache, daß die Träger eines jeweiligen Generationenzusammenhanges nur an einem zeitlich begrenzten Abschnitt des Geschichtsprozesses partizipieren;

d) durch die Notwendigkeit des steten Tradierens (Übertragens) der akkumulierten Kulturgüter;

e) durch die Kontinuierlichkeit des Generationenwechsels." (Ebd., 530)

---

[2] Der Begriff der „freischwebenden Intelligenz" geht auf Alfred WEBER zurück. Er bezeichnet die Entstehung einer geistigen Elite, die im Zeitalter „der technokratischen Massenumformung des Daseins" (Weber 1955, 60) mit ihrer „feudalen" Einordnung und Absicherung auch ihren Führungsanspruch verloren hat.

[3] Trotz dieser Naturalisierung des Generationenbegriffs — Armin NASSEHI und Georg WEBER vermuten hier Anklänge an naturrechtliche Argumentationen (vgl. Nassehi & Weber 1989, 339) — ist MANNHEIM aufgrund seines Hinweises auf die Sozialität von Wissen, in diesem Falle auf den soziohistorischen Hintergrund jeder Generation, „Soziologismus" vorgeworfen werden. (Vgl. Hoeges 1994, 14) An die Stelle des Relativismus soziologischer Positionen setzt MANNHEIM den Begriff des Relationismus. (Vgl. Mannheim [1929] 1969, 77) „Relationismus bedeutet nur die Bezüglichkeit aller Sinnelemente aufeinander und ihre sich gegenseitig fundierende Sinnhaftigkeit in einem bestimmten System." (Ebd.) Diese nachgerade systemtheoretische Vergewisserung soziologischen Denkens bleibt auch für eine spätere Revision des Differenzansatzes (vgl. Kap. X) zu berücksichtigen.

Die Abfolge der Generationen sichert die Kontinuität einer Gesellschaft, die mit neuen Generationen auch von den neuen Blickwinkeln ihrer Angehörigen profitiert, gleichzeitig jedoch auch die Weitergabe tradierten Wissens sicherstellt. Die Rollen von Alt und Jung sind in diesem Konzept klar definiert. Während die Jungen als „Einsetzen neuer vital körperlicher-seelischer Einheiten" (ebd., 531) ihre eigenen Erfahrungen sammeln und einen eigenen Zugang zur Wirklichkeit gewinnen, fügen die Alten zu den Erlebnissen ihrer Jugend weitere neue hinzu. Eben diese „Erlebnisschichtung" (ebd., 535) stellt die entscheidende soziologische Komponente am Generationenbegriff dar. Immer neue Erfahrungen sedimentieren auf den entscheidenden Prägungen der Jugend und werden dadurch in vorgegebene Bahnen gelenkt. MANNHEIM definiert Alter folgerichtig: „Alt ist man primär dadurch, daß man in einem spezifischen, selbsterworbenen, präformierenden Erfahrungszusammenhang lebt, wodurch jede neue mögliche Erfahrung ihre Gestalt und ihren Ort bis zu einem gewissen Grade im vorhinein zugeteilt erhält, wogegen im neuen Leben [der Jugend, I.S.] die formierenden Kräfte sich erst bilden und die Grundintentionen die prägende Gewalt neuer Situationen noch in sich zu verarbeiten vermögen." (Ebd., 534)

Diese Beschreibung eines Wechsels von neuen und alten „Kulturträgern" parallelisiert Entwicklungstheorien der Persönlichkeit mit dem Konzept einer sich weiterentwickelnden Gesellschaft. In den 60er Jahren hat Shmuel N. EISENSTADT (vgl. Kap. II.2) in seiner Auseinandersetzung mit Altersgruppen dem Generationenbegriff auf eben diesem Weg zu neuem Ansehen verholfen. Der Zusammenhalt einer Altersgruppe erfüllt demzufolge sowohl individualisierende als auch sozialisierende Funktionen. Bei EISENSTADT werden jedoch auch die Schwächen dieser Theorie deutlich. Einige Jahrzehnte später als MANNHEIM gelingt es ihm nur über den Umweg einer anthropologischen Konstante, einen besonderen Status alter Menschen zu rechtfertigen. Eine detailliertere Darstellung dieses postulierten besonderen Status in der modernen Gesellschaft kann er jedoch nicht leisten. Auch MANNHEIM muß sich diese Kritik, wenn man ihn als Klassiker liest[4], gefallen lassen. Eine prominente Stellung alter Menschen aufgrund von Erfahrung läßt sich in einer Gesellschaft, die mit Informationen handelt (vgl. Kretzen & Plehwe 1995), nur schwerlich nachzeichnen. Wenn MANNHEIM behauptet: „Daß die Alten erfahrener sind als die Jungen, ist in Vielem ein Vorteil" (ebd., 46), stellt sich heute die Frage nach einem Maßstab für die Behauptung einer solchen kontinuierlichen Zunahme an Erfahrungen.

Was sich bei MANNHEIM 1928 noch fast mechanistisch ergab, läßt sich heute kaum noch überprüfen. Hartmut ESSER formuliert deshalb kritisch: „Das Hauptproblem bei diesen Versuchen der Abgrenzung typisch unterschiedlicher Generationen ist die Annahme, daß solche historischen Epochen überhaupt in einer solch typisierenden Weise unterschieden und abgegrenzt werden können. Und dann ist es noch eine ganz andere Frage, ob die angenommenen globalen Merkmale der jeweiligen Epoche überhaupt feststellbare Auswirkungen auf die entsprechenden Kohorten haben, so daß man von einem abgrenzbaren Generationen-Effekt sprechen kann."

---

[4] Georg KNEER formuliert diesbezüglich: „Einen Theoretiker als Klassiker zu begreifen meint, ihn als Zeitgenossen zu lesen." (Kneer 1996, 17) Karl MANNHEIM als Zeitgenossen zu lesen, führt in diesem Fall auf die Spur des Generationenbegriffs. MANNHEIMs „Lagerung" wird im folgenden mit dem Lebenslagekonzept verglichen.

1. Die Unterscheidung der Generationen

(Esser 1993, 268) Karl MANNHEIM selbst hat jedoch bekanntlich mit einem differenzierteren Generationenbegriff gearbeitet als ihn ESSER hier — bei seiner dennoch berechtigten Kritik an eindeutigen 'historischen Determinanten' — verwendet. Zusätzlich zur *Generationslagerung*, also dem Erleben der Jugendzeit im selben historisch-sozialen Raum (vgl. Mannheim [1928] 1964, 542), identifiziert er einen *Generationszusammenhang*, der auf einer Partizipation an den gemeinsamen Schicksalen einer Altersgruppe basiert, also z.B. Jugendbewegung oder auch Krieg. (Vgl. ebd., 543) Innerhalb dieses Generationszusammenhangs existieren — laut MANNHEIM — auch noch *Generationseinheiten*, die das gleiche Schicksal unterschiedlich verarbeiten, also Gruppen bilden. (Vgl. ebd., 544) Prägungen sind damit viel eher auf eben diese kleinen Gruppen innerhalb von Generationen zurückzuführen, als auf die eher allgemeine Lagerung einer Kohorte[5], wie sie ESSER interessiert.

Aber selbst wenn man dieser feinsinnigen Differenzierung MANNHEIMs folgt, kann doch das Bild einer in (politisierten) Gruppen organisierten Jugend kaum auf die Gegenwart der 90er Jahre übertragen werden. Altersgruppen lassen sich gerade eben noch über Kleidung und Frisuren identifizieren, der Rückschluß auf einen generationenspezifischen Zugang zur Wirklichkeit ist jedoch nur noch unter vielen Vorbehalten möglich. (Vgl. Flösser, Otto, Prüß & Schmidt 1992, 218) Wenn Ulrich HERRMANN den Generationsbegriff für die Sozialisationsforschung nutzt (vgl. Herrmann 1987; 1991, 238ff.) und Martin KOHLI ihm seinen Standort in der Lebenslaufforschung zuweist (vgl. Kohli 1991, 313), werden von beiden bereits kritische Anfragen an die Reichweite dieses Begriffs im Hinblick auf historische Gemeinsamkeiten formuliert. Leopold ROSENMAYR hatte schon 1971 den Generationsbegriff als überholt eingeordnet, da — in der Jugendsoziologie — zunehmend sozialstrukturelle statt historische Einflüsse in den Vordergrund träten. Er plädiert stattdessen für eine „Theorie der sozialstrukturellen und kontextuellen Abhängigkeit" (Rosenmayr 1971, 250).

Die Kritik an MANNHEIMs Generationenkonzept problematisiert vorrangig die Unterstellung einer historischen Determinante. David KETTLER, Volker MEJA und Nico STEHR beurteilen MANNHEIMs Argumentation auf einer grundsätzlicheren Ebene. MANNHEIMs Wissenssoziologie kann — so ihre Einschätzung — immer nur mit den Konstrukten arbeiten, die sie einer schon vorgeordneten Perspektive entnimmt. „Während eine Generationseinheit zum Beispiel als Bezugspunkt für die soziologische Deutung einer ideologischen Phase dienen kann, hängt doch die genaue Bestimmung einer solchen Gruppe vom Beweis ab, daß eine bestimmte Altersgruppe tatsächlich eine gemeinsam durchlebte geschichtliche Erfahrung gemeinschaftsprägend erlebt hat." (Kettler, Meja & Stehr 1989, 64) KETTLER, MEJA und STEHR konstatieren einen „Zirkelschluß", da MANNHEIM von der Selbstdarstellung der Generation auf einen generationellen Einfluß schließt. MANNHEIM selbst ist sich dieser Problematik bewußt. Der „Perspektivstruktur" der Erkenntnis entspricht eine Limitierung des Er-

---

[5] Der Begriff der Kohorte ist für die Altersforschung von entscheidender Bedeutung. Er umfaßt — im Gegensatz zum Generationenbegriff — konkret benennbare Geburtsjahrgänge. In Longitudinalstudien ermöglicht diese chronologische Ordnung, Unterschiede zwischen Altersgruppen auf unterschiedliche soziokulturelle Milieus anstatt auf Alterserscheinungen zurückzuführen.

kenntnisprozesses als „bloße Umkreisung der Sichtpartikularität"[6] (Mannheim [1929] 1969, 244). Dieses Dilemma der Wissenssoziologie, auf die Sozialität von Wissen und damit auch von soziologischem Wissen zurückgreifen zu müssen, ist bei den Versuchen, Altersgruppen über ihre Lagerung zu bestimmen, vernachlässigt worden. *Mannheim selbst betont die Perspektivität von generationsspezifischen Zugängen zur Wirklichkeit; konsequenterweise hätte er jedoch auch auf die Perspektivität der soziologischen Formierung einer Generation hinweisen müssen.* Differenzierungen eröffnen so auch den Blick auf die Kriterien der Differenzierung.

Aktuelle Versuche, eine gesellschaftliche/individuelle Lage zu bestimmen, haben diese Problematik beerbt. Hans Peter TEWS und Gerhard NAEGELE sind — mit unterschiedlicher Reichweite — auf der Suche nach objektiven Strukturen und entsprechenden Gemeinsamkeiten. Der soziologische Konstruktionsprozeß dieser Gruppenbildung bleibt dabei jedoch — wie im folgenden zu zeigen sein wird — unsichtbar.

2. Die spezifische Lebenslage alter Menschen

Ein Jahr vor Ursula LEHRs „Psychologie des Alterns" (1972) ist Hans Peter TEWS' „Soziologie des Alterns" (1971) erschienen. Charakteristisch für beide Bände ist ein Zugang zum Thema über Praxisdimensionen. TEWS' Darstellung von soziologischen Ergebnissen und Problemen folgt einer Aufteilung in sieben Problemfelder: Familie, Beruf und Berufsaufgabe, Freizeit und Freizeitverhalten, Krankheit und Behinderung, Tod, Institutionalisierung und Formen abweichenden Verhaltens im Alter. (Vgl. Tews 1979, 6f.) LEHR faßt ganz ähnlich unter folgenden Titeln zusammen: Die Auseinandersetzung mit der Berufssituation, mit den Veränderungen im Bereich sozialer Kontakte, mit der Wohnsituation und mit der Beeinträchtigung des gesundheitlichen Wohlbefindens. (Vgl. Lehr 1977, 8ff.)

Soziologische genauso wie psychologische Ansätze in der Alternsforschung vermuten in einer konkreten Bestimmung der Lebenssituation alter Menschen auch einen Weg zum besseren (positiven) Verständnis von Alter, vor allem aber entwerfen sie Hilfekonzeptionen über diesen Zugang. TEWS repräsentiert mit seiner „Soziologie des Alterns" und der These vom „Strukturwandel des Alters" diese Form der soziologischen Alternsforschung. Die Reflexion der Kategorie „Alter" steht dabei nicht im Vordergrund. Für TEWS und NAEGELE ergibt sich ihre Bedeutung über den quantitativen Anteil der alten Menschen an der Gesamtbevölkerung. (Vgl. Naegele & Tews 1993, 334) Einzig und allein am Anspruch, "eine Reihe markanter, soziologischer Altersentwicklungen in Konzepte zu fassen, damit beschreibende Orientierungen zu bieten" (ebd., 345), muß sich dieser Zugang messen lassen.

Trotz dieser Distanz zur theoretischen Reflexion ist jedoch eine Nähe zu allgemein-soziologischen Ansätzen festzustellen. TEWS und NAEGELE benennen die Le-

---

[6] Die Beobachtung dieser „Sichtpartikularität" durch die klassenlose Intelligenz stellt — so MANNHEIM —den einzigen Weg dar, um Aufklärung über gesellschaftliche Verhältnisse zu erlangen. Anstelle eines Gesamtbildes ergibt sich jedoch dabei eine der visuellen Wahrnehmung vergleichbare Perspektivität (vgl. Mannheim [1929] 1969, 258). Für die Weimarer Republik konstatiert MANNHEIM eine Transparenz der Relativität der Positionen und warnt davor — unter dem Eindruck des italienischen Faschismus —, „daß allzubald ... diese Transparenz verschwindet und die Welt zu einem einzigen Bilde erstarrt" (ebd., 77).

benslageforschung als Königsweg der Alternsforschung (vgl. ebd., 337), interessieren sich für die Sozialindikatorenforschung[7] (vgl. ebd.) und sehen in der „Bekämpfung und Überwindung von sozialen Ungleichheiten des Alters und im Alter" (ebd., 347) den Zweck einer sozialpolitikwissenschaftlichen Analyse. Wenn Gerhard NAEGELE und Hans Peter TEWS ihren Zugang zum Thema Alter über das Lebenslage-Konzept wählen, versprechen sie sich davon umfassende Auskunft über Lebensbedingungen alter Menschen. Im Gegensatz zu vorherigen Ansätzen geht es beiden zunächst weniger um eine theoretische Erklärung altersspezifischer Problematiken, sondern um eine empirische Beschreibung. NAEGELE erwartet von zukünftigen Forschungen, „die Lebenslage der älteren Menschen so zu operationalisieren, daß damit die Gesamtheit der materiellen und immateriellen Lebensverhältnisse in ihrer gegenseitigen Bedingtheit erfaßt werden kann" (Naegele 1991, 163). Aus dieser Analyse sollen dann in einem zweiten Schritt Risikofaktoren abgeleitet werden. Ungleichheitsforschung und sozialpolitikwissenschaftliche Perspektive sind bei dieser Form der Alternsforschung zu einem Programm vereint worden, das gegenwärtige, aber auch zukünftige Hilfebedürftigkeit aufspürt und daran angeschlossen Informationen aggregiert. Anders formuliert: Das Wissen über die Lebensbedingungen alter Menschen fügt sich erst dann zu einem sinnvollen Zusammenhang, wenn gleichzeitig Probleme identifiziert worden sind. Es steht also bei diesem Ansatz — wie auch bei den anderen bislang vorgestellten — wiederum eine Problemdefinition am Anfang, die vorausgestellt wird, um daran anschließend gerontologische Forschung zu rechtfertigen. Die damit verbundenen Konsequenzen lassen sich exemplarisch an TEWS' „Strukturwandelthese" und NAEGELEs Konzeption einer „Altenpolitik" verdeutlichen.

a) Der Strukturwandel des Alters

Wie eingangs schon erwähnt worden ist, unterscheidet TEWS fünf „Konzepte", die seiner Meinung nach am ehesten die aktuelle Situation der großen Gruppe 'alte Menschen' beschreiben können: Verjüngung, Entberuflichung, Feminisierung, Singularisierung und Hochaltrigkeit. (Vgl. Tews 1993, 23ff) Unter *Verjüngung* versteht TEWS eine Entwicklung, bei der einerseits immer jüngere Menschen als alt eingeordnet werden (z.B. als ältere Arbeitnehmer mit 45 Jahren), andererseits aber auch ältere Menschen sich zunehmend für jünger halten.

---

[7] Die Sozialindikatorenforschung von Wolfgang ZAPF, Wolfgang GLATZER und Stefan HRADIL widmet sich „der gesellschaftlichen Dauerbeobachtung und Sozialberichterstattung" mit dem Ziel: „empirische Informationen über den Wandel sozialer Strukturen und die Verbesserung oder Verschlechterung der Lebensbedingungen bereitzustellen, aber auch zu ... dokumentieren, wie sich subjektives Wohlbefinden, das soziale Klima, und die Zukunftserwartungen der Bevölkerung entwickeln." (Glatzer & Noll 1992, 4f.; vgl. auch Glatzer & Zapf (Hg.): 1994) Stefan HRADIL hat die klassische Sozialstrukturanalyse mit dem Milieu-Begriff modernisiert. Statt der *sozioökonomischen* Daten stehen nun *soziokulturelle* Faktoren im Vordergrund. (Vgl. Hradil 1992, 282; vgl. auch Flösser, Otto, Prüß & Schmidt 1992, 282)

> Vor 20-30 Jahren schätzte sich die Mehrheit der über 70jährigen als alt ein. 1989 sind es nur noch 26%.
>
> Gemessen an ihrer statistischen Häufigkeit sind über 35jährige männliche Arbeitnehmer alte Männer.
>
> 33% der Frauen halten das Alter zwischen 41 und 50 Jahren für das Ende der Erziehungspflichten. (Vgl. Tews 1993, 24f.)

Als *Entberuflichung* bezeichnet er die abnehmende Erwerbsbeteiligung älterer Menschen, gemessen vor allem an der Zahl der 60- bis 65jährigen. TEWS spricht von einer „Abwendung des Alters von der Arbeitsgesellschaft" (ebd., 28).

> 1988 waren von 27 Mio Erwerbstätigen in Westdeutschland 1% über 65 Jahre alt, 10% in der Altersgruppe von 55 bis 60 Jahren und nur 2,5% zwischen 60 und 65 Jahren alt. (Vgl. ebd., 26f.)

Unter dem Etikett der *Feminisierung* beschreibt er den hohen Frauenanteil innerhalb der Gruppe der alten Menschen und eine damit verbundene Ausrichtung der Hilfeangebote auf weibliche Lebensentwürfe und Risiken wie z.B. Armut im Alter bei alleinerziehenden Frauen. (Vgl. ebd., 29)

> 2/3 der über 60jährigen in Deutschland sind Frauen, bei den über 75jährigen sind es ¾. Im europäischen Durchschnitt liegt die Zahl der älteren Frauen zu 44% über der der älteren Männer. (Vgl. ebd., 28f.)

Singularisierung schließlich, also die Zunahme von 1-Personen-Haushalten, läßt sich — wie in der gesamten Bevölkerung — auch im Alter beobachten. Eher für alte Frauen als für alte Männer kann damit ein typischer Lebensstil beschrieben werden.

> Die Zahl der 1-Personen-Haushalte wird bis zum Jahr 2000 von rund 7 Mio um etwa ¼ Mio zunehmen. Während 67% der Männer eher unter dem Alleinleben leiden, sind 67% der Frauen damit eher zufrieden. (Vgl. ebd., 30f.)

Der negative Pol dieser Konzepte wird mit dem Phänomen der *Hochaltrigkeit* bezeichnet. Isolierung und Vereinsamung, physische und psychische Erkrankungen, Pflegeabhängigkeit und stationäre Behandlungsbedürftigkeit charakterisieren laut TEWS die Phase des hohen Alters.

> Von den über 100jährigen sind 20% schwerkrank und/oder dement, ca. 50% krank und 30% in einer vergleichsweise guten Verfassung. 1987 gab es 2197 über 100jährige in Westdeutschland, im Jahr 2000 werden es (in Deutschland) etwa 13000 sein. (Vgl. ebd., 32)

TEWS hat selbst eine Bewertung dieser „Konzepte"[8] vorgenommen. Als unterschiedliche Akzentuierungen der Altersphase lassen sie sich in der Gegenüberstellung zweier Altersbilder wiederfinden. TEWS identifiziert „ein positiveres, durch frühe und auch neue Möglichkeiten bestimmtes und ein negativeres, durch stärkere Abhängigkeiten geprägtes Altersbild" (Tews 1987, 870). Die weitere Auseinandersetzung der sozialpolitikwissenschaftlichen Forschung mit diesem Befund ist außerordentlich kritisch. NAEGELE warnt vor einer Überbewertung dieses positiven Alters zum Nachteil der hilfebedürftigen alten Menschen. (Vgl. Naegele & Schmidt 1993, 9) Aber auch Margret DIECK (vgl. Dieck & Naegele 1993, 50) und Anton AMANN (vgl. Amann 1993, 110f.) neigen eher zu einer Betonung der „alte(n) soziale(n) Ungleichheiten" (Dieck & Naegele 1993, 43) als zu einer Revision dieses Konzepts aufgrund einer (vermeintlich) neuen Zusammensetzung der Zielgruppe.

Die umfassendste Kritik am Altersstrukturwandelkonzept stammt von NAEGELE. Unter dem Titel „Anmerkungen zur These vom 'Strukturwandel des Alters' aus sozialpolitikwissenschaftlicher Sicht" (1991) präzisiert NAEGELE zunächst das Interesse eines sozialpolitikwissenschaftlichen Zugangs. Mit dem Ziel, altersspezifische Gefährdungen und Risiken aufzudecken, davon betroffene Personengruppen benennen zu können, die Ursachen zu analysieren und Maßnahmen abzuleiten (vgl. Naegele 1991, 163), versucht er, objektive und subjektive Faktoren zu erfassen. Auf fünf Ebenen müsse dieses Unterfangen vorbereitet werden: 1. der materiell-objektiven Ebene, 2. der Ebene der Betätigung in der freien Zeit, 3. der Ebene der subjektiven Befindlichkeit, 4. der Ebene des Gesundheitszustands und 5. der Ebene der gesellschaftlichen Rahmenbedingungen. (Vgl. ebd.)

TEWS' Strukturwandelkonzept kann diesen Anforderungen — so NAEGELE — vor allem aufgrund der mangelnden Differenzierung zwischen demographischen und sozialstrukturellen Einflüssen nicht gerecht werden. (Vgl. ebd., 166) Singularisierung und Hochaltrigkeit lassen sich NAEGELEs Meinung nach eher als demographische Entwicklungen bezeichnen, während Verjüngung und Entberuflichung mit einer spezifischen Sozialstruktur verbunden sind. Diese sicherlich berechtigte Kritik am unklaren theoretischen Hintergrund der TEWSschen „Konzepte" wird von NAEGELE präzisiert, wenn er TEWS' Beobachtungen vor dem Hintergrund allgemeiner soziologischer Theorietraditionen beleuchtet. Die Diskussion um die „Krise der Arbeitsgesellschaft" (vgl. Kap. IV.1a), die Individualisierungsthese und die Theorie von der Modernisierung sozialer Ungleichheiten ergänzen — so NAEGELE — „Entberuflichung",

---

[8] Besser als der Begriff des Konzepts wäre hier sicherlich der des Phänomens. TEWS beobachtet nur, seine Überlegungen fassen keine Planungen zur Hilfeleistung zusammen und sie erklären auch nichts.

"Verjüngung" und "Singularisierung" um einen Erklärungszusammenhang. Spezifische Problemgruppen lassen sich so genau benennen:

- innerhalb des Themenkomplexes 'Entberuflichung': alleinstehende Frauen, Langfristarbeitslose und Berufs- und Erwerbsunfähige,
- im Themenkomplex 'Feminisierung': kumulativ benachteiligte Arbeiterwitwen,
- im Themenkomplex 'Hochaltrigkeit': Haushalte mit niedrigem sozioökonomischem Status und ungünstigen Pflegebedingungen. (Vgl. Naegele 1991, 167)

Aufgrund dieses Konkretisierungsbedarfs bei der Analyse von Lebensbedingungen alter Menschen gelangt NAEGELE zu einer ablehnenden Beurteilung von TEWS' Konzepten: „Der für die Sozialpolitikwissenschaft notwendige Differenzierungsanspruch kann dem Altersstrukturwandelkonzept also nicht attestiert werden; im Gegenteil: Es läuft sogar Gefahr, erkennbare Unterschiede insbesondere in Form von sozialen Disparitäten in den Lebenslagen und Lebenschancen zu verdecken." (Ebd., 167)

Die Auseinandersetzung NAEGELEs mit TEWS aus dieser eher praxisbezogenen Perspektive markiert sowohl die Grenzen von TEWS' Strukturwandelthese als auch die eines theoretischen Einflusses der Alternsforschung. TEWS' Motivation, strukturelle Veränderungen im Alter soziologisch handhabbar in Konzepte zu fassen, besteht in dem Wunsch, der Alternsforschung mit ihrer zahlenmäßig umfangreichen Klientel[9] einen entsprechenden Einfluß sowohl auf gesellschaftsstrukturellen Wandel als auch auf darauf bezogene soziologische Theoriebildung zuzusprechen. Zusammen mit NAEGELE formuliert er: „Was ist nun von einer Soziologie zu halten, der über 20 v.H. der Bevölkerung im Zusammenhang mit der Entwicklung moderner Gesellschaften kein Thema sind? Alter ist kein so ohne weiteres zu vernachlässigendes Strukturmerkmal unserer Gesellschaft." (Naegele & Tews 1993, 332) TEWS postuliert einen Zusammenhang von strukturellem Alterswandel und gesellschaftlichem Wandel. Altern ist demzufolge nicht nur Resultante, sondern — in Zukunft vermehrt — auch Determinante gesellschaftlicher Entwicklung. Solche strukturellen Zusammenhänge von quantitativen und qualitativen Veränderungen lassen sich mit TEWS' Strukturwandelthese sicher nicht erklären. Die von TEWS beobachteten Phänomene ermöglichen in ihrer Oberflächlichkeit einen guten Überblick über die Zusammensetzung der Gruppe alte Menschen. Ohne eine Anbindung an z.B. die von NAEGELE genannten soziologischen Instrumentarien verläuft sich jedoch ihr Erklärungswert an der Oberfläche statistischer Aufbereitung. Tatsächlich könnte die allgemeine soziologische Gesellschaftsdiagnose[10] von einer genaueren Beobachtung demographischer Veränderungen profitieren.[11]

---

[9] Gemeint sind hier natürlich die alten Menschen und nicht die Wissenschaftler, die mit dem Thema „Altern" auch ihr finanzielles Auskommen sichern.

[10] TEWS und NAEGELE interessieren sich weniger für die allgemeine soziologische Theoriebildung als für den Spezialfall der Gesellschaftstheorie. Nicht nach der Bedeutung der Kategorie 'Alter' in so-

2. Die spezifische Lebenslage alter Menschen

Während sich TEWS' Einordnung in diesem Rahmen als zu oberflächlich darstellt, sind TEWS' und NAEGELEs Interessen an einer theoretischen Gerontologie zu speziell, um gesellschaftliche Entwicklung durch die Befunde der Alternsforschung zu bereichern. „[D]ie zunehmende Eigenständigkeit der Altersphase verlangt Theorie-Entwicklung aus *gerontologischer und aus der Alternsentwicklung selbst!* Der beständige Rückzug auf die Soziologie als Mutterwissenschaft führt zu beständigen 'Schieflagen', die letztlich nicht angemessen ins Alter als Gegenstand und Inhalt einführen." (Naegele & Tews 1993, 338) Eher eine „Emanzipation" der Alternsforschung aufgrund ihrer umfassenden und gewichtigen Thematik wird hier bezweckt als eine stärkere wissenschaftliche Fundierung der theoriefernen Gerontologie.

Die Kritik an TEWS' und NAEGELEs Formulierungen erscheint fast ein wenig überzogen. Der Ruf beider nach theoretischer Fundierung ist berechtigt, aber ihr Wunsch, diese über eine möglichst exakte Repräsentation der Situation alter Menschen zu bewerkstelligen, läßt den Leser hilflos zurück. *Warum sollten all die Informationen, die Tews und Naegele zusammengetragen haben und die auf eine immer weitergehende Differenzierung hinauslaufen, sich nach wie vor über eine Kategorie, nämlich Alter, und eine darauf aufbauende Theorie erklären lassen?* Das Dilemma dieses Vorgehens kann am Beispiel von NAEGELEs Altenpolitik-Konzeption konkretisiert werden.

b) Altenpolitik statt Altenhilfepolitik

Das TEWSsche Altersstrukturwandelkonzept wird — nach einer Konkretisierung im Hinblick auf Problemlagen — von NAEGELE als Grundlage einer neuen kommunalen Altenplanung genutzt. Mit dem demographischen und sozialstrukturellen Wandel verbundene Veränderungen in der Zusammensetzung der Bevölkerungsgruppe 'alte Menschen' müssen seiner Meinung nach auch eine veränderte Hilfeorganisation nach sich ziehen. „Gegenwärtig sind kommunale Altenpolitik und -arbeit noch immer weitgehend Altenhilfepolitik, bezogen auf die 'klassischen' Problemlagen des Alters wie Vereinsamung, Isolation, Krankheit, Hilfe- und Pflegebedürftigkeit. Wenngleich damit nach wie vor zentrale und auch in Zukunft nichts an Bedeutung einbüßende Bezugspunkte der Politik für das Alter benannt sind, zielt solchermaßen ausgerichtetes kommunalpolitisches Handeln an wichtigen Bereichen der Lebenslagen und -interessen der älteren Menschen von heute vorbei." (Naegele & Schmidt 1993, 3, auch 16, vgl. auch Naegele 1993, 180) An die Stelle von Altenhilfepolitik soll demzufolge *Altenpolitik* treten, an die Stelle von Altenhilfeplanung *Altenplanung*.[12] Auf einen „prinzipi-

---

zialem Kontext fragen sie, sondern nach den „gesellschaftlichen Rahmenbedingungen" (Naegele & Tews 1993, 329), innerhalb derer sich 'Alter' verändert.

[11] Vor allem die Frage nach der wohlfahrtsstaatlichen Regelung von Hilfebedürftigkeit im Alter öffnet den Blick auf allgemeine gesellschaftliche Strukturen. Gerade diese theoretische Erweiterung verdeutlicht jedoch, daß Pflegebedürftigkeit allgemein bzw. Rehabilitation zu einem Spezialproblem der Akutmedizin geworden ist. Nicht Alter, sondern medizinische Behandlungsbedürftigkeit ist damit der Ausgangspunkt für einen strukturellen Wandel. Vgl. zur Entstehung der Pflegewissenschaft und der Funktion von Pflege Weber, Erlemeier, Nassehi, Saake & Watermann 1997, 46ff.

[12] Während unter Altenhilfepolitik im allgemeinen so etwas wie „die Gesamtheit der entweder real oder in einem theoretischen Konstrukt auf die Personengruppe älterer und alter Menschen gerichteter Maßnahmen mit dem Ziel der Gestaltung der Rahmenbedingungen ihrer individuellen Lebenssitua-

ell anderen Denkansatz" (ebd.) bauend, entwirft NAEGELE Richtlinien für eine solche Altenpolitik. Das Neue an diesem Vorgehen erklärt sich über den Lebenslage-Begriff. Er ist konkret und allgemein genug, um sowohl „klassische Problemlagen" als auch z.B. „die Lebensbedingungen der alten Menschen in der Gemeinde" (ebd., 16) miteinzubeziehen. NAEGELEs Ansatz umfaßt alles, was auch immer im Leben eines Menschen passiert, vorausgesetzt: Er ist alt. Die Fokussierung von vorrangig problematischen Lebensbedingungen bleibt dabei dominant. Auch wenn NAEGELE — in Anlehnung an TEWS — positives von negativem Alter unterscheidet, konzentrieren sich seine Charakterisierungen von Zielgruppen trotzdem auf die negativen Aspekte. Bei den „jüngeren Alten" — also eben den „positiven" Alten — vermutet er „Verluste von Sozialkontakten, Aspekte der Gestaltung der freien Zeit, Sinnfindungsfragen und Rollenunsicherheiten" (ebd., 13). Bei den, im traditionellen Sinn, älteren Menschen gilt es „Verlustprobleme, zunehmende Isolation und Vereinsamung, vor allem bei Frauen, sowie tendenziell bereits erste Schwierigkeiten bei der Aufrechterhalteung der selbständigen Lebensführung" (ebd., 14) zu berücksichtigen. Die „Hochaltrigen" faßt er vor allem über ihre „Furcht vor dem Tod" (ebd.) in eine Gruppe zusammen. Pflegebedürftigkeit ist in dieser Altersgruppe ein wichtiges Thema, obwohl — so räumt er selbst ein — weniger als die Hälfte davon betroffen ist. (Vgl. ebd.) Weitere Gefährdungen antizipiert er bei Frauen allgemein und im traditionellen Arbeitermilieu speziell.

Zunehmende Differenzierungen innerhalb der Gruppe alter Menschen werden von NAEGELE auf problematische Lebensbedingungen abgeklopft und ergeben so — anstatt einer Vielfalt von Möglichkeiten — ein abgerundetes Bild einer einzigen, unter dem gemeinsamen Vorzeichen 'Alter' zusammengefaßten Gruppe. NAEGELE kommt zu dem Ergebnis: „Soll Altenpolitik wirklich zu einer Politik für ältere Menschen werden, muß sie alle für das Alter von heute typischen Lebenslagen umfassen." (Ebd., 15) Die Konsequenzen dieses „prinzipiell anderen Denkansatzes" (ebd., 3) verdeutlicht Abbildung 2.

NAEGELE und SCHMIDT sprechen tatsächlich von Hilfe*un*abhängigen, die in die kommunale Altenplanung miteinbezogen werden sollen, und zwar nicht im Sinne einer Prävention, sondern explizit zur „Förderung sinnvoller Lebensgestaltung" (ebd.). *Eine solche Etikettierung alter Menschen ist nur verständlich, wenn vorher bereits die Gruppe der alten Menschen von allen anderen möglichen Gruppen abgegrenzt worden ist und Alter auch gleichzeitig eine problematisierende Akzentuierung erfahren hat.* Erst dann kann man sich vorstellen, daß nicht-hilfebedürftige Menschen auch Hilfe brauchen. „Sinnvolle Lebensgestaltung" zu fördern, wäre ansonsten ein Anliegen, das in allen Lebenslagen angebracht sein könnte.

---

tion" (Dieck 1991, 19) zu fassen ist, bezeichnet Altenhilfeplanung die konkrete, im BSHG vorgeschriebene Konzipierung von Hilfemaßnahmen.

2. Die spezifische Lebenslage alter Menschen

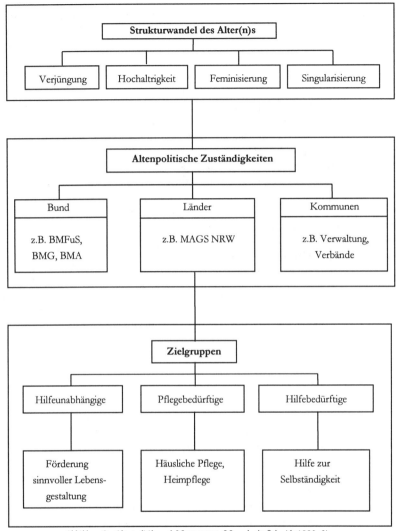

Abbildung 2: Altenpolitik nach NAEGELE (Naegele & Schmidt 1993, 2)

Über den theoretischen Zugriff ist bei NAEGELE ein Altersbild entstanden[13], das bei aller Differenzierung immer einen gemeinsamen Bezugspunkt enthält: das problemati-

---

[13] Der Hinweis auf die „Erzeugung" von Altersbildern soll nicht den Eindruck hervorrufen, als solle eine unzulässige „Manipulation" kritisiert werden. Genauso wie bei den anderen theoretischen Zugängen auch, wird hier ein (wissenschaftliches) Altersbild produziert, das der jeweiligen Perspektive entspricht. Gerade TEWS' und NAEGELEs Versuche können jedoch verdeutlichen, wie aussichtslos das Unterfangen, ein „wahres" Bild vom Alter zu entwerfen, sich darstellt. Differenzierungen in alle Richtungen sind möglich, aber auch Generalisierungen ist nicht der Weg versperrrt. Entscheidend ist einzig, an welchen Kriterien sich eine Perspektive orientiert.

sche Altern. Alle alten Menschen sind auf diese Weise hilfebedürftig geworden und stellen Ansatzpunkte für sozialpolitische Interventionsmaßnahmen dar. Das klassische Programm sozialdemokratischer Sozialplanung findet im Nordrhein-Westfalen der 90er Jahre den Höhepunkt seiner Entfaltung. Am Forschungsinstitut für Gerontologie in Dortmund, dessen Leiter Gerhard NAEGELE ist, werden für viele nordrhein-westfälische Kommunen Altenhilfepläne entwickelt, die in der Praxis dann gar nicht mehr so „totalitär" aussehen, wie es in der Theorie zunächst noch klingt. NAEGELEs Anregungen, das Thema 'Alter' auch in anderen Politikressorts aufzugreifen und Einrichtungen für alte Menschen generationenübergreifend zu planen (vgl. Naegele & Schmidt 1993, 16), lösen den problematisierenden Ansatz weitgehend auf und ermöglichen eine Vielfalt von Angeboten, die — neben anderen — auch von alten Menschen genutzt werden können. Umso interessanter ist es in diesem Fall, die theoretische Konzeption nachzuzeichnen. Trotz einer Generalisierung auf Altenpolitik stellen Differenzierungen die entscheidenden Bezugspunkte dar. Differenzen zwischen Lebenslagen im Alter verwischen jedoch die entscheidende Differenz der Lebenslage 'Alter' zu anderen Lebenslagen.

3. Grenzen des Differenzansatzes
Alte Menschen bilden keine Gruppe

Der Wunsch nach mehr Differenzierung in der Alternsforschung hat — neben dem 'Lebenslauf' — auch die 'Lebenslage' in den Blickpunkt gerückt. Im Gegensatz zum Identitätsansatz und seiner Fokussierung individueller Verläufe erzeugt der Differenzansatz jedoch 'Gruppen' von alten Menschen. Die Zugehörigkeit zu solchen Gruppen erklärt sich über sozialstatistische Gemeinsamkeiten, die im Hinblick auf Hilfebedürftigkeit geordnet werden. Wer also z.B. über 80 Jahre alt ist, gehört demnach zur Gruppe der Hochaltrigen und ist mit einiger Wahrscheinlichkeit hilfe-, wenn nicht pflegebedürftig. Wenn man mit NAEGELE diese von TEWS eingeführte Strukturierung verfolgt, müßte man Angehörige dieser Gruppe weiter auf z.B. ihre Schichtzugehörigkeit untersuchen, und käme dann zu dem Ergebnis, daß, wenn dieser 80jährige in einem Arbeiterhaushalt wohnt, er vermutlich unter mangelhaften Bedingungen gepflegt wird. Je nachdem in welcher Richtung man die Zusammensetzung der jeweiligen Gruppe weiter problematisiert, entstehen immer neue Problemlagen. Alleinzuleben, keinem Beruf mehr nachzugehen, Frau zu sein, all dies können Indikatoren für eine Lebenslage sein, die Hilfebedürftigkeit nach sich zieht.

Eben diese Perspektive, die Frage nach Ungleichheit und Risiken, begründet aber nicht nur die Differenzierung in alte Männer und alte Frauen, allein- und getrenntlebende alte Menschen usw., sondern auch die Existenz der großen Gruppe 'alte Menschen'. Der theoretische Zugriff auf Alter entsteht mit der Antizipation von Hilfebedürftigkeit. *Nur weil die Lebenslageforschung „helfen" will, „kennt" sie alte Menschen.* NAEGELE und TEWS formulieren: „Allerdings stehen — entsprechend der sozialpolitischen Orientierung — problematische Lebenslagen im Zentrum, so die durch *Armut* bestimmten Lebenslagen im Alter, die von Heimbewohnern, Alleinlebenden, Ausländern, Pflegebedürftigen, Landbewohnern. Diese Problemorientierung dürfte mit dazu beigetragen haben, daß z.B. offenbar niemand sich mit der Lebenslage „Reichtum im Alter" befaßt hat." (Naegele & Tews 1993, 340) So unterschiedliche Lebenssituatio-

3. Grenzen des Differenzansatzes

nen wie allein zu leben, Ausländer oder pflegebedürftig zu sein lassen sich auf diese Weise zusammenfassen. Mit ihnen läßt sich die entscheidende Differenz zu anderen Altersgruppen bestimmen, die eben nicht einer spezifischen Politik bedürfen.

Dieser Konstruktionsprozeß läßt sich beispielhaft an der Frage verdeutlichen, warum eben nicht „Reichtum im Alter" als Ansatzpunkt für eine Informationssammlung zum Thema 'Alter' genutzt wird. Genauso könnte man nach Gruppen von Nicht-Hilfebedürftigen, Nicht-Isolierten und Nicht-Ausländern fragen. *Offenbar läßt sich mit dieser Vorgehensweise kein gemeinsames Bild von nicht-hilfebedürftigen alten Menschen entwerfen.* Die Hindernisse, die dem im Weg stehen, lassen sich auch an dem umstrittenen Konzept des „positiven Alters" erkennen. Während TEWS noch junge selbständige Senioren von hilfebedürftigen Hochbetagten unterscheidet, löst NAEGELE die Differenzierung in „positives" und „negatives" Alter auf, indem er bei allen Gruppen Risiken benennt (vgl. Naegele 1993, 13ff.). Die ablehnende Haltung gegenüber Differenzierungen im Hinblick auf Hilfe*un*bedürftigkeit charakterisiert den Differenzansatz. Nur Hilfebedürftigkeit, nicht Hilfe*un*bedürftigkeit garantiert die Grenzziehung zu anderen Altersgruppen. Alleinlebende, Ausländer, Landbewohner gibt es in allen Altersgruppen. Nur wenn diese auch gleichzeitig hilfebedürftig sind, läßt sich eine Orientierung am 'Alter' als dominanter unabhängiger Variable rechtfertigen. Auf diese Weise entstehen die uns vertrauten Bilder von Problemgruppen, speziell das Szenario des einen großen Risikos 'hohes Alter'.

Der Wunsch nach Differenzierung auch im Hinblick auf eine Alternsforschung mit eigenständiger theoretischer Perspektive (vgl. Naegele & Tews 1993, 335) krönt den Abschluß dieses Konstruktionsprozesses. Alternsforschung soll die Soziologie über Modernisierungsprozesse[14] informieren: Ein theoretischer Unterbau würde der Gerontologie dann zur entscheidenden Markierung ihres Themenfeldes verhelfen. NAEGELE und TEWS tragen mit diesem Postulat dazu bei, die beschriebenen Konstruktionsprozesse auch weiterhin zu invisibilisieren. *Charakteristisch für die Alternsforschung ist auch hier, die Kategorie 'Alter' selbst nicht in Frage zu stellen, nicht grundsätzlich nach Bedingungen sozialer Differenzierung zu fragen.* Die Forderung nach mehr Alternsforschung baut darauf auf und zementiert eine Differenzierung, die mit dem Kriterium 'Hilfebedürftigkeit' ein theoretisches Altersbild erzeugt, das nach wie vor an Defiziten orientiert ist.

Blickt man an dieser Stelle noch einmal auf die wissenssoziologische Annäherung an das Thema durch Karl MANNHEIM zurück, erscheinen die Grenzen des Lebenslage-Konzepts plausibel. Unterscheidungen entstehen nicht nur durch verschiedene Perspektiven, sie liegen den Perspektiven selbst zugrunde. Solange die Alterns-

---

14 Die Kopplung von Alternsforschung und Modernisierungstheorie ist charakteristisch für den Differenzansatz. Die Orientierung an einer Hilfebedürftigkeit, die mit der modernen Gesellschaft entstanden sei, begründet sich über eben diese Akzentuierung von Lebenslagen als Problemlagen. Aktuelle Problembeschreibungen werden als Charakteristikum der modernen Gesellschaft gehandelt und rechtfertigen die Differenzsetzung zu traditionellen Gesellschaftsformen. Während sich schon diese Polarisierung historisch nicht halten läßt (vgl. Kap. VI), lassen sich erst recht Zweifel anmelden, was die Bereicherung modernisierungstheoretischer Ansätze durch die Alternsforschung angeht. Während die Modernisierungstheorie versucht, die Einheit von Modernisierungsprozessen zu sichern (vgl. Berger 1996, 46), könnte die Alternsforschung nur statistische Daten zu Differenzierungsprozessen liefern. Das Programm 'Individualisierung' hat die Ziele beider Disziplinen unterlaufen.

forschung dieses Problem nicht berücksichtigt, wird sie auf der Suche nach dem „tatsächlichen" Aussehen der Gruppe 'alte Menschen' oder auch einzelner Angehöriger unendlich viele Kombinationen erzeugen. Wie in einem Vexierspiel wird mal die eine, mal die andere Komponente mehr im Vordergrund stehen. Die entscheidende Frage nach der Differenz zwischen alten und anderen Mitgliedern einer Gesellschaft bleibt jedoch ausgeblendet. Alter ist dann immer das, was als solches beobachtet wird.

Kapitel VI: Zusammenfassung und neue Perspektiven

Mit den vier vorgestellten theoretischen Ansätzen zur Beschreibung von Alter und Altern hat nicht nur die Alternsforschung ihre Vorgehensweise immer wieder variiert, auch das 'Altersbild', das theoretischen Entwürfen folgt, hat neue Konturen gewonnen. Nichts hat sich jedoch daran geändert, daß nach wie vor ein beträchtlicher Teil der Alternsforschung über Altersbilder zusammengefaßt wird. Im Gegensatz zur Jugendsoziologie, die nicht annähernd so viel mit „richtigen" und „falschen" Bildern, Vorurteilen und Generalisierungen beschäftigt ist, widmet sich die Alternsforschung vorrangig dem Ziel, neue generalisierende Beschreibungen zu entwickeln. Eine gesamte Lebensphase, nicht einzelne Gruppen oder Angehörige, stellt sich — folgt man den Argumentationen der Alternsforschung — als problematisch dar.

Den Anfang der theoretischen Auseinandersetzung mit dem hohen Alter setzt — mit der *strukturfunktionalistischen Perspektive* — Talcott PARSONS. Da alte Menschen außerhalb des Berufslebens stehen und diese Positionierung — so PARSONS — weder individuelle noch gesellschaftliche Funktionen erfüllt, scheitert PARSONS bei seinem Versuch einer inhaltlichen Bestimmung der Altersphase. Im Schema *achievement/ascription* stellt sich hohes Alter als eine Kategorie heraus, die in der modernen Gesellschaft nur negative Erwartungen auf sich zieht. Erst mit der Erweiterung des Strukturfunktionalismus zum Systemfunktionalismus kann PARSONS biologischen Attributen über die Frage nach Fähigkeiten eigenständige soziale Qualität zusprechen. Die Unterscheidung von *capacities/opportunities* eröffnet einen Blick auf eine Zukunft, in der Fähigkeiten alter Menschen gebraucht werden. Die Temporalisierung des Problems kann jedoch nicht als seine Lösung gelten. Shmuel N. EISENSTADT vermeidet diese Problematisierung, indem er neben der 'Norm' Gesellschaft die 'Norm' Mensch etabliert. Neben der Frage nach dem gesellschaftlichen Bestand übernimmt für die Einordnung von alten Menschen vor allem die gelungene Entwicklung, also die „Reife", eine wichtige Rolle. Das Wissen alter Menschen erscheint aus dieser Perspektive als unerläßlich für die Kontinuierung sozialen Lebens. Helmut SCHELSKY fundiert seine Analyse noch weiter außerhalb der strukturfunktionalen Theorie: Personfunktionale Motive, die in der Realität jedoch immer wieder von systemfunktionalen Zwängen überlagert werden, charakterisieren im Idealfall das Leben im Alter als Freiheit. *Paradoxien des Alters* entstehen laut SCHELSKY durch das Wissen um die Möglichkeiten eines selbstbestimmten Alterns bei gleichzeitiger Erfahrung gesellschaftlicher Limitierung. Personale und soziale Anteile unterscheidet auch Rudolf TARTLER. Er vermutet Gefahren jedoch von der anderen Seite, nämlich in einer zu geringen Einbindung alter Menschen in Erwartungsstrukturen. Personalen Beschreibungen des Alters mangelt es — so TARTLER — an einer funktionalen Ergänzung. Alte Menschen werden dann nur noch über persönliche Eigenschaften wie Alter angesprochen, was außerhalb familiärer Zusammenhänge als unangenehme Intimisierung erscheint. Die kontinuierliche Einbindung alter Menschen in die Erwartungsstrukturen einer Berufsgesellschaft sieht er — als deutscher Vertreter der Aktivitätstheorie — als Lösung an. Im Gegensatz dazu präsentiert der Rückgriff von Irene WOLL-SCHUMACHER auf den PARSONSschen Strukturfunktionalismus wiederum eine Lösung außerhalb der Berufsgesellschaft. Die Trennung von Gesellschaft und Individuum, wie sie bereits bei EISENSTADT, SCHELSKY und TARTLER zu beobachten ist, wird hier am konsequentesten vollzogen. Außerhalb der Gesellschaft formulieren alte Menschen Rechte auf eine institutionalisierte Desintegration. Das Teilsystem Kultur dient hier nicht mehr als Garant für eine Wertegeneralisierung trotz Differenzierungsprozessen, sondern als Motor von gesellschaftlichen Veränderungen. Nicht Funktionalität soll Sozialisationsprozesse begründen, sondern das normative Postulat nach einem veränderten Umgang mit alten Menschen.

Jürgen HOHMEIER formuliert seine Analyse als kritischer Beobachter einer Berufsgesellschaft, die nur Leistungen honoriert und alte Menschen deshalb marginalisiert. Prozesse der *Stigmatisierung* und *Etikettierung* werden von ihm auf den Ebenen 'Organisation' und 'Interaktion' nachgezeichnet und — als Resultanten gesellschaftlicher Strukturen — für die „Alterskarriere" verantwortlich gemacht. Das umfassend negative Altersbild erscheint aus dieser gesellschaftskritischen Perspektive erstmals veränderlich.

Mit der *Lebenslauf- und Biographieforschung* rücken Martin KOHLI und Ursula LEHR individuelle Unterschiede in den Vordergrund und begründen diese über lebenslange Selektionsmechanismen. Ein gemeinsamer Bezugspunkt stellt bei beiden Zugängen hohes Alter dar, das bei KOHLI mit dem Ruhestand entsteht, bei LEHR über biologische Abbauerscheinungen begründet wird. Identitätsentwürfe orientieren sich als subjektive Perspektiven an diesen objektiven Strukturen; Diskrepanzen werden normativ überdeckt.

Mit Hans Peter TEWS und Gerhard NAEGELE findet der *Lebenslage-Begriff* in der Alternsforschung seine Verwendung. Schon Karl MANNHEIM hat zwischen Generationen aufgrund ihrer Lagerung unterschieden und auf die damit verbundene Perspektivität von Selbstbeschreibungen hingewiesen. TEWS differenziert zunächst innerhalb der Gruppe 'alte Menschen', NAEGELE umspannt im Anschluß daran diese Differenzierungen mit einer Betonung der Kategorie 'Alter'. Mit MANNHEIMs Analyse wird der Blick aber auch auf die beobachtungsleitenden Unterscheidungen gelenkt: Nur 'Hilfebedürftigkeit' garantiert den Zusammenhalt trotz der vielfältigen Differenzierungen.

Im Laufe des ersten Teils dieser Arbeit sind diese Positionen in vier Ansätzen zusammengefaßt worden:

1. *Alter als Funktion:* Strukturfunktionale Alterstheorien identifizieren mit der modernen Differenzierung des Lebenslaufs auch eine Altersgruppe 'alte Menschen', können ihr jedoch im Blick auf eine 'Berufsgesellschaft' keine Funktion zuweisen.

2. *Alter als Definition:* Gesellschaftskritische Alterstheorien unterstellen einer 'Leistungsgesellschaft' ein Interesse an der Marginalisierung von nichtleistungsfähigen, damit auch alten Menschen. Alter erscheint so als Folge diskriminierender Generalisierungen.

3. *Alter als Identität:* Lebenslauf- und biographietheoretische Alternstheorien erklären Alternsverläufe als Einheit subjektiver Selbstbeschreibungen im Hinblick auf ein hohes Alter, das zuvor über objektive Strukturen (Arbeitsgesellschaft: Ruhestand; biologisches Altern: Abbau) bestimmt worden ist.

4. *Alter als Differenz:* Sozialpolitikwissenschaftliche Perspektiven sind für die Wahrnehmung von Differenzierungen innerhalb der Gruppe der alten Menschen, aber auch für solche zwischen Altersgruppen insgesamt verantwortlich. Die Einheit des 'hohen Alters' wird über die Unterstellung von Hilfebedürftigkeit gewahrt.

Trotz des Primats der Alterszentrierung läßt sich eine Dynamisierung von eher statischen strukturfunktionalen Konzepten (PARSONS, EISENSTADT, SCHELSKY, TARTLER, WOLL-SCHUMACHER) über den interaktionistischen Ansatz der Stigma-Theorie (HOHMEIER) zur lebenslauf- und biographietheoretischen Altersforschung (KOHLI, LEHR) beobachten. Erstaunlicherweise werden die weiteren Versuche zur Differenzierung (TEWS) von einer nun wieder umfassenden Perspektive (NAEGELE) eingeholt. Die Gefahr, die Ungleichheit im Alter könne die Ungleichheit des Alters zum Verschwinden bringen (vgl. Tews & Naegele 1993, 347), wird damit gebannt. Alter wird von allen Altersforschern — eine Ausnahme stellt TARTLER dar — als zentrale gesellschaftliche Strukturdimension anerkannt. Die Unterscheidung von Lebensaltern soll sogar — so TEWS und NAEGELE — nicht nur eine eigene Bindestrich-Soziologie/Psychologie rechtfertigen, sondern auch eine eigene theoretische Perspektive.

Während jedoch die ersten Versuche der Altersforschung soziologische Unterbestimmtheiten noch durch anthropologische Zusatzkonstruktionen abgedeckt hatten, zeichnet sich der sozialpolitikwissenschaftliche Endpunkt der Altersforschung gar durch einen fast reflexionsfreien Umgang mit der Kategorie 'Alter' aus. Der Schwerpunkt der Analyse hat sich im Laufe von mehr als vier Jahrzehnten von zunächst gesellschaftstheoretischen zu nur noch sozialstatistischen Beschreibungen individueller Differenzen verlagert. Der Ruf nach mehr Theorie scheint also berechtigt. Fraglich ist allerdings, ob der generalisierende Zugriff über die Kategorie 'Alter' dem noch gerecht werden kann. So läßt sich z.B. das Gesellschaftsbild der Altersforschung der 90er Jahre nicht mehr eindeutig fixieren; auf die Berufsgesellschaft, die Leistungsgesellschaft und die Arbeitsgesellschaft folgt nur noch die Feststellung sozialer Ungleichheit. Die Analyse der einzelnen Ansätze konnte jedoch zeigen, daß die Beschreibungsmuster von hohem Alter den Beschreibungsmustern von Gesellschaft — auch wenn sie als objektive Realität dargestellt wird (LEHR) — folgen. Mit der Gesellschaftsdiagnose entsteht auch das Bild vom hohen Alter.

Anstatt das Theoriedefizit der gegenwärtigen Altersforschung mit Hilfe einer neuen Alternstheorie auszugleichen und den bekannten Altersbildern ein weiteres hinzuzuaddieren, werden im nächsten Teil dieser Arbeit die theorieimmanenten Mängel der einzelnen Ansätze wieder aufgegriffen und als Auswege aus der Altersforschung genutzt. Der Zugang zum Thema 'Alter' wird dabei nicht über *Inhalte* der Altersforschung, sondern über die *Grenzen* der theoretischen Ansätze gewählt. Nicht mehr Probleme des Alterns, sondern Probleme der Alternsforschung stehen im Mittelpunkt. Den vier vorgestellten Ansätzen entsprechend lassen sich vier Schwachstellen der Alternsforschung benennen:

1. *Der Funktionsansatz:* Die Limitierung der Argumentation auf eine kausalfunktionale Erklärung im Hinblick auf invariante Strukturen wird von der Altersgruppe 'alte Menschen' gesprengt. Sowohl der PARSONSsche Gesellschaftsbegriff als auch der Kausalfunktionalismus bedürfen einer Revision.

2. *Der Definitionsansatz:* Die Unterstellung einer gesellschaftlichen Determination von Altersdifferenzierungen widerspricht den Befunden zu interaktions- und organisationsbezogenen Prozessen der Definition. Nur die Eigenständigkeit der Ebenen 'Interaktion' und 'Organisation' plausibilisiert diskriminierende Altersdefinitionen bei einer gesamtgesellschaftlichen Vielfalt von Lebensbedingungen im Alter.

3. *Der Identitätsansatz:* Die Kontrastierung von Subjekt und Objekt zwingt zu vereinheitlichenden Beschreibungen von altersspezifischer Identität. Diskrepanzen zwischen subjektiver Wahrnehmung und objektiven Strukturen werden über normative Postulate (KOHLI: Engagement, LEHR: Aktivität) ausgeblendet.

4. *Der Differenzansatz:* Die Differenz zwischen alten und nicht-alten Menschen kann — bei zunehmender Differenzierung innerhalb der Gruppe 'alte Menschen' — nur noch durch die beobachtungsleitende Perspektive 'Hilfebedürftigkeit' aufrechterhalten werden. Die Sichtbarkeit dieses Konstruktionsprozesses relativiert die Bedeutung der Kategorie 'Alter' für Gruppenbildungsprozesse.

Aufbauend auf dieser Bestandsaufnahme werden im folgenden theoretische Ansätze, die sich mit diesen Schwachstellen befassen, vorgestellt und auf ihre Konsequenzen für eine Erforschung des hohen Alters befragt. Die unterschiedlichen Zugänge der Alternsforschung zu ihrer Thematik werden bei diesem Vorgehen aufrechterhalten. Nicht als „Sackgassen", sondern als „Auswege" aus der Alternsforschung sollen sie dazu dienen, die Suche nach *dem* Weg zur Beschreibung von hohem Alter durch die Suche nach Bedingungen von Beschreibungsmöglichkeiten abzulösen.

Grundlage der folgenden Kapitel ist ein verändertes Modell von Gesellschaft, das sich der Systemtheorie Niklas LUHMANNs verdankt. Nicht mehr eine vorausgesetzte Einheit der Gesellschaft ist der Orientierungspunkt der Analyse, sondern ein nur noch durch Unterscheidungen sichtbar werdendes gesellschaftliches Geschehen. Was so als Gesellschaft konstituiert wird, entsteht in Abgrenzung zu einer außersozialen Umwelt und umfaßt alle beobachtbaren Kommunikationen. *Daß* kommuniziert wird, ist wiederum Resultat von Selektionen, in denen einzelne Kommunikationen durch spezifische Anschlußmöglichkeiten Sinn aktualisieren. Auf diese Weise lassen sich Informationen als spezifische Informationen vor dem Hintergrund möglicher anderer Informationen benennen, auf ihre Mitteilungsform überprüfen und über Verstehensprozesse in unterschiedliche Kommunikationszusammenhänge einfügen. Als sinnvoll erscheint unter diesen Bedingungen jede Aktualisierung einer Selektion vor dem Hintergrund anderer Möglichkeiten. Die dominanten Unterscheidungen der modernen Gesellschaft lassen sich als Codes bezeichnen, anhand derer funktionale Teilsysteme ihre Grenzen konstituieren. Unter den Etiketten 'Wirtschaft', 'Politik' und 'Medizin' — um nur einige zu nennen — lassen sich z.B. nur wirtschaftliche Kommunikationen (Zahlungen/Nicht-Zahlungen), politische Kommunikationen (Macht haben/keine Macht haben) und medizinische Kommunikationen (krank/gesund) anschließen. Auf dieser Basis entstehen Kommunikationszusammenhänge, die über Codes ihre eigenen Elemente produzieren und so eine nur über diesen Selbstbezug legitimierte Perspektive auf ihre Umwelt (z.B. Gesellschaft, andere Teilsysteme, Menschen) entwerfen. Der Mensch findet nur über seine Kommunikationen Eingang in gesellschaftliches Geschehen. Er ist — im Kontrast zu integrationistischen Gesellschaftsmodellen — nur noch temporär inkludiert. Im Exklusionsbereich der Gesellschaft muß er qua biographischer Arbeit die Vermittlung disparater Kommunikationen, die ihn als Person adressieren, selbst bewerkstelligen.

Es geht in den folgenden Kapiteln nicht mehr um gescheiterte Integrationen von alten Menschen, sondern um die Nachzeichnung von Inklusionsmöglichkeiten und den damit verbundenen Erklärungsbedarf der individuellen Selbstbeschreibung. Für die Alternsforschung ergibt sich daraus ein Forschungsbedarf für gesellschaftsspezifische Thematisierungsmöglichkeiten von Alter (Altersschablonen, Kap. VII) und für inklusions- und exklusionsspezifische Thematisierungen (Alters- und Alternssemantiken, Kap. VIII und IX). Ähnlich wie bei den vier klassischen Fragen der Alternsforschung wird auch im zweiten Teil dieser Arbeit am Ende die Frage nach dem Aussehen einer Alternsforschung gestellt, die mit diesen Vorgaben umgeht (Kap. X).

Die Aufgaben dieser Kapitel lassen sich im Anschluß an die vier klassischen Fragen wie folgt bestimmen:

1. *historische Perspektiven*: Altersschablonen

    Die Entstehung der 'Altersphase' wird, nachdem der kausalfunktionale Erklärungsansatz gescheitert ist, über die Nachzeichnung historischer Kontingenzen plausibilisiert.

2. *gesellschaftstheoretische Perspektiven*: Alterssemantiken

    Unter dem Stichwort 'Altersbilder' werden Inklusionsmöglichkeiten illustriert, die — auf den Ebenen Gesellschaft, Organisation und Interaktion — auf ihren Entstehungsort und ihre Bedeutung hin befragt werden.

3. *biographische Perspektiven*: Alternssemantiken

    Vor dem Hintergrund der modernen Altersschablone und inklusionsspezifischen Alterssemantiken werden die Bedingungen individueller Auseinandersetzung mit dem Thema 'Alter' als Beobachtung von 'Altern' untersucht.

4. *wissenschaftliche Perspektiven*: Die Sichtbarkeit des Alters

    Aus wissenschaftlicher Perspektive lassen sich nicht mehr ontologische Charakteristika von Alter und Altern, sondern nur noch unterscheidungsabhängige Thematisierungen von Alter beobachten.

In den folgenden Kapiteln werden diese Perspektiven konkretisiert und versorgen so nach und nach Leser und Leserin mit dem notwendigen system- und biographietheoretischen Wissen. Für einen systematischen Zugang, aber auch für Vertiefungen sei bereits hier auf die übersichtliche Einführung von Georg KNEER und Armin NASSEHI (1993) verwiesen.

Kapitel VII: Die Altersphase

Warum nach dem Sinn des Alters gefragt wird

Im ersten Teil der Arbeit hat sich als dominante Thematisierung von 'Alter' die Voraussetzung einer funktionslosen 'Altersphase' herausgestellt. PARSONS und die in seiner Tradition stehende Alternsforschung haben diese aus der Dreiteilung des Lebenslaufs resultierende Bestimmung von 'hohem Alter' als ahistorisches Charakteristikum gesellschaftlicher Strukturen eingeführt. Mit den demographischen Umbrüchen der vergangenen Jahrzehnte hat die 'Altersphase' eine Prominenz erlangt, die jedoch ihre Bindung an historische Entwicklungen nicht verleugnen kann. Der Kollektivsingular 'Alter', wie er uns heute vertraut ist, ist eine spezifisch moderne, genauer: neuzeitliche Erfindung, die ein Ausmaß an Generalisierung kennt, wie es vorher kaum möglich war. Die Nachzeichnung der gesellschaftsstrukturellen Ermöglichung von solchen 'Altersschablonen' verdeutlicht die Vielfalt historischer Umgangsweisen mit dem 'hohen Alter' und die spezifisch moderne Verknüpfung des Themas „Alter" mit der Sinnfrage.

Damit ist auch gleichzeitig der Anknüpfungspunkt zum Pendant-Kapitel im ersten Teil benannt. Die von PARSONS, EISENSTADT, SCHELSKY, TARTLER und WOLL-SCHUMACHER vorausgesetzte 'Altersphase' wird auf ihre Entstehung im Verlauf soziokultureller Evolution überprüft. Der empirische Befund einer Vielzahl von strukturfunktionalistischen Forschungen, die nach dem Sinn des Alters fragen, läßt sich als Charakteristikum der modernen Auseinandersetzung mit dem Thema 'Alter' betrachten. Warum diese Frage die Alternsforschung und — wie zu zeigen sein wird — auch die grundsätzliche Thematisierung von Alter begleitet, soll auf den folgenden Seiten verdeutlicht werden.

Nach einer Einführung in historische, in diesem Fall begriffsgeschichtliche Studien zum Thema 'Alter' (Kap. VII.1), werden — grob unterteilt — drei Gesellschaftsformen unterschieden und auf ihren Umgang mit alten Menschen befragt: die segmentäre Gesellschaft (Kap. VII.2), die stratifizierte Gesellschaft (Kap. VII.3) und die funktional differenzierte Gesellschaft (Kap. VII.4). In einem Resümee wird anschließend eine Antwort darauf versucht, warum nach dem Sinn des Alters gefragt wird (Kap. VII.5).

1. Historische Perspektiven: Altersschablonen

Das Interesse der Alternsforschung an historischen Gesellschaften begründet sich zumeist über den Wunsch, Vorstellungen über ein goldenes Zeitalter für alte Menschen zu widerlegen. David J. KERTZER resümiert: „The recent history of old age has, indeed, largely been written as just such a series of attempts at myth slaying." (Kertzer 1995, 303) Zu diesen Mythen, die die historische Forschung am liebsten alle beseitigen möchte, gehören laut Pat THANE die Überlegungen, Alter sei ein modernes Phänomen, nur wenige Menschen seien früher alt geworden, sie wären früher mit mehr

Achtung behandelt worden, Ruhestand sei ein modernes Phänomen, alte Menschen seien früher von ihren Familien gut versorgt worden und wohlfahrtsstaatliche Einrichtungen seien eine moderne Erfindung. (Vgl. Thane 1993, 18) Tatsächlich nehmen viele Veröffentlichungen zur historischen Alternsforschung für sich in Anspruch, das Phänomen des Alterns aus modernisierungstheoretischen Begründungszusammenhängen zu befreien, um es anschließend in einem neuen, ahistorischen Licht präsentieren zu können. (Vgl. Laslett 1995, 136) David TROYANSKI hat in einem Überblicksartikel zur historischen Alternsforschung auf Gründe und Konsequenzen dieser Vorgehensweise aufmerksam gemacht: „Rejection of master narratives, whether of 'modernization' and degradation for elderly populations, or of 'revisionism' and unmitigated progress toward retirement and the welfare state, has yielded a new emphasis on continuity." (Troyanski 1996, 233) An die Stelle der umfassenden strukturellen Umbrüche und Epochenschwellen ist die Wahrnehmung von diskontinuierlich verlaufenden, kleinräumigen Veränderungen getreten, in deren Kontrast Altersphänomene nun umgekehrt als die immer Gleichen identifiziert werden. Mit welchem Zeitraum auch immer sich die neuere historische Gerontologie auseinandergesetzt hat, ihre Forschungen faßt sie mit der Konstatierung einer über alle Epochen charakteristischen „ambiguity" zusammen. Georges MINOIS relativiert mit diesem Etikett so manche drastische Formulierung von Simone de BEAUVOIR (vgl. Minois 1989, 11), und W. Andrew ACHENBAUM begründet hierüber folgerichtig eine humanistische Ausrichtung der Gerontologie: „In contemporary literature in the East, no less than in the West, it seems that the aged's uncertain and fluid status is conveyed in all its ambiguousness and dynamism." (Achenbaum 1989, XVIII) Die Auseinandersetzung mit „old age's paradoxical nature" (ebd., XIX, vgl. auch Thane 1993, 22) ist zum Konvergenzpunkt der modernen historischen Alternsforschung geworden, die eigentlich nur noch Daten sammelt, um auf zwar unterschiedliche, aber überdauernde Möglichkeiten und Gefährdungen menschlichen Lebens hinzuweisen.[1]

Diese Form der Anthropologisierung von Alternsphänomenen ist jedoch selbst eine historisch neue Zugangsweise zum Thema. Wenn sich Simone de BEAUVOIR 1970 mit dem 'Alter' auseinandersetzt, verleidet ihr der unpolitische Charakter des „Altersproblems" beinahe die Lust an der Arbeit. Eigentlich — so BEAUVOIR — könne man gar keine „Geschichte des Alters" schreiben, da sich diese Kategorie nicht als geschichtlich variabel herausgestellt habe. Im Gegensatz zur Frau und zum Arbeiter habe „der Greis als soziale Kategorie nie in den Lauf der Welt eingegriffen. Solange er leistungsfähig bleibt, ist er in die Gemeinschaft integriert und unterscheidet sich nicht von ihr, ... verliert er jedoch seine Fähigkeiten, erscheint er als ein *anderes*, er wird dann, in weit stärkerem Maße als die Frau, bloßes Objekt." (Beauvoir 1972, 75) Das

---

[1] Franz BÖLSKER-SCHLICHT identifiziert sicherlich zu Recht drei Faktoren, die den Alternsprozeß zu allen Zeiten bestimmen: „a. Arbeitskraft und Arbeitsleistung, b. Bedürfnisse und Bedürfnisbefriedigung (Konsum), c. ökonomisch-soziale Kompetenz (Besitz und/oder professionelle Kenntnisse und Fertigkeiten)" (Bölsker-Schlicht 1988, 60). Diese Faktoren bestimmen jedoch nicht nur das Leben alter Menschen, sondern auch aller anderen. Alle Menschen unterscheiden sich hinsichtlich dieser Bedingungen und für alle ist die mangelhafte Ausstattung mit Arbeitskraft, Konsummöglichkeiten und Besitz problematisch. Viel interessanter als diese „sozial-ökonomischen Aspekte" (ebd., 36) sind m.E. Umgangsweisen mit Alters*unterschieden*, — und nicht mit Alters*problemen*, in denen die Unterscheidung von Altersgruppen immer schon vorausgesetzt wird.

1. Historische Perspektiven: Altersschablonen

immer gleiche Phänomen der Ausgrenzung des nutzlosen alten Menschen sieht sie als ein Indiz eines unabänderlichen, hoffnungslosen geschichtlichen Verlaufs. „Wie wir gesehen haben, wird ihm (dem Greis, I.S.) sein Status aufgezwungen: es kann bei ihm also nie irgendeine Evolution geben. Man sagt, das Negerproblem sei ein Problem der Weißen; das der Frau ein Problem des Mannes: doch die Frau ringt um ihre Gleichberechtigung, die Neger kämpfen gegen die Unterdrückung; die Alten aber verfügen über keine einzige Waffe, und ihr Problem ist allein ein Problem der aktiven Erwachsenen." Diese für die 70er Jahre charakteristische Problembeschreibung ist auf die Benennung von Verursachern angewiesen. In dem speziellen Fall des hohen Alters verliert sie ihre Plausibilität, da nur die große Gruppe der Nicht-Alten als Übeltäter benannt werden kann. Das würde allerdings das einfache, auf konkrete Agenten angewiesene Kausalschema überstrapazieren.

Im Gegensatz zu diesen anthropologisierenden Mythen der historischen Alternsforschung vom immer gleichen Leid mit einigen wenigen Chancen auf eine respektvolle Behandlung wird in diesem Kapitel ein soziologischer Zugang zum Thema gewählt. *Was sich der historischen Alternsforschung als Kontinuität darstellt, erscheint vor der Folie der gesellschaftlichen Evolution als ein die jeweiligen Grenzen der Gesellschaft reflektierendes Phänomen.* Natürlich muß jeder Mensch altern; aber nicht nur der Zeitraum, der ihm zugestanden wird, kann variieren, auch die gesellschaftliche Deutung dieser biologischen Veränderung differiert.

Wenn ich mich im folgenden mit Studien zu einfachen und historischen Gesellschaften auseinandersetze, folge ich den evolutionstheoretischen Prämissen von Niklas LUHMANN. Sein Versuch, grobe Kriterien eines gesellschaftlichen Entwicklungsverlaufs zu benennen, ist u.a. in der Auseinandersetzung mit Talcott PARSONS' Systemtheorie, speziell dem Kausalfunktionalismus entstanden. Wie eingangs schon angedeutet, möchte ich in diesem Kapitel der „Sackgasse" der funktionalistischen Bestimmung der Altersphase einen „Ausweg" eröffnen. Die Frage: Hat Alter einen Sinn? ist auch für dieses Kapitel leitend. Jedoch interessiert nun weniger, welche Funktion den alten Menschen zuzurechnen ist, sondern vielmehr *wie* diese theoretische und auch populäre Beobachtung einer Altersphase — und ihrer Funktionslosigkeit — entstanden ist.

Das gesellschaftstheoretische Instrumentarium für dieses Vorhaben ist von LUHMANN entwickelt worden, um die normative Limitierung von PARSONS' Gesellschaftsanalyse[2] zugunsten einer Annahme kontingenter Zusammenhänge, für die eben nicht invariante Systeme vorausgesetzt werden müssen, aufzuheben. An die Stelle kausaler mechanistischer Beziehungen, bei denen bestimmte Ursachen bestimmte Wirkungen haben, tritt die Beobachtung von Problemlösungen. Die Wirkung wird so zur Ursache, das Problem selbst wird zum Motiv. Wichtiger als die kausale Beziehung ist damit die „Feststellung der funktionalen Äquivalenz mehrerer möglicher Ursachen unter dem Gesichtspunkt einer problematischen Wirkung." (Luhmann 1972, 14) Auf diese Weise läßt sich nun auch beobachten, daß ein Problem ganz unterschiedliche Lösungen mobilisieren kann: Säuglingssterblichkeit kann beispielsweise als Hinweis

---

[2]   Zur Erinnerung: PARSONS unterstellte eine über das Ziel der Bestandserhaltung mit einem normativen Zentrum ausgestattete Gesellschaft, in der Funktionen aus Strukturen abgeleitet werden.

auf die Nähe von Kindern zu Ahnen entproblematisiert werden, sie kann mit allgemeinem Desinteresse an noch nicht zweijährigen Kindern beantwortet werden, aber sie kann auch — mit großem gefühlsmäßigem Aufwand — als familiärer Verlust eingeordnet werden. Solche im historischen Verlauf bekannten Variationen können auch *innerhalb* einer Gesellschaft auftreten. LUHMANN illustriert am Beispiel der zeitlichen Relationierung von Elementen die Entstehung von Strukturen. Erst im Vergleich mit anderen Möglichkeiten gewinnen aktualisierte Verknüpfungen den Status einer Problemlösung. Eine Struktur entsteht durch eben diese Auswahl, die den zeitlichen Anschluß eines Elements an das andere ermöglicht. Sie ist also kein schon vorgegebenes Muster, das durch seine Alternativlosigkeit charakterisiert wird. (Vgl. Luhmann 1984, 383ff.) So, wie sich Strukturen mit der Auswahl an Möglichkeiten ändern können, ändern sich auch Gesellschaftsstrukturen, wenn neue Problemlösungen möglich und opportun erscheinen.

Diese sehr vage bleibende Beschreibung gesellschaftlicher Evolution ist der Schwierigkeit geschuldet, Strukturveränderungen komplexer Systeme in einer genauen zeitlichen Abfolge der Elemente zu fassen. Nur durch einen Beobachter können Strukturen identifiziert werden, deren Plausibilisierung sich aus einer anderen Perspektive wiederum verbietet. Reinhart KOSELLECK weist darauf hin, daß in der Geschichtsschreibung aus eben diesem Grund der 'Zufall' eine historische Kategorie darstellt. „Der Zufall ist, temporal gesprochen, eine reine Gegenwartskategorie. Weder aus dem Erwartungshorizont für die Zukunft ist er ableitbar, es sei denn als dessen plötzliche Durchbrechung; noch als Ergebnis vergangener Gründe ist er erfahrbar: wäre er das, so wäre er schon kein Zufall mehr. [...] Deshalb ist die Kategorie noch nicht ungeschichtlich. [...] Wo immer der Zufall historiographisch bemüht wird, indiziert er eine mangelhafte Konsistenz der Vorgegebenheiten und eine Inkommensurabilität ihrer Folgen. Gerade darin kann das spezifische Geschichtliche enthalten sein." (Koselleck 1979, 158f.) Erst vor dem Hintergrund historiographisch beobachteter Strukturen werden Brüche sichtbar, die dann zu neuen Strukturbildungsprozessen stimulieren. Die Kontingenz gesellschaftlicher Entwicklung wird so für einen kurzen Moment sichtbar, um gleich darauf wieder im Strom einer linearen Geschichtsschreibung zu verschwinden.

Einen Versuch, geschichtliche Verläufe nachzuzeichnen, ohne sich auf das Glatteis sozialgeschichtlicher Daten[3] begeben zu müssen, stellt KOSELLECKs begriffsgeschichtliche Interpretation epochaler Veränderungen von der Neuzeit bis zur modernen Gesellschaft dar. Seine Beobachtung: „Seitdem die Gesellschaft in die industrielle Bewegung geraten ist, liefert die politische Semantik der daraufbezogenen Begriffe einen Verständnisschlüssel, ohne den die Phänomene der Vergangenheit heute nicht begriffen werden können." (Koselleck 1979, 113) Ganz ähnlich geht auch

---

[3] Ein ganz typisches Problem sozialgeschichtlicher Forschungen zum Thema 'Alter' ergibt sich z.B. durch die noch ungeklärte Sachlage der familiären Unterstützung alter Menschen. Während LASLETT von der Dominanz einer vormodernen Kernfamilie ausgeht und eine der modernen Gesellschaft ähnliche Vielfalt familiärer Strukturen in traditionalen Gesellschaften vermutet (vgl. Laslett 1995a, 47), relativiert KERTZER diese Diagnose und beschränkt sie auf England. Er fordert eine komplexere Analyse, die Kernfamilien und Stammfamilien nicht an Neolokalität oder Nonneolokalität bindet, sondern stattdessen den Fall des Zusammenziehens im Alter, ein „reincorporation system", vorsieht. (Vgl. Kertzer 1995, 377)

LUHMANN vor, wenn er Evolution als zumeist ungleichzeitige Veränderung von Gesellschaftsstruktur und Semantik beschreibt. (Vgl. Luhmann 1980b, 13ff.; Nassehi 1993, 320ff.) Was als Motor der Entwicklung fungiert, kann sowohl sozialstrukturelle Hintergründe haben als auch auf neue Möglichkeiten der kommunikativen Bewältigung hinweisen. Die eine Seite kann somit nicht über die andere erklärt werden, beide stehen aber in einem Verhältnis der gegenseitigen Steigerung zueinander. (Vgl. Luhmann 1980b, 21ff.)

Wenn im folgenden drei Etappen gesellschaftlicher Evolution unterschieden werden, wird damit ein vergleichsweise grobes Raster für einen großen Zeitraum gewählt. Mein Interesse an einer historischen Untersuchung zur Stellung alter Menschen in unterschiedlichen Gesellschaften konzentriert sich nicht auf eine detaillierte Diskussion sozialgeschichtlicher Daten, sondern vielmehr auf allgemeine Zusammenhänge zwischen gesellschaftlichen Strukturen und — soweit der Gegenwart überliefert — dem jeweiligen semantischen Apparat. Im Gegensatz zu dem oben erwähnten anthropologisierenden Zugang eröffnet das soziologische Interesse an Differenzierungsprozessen eine Perspektive auf unterschiedliche Erklärungsmuster von Alternsverläufen in unterschiedlich komplexen Gesellschaften. Der Leser wird zunächst mit der archaischen Gesellschaft, ihren charakteristischen Strukturen und dem daran gebundenen Altersbild vertraut gemacht (Kap. VII.2). Daran anschließend werde ich einen Überblick über Hochkulturen am Beispiel der griechischen und römischen Antike und des europäischen Mittelalters geben und mit einer Analyse der Lebensaltersstufen Altersbilder dieser Gesellschaften nachzeichnen (Kap. VII.3). Die Zusammenfassung von Neuzeit und moderner Gesellschaft im vierten Kapitel (Kap. VII.4) begründet sich über die ungleichzeitige, vergangene und gegenwärtige Einflüsse aufgreifende Altersphasenbeschreibung der modernen Gesellschaft.

2. Segmentäre Gesellschaft: Die Grauhaarigen

Über die Stellung alter Menschen in einfachen Gesellschaften existieren widersprüchliche Beobachtungen. Der Versuch, aus den Organisationsprinzipien dieser Gesellschaften eine einheitliche Beschreibung von hohem Alter abzuleiten, scheitert an der Vielfalt von Stämmen, Familien und Clans. Was auch immer man als Charakteristikum einfacher Gesellschaften zugrunde legt, die empirische Untersuchung legt weitere Differenzierungen nahe. So rückt z.B. Georges MINOIS' Zusammenfassung dieser Gesellschaften als schriftlose Kulturen Oralität in den Vordergrund der Analyse und bereitet damit den Weg für die Behauptung einer prominenten Position alter Menschen in einfachen Gesellschaften aufgrund ihres lebenslänglich vermehrten Wissens. (Vgl. Minois 1989, 12) Eine genauere Untersuchung zur Stellung alter Menschen in einfachen Gesellschaften widerlegt jedoch diese Verallgemeinerung. (Vgl. Simmons 1970, 50ff.) Stattdessen muß vermutlich eher von einer fast beliebigen Vielfalt an Umgangsweisen mit hohem Alter in eben diesen Stämmen, Familien und Clans ausgegangen werden. Ebenso geht es Leo W. SIMMONS mit seiner Unterscheidung von Sammlern, Jägern und Fischern, Ackerbauern und Hirten. Auch wenn sich allgemeine Veränderungen im Altersstatus parallel zu zunehmender gesellschaftlicher Differenzierung beobachten lassen, scheut SIMMONS doch vor einer grundsätzlichen Verallgemeinerung zurück, um die Varietät einfacher Gesellschaften im Umgang mit hohem Alter nicht zu verdecken. (Vgl. Simmons 1970, 18f.)

Am ehesten tragen LUHMANNs Analysen zur soziokulturellen Evolution, also zum Wechsel von segmentärer über die stratifikatorische bis hin zur funktionalen Differenzierung, zu einer Begründung für diese Vielfalt bei (vgl. Luhmann 1972b, 145ff.). *Kopräsenz* und *Kolokalität* (vgl. Nassehi 1993, 260) lassen sich demzufolge als entscheidende Charakteristika einer Gesellschaftsform benennen, die vorrangig segmentär differenziert ist, also aus mehreren Familien, Dörfern oder ähnlichen überschaubaren Gemeinschaften besteht. Bernhard GIESEN formuliert konkret: „Handeln ist hier an die Lokalität und die konkrete Situation gebunden und wird mit Hilfe des 'Vorhandenen' und im Hinblick auf die 'Anwesenden', auf das Gegenüber, verfertigt. Nicht allgemeine Regeln, sondern die jeweilige Situation bilden den Bezugsrahmen und die Grundlage von Kommunikation." (Giesen 1991, 26; vgl. Giesen 1980, 130)[4] Mit der Differenzierung einer Gesellschaft in gleiche Teile ist eine Lebensweise verbunden, die kaum eine Perspektivendifferenz zwischen ihren einzelnen Mitgliedern kennt. Eine Grundlage für regelmäßige Abweichungen von den täglichen Aufgaben stellen vor allem biologische Unterschiede dar.[5] Die Menschen der einfachen Gesellschaften unterscheiden sich als Kinder, Männer/Frauen und alte Menschen, die sich jedoch alle kennen. Die Folgen, die mit dieser geringen Größe und Übersichtlichkeit der Lebensgestaltung verbunden sind, werden von LUHMANN mit den Begriffen Transparenz und Reziprozität zusammengefaßt. (Vgl. Luhmann 1975b, 136ff.) Die Lebenslagen der anderen sind bekannt und im allgemeinen kann jeder damit rechnen, einmal in eine ähnliche Situation zu kommen wie der andere. Für den Ausgleich von Hilfebedarf folgt daraus: Man hilft sich gegenseitig.

Die Grenzen dieses gegenseitigen Verpflichtungsverhältnisses fallen mit den Grenzen der Gesellschaft zusammen: Der Transparenz der Lebenslagen steht die Intransparenz der umgebenden Natur gegenüber. Mit dem Ausmaß der Bedrohung der Lebensbedingungen durch die Umwelt verändern sich auch die Kapazitäten, mehr als das eigene Leben zu erhalten. Folgerichtig werden einfache Gesellschaften nach Vegetationsverhältnissen und Klimastufen und daran angepaßte Techniken des Nahrungserwerbs unterschieden. (Vgl. Simmons 1970, 10f.; Giesen 1980, 130ff.) Leo W. SIMMONS differenziert 1945 in seiner grundlegenden Studie „The Role of the Aged in Primitive Society" klassisch zwischen Sammlern, Jägern/Fischern, Ackerbauern und Hirten in kalten, gemäßigten, warmen und trockenen Zonen. Seine Untersuchung von 72 historischen und zeitgenössischen Volksstämmen in Nord-, Mittel- und Südamerika, in Ozeanien, Australien, Afrika, Asien und Europa (die früheren *Lappen, Norweger* und *Albanier*) basiert auf der strukturfunktionalen Annahme eines Zusammenspiels von unpersönlichen und persönlichen Faktoren, die den Status alter Menschen in

---

[4] Die über diese Interaktionsnähe entstandene Limitierung der Handlungsmöglichkeiten in einfachen Gesellschaften ist verantwortlich für das Etikett 'primitive Gesellschaft', das bis in die 80er Jahre das Forschungsfeld umgrenzt hat.

[5] NASSEHI und KNEER (1993, 125), aber auch RICHTER ergänzen zusätzlich „Funktionsdifferenzierungen durch besondere Sakralrollen" (Richter 1996, 155). Für unsere Frage nach Altersdifferenzierungen kann dieses Phänomen jedoch zunächst vernachlässigt werden, da es später als eine der Möglichkeiten, als alter Mensch zu leben, angesprochen wird.

2. Segmentäre Gesellschaft: Die Grauhaarigen

einfachen Gesellschaften bestimmen. Mit Ralph LINTONs Definition des Rollenbegriffs formuliert SIMMONS: „The purpose is to study the ways in which various primitive societies have ascribed positions of security and prestige to the aged, and in what ways old people have been able to achieve such stakes through personal initiative." (Simmons 1970, V) Wie sich im folgenden zeigen wird, ist die Unterscheidung von erworbenen und zugeschriebenen Attributen zu eng gefaßt, um die vorgefundenen Ergebnisse zu erklären. Vor allem die Einbeziehung der klimatischen Verhältnisse für die Erklärung unterschiedlicher Umgangsweisen mit alten Menschen verweist auf kleinformatigere, eher an situationale als an überdauernde Lebensbedingungen gebundene Entscheidungsstrukturen. Dennoch ermöglicht SIMMONS' Zusammenstellung von Forschungsergebnissen einen differenzierten Zugang zu der in vieler Hinsicht ungeklärten Situation alter Menschen in einfachen Gesellschaften. Seine Studie stellt Ergebnisse zu acht Themenkomplexen[6] zusammen und verschafft so dem Leser einen Überblick über die z.T. je nach Handlungskontext variierenden Regelungen, die in einfachen Gesellschaften an hohes Alter gebunden sind.

Im folgenden sollen nur wenige der Ergebnisse zusammengefaßt vorgestellt werden. Ob das von SIMMONS' vorgelegte Datenmaterial einer detaillierten Sekundäranalyse standhalten würde, kann im Rahmen dieser Arbeit nicht beurteilt werden. Weniger die Generalisierungen selbst, zu denen sich auch SIMMONS nur unter Einschränkungen durchringt, als der Blick auf die Hindernisse, die sich dem Versuch zu generalisieren entgegenstellen, sollen im Vordergrund der folgenden Analyse stehen.

Schon die Frage nach der *Nahrungsversorgung* offenbart die Probleme, die bei der Erforschung einfacher Gesellschaften mit einem spezialisierten Zugriff über Alter, vor allem Altersrollen, verbunden sind. SIMMONS identifiziert Gebräuche geregelter Nahrungsverteilung, die sich auf alle Bedürftigen, nicht speziell auf alte Menschen beziehen. (Vgl. Simmons 1970, 32) Gerade für alte Menschen stellen sich allerdings diese Regelungen als sehr entscheidend heraus. Eine Begründung für das Phänomen der Nahrungsmittelverteilung an Bedürftige sieht SIMMONS im Überlebenswillen bedrohter Gesellschaften. Seinen Ergebnissen zufolge zeichnen sich vor allem Stämme, die in sehr kalten oder sehr heißen Gegenden leben und sich vorrangig als Sammler und Fischer ernähren, durch diesen Brauch aus. Mit der Entwicklung von zuverlässigeren Techniken des Nahrungserwerbs und vermehrten Möglichkeiten zur Vorratshaltung verschwindet dieser Brauch. SIMMONS faßt zusammen: „It would seem, then, that with more complex cultural development society has tended to rely less upon communal food sharing both in general and with the aged, and has regulated its distribution on the basis of other factors than need." (ebd., 34) Dieser Befund widerspricht der allgemeinen Vorstellung eines umgekehrt proportionalen Verhältnisses von gefährlichen Lebensbedingungen und Vernachlässigung alter Menschen wie ihn z.B. Simone de BEAUVOIR und Georges MINOIS nahelegen (vgl. Beauvoir 1972, 68; Minois 1989, 9), demzufolge sich mit dem Ausmaß der Gefahr die Lebensbedingungen alter Menschen verschlechtern.

---

[6] SIMMONS gliedert seine Arbeit in folgende Titel: I. The Assurance of Food, II. Property Rights, III. Prestige, IV. General Activities, V. Political and Civil Activities, VI. The Use of Knowledge, Magic, and Religion, VII. The Functions of the Family, VIII. Reactions to Death. Vgl. Simmons 1970, VII.

Die Beobachtung eines komplexen Zusammenspiels nicht nur von erworbenen und zugeschriebenen Attributen, sondern vor allem von Umweltbedingungen und Techniken des Nahrungserwerbs, legt eine Beschreibung von hohem Alter nahe, die weniger nach einer positiven Bestimmung von Alter fragt, sondern stattdessen nach den Möglichkeiten einer Gesellschaft, altersbedingte biologische Abbauerscheinungen zu kompensieren. Wenn SIMMONS beobachtet, daß sich mit der Entwicklung von akephalen Gesellschaften der Sammler zu patriarchal dominierten Hirtenvölkern ein Niedergang dieser Sitte der Nahrungsverteilung und eine allmähliche Umstellung auf „organized charity" (ebd., 35) finden läßt, verdeutlicht dieser Zusammenhang sehr schön, wie sich mit den Organisationsprinzipien der Gesellschaft auch Alternativen der Lebenshaltung verändern. Je unabhängiger Menschen in einfachen Gesellschaften von den täglichen Risiken des Nahrungserwerbs werden, desto mehr entstehen Freiräume für Spezialisierungen und desto stärker können sich Lebensperspektiven auseinanderentwickeln. Wenn aber der Hunger des anderen nicht mehr als eine Bedürfnislage erscheint, in die man selbst auch kommen kann, verliert die Verpflichtung zum Helfen ihre Grundlage und bedarf der Organisation. (Vgl. Luhmann 1972b, 155)

Auch die Frage nach *Besitzrechten* verdeutlicht, daß weniger das Alter selbst als vielmehr gesellschaftliche Möglichkeiten zur Kompensation bzw. zur Instrumentalisierung von hohem Alter im Vordergrund stehen. Neben ausgeprägten partiarchalen Rechten auf Besitz in weiterentwickelten viehbesitzenden Gesellschaften lassen sich fast überall „Einkünfte" alter Menschen durch kleinere Dienste beobachten, die im Falle des Medizinmannes und des Regenmachers sogar zu lukrativen Einkommen führen können. Während jedoch das Beispiel der alten Frau bei den *Labrador Eskimos*, die im Tausch für das Trocknen von Stiefeln Nahrung erhält, den eher alltäglichen Fall repräsentiert, werden Sakralrollen nur von einigen wenigen, zumeist älteren Männern übernommen und sind an spezifische Kenntnisse gebunden. (Vgl. Simmons 1970, 36f.) Die Kompensation einer eingeschränkten Arbeitsfähigkeit mit Hilfe von kleineren Diensten, die weniger Kraft verlangen, erlaubt also auch im hohen Alter eine Selbständigkeit, die der der anderen Erwachsenen sehr ähnlich ist und kaum die Annahme spezifischer Altersregelungen in bezug auf Besitzrechte gestattet. Erst die Möglichkeit zur Vorratshaltung führt zur Herrschaft der alten Väter, die mit umfassenden Verfügungsrechten über Besitz und Familie ausgestattet sind. Alten Frauen stehen solche Besitzrechte — laut SIMMONS — fast nie zur Verfügung. (Vgl. ebd., 47)

Besonders vielfältig stellen sich die Regelungen in bezug auf *Prestige* im Alter dar. Die fehlende Übereinstimmung im kulturellen Vergleich führt SIMMONS dazu, die Annahme einer instinktiven Achtung alter Menschen abzulehnen und stattdessen den unterschiedlichen Möglichkeiten sozialer Disziplinierung nachzugehen. Als solche betrachtet er: „general respect for the aged, social taboos favorable to old age, glorification of the aged in legends and stories, and deification of them in religion." (Ebd., 50) Eine entscheidende Grenze für eine solche Sonderbehandlung besteht jedoch in fast allen Fällen zwischen dem alten Menschen, der mit besonderem Wissen und Fähigkeiten ausgestattet ist, und dem *sehr* alten Menschen, der über eben diese Spezialkenntnisse nicht oder nicht mehr verfügt.[7] SIMMONS vermutet, daß grundsätzlich

---

[7] Die begrenzte Gültigkeit von privilegierenden Regelungen für alte Menschen verdeutlicht auch die Beobachtung von SIMMONS, daß weniger hohes Alter selbst, als speziell Wissen für eine besondere

2. Segmentäre Gesellschaft: Die Grauhaarigen

Respekt gegenüber alten Menschen in allen einfachen Gesellschaften eingefordert wurde. (Vgl. ebd., 79) Gerade seine differenzierte Analyse der Lebensverhältnisse alter Menschen, in der immer wieder Beispiele für eine „respektlose" Behandlung alter Menschen gefunden werden (vgl. ebd., 173ff.), wirft jedoch die Frage nach den Konsequenzen einer solchen Norm auf. Im Gegensatz zu schriftlichen Gesellschaften ist dabei weniger ein Auseinanderklaffen von literarischen Repräsentationen und tatsächlichen Lebensbedingungen interessant. Vielmehr scheint die Zusammenschau dieser sich widersprechenden Beobachtungen auf eine eher konkret-situational (vgl. Giesen 1991, 26) organisierte Lebensführung hinzudeuten, die keine Notwendigkeit zu universalisierenden abstrakten Altersbildern kennt.

Auch die Forschungsergebnisse von SIMMONS zu *allgemeinen Aktivitäten, politischen und zivilen Aktivitäten, Sakralrollen, familiären Funktionen* und dem *Umgang mit Tod* bestätigen die Diagnose einer aus heutiger Perspektive zersplitterten Altersschablone: In diesen Gesellschaften existierte offensichtlich kein einheitliches Altersbild. Sogar die wenigen alten Menschen, die z.B. über Sakralrollen in den Genuß von altersspezifischen Privilegien kamen, mußten den Verlust dieser Sonderstellung fürchten, wenn sich die erwarteten Resultate ihrer magischen Handlungen nicht einstellten. (Vgl. Simmons 1970, 230f.) Entscheidende Begründungen für dieses vermeintliche Desinteresse am persönlichen Schicksal des alten Menschen liefert eine kurze Betrachtung der mythischen Seinsauslegung in einfachen Gesellschaften. Leopold ROSENMAYR spricht von einer „kosmologisch-magischen Weltsicht" (Rosenmayr 1983, 49), um die für einfache Gesellschaften charakteristische Verbindung von täglichem Handeln und sinnhafter Erklärung zu erläutern. Kosmologisch nennt er „eine Vorstellung, *die Sichtbares mit Unsichtbarem zu einer Einheit verbindet* und diese Einheit in einem *kreislaufartigen Prozeß* durch Wiederholung vergegenwärtigt." Als magisch gelten ihm die Fähigkeit und das verfügbare Wissen, „wodurch die Kräfte, die Sichtbares und Unsichtbares verbinden, für bestimmte Handlungen und Strategien, sowohl heilende als auch schädigende, aufbauende und zerstörende, eingesetzt werden." (Rosenmayr 1983, 49) Armin NASSEHI weist darauf hin, daß diese kosmologische Verbindung von Natur und Kultur in einfachen Gesellschaften nicht im Sinne einer Überbautheorie verstanden werden kann: reale und mythische Zeit fallen zusammen. (Vgl. Nassehi 1993, 269) Klassische Beispiele zur Illustration dieses Weltverständnisses stellen Vegetationskulte dar, in denen jahreszeitliche Veränderungen der Natur als Phasen der Welterschaffung unterschieden werden.

Für unsere Frage nach der Stellung der alten Menschen ist diese Einbindung der konkret-situationalen Handlungsebene in eine mythische Kontextur von entscheidender Bedeutung. Der Lebenslauf des einzelnen wird mit Hilfe zyklischer Regelmäßigkeiten erklärt. ROSENMAYR benennt den Zusammenhang von Geburt, Altern, Sterben und Wiedergeburt als den eines umgekehrt proportionalen Verhältnisses von physischer und spiritueller Kraft.

Stellung auch in einfachen Gesellschaften qualifiziert. Auch junge Menschen mit ungewöhnlichen Erfahrungen können in den Kreis „weiser alter Männer" aufgenommen werden. (Vgl. Simmons 1970, 137)

Abbildung 3: Altern als kosmologischer Ablauf nach ROSENMAYR *(1983, 52)*

Die Annahme spiritueller Kräfte in alten Menschen erklärt ihre zwiespältige Behandlung als einerseits Träger böser Geister und andererseits Sprachrohr der Ahnen. SIMMONS hat in seiner bewußt Verallgemeinerungen vermeidenden Zusammenstellung von Beispielen zum Umgang mit alten Menschen diese, nur auf den ersten Blick widersprüchliche Einordnung von Altersphänomenen illustriert. Ein *Hopi*-Indianer begründet eine Kette von unglücklichen Ereignissen in seinem Leben mit der Kraft von Hexen (*Bowakas*), die in alten Menschen wirken. „They have tried to make me a member of their evil society; they have led others to suspect me fo mischief; and they have caused the greatest sorrows of my life. A clan grandmother caused my death, and, later when I returned to life, she nearly ruined my back. An old-maid witch got a crush on me and shot poison lizard tails into my feet, because I would not make love with her. My wife's uncle killed my children one by one. Then because of an angry and foolish remark that I made, I could have no more children. When my old grandfather turned out to be a witch, shot poison arrows into my loins and ruined my private parts, it did not seem possible for me to stand it." (Simmson 1970, 147f.) Meist sind es Frauen, denen solche gefährlichen Kräfte zugeschrieben werden. Bei den *Ainu* (Japan) gab es z.B. den Brauch, die Hütten alter Frauen nach ihrem Tod abzubrennen, damit diese nicht wiederkehren können, um ihren Nachkommen zu schaden. (Vgl. Simmons 1970, 161f.) Vermutete man umgekehrt die Geister der Ahnen in den alten Menschen, nutzte man ihren Rat in allen Lebenslagen. (Vgl. ebd., 131ff.)

SIMMONS erklärt diese außergewöhnliche Position alter Menschen aus der Konfrontation einfacher Gesellschaften mit einer gefährlichen und unkontrollierbaren Umwelt. „The vast majority of preliterate people, when faced with crises, have turned to their elders for help and guidance. And the old people have not hesitated to give counsel and aid. [...] At least they have made an attempt, and then have explained with confidence how matters might have been worse but for their intervention. It can be no great surprise that so many old people with their vigor ebbing and their days numbered, should have grasped eagerly such opportunities to render service to their fellows and at the same time enhance their own security and prestige." (Simmons 1970, 163f.) Diese Argumentation stützt die eingangs gewählte Perspektive zur Erforschung einfacher Gesellschaften. Es sind nicht so sehr die internen Übereinstimmungen einfacher Gesellschaften, die die Stellung alter Menschen erklären. Entscheidender ist die Konstitution dieser Gesellschaftsformen innerhalb einer mehr oder weniger bedrohlichen Umwelt. LUHMANN beschreibt dieses Charakteristikum wie folgt: „Der Schwerpunkt archaischen Bewußtseinslebens liegt demnach in seiner risikoreichen und möglichkeitsarmen laufenden Gegenwart, die sehr rasch in dunkle und unbestimmte Zeithorizonte des Vergangenen abschattet und kaum Zukunft hat, denn nur in der

2. Segmentäre Gesellschaft: Die Grauhaarigen

Gegenwart gibt es Leben und Kommunikation. Erst von da aus wird jene auffällige Bevorzugung symbolischer Mittel verständlich, die die Gegenwart gegen den bedrohlichen Einbruch anderer Möglichkeiten abschirmen." (Luhmann 1972b, 152) Die *Auffälligkeit des hohen Alters* wird in diesem Rahmen in eine Größe verändert, die diese Gefahr erhöht oder verringert. Hilfebedürftige alte Menschen, die nicht mehr gehen können, können in einer nomadisierenden Gesellschaft die Lebensbedingungen aller Gesellschaftsmitglieder bedrohen. Vor diesem Hintergrund begründen sich die vielen Berichte über Gebräuche der Altentötung. (Vgl. Simmons 1970, 232ff.) Werden diesen alten Menschen jedoch magische Fähigkeiten zugesprochen, verbietet sich die Vernachlässigung alter Menschen von selbst.

Eine ähnlich charakteristische Reaktionsform auf Alternsprozesse stellt die oben beschriebene Kompensation von Abbauprozessen dar. Alte Menschen, die nicht mehr Jagen können, übernehmen stattdessen Tätigkeiten, die weniger Kraft und Mobilität verlangen wie z.B. Hausarbeit, Kleidung instandhalten und Leder gerben (vgl. Simmons 1970, 83). Umgekehrt können alte Menschen aber auch als Verursacher von Gefahren eingeschätzt werden, wenn sie nämlich böse Geister beherbergen und so das Leben ihrer Angehörigen gefährden. Wann immer es den alten Menschen dieser Gesellschaften gelingt, sich die Angst ihrer Angehörigen „zunutzen" zu machen, können sie sich damit eine respektable Position verschaffen. Die Kombination aus Wissen um Gefahren und magischer Beherrschung der Umwelt sichert ihnen einen entscheidenden Einflußbereich trotz abnehmender Kräfte. Ein Angehöriger der *Labrador Eskimos* beschreibt diesen Zusammenhang, wenn er nach der Stellung alter Menschen befragt wird: „We do not all understand the hidden things, but we believe the people who say they do. We believe our *Angakut* (Medicine man), our magicians, and we believe them because we wish to live long, and because we do not want to expose ourselves to the danger of famine and starvation. We believe, in order to make our lives and our food secure. If we did not believe the magicians, the animals we hunt would make themselves invisible to us; if we did not follow their advice, we should fall ill and die." (Simmons 1970, 144)

Meine zusammenfassende Darstellung der Situation alter Menschen in einfachen Gesellschaften im Hinblick auf Gefährdungspotentiale bricht mit der gängigen Behauptung umfassender kultureller Integration in eben diesen Gesellschaften. So macht z.B. ROSENMAYR die Einheit der Weltauslegung zum Anfangspunkt seiner Analyse und kommt folgerichtig zu dem Ergebnis, daß die moderne Gesellschaft aufgrund des Fehlens eben dieser Einheit für alte Menschen problematisch geworden sei. „Erst aus der Schilderung der engen Verbindung zwischen *Altenpositionen und Kultur* in kosmologisch-magisch bestimmten Gesellschaften werden grundlegende Positionsprobleme der älteren Menschen in den sogenannten hochentwickelten, rationalisierten Gesellschaften der Gegenwart deutlich. In diesen heute oft als 'modernisiert' etikettierten Gesellschaften *fehlt* der innerlich garantierte Zusammenhang zwischen zentralen Kulturwerten und der Stellung und Geltung der Alten." (Rosenmayr 1983, 50) Meine Interpretation legt stattdessen nahe, daß weniger die vorausgesetzte Integration auf kultureller Basis als vielmehr die Alternativlosigkeit dieser Gesellschaften im Umgang mit Gefährdungen dem Handeln eine allgemeingültige sinnhafte Basis verschafft. Die vordringliche Orientierung an elementaren Lebensbedürfnissen garantiert Transparenz und Reziprozität der Lebenslagen und läßt kaum Zeit für Abweichungen, die nebeneinander unterschiedliche Sinnressourcen aktualisieren könnten. *Wie alte Menschen in einfachen Gesellschaften leben, hängt damit nicht so sehr von einer allem vorausgehenden, kulturell verbindlichen Anerkennung alter Menschen ab, sondern eher von den Potentialen eben dieser alten Menschen, sich in einer spezifischen Situation als 'Modulator von Gefahren' zu verorten.* Die Einschränkung dieser Potentiale durch die jeweiligen Lebensbedingungen und kulturellen Bindungen dieser Gesellschaften begründet eine Vielfalt von Alternsverläufen, die eindeutige Etikettierungen verbietet.

Dieser für den Forscher eher unangenehmen Unordnung des Datenmaterials entziehen sich Ethnologen und Alternsforscher gerne, indem sie einen Spezialfall einfacher Gesellschaften, die Altersklassen- oder Generationsklassengesellschaft, in den Vordergrund der Analyse stellen. ROSENMAYRs Beschreibung einer „kulturell integrierten" Gesellschaft wählt die *Maasai* (Ostafrika), um eine altersgestufte Gesellschaftsorganisation nach dem Anciennitätsprinzip darzustellen. Die *Maasai* durchlaufen verschiedene Altersstufen und haben entsprechend ihrem Status als noch nicht initiierter Junge, Krieger oder Älterer bzw. noch nicht initiiertes Mädchen, jung verheiratete Frau und alte Frau unterschiedliche Rechte und Pflichten. Jedes Mitglied des Stammes gehört einer Kohorte an. (Vgl. Fosbrooke 1978, 84) Harald K. MÜLLER grenzt hiervon den Spezialfall der Generationsklassen ab. Bei den *Toposa* (Südost-Sudan) und den *Turkana* (Nordwest-Kenia) ist jeder Mann Mitglied einer Generationsklasse, die auf die seines Vaters folgt. Dadurch ergibt sich der kuriose Fall, daß spätgeborene Kinder, die mit einer jungen Frau gezeugt worden sind, der gleichen Klasse zugeordnet werden, wie die ersten, z.T. 40 Jahre früher geborenen. (Vgl. Müller 1990, 36ff.) Aufgrund dieser großen Unterschiede in den Generationsklassen kann jedoch bei weitem nicht von einer so überzeugenden altersgegliederten Ordnung des Stammeslebens ausgegangen werden, wie sie Altersklassengesellschaften im allgemeinen zugeschrieben wird. Weniger die Klasse, sondern vielmehr außerhalb der Klasse gelegene Statuszuweisungen (Spezialisierungen) begründen individuelle Positionen. Eine ähnliche Auflösung der Bedeutung von Generations- und Altersklassen, nun aber durch verwandschaftliche Bindungen, beschreibt Thomas ZITELMANN am Beispiel der *Borana-Oromo* (Südäthiopien und Nord-Kenia). MÜLLER und ZITELMANN wenden sich beide gegen die klassische Beschreibung altersgegliederter einfacher Gesellschaften über eben dieses Merkmal der Altersgliederung.[8]

Offensichtlich sprengt die Vielfalt möglicher Alters- bzw. Generationsdifferenzierungen in Kombination mit verwandtschaftlichen oder sonstigen sozialen/politischen Organisationsformen den Rahmen, den auch Shmuel N. EISENSTADT 1966 mit der schon erwähnten Altersgruppenstudie (Vgl. Kap. II.2) gesetzt hat. EISENSTADT unterscheidet zwischen segmentären Gesellschaften, die autark als Familie oder Abstammungsgemeinschaft leben, und solchen, die darüber hinausgehende Spezialisierungen etwa als Krieger oder als Politiker kennen. Während bei ersteren nur

---

[8] MÜLLER vermutet eine Begründung für die Undifferenziertheit der klassischen Altersgruppenforschung darin, „daß die Entdeckung von Alters- und Generationsklassen für die damaligen Ethnographen eine willkommene Möglichkeit war, diesen Ethnien eine beschreibbare sozio-politische Organisationsform zuzuordnen." (Müller 1990, 34) Um eine solche Überbewertung der Altersgliederung zu verhindern, weisen MÜLLER und ELWERT auf die dynamischen, sich durch gesellschaftliche Krisen oder äußere Einflüsse verändernden Alterssysteme hin. (Vgl. ebd.; Elwert 1990, 103f.)

2. Segmentäre Gesellschaft: Die Grauhaarigen

in seltenen Fällen Alterklassen zu finden sind[9], benötigen letztere die Altersklassengliederung, um die partikularistische Sozialisation der Familie durch eine universalistische zu ersetzen.[10] Der Status des einzelnen wird folgerichtig nicht mehr durch die Familie, sondern durch Aufgaben, die prinzipiell von allen Mitgliedern der Gesellschaft nacheinander übernommen werden können, bestimmt. Ein genauerer Blick auf die von EISENSTADT beschriebenen altersgegliederten Gesellschaften verdeutlicht jedoch auch, daß soziale Differenzierungen nicht automatisch Altersgliederungen nach sich ziehen müssen, sondern umgekehrt Altersunterschiede für soziale Differenzierungen benutzt werden. SIMMONS, der bei seiner Studie die ostafrikanischen Altersklassengesellschaften ausgeklammert hat, bezieht sich nur ausnahmsweise auf die *Pukapukan* (Bahamas), um eine auffällige Form der Instrumentalisierung des hohen Alters zu demonstrieren: „The population of approximately six hundred was divided into rather sharply defined age grades with the old gray-haired men (*tupele*) constituting a governing body. They were promoted to the office on the basis of age, relieved of physical labor, provided with food from the common stock, and placed in control of the distribution of food. Consequently the choicest diet was often reserved for them, such as the belly fats and internal organs of turtles. In fact, these delicacies were tabooed to younger people on the grounds *that they caused sickness and grey hair.*" (Simmons 1970, 31, Hervorhebung, I.S.) Für unsere Frage nach der Stellung alter Menschen ist weniger interessant, ob die alten *Pukapukan* die jüngeren mehr oder weniger bewußt getäuscht haben. Entscheidend ist vielmehr, daß die Auffälligkeit des grauen Haars einen Begründungszusammenhang eröffnet, der für alle einsichtig ist. Die Begegnung mit einem alten Menschen vermittelt Informationen (graue Haare), die für die gesellschaftliche Organisation (fettes Essen können nur Grauhaarige vertragen) genutzt werden. In dieser Altersklassengesellschaft bedarf es keiner besonderen Leistung im Alter, um in den Genuß von Privilegien zu kommen.

Wie oben beschrieben, ist jedoch Alter in einfachen Gesellschaften nicht automatisch mit Ansehen assoziiert, sondern kann auch einer deutlichen Abwertung unterliegen. Bernhard GIESEN ermöglicht uns, dieses Phänomen zu erhellen. Einfachen Gesellschaften schreibt er sogenannte Inklusionscodes zu, die die Frage nach der sozialen Zugehörigkeit regeln.[11] „[E]r (der Inklusionscodes, I.S.) muß in einer bestimmten Situation eine Diskriminierung anhand deutlich feststellbarer Merkmale wie körperliche Kennzeichen, Sprache oder Kleidung erlauben. [...] Inklusionscodes ermöglichen es, den gemeinsamen situativen Bezugsrahmen von der lebensweltlichen Verortung abzulösen, ohne daß er jedesmal für den Interaktionsprozeß neu konstruiert werden müßte." (Giesen 1991, 179) *Nicht hohes Alter, sondern vielmehr die Auffälligkeit z.B. des grauen Haares stellt in einfachen Gesellschaften die Weichen für eine besondere Behandlung*

---

[9] Alterklassen spielen in familialistischen Gesellschaften nur eine Rolle, soweit in ihnen den jüngeren Mitgliedern über Beschränkungen der Status der Reife vorenthalten wird. (Vgl. Eisenstadt 1966, 257)

[10] Wolfgang VOGES verwendet für diese Unterschiede die Begriffe altersheterogen (Zusammenleben aller Altersstufen) und altershomogen (Zusammenleben zwischen Angehörigen einer Altersstufe). Vgl. Voges 1983, 7.

[11] Wie eingangs schon erwähnt, können einfache Gesellschaften, die auf gemeinsamer Anwesenheit an einem konkreten Ort beruhen, als Interaktionssysteme beschrieben werden. (Vgl. Luhmann 1975a, 13, vgl. zu Interaktion auch Kap. VIII.4)

alter Menschen, ohne die qualitative Ausgestaltung dieser Behandlung vorzugeben. Großes Ansehen findet sich auf diese Weise direkt neben der völligen Vernachlässigung.[12]

Die Instrumentalisierung körperlicher Veränderungen für Zwecke der Gesellschaftsorganisation stellt in einfachen Gesellschaften Anschlußmöglichkeiten für vielfältige Alterspositionen bereit. Von einer allgemein verbreiteten Altenverehrung zu sprechen, bei der die Altentötung die bedauerliche Ausnahme darstellt (vgl. Rosenmayr 1983, 59), verbietet sich unter diesen Bedingungen. ROSENMAYR leitet seine Auseinandersetzung mit diesem Thema durch eine kleine Geschichte ein, die die relative Willkür interaktionsnaher Differenzierungen anhand äußerer Merkmale bestätigt. Bei der Einreise nach Mali für einen Forschungsaufenthalt ärgert er sich über komplizierte Formalitäten: „Da riß mir die Geduld, und ich fuhr den Polizisten am Schalter an, indem ich auf meine weißen Schläfen deutete: 'Ich dachte, in Afrika wird das Alter geehrt, und nun sehe ich, daß das nicht stimmt.' Der Mann sah mich sehr verblüfft an, beugte sich dann vor, um tatsächlich meine Schläfen anzuschauen — was durchaus dem Beobachtungsverhalten traditioneller Gesellschaften entspricht. Dann packte er meine Papiere zusammen, suchte in irgendeinem Hinterzimmer den Vorgesetzten zur Unterschrift, und in wenigen Minuten hatte ich — sogar ohne Trinkgeld — alle notwendigen Bewilligungen." (Rosenmayr 1983, 47) Ganz abgesehen davon, daß der malische Polizist sicherlich nicht mehr als Mitglied einer einfachen Gesellschaft durchgehen kann, illustriert dieses Beispiel sehr schön, daß von solchen äußerlichen Kennzeichen Gebrauch gemacht werden kann, wenn mit ihnen konkrete Erwartungen verbunden werden. Graue Haare stellen kein für einfache Gesellschaften allgemeinverbindliches Kennzeichen einer besonderen Wertigkeit des Trägers dar, stattdessen können grauhaarigen Menschen situationsspezifisch besondere Eigenschaften zugeschrieben werden. Auch wenn dies natürlich für die Mitglieder dieser Gesellschaften nicht sichtbar ist, der Forscher sollte diesen Attributionsvorgang berücksichtigen. Der Naturalisierung der Altersgliederung durch die Mitglieder der einfachen Gesellschaft schließt sich sonst die Naturalisierung der Altenverehrung durch die Ethnologen und Alternsforscher an.

Wie wenig ein normativer Zugang zum Thema über die Lebensverhältnisse auszusagen vermag, läßt sich auch anhand eines anderen Beispiels verdeutlichen, bei dem die eingangs eingeführte Dimension 'Gefahr' wieder zum Tragen kommt. ROSENMAYR, aber auch SIMMONS weisen darauf hin, daß die Verehrung alter Menschen aufgrund ihrer Weisheit auch eine Gefahr für das Leben darstellen konnte, wenn nämlich die Angehörigen in den Besitz der geheiligten Knochen gelangen wollten. ROSENMAYR beschreibt: „In manchen afrikanischen Stämmen werden die Schädel oder meist die schalenförmigen Schädeldecken Verstorbener mit Ahnenstatus verehrt, teils auch als sakrale Trinkgefäße verwendet. Von den Schädeln der berühmten Ahnen geht Kraft aus, die Lebenskraft ihrer Erfahrung." Er ergänzt lapidar: „Manche Alten wurden auch getötet, damit man sich ihrer Weisheit bemächtigen könne." (Rosenmayr

---

[12] ROSENMAYR beschreibt dieses Phänomen im Rückgriff auf BEAUVOIR als Zeichen für die „immer wieder durchschlagende Rücksichtslosigkeit des Menschen gegenüber dem Mitmenschen" (Rosenmayr 1983, 59) Aufgrund seiner Hypostasierung der 'kulturellen Integration' erscheinen ihm vernachlässigte alte Menschen als Indikator fehlender Werte. Daß er zwei Seiten derselben Medaille beobachtet, bleibt ihm aufgrund des normativen Zugangs verborgen.

2. Segmentäre Gesellschaft: Die Grauhaarigen

1983, 53) SIMMONS schildert ganz ähnliche Fälle, in denen alte Menschen, unabhängig von ihrer sozialen Stellung, geopfert werden. (Vgl. Simmons 1970, 224ff.) Die — so SIMMONS (vgl. ebd., 239) — weitverbreitete Sitte der Altentötung macht darauf aufmerksam, wie gefährdet das Leben alter Menschen in einfachen Gesellschaften wesentlich war. Doch im speziellen Fall der Altentötung aus Gründen der Altenverehrung (s.o.) spricht ROSENMAYR nicht von der „Rücksichtslosigkeit" dieser Handlung (Rosenmayr 1983, 59). Diese Stellungnahme reserviert er für das — „paradoxerweise" (ebd.) — gleichzeitige Vorkommen von Altenherrschaft und Altentötung und verdeutlicht so beispielhaft, wie wenig man den Lebensverhältnissen einer Gesellschaft, die der Willkür einer bedrohlichen Natur ausgesetzt ist, gerecht werden kann, wenn das Kriterium der kulturellen Integration die Auswertungen leitet. Dann klingt paradox, was sich, wenn man stattdessen zunächst die Fähigkeit zu überleben als Orientierungspunkt wählt, beide Male dem übergeordneten Interesse an Sicherheit verdankt.

Zusammenfassend läßt sich festhalten: Die Lebensbedingungen alter Menschen in einfachen Gesellschaften stellen sich so vielfältig dar, daß es kaum möglich ist, allgemeinverbindliche Charakteristika zu identifizieren. Der klassische Zugriff der Altersforschung auf dieses Thema vermag dieser Vielfalt nicht gerecht zu werden. Entweder werden dabei — wie bei ROSENMAYR — idealisierte Beschreibungen in den Vordergrund gerückt, oder die Konstatierung von Ambiguitäten gerinnt zu ahistorischen anthropologischen Konstanten. MINOIS formuliert — in der Tradition von BEAUVOIR — beispielhaft: „The problem of the ambiguity of old age has thus been with us since the stage of primitive society; it was the source both of wisdom and of infirmity, of experience and of decrepitude, of prestige and of suffering. Old people were respected or despised, honoured or put to death according to circumstance." (Minois 1989, 11)

Aussagekräftiger scheint mir stattdessen eine Betrachtung der *Möglichkeiten* zu sein, die sich in einfachen Gesellschaften für den Umgang mit alten Menschen eröffneten. Dabei treten zwei Aspekte in den Vordergrund: die Auffälligkeit der äußeren Veränderung (z.B. graue Haare) und die Begrenzung der Lebensbedingungen über eine gefahrvolle Umwelt. Während einerseits — je nach Familie oder Stamm — eine unkontrollierbare Umwelt das tägliche Leben bis zur Überlebensfähigkeit bedroht, bietet sich andererseits 'Grauhaarigkeit' als Steuerungsinstrument an. Ob alte Menschen angesehen waren oder nicht, ob sie gut gelebt haben oder nicht, ist nicht genauso beliebig wie in jeder anderen Gesellschaftsform, sondern gebunden an die konkreten täglichen Gefahren, die sich mit Hilfe der Älteren verringern ließen oder durch sie gesteigert werden konnten. Sowohl magische Kräfte als auch zunehmende Hilfebedürftigkeit werden vor dem Hintergrund einer magischen Weltbeschreibung mit konkreten Lebensbedingungen verknüpft.[13] So kann es vorkommen, daß in der einen Gesellschaft hilfebedürftige alte Menschen aufgrund ihrer Nähe zu den Ahnen bis zum Tod gepflegt werden, obwohl das gesamte Leben des Stammes dadurch belastet wird, während sich eine wohlhabendere Gesellschaft alter Menschen bei den ersten Anzeichen von Hinfälligkeit entledigt, um sich vor bösen Geistern zu schützen. Selbst SIMMONS' Versuche, vorgefundene Unterschiede immer wieder an die Techniken des

---

[13] GIESEN formuliert deshalb: „Die 'Normen' einfacher Gesellschaften sind Regeln praktischen Handelns." (Giesen 1991, 28f.)

Nahrungserwerbs und eine damit verbundene Systematik von einfacheren und weiter entwickelten Gesellschaften zu binden, werden von solchen Befunden durchkreuzt. (Vgl. Simmons 1970, 33f., 102f., 215f) Auch wenn sich Korrelationen zwischen klimatischen Bedingungen, technischen Möglichkeiten und spezifischen Umgangsformen mit alten Menschen beschreiben lassen, deutet doch das grundsätzliche Fehlen allgemeiner Altersbilder eher auf eine strukturell bedingte Varietät als auf Kontinuität hin. Eben diesen Befund erklärt LUHMANN zum Kennzeichen einfacher Gesellschaften. „Archaische Gesellschaften sind das große Experimentierfeld der gesellschaftlichen Evolution und entwickeln unabhängig voneinander, gleichsam versuchsweise, für eine begrenzte Zahl von Strukturproblemen eine Vielzahl verschiedenartiger funktional äquivalenter Lösungen." (Luhmann 1975b, 137)

Als entscheidendes Charakteristikum der einfachen Gesellschaften gilt hier deshalb die Limitierung der Handlungsmöglichkeiten in einer mehr oder weniger gefahrvollen Umwelt über die Befriedigung elementarer Bedürfnisse. Vor genau diesem Hintergrund gewinnt z.B. graues Haar seine Bedeutung. *Alter gerinnt als Inklusionscode zu einer Eigenschaft, über die die Unsicherheit des täglichen Lebens kontrolliert werden kann.* Die vielfältigen Rollen der alten Menschen als Schamane oder Medizinmann, als Hexe, Haushaltshilfe oder Handwerker, aber auch als Opfer der Altentötung, als Oberhaupt der Familie oder als vernachlässigter Greis begründen sich über diesen Zusammenhang. Hohes Alter in einfachen Gesellschaften ist nicht ausreichend beschrieben, wenn man es als vieldeutig kennzeichnet. Solche Ambiguitäten entstehen als Reflexe auf die Grenzen der Gesellschaft.

3. Stratifizierte Gesellschaft: Die Lebensaltersstufen

Mit dem Begriff 'Hochkulturen' werden so unterschiedliche Gesellschaften wie die griechische und römische Antike und das europäische Mittelalter zusammengefaßt. Allen gemeinsam ist die Organisation gesellschaftlichen Lebens über Schichten wie z.B. Bauern, Ritter, Klerus und Adel (frühes europäisches Mittelalter). Schon die Etiketten dieser Schichten deuten darauf hin, daß mit der Zugehörigkeit zu einer dieser Schichten auch ein spezifischer Aufgabenzuschnitt verbunden ist. Die Entwicklung von der segmentären Differenzierung der einfachen Gesellschaften zur stratifikatorischen Differenzierung der Hochkulturen führt zu einer Form der Arbeitsteilung, mit der neben der Schichtzugehörigkeit auch unterschiedliche Perspektiven entstehen. Die verlorene Transparenz der Lebensweisen wird jedoch durch eine die ganze Gesellschaft umfassende Grundsymbolik ersetzt. Zwar kennt der Bauer nicht die höfische Etikette, aber er weiß, daß dieser Mangel über seine Stellung als 'einfacher' Bauer begründet ist. Die Differenzierung der Gesellschaft in Schichten wird über die hierarchische Ordnung dieser Schichten in oben und unten erklärt. Mit der Zugehörigkeit zu Schichten sind Rechte und Pflichten verbunden, die eine alternativlose soziale Position vermitteln, aber auch den Kontakt zu anderen Mitgliedern der Gesellschaft regeln. Diese für Hochkulturen charakteristische *Rangordnung* soll auch im folgenden zum Ausgangspunkt der historischen Analyse gemacht werden. Für unsere Frage nach der Stellung alter Menschen in stratifizierten Gesellschaften lassen sich drei entscheidende Konsequenzen dieses Ordnungsverhältnisses benennen.

3. Stratifizierte Gesellschaft: Die Lebensaltersstufen

1. Das hohe Alter sieht je nach Schicht unterschiedlich aus.
2. In gebildeten Oberschichten entstehen normative Beschreibungen von Lebensläufen.
3. Diese Beschreibungen wählen die Form von Rangordnungen: *Lebensaltersstufen*.

Der auffälligste Unterschied zu segmentären Gesellschaften besteht in der Möglichkeit zur schriftlichen Fixierung von normativen Beschreibungen und damit vor allem in der Möglichkeit zum Vergleich. Während einfache Gesellschaften Alter häufig mit Tod und der Nähe zu den Ahnen verbinden, wird in hochkultivierten Gesellschaften eine Position für alte Menschen im Vergleich mit den jungen Menschen, aber auch mit anderen Altersstufen gesucht. Die Wahl der Orientierungspunkte für eine solche Rangordnung (7 Planeten, 4 Jahreszeiten usw.) verdeutlicht die Vorgehensweise antiker und mittelalterlicher „Altersforscher": Der Makrokosmos findet sich im Mikrokosmos wieder.

Im folgenden werden zunächst die wenigen Daten zum Leben alter Menschen zusammengefaßt, die aus der griechischen und römischen Antike und aus dem europäischen Mittelalter überliefert sind, und daran anschließend die unterschiedlichen Modelle der Lebensaltersstufen dargestellt.

a) Alternsverläufe in Hochkulturen

Aus der Zeit nach dem Zerfall des Römischen Reiches bis zum 14. Jahrhundert ist nur wenig bekannt über die Art und Weise, wie Menschen gealtert sind. Die vordringliche Frage von historischen Analysen — vor allem in bezug auf das frühe Mittelalter — ist deshalb zumeist: „Were there old people during the early middle ages?" (Minois 1989, 144) Die Gründe für diese Vermutung, es habe eventuell gar keine alten Menschen gegeben, werden aus den gefährlichen Lebensbedingungen abgeleitet. Während einerseits wahrscheinlich nicht viele Menschen die Kriege und die Krankheiten[14] überlebt haben, werden andererseits die harten Lebensbedingungen schon 30jährige zu alten Menschen gemacht haben, so daß von einer Altersphase im Sinne des uns bekannten höheren Alters wohl kaum gesprochen werden kann. Im Gegensatz zum Hellenismus und zur römischen Kaiserzeit sind nur wenige Daten über das Todesalter mittelalterlicher Menschen bekannt.

Georges MINOIS orientiert sich an Diogenes LAERTIUS' Aufstellung zum Leben griechischer Lehrer von der antiken Philosophie bis zum Neuplatonismus,[15] um sich über „The Greek World" zu informieren. ARISTOTELES stirbt demzufolge mit 62 Jahren als einer der jüngeren, wogegen PYTHAGORAS mit 90 und PLATON mit 80 die ältesten Philosophen repräsentieren. Laut Diogenes LAERTIUS waren die 71 Jahre, die EPIKUR gelebt hat, für einen Lehrer kein ungewöhnliches Alter und das Verzeichnis

---

14 Peter BORSCHEID faßt als tödliche Krankheiten noch des späten Mittelalters zusammen: „Malaria, Pest, Blattern, Lepra, Syphilis, Typhus, Ruhr und Diptherie" (Borscheid 1987, 21)

15 Auch MINOIS weist darauf hin, wie zweifelhaft in vieler Hinsicht die Angaben dieser im 3. Jahrhundert n. Chr. entstandenen Lebensbeschreibungen sind. Immerhin lassen sich daraus jedoch Anhaltspunkte für sowohl ungefähre Altersbestimmungen als auch Todesarten finden. (Vgl. Minois 1989, 55ff.)

der Todesarten vermittelt darüber hinaus den Eindruck, als sei auch der regelmäßige Besuch von sportlichen Wettkämpfen im Alter eine normale Freizeitbeschäftigung. MINOIS faßt zusammen: „Most of these venerable persons remained active until last; they watched the games, travelled by chariot, pleaded in court, took part in banquets and several died from excess of wine." (Minois 19889, 54)

Aus der Zeit des römischen Kaiserreiches ist zwar nicht eine solche Lebenslaufbeschreibung erhalten, dafür aber eine umfassende Auswertung von Epigraphen von J.C. RUSSEL (1958). Demzufolge sind von 4575 Männern[16] 344 60 Jahre und älter geworden, 200 lebten auch mit 70 Jahren noch. Von 3490 Frauen lebten nur 138 mit 60 Jahren noch und 75 mit 70 Jahren. MINOIS vermutet, daß diese Anzahl alter Menschen im späten römischen Kaiserreich größer ist als zur Zeit des Hellenismus. Eine Bevölkerung, die zu 7,5% aus älteren Männern (über 60 Jahre) bestand, ähnelt in ihrem Altersaufbau schon sehr stark dem neuzeitlichen England. (Vgl. Laslett 1995, 116) Die großen Unterschiede in der Lebenserwartung von Männern und Frauen erklärt MINOIS über die mit Geburten verbundenen Risiken. Auffällig ist darüber hinaus aber vor allem der Kontrast zwischen italienischen Städten und den Provinzen: Fast immer werden in ländlichen Gegenden höhere Altersangaben gefunden als in Städten. Sicherlich zeichnet für diesen Befund zu weiten Teilen die Ungenauigkeit der Quellen verantwortlich. Aber auch für das späte Mittelalter lassen sich ähnliche Unterschiede beobachten, die jedoch — je nach klimatischen Bedingungen und (Kriegs)-Zustand des Landstrichs — auch umgekehrt aussehen konnten (vgl. Borscheid 1987, 19).

Während also für die Epochen Hellenismus und spätes römisches Kaiserreich die Frage nach der Existenz alter Menschen mit ja beantwortet werden kann, nehmen die Ungenauigkeiten in der historischen Altersforschung zu, wenn man sich dem christianisierten Europa nähert. MINOIS vermutet, daß zwar unter den widrigen Umständen von Armut, Krieg und Krankheit nur wenige Menschen alt geworden sind, dennoch den meisten hohes Alter bekannt war, da vor allem Bischöfe, seltener Könige und Herrscher, ein hohes Alter erreicht haben. Die als Heilige bekannten Kirchenlehrer wie JOHANNES CHRYSOSTOMOS, AUGUSTINUS und BENEDIKT VON NURSIA sind alle über 60 Jahre alt geworden. MINOIS geht davon aus, daß sich schon die Korrespondenz des AUGUSTINUS vorrangig an ältere Männer gerichtet haben wird. (Vgl. Minois 1989; 150f.)

Auf die Bedeutung der Klöster für die Ermöglichung alternativer Modelle der Lebensführung ist bereits mehrfach hingewiesen worden. (Vgl. Nassehi 1993, 299) Auch für unsere Frage nach Alternsverläufen stellen sie einen entscheidenden Bezugspunkt dar. Nicht nur sind Angehörige des Klerikerstandes vermutlich älter geworden als Ritter und Herrscher und vor allem Bauern. Klöster stellen auch erste Formen von Altersversorgung zur Verfügung. Ab dem 11. Jahrhundert suchten Bischöfe und Könige Zuflucht in Abteien, in denen sie ihre letzten, meist nur noch wenigen Jahre verbrachten. (Vgl. Minois 1989, 167)

---

[16] Die Stichprobe differenziert zwischen italienischen Gebieten und den Provinzen Afrika, Asien, Narbonne, Ägypten und Spanien.

3. Stratifizierte Gesellschaft: Die Lebensaltersstufen

Genaue Angaben zum Alter werfen hier — wie auch schon vorher — immer die Frage nach der Genauigkeit auf. Die Beobachtung, daß „biblische" Altersangaben einen symbolischen Wert haben, aber auch die weitverbreitete Praxis, auf- oder abzurunden und zu schätzen, scheinen eine andere als die uns bekannte chronologische Zählung zu dokumentieren. Zu recht warnt MINOIS jedoch davor, von einer allgemeinen Unwissenheit in bezug auf das eigene Alter auszugehen. Das Modell der eher symbolischen Bearbeitung von Alter in theologischen und wissenschaftlichen Zusammenhängen läßt sich nicht auf das Leben der Bauern und Handwerker übertragen. NASSEHI hat darauf hingewiesen, daß nicht so sehr die eschatologische Heilsgeschichte, sondern vielmehr die tägliche Handlungsroutine für Zeitvorstellungen verantwortlich zeichnet. (Vgl. Nassehi 1993, 292ff.) MINOIS illustriert anhand des mittelalterlichen „Altersbeweises", daß trotz symbolischer Nutzung sehr wohl genaue Altersangaben bekannt waren. „On 1 October 1304, several, generally elderly, witnesses came to Skipton in Craven to give evidence concerning the date of birth of a certain John Tempest, in an inheritance case. Each one used his personal references, with astonishing precision: William de Marton (aged 60) 'recollects the day and year because on the day of the exaltation of the Holy Cross following a son Patrick was born to himself who was 21 at that last feast'. William de Cestrunt (aged 50) also recalled the date, because his own mother was married again on the St Martin's Day following the birth of John Tempest, which was 21 years ago; John de Kygheley's (age given 60) grand-daughter Alice was born to him on that day; Henry de Aula (age given 40) recollected that his father married again on the following day of the Decollation of St John the Baptist; Robert Buck, then 41 years old, was still smarting over his particular point of recall: on the morrow of the Nativity of St John the Baptist next before the said birth, he was so badly beaten by his school-master that he left school for home, this took place, as he well remembered, 21 years ago. Robert Forbraz (age given 50) had crossed to France that year, Elias de Stretton (age given 70) had become a widower; Adam de Brochton (age given 65) had been John Tempest's godfather; Robert de Bradley (age given 80) had that year been engaged in a lawsuit over some land; Richard de Bradley (age given 60) had had a son, as had Henry de Marton; William de Brigham, aged 44, had entered the service of Sir William de Paterton. They were all formally agreed; it happened 21 years ago." (Minois 1989, 173)

An diesem 'Altersbeweis' läßt sich beispielhaft der mittelalterliche Umgang mit Altersmarkierungen verdeutlichen. Alle Zeugen benutzen eigene Erlebnisse, um sich in ihrer Vergangenheit zurechtzufinden. Trotzdem konvergieren im Rückblick alle Erinnerungen an dem einen Punkt, der Geburt von John Tempest. Möglich ist dies u.a. wegen der gemeinsamen Orientierung an kirchlichen Feiertagen. Die indexikale, also an der eigenen Person orientierte Bestimmung von Zeit operiert zwar mit individuell unterschiedlichen, relativen Zeitmarkierungen, ist jedoch durch die Einbettung in den kirchlichen Rhythmus durchaus zu einer genauen, absoluten Altersbestimmung in der Lage. Davon unbeeinflußt bleiben die eigenen Altersangaben, die aufgerundet angegeben werden. Chronologische Altersbestimmungen sind also durchaus geläufig, werden jedoch nur bei Bedarf verwendet. Im Gegensatz zur modernen Gesellschaft gab es im 14. Jahrhundert bei weitem keinen so großen Bedarf an genauen Altersangaben. Für den täglichen Gebrauch reichten ungefähre Schätzungen.[17]

Je näher wir dem späten Mittelalter kommen, desto mehr erfahren wir über die Lebensgestaltung alter Menschen[18] und desto mehr rückt auch die Frage nach der Altersabsicherung in den Vordergrund. Peter BORSCHEID hat Unterschiede zwischen Adeligen und Rittern (a), Pfarrern (b), Bürgern (c), Bauern (d) und Handwerkern (e) festgehalten.

a) Die Lebensverhältnisse von *Reichsfürsten, Grafen* und *Herren, Rittern* und *landständischen Edelleuten* hingen vermutlich zu einem großen Anteil von Kriegszügen und der damit verbundenen Vermehrung bzw. Beschädigung ihres Eigentums ab. Dienste an Fürstenhöfen versprachen aus dieser Unsicherheit einen Ausweg, der jedoch oft an der permanenten Finanznot der Fürsten sein Ende fand. BORSCHEID vermutet, daß nur wenige Ritter ein hohes Alter erreichten; viele starben vermutlich auf dem Schlachtfeld. Eine Altersabsicherung über die Teilnahme am höfischen Leben war dagegen schon eher möglich. (Vgl. Borscheid 1987, 40ff.) Nur dem schon von Max WEBER beschriebenen ostelbischen Adel gelang es, sich über eine professionalisierte Verwaltung von Landwirtschaft eine größere Selbständigkeit und auch eine besondere Position im Alter zu verschaffen. (Vgl. Weber 1988 [1894], 471ff.)

b) Eine ganz andere Form der Altersabsicherung läßt sich bei *evangelischen Pfarrern*[19] des 16. Jahrhunderts beobachten. BORSCHEID faßt zusammen: „Die ersten Versuche zu einer Lösung der Altersversorgung orientierten sich zunächst an den Ordnungsmodellen des kirchlichen Ämterwesens. Der alt und dienstunfähig gewordene Beamte erhielt einen jüngeren als Helfer, der ihn in seinen Amtspflichten entlastete, und mit dem er sich nach vorhergehendem Vertrag die Einkünfte teilte." (Borscheid 1987, 43) Entweder ernährte die Pfarrei den alten und den jungen Pfarrer, oder die nächst wohnenden Pfarrer wurden gehalten, den alten Kollegen zu unterstützen. Diese regional unterschiedlichen Vorschriften zur Alterssicherung von Pfarrern weisen jedoch vorrangig darauf hin, daß es im 16. Jahrhundert noch keine erwartbare Regelung zur Versorgung im Alter gab.

---

[17] Ob dabei auf- oder abgerundet wurde, läßt sich nicht eindeutig beantworten. MINOIS widerspricht Georges DUBY, der bei älteren Menschen eine Tendenz zum Aufrunden vermutet. Ein Vergleich unterschiedlicher Altersbeweise bei Vasallen englischer Könige zwischen 1250 und 1450 ergab eher eine Tendenz zum Abrunden. (Vgl. Minois 1989, 172f.)

[18] Wenn MINOIS vermutet, daß sich entscheidende Unterschiede im Alternsverlauf zwischen den Ständen erst im späten Mittelalter, nicht jedoch in der griechischen bzw. römischen Antike finden lassen, läßt er sich wahrscheinlich von der Tatsache irreleiten, daß in dieser Epoche erstmalig auch Informationen zum Leben der „einfachen Leute" vorhanden sind. (Vgl. Minois 1989, 156f.) Von den wenigen Altersschilderungen der Philosophen, Dramatiker und Poeten auf ein einheitliches Altersbild zu schließen, scheint mir etwas voreilig zu sein. Darauf weist auch Thomas M. FAULKNER hin, der der Erforschung des griechischen und römischen Altersbildes eine Konfundierung von „literary representations" und „social realities" vorwirft: „Historical models of old age offer not self-contained systems of classification but windows on the social and conceptual systems that circumscribe the culture." (Faulkner 1994, 113)

[19] In den reformierten Gebieten stellte sich die Situation der Pfarrer, die nicht evangelisch werden wollten, durchweg als katastrophal dar. (Vgl. Borscheid 1987, 43)

3. Stratifizierte Gesellschaft: Die Lebensaltersstufen

c) Von Stadt zu Stadt unterschiedlich stellt sich auch die Altersversorgung für *städtische Bedienstete* dar. Ein Brunnenmeister, ein städtischer Steinmetzmeister oder auch ein Bürgermeisterknecht konnten im Falle der Arbeitsunfähigkeit in den Besitz einer regelmäßigen Unterstützung gelangen und erhielten so eine knapp die Existenz sichernde Rente. Auch *Lehrer*, die zum Teil über Schulgeld finanziert wurden, hatten keinen geregelten Anspruch auf ein Ruhegehalt und waren stattdessen der Willkür ihrer Vorgesetzten ausgeliefert. Vermutlich stiegen mit dem Ansehen des Lehrers auch die Chancen auf eine Alterssicherung. (Vgl. Borscheid 1987, 47) Dieses Ruhegehalt war jedoch — wie bei den vorher genannten Berufen auch — nur für den Fall der Altersschwäche, also der Arbeitsunfähigkeit vorgesehen, und wurde nicht grundsätzlich ab einem bestimmten Alter zuerkannt.

d) Einen weitaus größeren Bevölkerungsanteil als Adelige, Pfarrer, Beamte und Lehrer stellten die *Bauern* dar. Für diesen Stand wird immer wieder das 'Altenteil' als typische Form der Altersversorgung überliefert. „Der Bauer übertrug Haus und Felder und damit auch seine Hausherrenstellung an seinen Nachfolger, in der Regel an einen seiner Söhne, und handelte im Gegenzug für sich und seine mit ins Ausgedinge gehenden Angehörigen eine ausreichende Versorgung und Wohlverhalten aus. Dazu gehörten Vereinbarungen über Wohnrecht, Lebensmittel- und Holzlieferungen ebenso wie der Anspruch auf einen bestimmten Sitzplatz, die Pflege im Krankheitsfall oder Ehrfurcht und Liebe seitens der Kinder." (Borscheid 1987, 48) BORSCHEID weist jedoch auch darauf hin, daß nur für die kleine Anzahl reicher Höfe eine solche Regelung, die meist zugunsten des alten Bauern getroffen wurde, überhaupt möglich war. Die meisten Höfe waren zu arm, um zwei Familien zu ernähren, ganz zu schweigen von der Bezahlung eines Schriftgelehrten zur Aufsetzung des Vertrags. Arme Bauern arbeiteten demzufolge, so lange sie eben konnten. Die moderne idyllisierende Beschreibung der traditionellen Großfamilie wird bekanntermaßen von den spätmittelalterlichen Beschreibungen des Lebens im 'ganzen Haus' widerlegt. (Vgl. ebd. 1987, 52) Solange alte Bauern noch arbeiten konnten, waren sie selbst für die Sicherung ihres Lebens verantwortlich. Mit der Arbeitsunfähigkeit stellte sich die Angewiesenheit auf die Arbeitskraft der Kinder in vieler Hinsicht als Problem dar.

e) Wie abhängig der Altersverlauf vom jeweiligen Stand ist, zeigt sich auch im Fall der *Handwerker*. Im Gegensatz zu den Bauern waren sie nicht so sehr auf die Arbeitskraft ihrer Kinder angewiesen, konnten diesen auch kaum etwas vererben und lebten deshalb viel seltener mit erwachsenen Kindern zusammen. Bei zunehmender Arbeitsunfähigkeit verlegten sich Handwerker nicht selten auf einen Nebenberuf: „Weber und Glöckner, Seiler und Botenläufer, Schneider und Nachtwächter, Metzger und Wirt" (Borscheid 1987, 61) oder ernährten sich im extremen Fall als 'Tagelöhner'. Mit den Zünften entstanden erste Hilfseinrichtungen, die verarmten Handwerkern oder verwitweten Handwerkersfrauen eine Unterstützung zukommen ließen.

Diese Zusammenstellung, die die detaillierten Ausführungen von BORSCHEID stark verkürzt, soll weniger über die Lebensverhältnisse informieren, als auf die mit ständischer Zugehörigkeit variierende Altersituation aufmerksam machen. Auch wenn es nicht ganz unproblematisch ist, für eine relativ große Epoche eine überzeugende Schilderung der Lebensverhältnisse abzuliefern, so lassen sich doch unbezweifelbare Differenzen zwischen den Ständen konstatieren. Die prekären Lebensverhältnisse besonders der unteren Schichten lenken den Blickwinkel auf eine, den einfachen

Gesellschaften mit ihrer ständigen Bedrohung durch die Umwelt, sehr ähnlichen Altersbeschreibung. Im Gegensatz zu diesen einfachen Gesellschaften steht den alten Menschen der Hochkulturen jedoch nur noch eingeschränkt die interaktionsnahe positive Instrumentalisierung des hohen Alters zur Verfügung. Altern bedeutet für den größten Teil der mittelalterlichen Bevölkerung schlicht eine Einschränkung der Möglichkeiten. Ein Ausgleich läßt sich allenfalls über Besitz oder traditionelle Verfügungsgewalt herstellen. *Die Auffälligkeit des hohen Alters wird in stratifizierten Gesellschaften stärker in bezug auf die Lebensverhältnisse des eigenen Standes hin beobachtet.* Eine Abweichung davon verspricht nicht mehr, wie in einer kosmologisch-magisch erklärten Welt, einen Hinweis auf andere Fähigkeiten (Priester, Schamane), sondern rückt vor allem die Frage nach der Stellung alter Menschen in den Vordergrund. So, wie das andere Leben der Bauern im Vergleich zu den Rittern seine Berechtigung findet, wird hohes Alter im Vergleich zu den anderen Altersstufen erklärt. Eingangs ist schon einmal erwähnt worden, daß für Verallgemeinerungen zum Leben alter Menschen im Mittelalter kaum genug Informationen vorhanden sind. In dieser Zusammenstellung kommt es deshalb auch weniger darauf an, möglichst exakt eben solche Lebensbedingungen zu schildern, sondern vielmehr nach grundsätzlichen Limitierungen Ausschau zu halten. Entscheidende Grenzen lassen sich für den Fall der Hochkultur mit der Zugehörigkeit zu dem eigenen Stand benennen. Das Leben des einzelnen Menschen verläuft in den Grenzen der gesellschaftlichen Konventionen zu einem standesgemäßen Leben und wird vor diesem Hintergrund sichtbar. Sichtbar werden dabei vor allem die Schwächen der alten Menschen. Alter ist damit nicht mehr ein Phänomen, das grundsätzlich auf seinen Nutzen überprüft werden kann; Alter repräsentiert vielmehr den Fall des mehr oder weniger eingeschränkten standesspezifischen Lebens. Die Altersschablone des europäischen Mittelalters stellt also eine Mehrzahl von Altersbildern zur Verfügung, die — je nach Stand — unterschiedliche Einschränkungen und Freiheiten gewähren.

Eine Konsequenz dieser Zurückgeworfenheit alter Menschen auf den eigenen Stand besteht in dem zunehmenden Interesse an Altersstufenordnungen. Alte und junge Menschen werden miteinander verglichen und mit Normen konfrontiert, die die Unterscheidung in Altersstufen in die Form einer Rangordnung bringen. Im folgenden werden einige der prominenten Lebensaltersstufenmodelle vorgestellt.

b) Altersstufenmodelle in Hochkulturen

Aus der griechischen Antike, dem römischen Kaiserreich und dem europäischen Mittelalter ist eine Vielzahl an Stufenmodellen überliefert. Allen gemeinsam ist die Charakterisierung der Altersphasen anhand von typischen Eigenschaften, unterschiedlich sind die Referenzsysteme, über die man glaubte, Auskunft über Altersunterschiede zu bekommen (Planeten, Jahreszeiten, Temperamente ...), und dementsprechend auch die Einteilungsmechanismen. Die dominanten Modelle differenzieren zwischen sieben, vier und drei Altersstufen.

3. Stratifizierte Gesellschaft: Die Lebensaltersstufen

Solon (640-560)	Pythagoras (570-480)	Hippokrates (460-377)	Platon (428-348)	Aristoteles (384-322)
Aufteilung in 10 Siebenjahresphasen (Hepdomadentheorie)	Aufteilung in vier Phasen in Anlehnung an die Jahreszeiten	Aufteilung in vier Phasen nach - den vier Elementen mit ihren stofflichen Eigenschaften - den vier Körpersäften - den vier Temperamenten	Aufteilung in drei Stufen lebenslanger Entwicklung	Aufteilung in drei Stufen
7 Jahre unmündiges Kind	0-20 Jahre Kindheit — Frühling	Kind Luft, feucht/warm Blut, Sanguinik	Jugend Überschwang, Leidenschaftlichkeit, Hitzigkeit, Eigensinn	Jugend Wachstum Gehorcht körperlichen Bedürfnissen, großmütig, voll Hoffnung, tollkühn
14 Jahre Jüngling				
21 Jahre Jüngling (mit Bartwuchs)	20-40 Jahre Adoleszenz — Sommer	Jugendlicher Erde, warm/trocken Melancholie, schwarze Galle		
28 Jahre Mann				
35 Jahre Vater			Mann Festigkeit, Zuverlässigkeit	Mittleres Alter Stillstand Maßvoll, spannungsvoll, tapfer
42 Jahre Denker	40-60 Jahre reife Jugend — Herbst	Mann Feuer, trocken/kalt Cholerik, gelbe Galle		
49 Jahre Höhepunkt				
56 Jahre Höhepunkt				
63 Jahre geistiger/körperlicher Abbau	60-80 Jahre Alter — Winter	Greis Wasser, kalt/feucht Phlegma, Schleim	Greis Vernunft, Einsicht, Erfahrung, Weitblick	Alter Niedergang Zögerlich, unentschieden, am Nutzen orientiert, feige
70 Jahre Tod				

Tabelle 9: Lebensaltersstufenmodelle der griechischen Antike

Eins der ersten Lebensaltersstufenmodelle stammt von SOLON (640-560 v.Chr.), der in den „Fragmenten" einen Zusammenhang zwischen einem geordneten Rechtssystem (Eunomie) und einer glücklichen Lebensordnung (Eukosmie) herstellt. Laut der zugrundeliegenden Hepdomadenlehre besteht der Lebenslauf aus sieben Stufen (vgl. Tabelle 9). Auf die Kindheit folgen zwei Phasen der Jugend, bis daß mit 28 Jahren — auf dem Höhepunkt physischer Leistungsfähigkeit — das Heldenalter erreicht wird. Dann folgt die Zeit der Familiengründung und wiederum sieben Jahre später entwickeln sich die geistigen Fähigkeiten so weit, daß man von Gesetztheit sprechen kann. Der Höhepunkt der geistigen Leistungsfähigkeit liegt zwischen 49 und 63 Jahren: „Sind es sieben mal sieben, erreicht sein Geist erst die Höhe, ebenso zeigt er sich auch, während noch vierzehn vergehen." (Solon, zit. n. Rosenmayr 1978, 34) Die dann noch folgenden sieben Jahre werden schon überschattet von nachlassenden Fähigkeiten und im 70. Lebensjahr tritt dann — „wahrlich zu Unrecht wär's, meint er (der Greis, I.S.), es sei noch zu früh" (ebd.) — der Tod ein. Seinen Höhepunkt fand diese Theorie mit der Entstehung der griechischen Stadtstaaten und dem Interesse an einer systematischen Ausbildung der Jugendlichen. Der späte Höhepunkt im Lebensverlauf begründete frühe Ansätze zu einem lebenslangen Lernen. (Vgl. Rosenmayr 1983, 81)

Eine weitere klassische Vorlage wurde von PYTHAGORAS (570-480 v.Chr.) geliefert. Er unterteilt das menschliche Leben in vier Stufen. In Schritten von 20 Jahren folgen Kindheit, Adoleszenz, Jugend und Alter aufeinander. (Vgl. Minois 1989, 56) Auffällig hieran ist vor allem die ausgedehnte „Jugendphase" von der Geburt bis zum 60. Lebensjahr und der direkte Anschluß des Alters ohne eine vermittelnde Zeit z.B. die der „Reife". Auffällig ist dies vor allem deshalb, weil PYTHAGORAS seine Einteilung am Wechsel der Jahreszeiten orientiert hat und so der Herbst mit Jugend kombiniert wird. Über die Gründe für diese Einteilung kann hier nur spekuliert werden. Wichtiger ist es in diesem Zusammenhang, auf die — trotz alle Referenzsysteme — Beliebigkeit der Zuordnung hinzuweisen.[20] In den Epochen, von denen hier gesprochen wird, existierten zu allen Zeiten unterschiedliche Stufenmodelle nebeneinander, die dadurch — quasi arbeitsteilig — die Vielfalt an Alternsverläufen abdecken konnten.

PYTHAGORAS' Muster ist von den Verfassern der Hippokrateischen Schriften (Corpus Hippocrateum) wieder aufgegriffen worden. In der Schule des HIPPOKRATES (460-377), die bis in die Zeit nach dem 3. Jahrhundert v.Chr. reichte, dominierte ein Bild des Menschen als leiblich-seelische Ganzheit, die als Mikrokosmos Teil des Weltganzen, des Makrokosmos, ist. (Vgl. Capelle 1955, 27) Hinter den folgenden beispielhaften Formulierungen wird der Autor HIPPOKRATES selbst vermutet: „Mit zunehmendem Alter, am Abend des Lebens, wird das Feuer im Menschen schwächer und schließlich tritt mit dem Erlöschen desselben der Tod ein. Aber nichts geht dabei unter, nichts vom Feuer, nichts vom Wasser, Leben und Tod sind nur ein Auf und Ab des Seins, wie ein Tag und eine Nacht im Kosmos. Auf die Nacht folgt wieder ein Tag. Es wird immer so bleiben." (Kapferer 1934, Buch 6, 78f.) HIPPOKRATES paralle-

---

[20] Auch SOLON entscheidet sich, als er selber älter wird, das allgemeine Todesdatum vom 70. auf das 80. Lebensjahr zu verlegen. Wie oben schon erwähnt, ist SOLON 80 Jahre alt geworden. (Vgl. Rosenmayr 1978, 34)

3. Stratifizierte Gesellschaft: Die Lebensaltersstufen

lisiert seine Vierer-Einteilung mit den vier Elementen (Luft, Erde, Feuer und Wasser), den vier Temperamenten (Sanguiniker, Melancholiker, Choleriker und Phlegmatiker) und den vier Körpersäften (Blut, schwarze Galle, gelbe Galle und Schleim). Entwicklung folgt aus unterschiedlichen Kombinationen[21] der Säfte mit entsprechenden veränderten Stoffqualitäten: Das Kind ist vorrangig warm und feucht, der Jugendliche ist warm und trocken, der Mann ist kalt und trocken und der Greis schließlich ist kalt und feucht. Ein Höhepunkt oder ein Idealzustand gibt es bei diesem Modell nicht. Ideal ist immer das richtige (gesunde) Mischungsverhältnis der jeweiligen Altersstufe. Als Theorie der Physiologen ist dieses Modell der Elemente, Temperamente und Körpersäfte bis ins 19. Jahrhundert hinein rezipiert und weiterentwickelt worden.

PLATON (vermutlich 428-348) läßt in der *Politeia* Kephalos sagen: „Je schwächer die sinnlichen Genüsse werden, umso stärker wird mein Verlangen und meine Freude am Gedankenaustausch." (Platon, zit. n. Beauvoir 1972, 93) Im Gegensatz zu HIPPOKRATES identifiziert er eine ideale Altersstufe, und zwar das hohe Alter. Im Rahmen einer Dreiteilung in Jugend, Mannesalter und hohes Alter beobachtet er eine Abnahme der körperlichen Kräfte, aber auch eine gleichzeitige Zunahme der geistigen Fähigkeiten. Während die Jugend noch von Leidenschaften dominiert wird, kultiviert der Mann bereits Zuverlässigkeit. Erst der Greis erreicht jedoch Einsicht und Weitblick aufgrund seiner Erfahrung. Im Verlauf der stetigen Weiterentwicklung der Persönlichkeit gelangen nur alte Menschen zur Anschauung der 'Idee des Schönen'. (Vgl. Rosenmayr 1978, 38f.)

Ganz anders wird diese Dreiteilung von ARISTOTELES (384-322) verwendet. In seiner *Rhetorik* identifiziert er das mittlere Alter als das bessere. Die Jugend stellt sich ihm als zu leichtsinnig dar, die Alten sind feige und nur das mittlere Alter verspricht Tapferkeit. Auf dem Höhepunkt zwischen Wachstum und Niedergang bereitet der Stillstand dieser mittleren Phase den Boden für eine gleichermaßen maßvolle und spannungsvolle Lebensgestaltung. Auf den physischen Höhepunkt mit 35 Jahren folgt mit 49 Jahren der geistige Höhepunkt. Die daraus abgeleitete Schlußfolgerung, der ideale Herrscher dürfe weder zu jung noch zu alt sein, ist vor allem in mittelalterlichen Schriften wieder aufgegriffen worden. (Vgl. Cole & Winkler 1988, 39)

Unter dem Einfluß von PYTHAGORAS' Zahlenlehre, derzufolge die Zahl sieben die Vollkommenheit des Kosmos repräsentiert, greift PTOLEMÄUS (100-160) im *Tetrabiblios* die Hepdomadentheorie noch einmal auf und verbindet sie mit astrologischen Beobachtungen. Der 'wandelbare Mond' wird nun abgelöst von dem 'geschäftigen Merkur', auf diesen folgt die 'lustvolle Venus', dann die 'Sonne als König und Herrscher'. Auf diesen Höhepunkt im mittleren Alter folgt zunächst der 'unruhestiftende Mars', dann aber der 'segensreiche Jupiter' und leitet damit eine Phase der Besonnenheit, der Würde und des Anstands ein. Zum Schluß beendet der 'langsame Saturn' das menschliche Leben. Ab dem 12. Jahrhundert ist dieses planetarische Lebensaltersmodell erneut zu Ruhm gelangt. Auch SHAKESPEARE hat es in *Wie es Euch gefällt* weiterverwendet.

---

21 Die entscheidende Neuerung des hippokratischen biologischen Verständnisses besteht in der Annahme, daß der Mensch immer schon alle Säfte und alle Elemente enthält, also nicht eine grundsätzliche Veränderung durch den (unerklärlichen) Austausch eines Elements durch ein anderes durchmacht, sondern sich nur das Mischungsverhältnis ändert. (Vgl. Kapferer 1934, Buch 7, 9)

Bevor ich nun zur römischen Antike und zum Mittelalter übergehe, soll eine kurze *Zwischenbilanz* gezogen werden. Es liegen siebenstufige, vierstufige und dreistufige Modelle vor, die von ihren jeweiligen Vorläufern aufgegriffen und weiterentwickelt worden sind. Die Ergebnisse dieser Modelle verlagern den Höhepunkt ganz unterschiedlich auf die Mitte oder das Ende des Lebens. Die Gründe dafür lassen sich in den jeweiligen theoretischen Zugängen finden. Für unsere Auswertung interessiert aber nicht so sehr der philosophische Hintergrund, sondern die eher oberflächliche Beobachtung, *daß* mit Altersstufenmodellen gearbeitet wird und daß diese Modelle eine solche *Vielfalt von Alternsverläufen* imaginieren. Ein weiteres Charakteristikum dieser für Hochkulturen typischen Bearbeitung von Differenzen läßt sich in dem Rekurs auf alte Modelle erkennen. SOLON, PYTHAGORAS, HIPPOKRATES, PLATON, ARISTOTELES und PTOLEMÄUS[22] werden immer wieder als Experten für die Erklärung von Altersstufen benannt und beinflussen ihre „gerontologischen" Nachfolger. Über Jahrhunderte hinweg wird damit das Wissen über Altern an Theorien gebunden, die z.T. mehr über ihre jeweiligen Referenzsysteme als über vorgefundene Phänomene aussagen. Nicht das Altern selbst steht im Vordergrund, sondern die Spiegelung fundamentaler Ideen in den Etappen menschlichen Lebens.

Aus der Zeit der römischen Geschichte sind kaum Altersstufenmodelle bekannt. Das prominenteste Beispiel stammt sicherlich von CICERO (106-43), der in seiner Schrift *Cato maior de senectute* — selbst schon im Alter von 60 Jahren — eine Vierteilung zugrunde gelegt hat. (Vgl. Tabelle 10) Unter dem Einfluß der griechischen Stoa spricht er dem Greisenalter die Fähigkeit zur Weisheit zu. Im Gegensatz zur kraftlosen Kindheit, zur ausschweifenden Jugend und zum ernsten mittleren Alter bietet die Konfrontation mit Krankheit und Schmerz im hohen Alter Gelegenheit zur Bewährung. Ab dem 9. Jahrhundert ist dieser Text in mittelalterlichen Bibliotheken nachweisbar und wird später genutzt, um vor humanistischem Hintergrund ein positives Altersbild zu zeichnen. (Vgl. Sprandel 1993, 34)

Die nun folgenden Alternsmodelle stehen unter dem Einfluß der christlichen Lehre. Mit dem Toleranzedikt KONSTANTINs (313 n.Chr.) verschiebt sich das Interesse vom Diesseits auf ein an die Erwartung der Wiederkehr Christi gebundenes Jenseits. ROSENMAYR identifziert an dieser Stelle einen Bruch zwischen der „antik-aufgeklärten und stoischen Konsequenz einer immanenten Daseinsvorstellung einerseits und einem Erneuerungs- und Verjüngungsideal, das sich über die immanenten Prozesse und Strukturen hinwegsetzt" andererseits. (Rosenmayr 1978, 51) Für die Frage nach Alterspositionen bedeutet dies, daß nicht so sehr die Frage nach einem idealen Alter im Vordergrund steht, sondern vielmehr die grundsätzliche Überwindung lebensaltersspezifischer Beschränkungen durch die Erlösung. Als ideales Alter wird fast immer das Alter Christi bei seinem Tod angesehen.

---

[22] Natürlich ist hiermit nur eine Auswahl genannt. Altersstufenmodelle sind in mehr oder weniger expliziter Form auch von anderen Philosophen entwickelt worden. Die oben aufgeführten Modelle repräsentieren typische Beispiele.

3. Stratifizierte Gesellschaft: Die Lebensaltersstufen

Cicero (106-43)	Ptolemäus (100-160)	Augustinus (354-430)	Isidor von Sevilla (560-636)	Bartholomäus Anglicus (13. Jhdt.)
Einteilung in vier Stufen	Einteilung in sieben planetarisch bestimmte Lebensalter	Einteilung in sechs Altersstufen	Einteilung in sieben Altersstufen	Einteilung in sieben Altersstufen
Kindheit (pueritia) Kraftlosigkeit	1-4 Jahre wandelbarer Mond	Säuglingszeit	1-7 Jahre Kindheit	bis 7 Jahre Kindheit
	5-14 Jahre geschäftiger Merkur	Kindheit	bis 14 Jahre pueritia	bis 14 Jahre pueritia
Jugend (adolescentia) Ausschweifung	15-22 Jahre lustvolle Venus	Adoleszenz	bis 28 Jahre Adoleszenz	bis 28 Jahre Adoleszenz
	23-41 Jahre die Sonne als König und Herrscher	Jugend (ca. 30-50 Jahre)	bis 50 Jahre Jugend	45-50 Jahre Jugend
Mittleres Alter (constans aetas) Ernst	42-56 Jahre unruhestiftender Mars	Reife	bis 70 Jahre Reife	bis 60 Jahre senectute
	57-68 Jahre segensreicher Jupiter (Besonnenheit, Würde, Anstand)	Hohes Alter	ab 70 Jahren hohes Alter	bis 70 Jahre hohes Alter
Greisenalter (senectus) Weisheit	69-Tod langsamer Saturn		kurz vor dem Tod senies	bis zum Tod senium

Tabelle 10: Lebensaltersstufenmodelle von der römischen Antike bis zum Mittelalter

Diese Symbolisierung des Erlösungsgedankens über das Alter bereitet jedoch gleichzeitig auch den Weg für einen diesseitigen Ausweg: Der mittelalterliche Mystiker MEISTER ECKHARD (1260-1328) ersetzt das Erwartungsdenken durch ein Erfüllungsdenken, demzufolge der Mensch sich über seine mit Gott verbundenen Seelenkräfte, die nicht altern, verjüngen kann. (Vgl. Rosenmayr 1978, 48) Bevor MEISTER ECKHARD diese Theorie entwickeln konnte, etablierte sich jedoch eine Tradition der negativen Beschreibung von hohem Alter. AUGUSTINUS (354-430) ließ zunächst sieben Altersstufen — den sieben Schöpfungstagen entsprechend — aufeinander folgen, verkürzte dann jedoch dieses Modell auf sechs Stufen, deren letzte 60 Jahre umfaßt, und verortete das 4./5. Jahrhundert als sechstes Lebensalter der Menschheit. Typisch für seine frühmittelalterliche Beschreibung von Lebensverläufen ist die Ausdifferenzierung der Jugendphase in vier Stufen: Säuglingszeit, Kindheit, Adoleszenz und Jugend, auf die dann, vermutlich mit 50 Jahren, die Zeit der Reife und die Zeit des Alters folgt.

Ganz ähnlich beendet der Bischof und Kirchenlehrer ISIDOR VON SEVILLA (560-636) die Jugend mit dem 50. Lebensjahr. Unter dem Einfluß von PYTHAGORAS belebt er jedoch das Siebenerschema wieder und identifiziert ab dem 70. Lebensjahr zwei Phasen des hohen Alters.

Im 13. Jahrhundert wird ISIDOR VON SEVILLAs Modell von BARTHOLOMÄUS ANGLICUS in der Enzyklopädie *De Proprietatibus Rerum* noch einmal mit fast gleicher Abfolge wiederbelebt. Ein wichtiger Unterschied zu seinen Vorgängern besteht zunächst in der stärkeren Differenzierung zwischen Stufen des hohen Alters. Nicht nur die Jugendzeit, sondern auch das Alter wird in mehrere Phasen (senecte, hohes Alter, senium) geteilt. Außerdem folgt auf die Jugend nun ohne Übergang das Alter. MINOIS vermutet hinter diesem unvermittelten Bruch eine mittelalterliche Orientierung an Extremen: „Far from considering old age as a rarity, it was given a vital place, and was made to begin at around 50 years, thus following directly on youth. We have grown used to this characteristically medieval idea of contrasts, which left no room for the average; one was either young or old, young so long as one retained one's physical strength, old as soon as it started to decline." (Minois 1989, 160)

An die schriftlichen Abhandlungen zum Alternsverlauf schließen sich zeitgleich variationsreiche bildliche Darstellungen der Lebensaltersstufen als Treppe an. Ab dem 15. Jahrhundert veranschaulichen allegorische Darstellungen gängige Konzeptionen des Alternsverlaufs. Tierattribute tragen zur Verständlichkeit bei: Löwe, Fuchs und Wolf repräsentieren zumeist das mittlere Alter, Hund oder Katze, Esel und Gans das hohe Alter. (Vgl. Schleier 1994, 60)

Thomas COLE und Mary G. WINKLER weisen darauf hin, daß diese schriftlichen und bildlichen Darstellungsformen zu weiten Teilen einer gelehrten Minderheit vorbehalten blieben. Doch auch für die bäuerliche Bevölkerung des 15. und 16. Jahrhunderts lassen sich ähnliche Repräsentationen benennen wie sie z.B. in diesem volkstümlichen Spruch zum Ausdruck kommen:

10. Jahr – ein Kind,

20. Jahr – ein Jüngling,

30. Jahr – ein Mann,
40. Jahr – Stillstan,
50. Jahr – Wohlgetan,
60. Jahr – Abgan,
70. Jahr – dein Seel bewar,
80. Jahr – der Welt Narr,
90. Jahr – der Kinder Spott,
100. Jahr – nun gnad dir Gott. (Vgl. Cole & Winkler 1988, 40)

Ähnlich wie in der Zusammenfassung zur Untersuchung einfacher Gesellschaften (vgl. Kap. VIII.2) läßt sich auch am Ende dieses Kapitels das Fundament näher bestimmen, auf dem Altersbeschreibungen entstanden sind. Die entscheidenden sozialstrukturellen Grenzen stellen ständische Regelungen zum guten Leben und damit auch zum Altern dar. Während für weite Teile der mittelalterlichen Bevölkerung an eine Alterssicherung bei Arbeitsunfähigkeit nicht zu denken war und diese dadurch im Alter nicht selten zu Almosenempfängern wurden, beschäftigte sich eine (gebildete) Minderheit u.a. mit der Erklärung von Altersunterschieden. Im Gegensatz zur griechischen und römischen Antike verliert das hohe Alter mit der Christianisierung seine Bedeutung und wird fast durchgängig als Abstieg eingeordnet. *Über alle Unterschiede hinweg, bleibt jedoch festzuhalten, daß der Wunsch, Altersdifferenzen in eine Rangordnung zu bringen, verbindendes Element der hochkulturellen „Altersforschung" ist.* Dieser Blick auf Unterschiede begründet sich durch die Erfahrung ständischer Unterschiede. „Die Komplexitätsschranken dieses Differenzierungstyps liegen in der Notwendigkeit der Hierarchisierung der Ungleichheit. Jedes Teilsystem kann sich zwar dadurch, daß es sich selbst einer Hierarchie zuordnet, auf das Gesamtsystem beziehen; es kennt seinen Platz im Ganzen: Zugleich muß es dabei jedoch seine innergesellschaftliche Umwelt im Verhältnis zu sich selbst als ungleich definieren, und zwar an Hand von übergreifenden Rangkriterien." (Luhmann 1980b, 26)

Mit der vordringlichen Zuordnung des einzelnen zu einem Stand verschiebt sich die Perspektive von einem innen/außen der einfachen Gesellschaft zu einem oben/unten der hochkultivierten Gesellschaft. Jede Handlung, jede Beobachtung rechtfertigt sich über diese Einordnung und rückt die eigene Lebenswelt in den Vordergrund. Mit der Konzentration auf die eigenen Rechte und Pflichten innerhalb dieser arbeitsteiligen Gesellschaft werden auch Unterschiede bzw. Abweichungen im Lebensverlauf beobachtbar und: miteinander verknüpfbar. Das Kleinkind steht nun nicht mehr in Verbindung zu den beschützenden Ahnen, sondern dient als Vergleichsmöglichkeit zum Alter. Parallelen zwischen hilfebedürftigen Kindern und alten Menschen werden auf diese Weise sichtbar. Schriftlich und bildlich fixierte Altersbilder der Hochkulturen orientieren sich weniger an Phänomenen des Alterns als an den jeweiligen Referenzsystemen. *Das auffällige Alter wird in Modellen über Lebensaltersstufen als Differenz verständlich und vertraut.* Eben diese Vorgehensweise benennt NASSEHI als Charakteristikum von stratifizierten Gesellschaften, deren Legitimation von einer religiösen Grundsymbolik geleistet wird. „Das Ganze wird dadurch vertraut, daß das Unvertraute, d.h. Kontingenzen, Unbestimmbares, Unbekanntes etc. durch Handhabung der Differenz vertraut gemacht werden." (Nassehi 1993, 281) Die Stufenmodelle der Hochkulturen erfüllen für das hohe Alter exakt die gleiche Funktion wie Religion für die ständische Differenzierung: *Sie weisen dem Alter einen Ort zu, begründen seine Auffälligkeit und normalisieren den Unterschied zu anderen Altersstufen.* Als alt galten vermutlich alle, für die sich eine Beschreibung anhand der Altersstufenetiketten anbot. Wer nicht durch diese sichtbar gemachten Unterschiede zu anderen Altersgruppen auffiel und nicht in eine der vielen Altersschablonen paßte, dürfte sich einer ähnlichen „Freiheit" der Lebensgestaltung erfreut haben wie alle anderen Standesangehörigen, die eben auch nicht alt waren.

4. Funktional differenzierte Gesellschaft: Alter hat Zukunft[23]

In historischen Untersuchungen wird gewöhnlich zwischen das Mittelalter und die Zeit der modernen Gesellschaft die Epoche der Neuzeit gesetzt, die — mit der Reformation eröffnet — mit dem Beginn des 16. Jahrhunderts datiert wird. Auch in dieser Arbeit soll den Besonderheiten dieser Epoche Rechnung getragen werden. Ihre Unterordnung unter den Titel der modernen Gesellschaft rechtfertigt einzig und allein das Fortwirken neuzeitlichen Gedankenguts auf die moderne Sicht des Alters. Im folgenden werde ich zu zeigen versuchen, daß die gegenwärtige Sicht auf „Die Alten" von zwei Begleitphänomenen der modernen Gesellschaft geprägt ist: dem Beginn der standesübergreifenden Kommunikation und der demographischen Transition. Während ersteres noch der Epoche der Neuzeit zuzurechnen ist, ist letzteres schon eindeutig in einer funktional differenzierten Gesellschaft zu plazieren und gewinnt unter eben diesen Vorzeichen seine besondere Prekarität. Zunächst zur neuzeitlichen Ablösung des Stufenmodells.

Wie schon in den Ausführungen zu mittelalterlichen Altersschablonen folge ich auch diesmal zunächst den brillianten Studien von Peter BORSCHEID zur Geschichte des Alters. Seine Untersuchung der Zeit von 1350 bis 1820 zerfällt in zwei Abschnitte, die entscheidende Zäsur ist mit dem Ende des Dreißigjährigen Krieges gegeben. Während BORSCHEID die Zeit des späten Mittelalters und der frühen Neuzeit unter dem Titel „Alter als Fluch" zusammenfaßt, steht die folgende Epoche unter dem Titel „Alter als Autorität". Diese Kontrastierung führt den Leser auf die Fährte von „Alterskonjunkturen" (Borscheid 1993), vernachlässigt dabei jedoch, daß niemals vor dem Dreißigjährigen Krieg von einer solchen Übereinstimmung im Altersbild ausgegangen werden kann. Die Analyse der Lebensstufenmodelle konnte verdeutlichen, wie offen eine stratifizierte Gesellschaft für unterschiedliche Altersbilder ist, solange diese in eine gesamte Ordnung des Lebenslaufs und der Gesellschaft eingebettet sind.[24] Aus

---

[23] Diese Überschrift ist einer Veröffentlichung von Hans Ulrich KLOSE entlehnt: Altern hat Zukunft (1993). Vgl. mit ähnlichem Titel Hoppe & Wulf 1996: Altern braucht Zukunft, Brauchbar & Heer 1995: Zukunft Alter.

[24] Daß die Lebensverhältnisse vermutlich zu weiten Teilen nur einen erschreckend elenden Alternsverlauf gestatteten, kann dieses Ergebnis nicht widerlegen. Die direkte Interpretation dieses Befunds aus heutiger Perspektive legt moderne Maßstäbe an und verlängert heutige Gesellschaftskritik in die Ver-

diesem Grund werden die Ergebnisse der BORSCHEIDschen Studien in dieser Arbeit zwei unterschiedlichen Zeitepochen — und zwei unterschiedlichen Kapiteln — zugeordnet.

BORSCHEID bewegt sich auf dem richtigen Weg, wenn er für die Zeit nach dem Dreißigjährigen Krieg einen entscheidenden Wandel identifiziert. Sich langsam verbessernde Lebensbedingungen verdrängen die rauhen Sitten der Kriegszeiten und stimulieren Bemühungen zur Versittlichung des Lebens. Der Staatstheoretiker Samuel PUFENDORF (1632-1694) entwirft 1672 eine Pflichtenlehre, die „Achtung gegenüber dem Mitmenschen, Demut und Dankbarkeit" (Borscheid 1987, 108) fordert. Mit dem Pflichtenbegriff gewinnt die Gesellschaft des 17. Jahrhunderts eine fortschrittsorientierte Perspektive, die — anstelle einer vorgegebenen Ordnung — den Menschen zum Maß aller Dinge setzt. Die Entstehung anthropologischer Beschreibungen zu dieser Zeit wird begleitet von einem umfassenderen Einbezug der unteren Schichten in wirtschaftliche, politische und religiöse Entscheidungen. Noch lange nicht kann von einer Inklusion aller gesprochen werden, aber zunehmend gewinnt vor allem das Bürgertum an Bedeutung. Reinhart KOSELLECK spricht von Demokratisierung, Verzeitlichung, Ideologisierbarkeit und Politisierung, um damit verbundene Veränderungen im Bedeutungsgehalt von Begriffen dieser Epoche zusammenzufassen. (Vgl. Koselleck 1972, XVIff.)

Für unsere Frage nach der Stellung der alten Menschen in dieser Gesellschaft ist vor allem der neue, positive und relativ umfassende Altersbegriff von Interesse. In Moralischen Wochenschriften („Der Greis"), „Hausväterliteratur", aber auch bei Totengesängen und Leichenpredigten und in höfischen Rangordnungen wird hohes Alter als verehrungswürdiges Verdienst angesehen, als Belohnung für ein tugendhaftes Leben. Der bayerische Barockprediger Christoph SELHAMER formuliert 1701: „Insgemein halt man eben das, was alt ist, für das Best: Also wird vil 100. mal das alte herfürgestrichen, das Neue verworffen. Alter Glaub ist der beste Glaub. Alte Bücher halt man für die beste Bücher. Alte Leut seynd recht gescheite Leut. Alt Gelt ist das beste Gelt. Alter Wein ist der beste Wein." (Selhamer 1702, zit. n. Borscheid 1987, 117) Diese Betonung des wertvollen hohen Alters stellt zu weiten Teilen einen Reflex auf das Modell absolutistischer Staatsführung dar. Ebenso wie der Herrscher ist auch der Familienvater, der sich um seine Angehörigen und Untergebenen sorgt, nur Gott verpflichtet. Der Zugewinn an umfassender Autorität betrifft jedoch nur die alten Männer, so daß diese Epoche genauer als die Zeit der Väter charakterisiert werden kann. Die *Aufklärung* trägt ihren Teil dazu bei, die „vernünftigen alten Männer" gegen die „gefühlsgeleiteten Jungen" zu profilieren, bereitet jedoch auch den Weg für die anschließende Entmachtung der „Väter". Mitte des 18. Jahrhunderts läßt sich eine erste Rezession in bezug auf den Altersstatus beobachten. Die Orientierung am Forschrittsgedanken, am lebenslangen Lernen hat die Tradition zurückgedrängt und die Jungen in den Vordergrund gerückt. Im *Sturm und Drang* findet eine Neubewertung der Stereotypen Alter=Vernunft und Jugend=Gefühl statt. Johann Gottfried HERDER (1744-1803) schreibt schließlich: „Der Greis ist ein Schwätzer und Philosoph in Worten. Seine Erfahrungen, matt, weitläufig, ohne Bestimmtheit in Lehren vorgetragen,

---

gangenheit. Stattdessen wählen wir den Umweg über eine begriffsgeschichtliche Analyse und parallelisieren semantische Neuerungen mit strukturellen Veränderungen der Gesellschaft.

werden loci communes ... . Neuen Eindrücken ist die Seele kaum mehr offen: sie ist verschlossen ... ." (Herder 1967, zit. n. Borscheid 1987, 138) Ab diesem Zeitpunkt könnte man Philippe ARIÈS' *Geschichte der Kindheit* folgen, um sich über den Ansehensverlust der alten Menschen bzw. der alten Männer zu informieren. (Vgl. Ariès 1983) BORSCHEID betont, daß — vor allem im Bürgertum — noch lange die patriarchale Stellung der Väter erhalten geblieben ist. Im Gegensatz zur Zeit vom Ende des 17. und Beginn des 18. Jahrhunderts findet diese Position jedoch nicht mehr uneingeschränkte Akzeptanz in der wissenschaftlichen und belletristischen Literatur und Kunst.

Hans-Joachim von KONDRATOWITZ hat sich mit begriffsgeschichtlichen Veränderungen im 18. bis zur Mitte des 19. Jahrhunderts beschäftigt und greift dabei das Thema der Lebensaltersstufen wieder auf. Während in der bildenden Kunst vorrangig das Motiv der Treppe dominierte, meist in 10 Stufen aufgeteilt und mit dem 50. Jahr auf dem höchsten Punkt (vgl. Conrad 1994, 25ff.), bemühen sich enzyklopädische Auseinandersetzungen mit dem Alter um eine entwicklungsgeschichtliche Darstellung. KONDRATOWITZ vermutet hinter dieser Veränderung eine Reaktion auf die vielfältigen, naturwissenschaftlich gewonnenen empirischen Daten, die sich nicht mehr in die traditionellen Muster fügen lassen. Die Beschreibungen von Alternsverläufen folgen nun der Logik eines zeitlichen Nacheinander und lösen das eher räumliche Nebeneinander der Altersstufen ab. (Vgl. Kondratowitz 1983, 387) Während im 18. Jahrhundert zunächst noch das alte Muster mit naturgeschichtlich-klassifikatorischen Bezugspunkten dominiert, in dem alten Menschen zumeist hohes Ansehen zugestanden wird, läßt sich am Anfang des 19. Jahrhunderts eine zunehmende Flexibilisierung beobachten. Anstelle der schematischen Klassifizierungen prägen variable Alternsverläufe, die allerdings nur noch dem gesunden alten Menschen Kompetenzen zuerkennen, die Lexikoneintragungen. Die auffällige Reduktion auf biologische Verlaufsmuster in der Mitte des 19. Jahrhunderts rechnet KONDRATOWITZ vor allem der zunehmenden Fülle an Stichwörtern in Lexika und Handbüchern und dem Zwang zur Komprimierung zu. (Vgl. Kondratowitz 1983, 391)

Ein schönes Beispiel für das von KONDRATOWITZ beschriebene Interesse an flexibilisierten, individuell unterschiedlichen Alternsverläufen hat Christoph CONRAD gefunden: „Während die Stufenpyramide, die der schwäbische Pflasterpächter und Zolleinnehmer Johann MACHAUF 1843 zeichnete, das konventionelle Auf und Ab der Lebenstreppen nachbildete, vertrug sich die Abfolge der für ihn wichtigen Ereignisse seines Lebens überhaupt nicht mit einem vorgefertigten Schema. In Anlehnung an die populären Verse solcher Bilder schrieb Machauf: 'Mit 7 Jahr ein Kind, mit 12 Jahr ein Schreinerjung, mit 16 Jahr in die Fremde, mit 20 Jahr ein Legionist, mit 24 Jahr bei den Schützen, mit 18 Jahr in der Fremde, mit 41 Jahr vermählt, mit 42 Jahr ein Landwehrkorporal, mit 46 Jahr ein Malergehilf, mit 49 Jahr Pächter'. Der Höhepunkt seiner beruflichen Karriere, auf den er stolz mit einem Geldsack von 736 Gulden in der Hand hinwies, rutschte unter dem Zwang des bildlichen Schemas auf die unterste rechte Stufe, wo es sonst der Senilität entgegengeht." (Conrad 1994, 26) CONRAD betont, daß MACHAUF mit diesem verunglückten Versuch zur Individualisierung der Lebenstreppe wahrscheinlich eher neue Freiheiten auf dem Boden der Sicherheit der alten Strukturen gesucht hat. (Vgl. ebd.) Neben der „ungeordneten" Abfolge fällt auch

4. Funktional differenzierte Gesellschaft: Alter hat Zukunft

der fehlende Abstieg des Alters auf: MACHAUFs Beschreibung endet mit der Position als Pächter.

Die bisherigen Ergebnisse sollen zunächst zusammengefaßt werden. Die Veränderungen, die wir in bezug auf das hohe Alter beobachten konnten, werden begleitet von gesellschaftsstrukturellen Veränderungen. Die ständische Ordnung wird konfrontiert mit Entscheidungsstrukturen, die funktionalen Bezugspunkten folgen: Revolutionen stimulieren das Interesse an Macht, ein umfangreiches Warenangebot sucht sich seine Käufer auch in fremden Ländern und die bürgerliche Familie erreicht ihren Höhepunkt als normatives Modell des Privatlebens. Die langsame Auflösung ständischer Verbindlichkeiten befreit auch die statische Altersgliederung des Mittelalters aus ihrer vorgegebenen Rangordnung und ermöglicht die Kombination mit neuen Themen wie z.B. familiäre Autorität[25]. Väterliche Macht gilt wie absolutistische Herrschaft von nun an für alle Untertanen, über alle Standesgrenzen hinweg. Mit der Profilierung der bürgerlichen Familie verliert jedoch das hohe Alter schon im nächsten Schritt sein neugewonnenes Ansehen. Die Kinder monopolisieren den Lernbegriff, und die Alten müssen ihre traditionellen Rechte schließlich dem familiären Gefühlsleben unterordnen. Aber auch in dieser abgewerteten Position erscheinen sie der neuzeitlichen Gesellschaft noch als *eine* Gruppe 'alte Menschen'. KOSELLECK identifiziert als Charakteristikum dieser „Sattelzeit" den Gebrauch von Kollektivsingularen: „aus den konkreten 'Geschichten' wird die 'Geschichte an sich', aus den sachbezogenen einzelnen Fortschritten wird der 'Fortschritt selber', aus den Freiheiten ständischer Vorrechte wird die allen gemeinsame 'Freiheit'" (Koselleck 1972, XVII) Auch die alten Menschen werden mit dem Gebrauch des Begriffs 'Alter' in so einer „Leer- und Blindformel" (ebd.) eingeordnet. Im Gegensatz zur mittelalterlichen Beschreibung werden nicht mehr Eigenschaften verschiedener Altersgruppen miteinander kontrastiert: *Alt und Jung werden zwar noch miteinander verglichen wie in einer klassisch stratifizierten Gesellschaft, dieser Vergleich findet nun aber in bezug auf die Bedeutung der Altersgruppen für die gesellschaftliche Entwicklung statt.* Die vorgegebene Menge an zu vergebenden Charakteristika von Planeten, Jahreszeiten, Temperamenten und Tieren verliert ihren Rahmen und wird nur noch in künstlerischen Darstellungen verwendet. An die Stelle von Rangordnungen treten Zukunftsbezüge, über die einzelne Altersgruppen instrumentalisiert werden, gegen andere ausgespielt und bei Übersättigung durch andere ersetzt werden. Nur in diesem Zusammenhang ist BORSCHEID rechtzugeben, wenn er das Wort „Alterskonjunkturen" benutzt. Solche generalisierenden Alterskonjunkturen sind in Hochkulturen noch nicht möglich. Erst die moderne Gesellschaft ermöglicht homogenisierende Zusammenfassungen[26].

Eine Verschärfung erfährt diese moderne Umgangsweise mit dem hohen Alter mit der *demographischen Transition.* Schon oft ist die Zunahme des Anteils alter Men-

---

[25] Heidi ROSENBAUM weist darauf hin, daß vor dem 18. Jahrhundert noch vom 'ganzen Haus' gesprochen wurde und erst später die Familie in den Sprachgebrauch Eingang fand. (Vgl. Rosenbaum 1980, 21)

[26] Das Interesse an solchen anthropologischen Konstanten muß stattdessen umgekehrt als Produkt der neuzeitlichen Gesellschaft verstanden werden. Die 'Unterbestimmtheit der menschlichen Natur' als anthropologisches Problem korrespondiert mit den sozialstrukturellen Erfordernissen nach Beteiligungsmöglichkeiten für alle, ohne ständische, religiöse oder nationale Bestimmung. (Vgl. Luhmann 1980c, 169ff.)

schen an der Bevölkerungspyramide als Ursache für die moderne problemorientierte Beschreibung des Alters angeführt worden. Ein genauer Blick auf dieses Phänomen konkretisiert den Sachverhalt. Der britische Soziologe Peter LASLETT hat sich vor allem auf Forschungen zur historischen Demographie konzentriert und dabei einen „säkularen Wandel" (Laslett 1995, 103ff.) identifiziert. Große Unterschiede in bezug auf die Lebenserwartung zwischen dem 19. und dem 20. Jahrhundert bringt er in die Form zweier Ebenen. „Von einem an der Oberfläche unebenen, aber im Prinzip waagerechten Niveau, das von den 1890ern in die ferne, unbegrenzbare Vergangenheit zurückreicht, scheinen wir fast an die Spitze eines ungewöhnlichen steilen Hangs aufgestiegen zu sein, und wir sind dabei, auf einer sehr viel höheren Ebene zu landen. Diesen jähen Anstieg werden wir den *säkularen Wandel im Altern* nennen, wobei 'säkular' den langfristigen und dauerhaften Charakter dieses unumkehrbaren Wandels verdeutlichen soll." (Laslett 1995, 114)

In seiner Erforschung dieses Wandels kann LASLETT auf demographische Daten zum England der letzten 450 Jahre zurückgreifen. Dabei hat sich herausgestellt, daß — wie LASLETT selbst in dem oben angeführten Zitat schon betont hat — die Lebenserwartung vor 1890 nicht immer gleich hoch war und auch nicht stetig angestiegen ist, sondern z.B. 1590 höher war als 1790, die nächsthöchste Lebenserwartung dann jedoch 1640, 1690 und 1740 erreicht wurde. (Vgl. Laslett 1995, 125) Da trotzdem das Niveau nicht dauerhaft verändert wurde und erst ab dem Ende des 19. Jahrhunderts der Anteil der über 60jährigen anstieg, spricht man von einer Rektangularisierung der Überlebenskurve.[27]

Diese für die moderne Gesellschaft als charakteristisch bezeichnete demographische Entwicklung wird von LASLETT auf ihre Entstehung untersucht. Etwas hilflos kommt er dabei zu dem Ergebnis, die Bevölkerung sei durch Zufall gealtert (vgl. Laslett 1995, 100). Als entscheidenden Faktor benennt er die sinkende Geburtenrate, an die sich etwas später eine sinkende Sterberate anschloß. Nicht die sinkende Mortalität identifiziert er jedoch als Grund für die demographische Transition, sondern vielmehr die sinkende Natalität. „Der Rückgang im relativen Anteil der Jüngeren läßt den relativen Anteil der Alten steigen, und eine verringerte Sterblichkeit hat nur geringe oder gar keine Auswirkungen auf dieses Verhältnis. Das ist so, weil bessere Überlebenschancen gewöhnlich den jüngeren Altersgruppen im Durchschnitt mehr zugute kommen als den Älteren ... ." (Laslett 1995, 94) Mit anderen Worten: Erst aufgrund der niedrigen Geburtenrate erscheint der Anteil der Älteren ungewöhnlich hoch. Auf der Suche nach dem Grund für diese sinkende Geburtenrate macht LASLETT den Zufall als Verursacher aus und illustriert damit sehr schön, wie schwierig es ist, Begründungen für historische Veränderungen zu finden. Gründe für das von LASLETT beschriebene Phänomen lassen sich sicher auch in der 'Emanzipation' der Frauen vermuten. LASLETT hat jedoch recht, wenn er von einem eindeutigen Verursachungsprinzip absieht. Die so entstandene Lücke wird in den meisten Fällen mit dem Begriff 'Modernisierung' gefüllt, aber auch damit ist nur eine sehr grobe Begründung

---

[27] LASLETT weist darauf hin, daß diese Bezeichnung eigentlich irreführend ist, da sie nur für den Fall gilt, daß alle am Punkt der höchsten Lebenserwartung sterben. Tatsächlich müsse aber weiterhin von einer Zunahme unheilbarer Krankheiten ausgegangen werden, die zu unterschiedlichen Sterbezeiten führe. (Vgl. Laslett 1995, 110f.)

geliefert. LASLETT betont: „Die steigende Lebenserwartung wird von denen, die dieser unglücklichen Konvention [= Altern mit Modernisierung zu erklären, I.S.] folgen, häufig so betrachtet, als sei sie selbst ein Zeichen für Modernisierung. Aber wie bereits betont, die Industrialisierung setzte in England hundert Jahre vor dem Anfang des säkularen Wandels des Alterns ein." (Laslett 1995, 136)

Auch ohne eine plausible Erklärung dieses Befunds müssen wir uns heute jedoch mit den Folgen dieses 'säkularen Wandels' auseinandersetzen. LASLETT spricht von einem „Dritten Alter", das so entstanden sei, und von einem „Vierten Alter" gefolgt werde.

Erstes Alter	Zeit der Abhängigkeit, Sozialisation, Unreife und Erziehung
Zweites Alter	Zeit der Unabhängigkeit, Reife, Verantwortung des Verdienens und Sparens
Drittes Alter	Zeit der persönlichen Erfüllung
Viertes Alter	Zeit der unabänderlichen Abhängigkeit, der Altersschwäche und des Todes

Tabelle 11: Alterstufen nach LASLETT (1995, 35)

Nicht jeder durchläuft — so LASLETT — diese Phasen. Wichtig sei an dieser Einteilung vor allem die Abgrenzung des positiven Dritten Alters vom negativen Vierten Alter. Nur die undifferenzierte Umgangsweise mit beiden Lebensphasen sei für die grundsätzliche Problematisierung des hohen Alters verantwortlich und stehe einer produktiven Nutzung der aktiven Zeit im Ruhestand im Weg. (Vgl. Laslett 35ff.) Ähnlich wie der Historiker Arthur E. IMHOF[28] kommt auch LASLETT zu dem Ergebnis, diese historisch neue Phase müsse entsprechend mit neuen Sinnangeboten gefüllt werden. Er hofft, „daß wir diese große Herausforderung jetzt annehmen, und zwar im positiven Sinne, und daß wir sie als einmalige Chance begreifen, denn tatsächlich bedeutet die Gegenwart so vieler alter Menschen eine ungeheure Bereicherung." (Laslett 1995, 23)

Genau diese Überlegung führt nun wieder zurück an den Ausgangspunkt dieser Ausführungen. LASLETT vermutet in den alten Menschen eine „Bereicherung" seines Lebens. Ganz ähnlich verlief die neuzeitliche Auseinandersetzung mit diesem Thema. Hohes Alter wurde als Kollektivsingular mit einer Aufgabe bedacht. Der Unterschied zur modernen Altersforschung besteht einzig und allein in der heutigen Unent-

---

[28] Vgl. IMHOFs Einleitung zu „Die gewonnenen Jahre" (1981). Seine historische Analyse soll betroffen machen: „Man denke nur an den geringen Einsatz vieler von uns in bezug auf eine aktive Altersvorsorge. Je älter wir nun werden, umso früher müßten wir eigentlich mit einer auf die zusätzlichen Lebensjahre bewußt zugeschnittenen Lebensführung beginnen." (Imhof 1981, 24)

schlossenheit darüber, worin denn diese Aufgabe wohl bestehen könnte. Der in diesem Zusammenhang typische Rückgriff auf das idealisierte Bild des alten Menschen in der traditionellen Familie stellt den deutlichsten Zusammenhang zur neuzeitlichen Generalisierung des Alters her. Ich möchte diesen Zusammenhang in der folgenden These formulieren: *Der moderne problematisierende Zugang zu 'den Alten' verdankt sich der Auffälligkeit dieser Personengruppe durch die demographische Transition und dem eher vormodernen Interesse an einer Funktionalisierung dieser Gruppe.* Während die pathetische Vermutung von gesellschaftlichen Entwicklungspotentialen in Kindern, Frauen und Arbeitern zunehmend anachronistisch erscheint, werden alte Menschen nach wie vor nicht nur als homogene Gruppe beobachtet, sondern auch noch mit einer Funktion belegt. Selbst wenn man Individualisierung nicht als entscheidende Inklusionschiffre der modernen Gesellschaft akzeptieren möchte, mutet dieser missionarische Zugang zum Thema doch etwas altertümlich an. Während sämtliche gesellschaftlichen Projekte (Fortschritt, Nationalismus, Sozialismus) ihre Attraktivität[29] verloren haben, soll hohes Alter auf einen zugrunde gelegten Sinn bezogen werden. Die Individualisierung des Lebenslaufs auch im hohen Alter wird über diesem Funktionalisierungsversuch hintangestellt. Es scheint fast so, als biete die Gruppe der alten Menschen in ihrer demographischen Besonderheit eine Chance zur stellvertretenden Problematisierung der Sinnlosigkeit des individuellen Lebens. Außerhalb der bewährten Identifikationsfolien von Beruf und Familie — „ohne Funktion" — verschmelzen dem Forscher alte Menschen zu einer Mahnung an die Gesellschaft. Noch bevor man das Leben dieser alten Menschen kennt, weiß man, daß sie ein Problem haben. Damit baut die moderne Alternsforschung bei der Beschreibung der Situation alter Menschen auf dem Boden der neuzeitlichen Verallgemeinerung auf und vergibt ihre Chancen zu einer individualisierten Altersbestimmung, die in den Grenzen der modernen Gesellschaft möglich wäre.

Von den Charakteristika der modernen Gesellschaft zu sprechen, bot sich bislang nicht an, da die moderne Altersbeschreibung — mit einem *time-lag* versehen — nur sehr begrenzt auf eben diese Diagnose zu reagieren scheint. Kennzeichnend für die moderne Gesellschaft ist ihre Ausdifferenzierung anhand von Funktionen, die einander nebengeordnete Teilsysteme (Politik, Wirtschaft, Recht, Wissenschaft, Religion, Familie ...) organisieren. An die Stelle der Zugehörigkeit zu einem Stand ist nun die gesellschaftsstrukturelle Außenstellung des einzelnen getreten (vgl. Nassehi 1997, 117f.). Diese als Herauslösung des einzelnen aus traditionalen Bindungen bekannte Entwicklung und seine Inanspruchnahme für Handlungsfreiheiten und Entscheidungszwänge (vgl. Beck 1986, 205ff.) wird mit dem Etikett 'Individualisierung' belegt und legt eine eben nicht mehr generalisierbare Symbolik zugrunde. Die klassische Thematisierung dieses Befundes erfolgt unter dem Etikett 'Sinnverlust'. Wie in Kapitel VI bereits erwähnt, ist diese Diagnose jedoch nur möglich, wenn man eine über Integration und normative Generalisierung entworfene Gesellschaft voraussetzt. In den Analysen von PARSONS, EISENSTADT, SCHELSKY, TARTLER und WOLL-SCHUMACHER wird dies versucht. Das Scheitern dieser Erklärungsmodelle begründet meine Orientierung an einer Gesellschaftstheorie, die nicht an normativer Einbin-

---

[29] Daß nach wie vor Nationalismus ein großes Problem der modernen Gesellschaft darstellt, kann nicht darüber hinwegtäuschen, daß dieses Programm seine umfassende Gültigkeit verloren hat.

dung, sondern an Thematisierungsmöglichkeiten von Alter interessiert ist. An dieser Stelle kann zunächst der empirische Befund von Sinndefizit-Artikulationen als Legitimation für die Anwendung eines dezentrierten Gesellschaftsmodells gelten. Konkretisierungen von Inklusions- und Exklusionsbereich stehen im Zentrum des achten und neunten Kapitels.

Zum Schluß soll doch noch auf ein drittes, die Formierung der modernen Altersphase begleitendes Moment hingewiesen werden: auf den Ruhestand. Christoph CONRAD hat die Zeit von 1830 bis 1930 auf ihren Beitrag zur Konstruktion des Ruhestands untersucht und dabei eine Verschiebung der Zuständigkeit von privaten Netzen in Kombination mit ersten staatlichen Sicherungsinstrumenten zu primär verrechtlichten Ansprüchen festgestellt. (Vgl. Conrad 1994, 402ff.) Mit Martin KOHLIs Analysen zum Lebenslaufregime (vgl. Kap. IV.1b) kann die Entstehung des an eine Altersgrenze gebundenen Ruhestands als ein Resultat der modernen Chronologisierung des Lebenslaufs eingeordnet werden. Als zeitliche Markierung trägt auch die Altersgrenze zu einer Formierung der Altersphase bei. Im Rahmen dieser Arbeit soll diesem klassischen Argument jedoch nur ein begrenzter Raum zuerkannt werden. Die Erklärung der Altersphase über den Ruhestand ist m.E. zu oberflächlich. Ruhestandsregelungen *reagieren* auf die Wahrnehmung von Altersphasen und verstärken damit homogenisierende Einflüsse. Sie als „Konstrukteur" zu bezeichnen, würde vernachlässigen, daß ihnen zuvor ein Prozeß der politischen Profilierung „der Alten" vorausgehen muß, um überhaupt sozialplanerische Bemühungen zu rechtfertigen. CONRADs Wahl des Titels seines Buches stützt diese Einschätzung: „Der Titel 'Vom Greis zum Rentner' bezeichnet in zugespitzter Form den Übergang von einer vorwiegend diskursiven und normativen Behandlung der Lebensalter zu der hauptsächlich sozialpolitischen und institutionellen Prägung, wie sie ihren Höhepunkt im modernen Wohlfahrtsstaat findet." (Conrad 1994, 16) Erst im Vergleich unterschiedlicher Gesellschaftsformen im Verlauf der gesellschaftlichen Evolution kann man diese Gewichtung von Altersphase und Ruhestand verstehen. *Weder ist mit der modernen Gesellschaft erst das 'Alter' entstanden, noch hat der Ruhestand die Altersphase erzeugt.* Hohes Alter hat es — wie die vorhergehenden Kapitel zeigen — in allen Gesellschaften gegeben, es ist jedoch mit jeweils unterschiedlichen Sinnbezügen ausgestattet worden. Eine Verplanung des hohen Alters durch die Berentung war erst möglich, nachdem hohes Alter durch seine politische Instrumentalisierung in der Neuzeit als eine homogene Phase sichtbar wurde.[30]

Zusammenfassend läßt sich festhalten: Diese Sichtbarkeit „der Alten", die sich zuerst ganz unbeeinflußt von der demographischen Transition und den Ruhestandsregelungen einstellte, charakterisiert auch noch die moderne Gesellschaft. Als Altersschablone ist uns ein Zugang zum Thema 'Alter' bekannt, demzufolge alle Menschen ab einem bestimmten Alter untereinander über die Kategorie 'Alter' verglichen werden können. Dies ist ein historisch neuer Befund. Die in den letzten Jahren mit dem de-

---

[30] KONDRATOWITZ führt in seiner Analyse zur stationären Unterbringung alter Menschen ein ähnliches Beispiel für die Formierung des Alters im institutionellen Zugriff an. Im Vergleich zu mittelalterlichen „Alterssicherungen" konstatiert er: „Gegenüber einer solch forcierten Vielfalt der Überlebenssicherung produziert die Etablierung des Altenheims eine *Vereinheitlichung*, ja geradezu eine soziale *Standardisierung von Lebensformen.*" (Kondratowitz 1988, 104)

mographischen Wandel zahlenmäßig größer gewordene Gruppe 'alte Menschen' ist damit zwar sichtbar, aber nicht als einheitliche Gruppe bestimmbar. Gerade die Heterogenität 'der Alten' (vgl. Kap. V) prädestiniert sie für die Diagnose des Sinnbedarfs. Während es einfachen und hochkulturellen Gesellschaften noch möglich war, Auffälligkeiten zu legitimieren, gelingt dies in der modernen Gesellschaft nicht mehr. Zusätzlich wird die Vermutung eines Sinnbedarfs durch die demographische Akzentuierung dieses Problems noch forciert und bereitet so den Boden für eine Vielfalt an politischer, soziologischer und populärwissenschaftlcher Ratgeberliteratur. Die Altersphase erscheint nun als Repräsentantin gesamtgesellschaftlicher Sinndefizite.

5. Resümee: Die Altersphase repräsentiert gesamtgesellschaftliche Sinndefizite

Der Überblick über den historischen Wandel von Altersbeschreibungen und Lebensbedingungen soll im Rahmen dieser Arbeit dazu dienen, die Frage nach der Formierung der modernen Altersphase zu beantworten. Warum beschreibt die moderne Gesellschaft 'Alter' als eine Phase? Immer wieder wurde in den vorangegangenen Kapiteln auf die Determiniertheit der Alterssituation durch die jeweiligen Grenzen der Gesellschaft hingewiesen. Ähnlich wie Krankheit, Behinderung und Armut stellt hohes Alter in den Gesellschaften der Vergangenheit eine Sondersituation dar. In Abhängigkeit von der Beschwerlichkeit der täglichen Lebensführung existieren jedoch in unterschiedlichen Gesellschaften unterschiedliche Möglichkeiten zur Kompensation von zunehmender Hilfebedürftigkeit. Im Gegensatz zur modernen Gesellschaft, in der ab einem bestimmten Alter Menschen unabhängig von ihrer geistigen und körperlichen Verfassung als alt eingeordnet werden, konnten wir in einfachen und hochkulturellen Gesellschaften eine Orientierung am auffälligen Alter beobachten. Die interaktionsnahe Interpretation grauen Haares in Stammesgesellschaften, aber auch die altersstufenspezifische Abgrenzung des hohen Alters von anderen Altersgruppen in stratifizierten Gesellschaften bedarf einer zumeist äußerlichen Profilierung von Alternsveränderungen, bevor eine entsprechende Attribuierung als Priester/Hexe oder Weiser Mann/Dummer Esel folgen kann. Hohes Alter konnte so in *einfachen Gesellschaften* zu einem Erwartungsgenerator für Gefahr werden. Im Rahmen der gesellschaftlichen Unterscheidung eines vertrauten Innen und eines bedrohlichen Außen bewegen sich alte Menschen auf eben dieser Grenze: Bei schlechter Verfassung können sie selbst eine Gefahr darstellen, ihre Verfassung kann als Zeichen einer Gefahr interpretiert werden, aber sie können auch selbsttätig Gefahren bannen oder hervorrufen. In *stratifizierten Gesellschaften* wird der beobachtende Blick stärker auf den eigenen Stand gelenkt und rückt damit auch Veränderungen im gesamten Lebenslauf in den Mittelpunkt. Damit ist nicht mehr nur hohes Alter auffällig, auch die Jugend und das „männliche Alter" lassen sich als eigenständige Phasen benennen. Im Rahmen solcher Klassifizierungen erhält auch hohes Alter seinen Ort und wird damit verständlich. Abbau im Alter, Verwirrtheit, aber auch zunehmende Gelassenheit und gehäuftes Wissen werden als Phänomene in solche Abfolgen von Altersstufen eingeordnet. Die Vielzahl von Stufenmodellen, die zeitgleich existierten, deckte unterschiedliche Alternsverläufe ab und nahm ihnen damit ihre Ungewöhnlichkeit. Hohes Alter erhält im Rahmen dieser Beschreibungsmuster seine Bedeutung. Mit dem Wechsel zur *modernen Gesellschaft* läßt sich jedoch nicht nur ein neuer Bedeutungszusammenhang beobachten, sondern auch — der „zufälligen" demographischen Transition geschuldet — ein

5. Resümee: Die Altersphase repräsentiert gesamtgesellschaftliche Sinndefizite

neuer Bedeutungsbedarf. Hohes Alter wird in der Neuzeit zu einem Zukunftsbegriff, der sich vor dem Hintergrund einer unerwartet großen Altersgruppe im 20. Jahrhundert erneut bewähren muß. Die Bedeutung dieser Altersgruppe läßt sich nun nicht mehr im Vergleich mit anderen Altersstufen entschlüsseln. Die Dynamik politischer Entwicklung hat in der Neuzeit auch die Wahrnehmung alter Menschen erfaßt, die nun auf ihren Beitrag zum Fortschritt der Gesellschaft überprüft wurden. Die Vorstellung einer homogenen Gruppe alter Menschen entstand in diesem Zeitraum und verstärkte sich mit der demographischen Ausweitung der Altersphase. Auf diesem Fundament können wir nun unsere eingangs gestellte Frage nicht nur nach der Formierung, sondern auch nach der Bedeutung der Altersphase in der modernen Gesellschaft wieder aufgreifen.

In einer Gesellschaft, die primär funktional differenziert ist, verlieren die Einheitschiffren der Neuzeit ihre Plausibilität. Wenn Hans Ulrich KLOSE als Vorsitzender der sozialdemokratischen Kommission zum demographischen Wandel einem Buch zur demographischen Alterung den Titel „Altern hat Zukunft" gibt, werden Beschreibungsmuster verwendet, die die Entstehung der modernen Gesellschaft begleitet haben. Im Gegensatz zum neuzeitlichen Gebrauch solcher Programme konkurriert KLOSEs Diagnose jedoch mit einer Vielzahl von anderen, nicht so positiven Diagnosen. Die normative Orientierung an einem zukunftsvollen Alter wirkt vor diesem Hintergrund optimistisch. Der modernen Gesellschaft, speziell dem Teilsystem Politik, ist eine Instrumentalisierung der Altersphase für gesamtgesellschaftliche Zwecke nicht mehr möglich. Sie kann sie nur noch erhoffen und verweist damit eher auf die Aussichtslosigkeit dieses Unterfangens als auf dessen Erfolg. Die unbeirrte Verfolgung einer solchen normativen Beschreibung des Alters repräsentiert auch in der modernen Gesellschaft wiederum die Grenzen der Gesellschaft. Eine durch ihre statistische Größe formierte Gruppe von Menschen personifiziert als Kollektivsingular die fehlende sinnhafte Integration der modernen Gesellschaft. Das hohe Alter bietet sich hierfür — neben seiner zahlenmäßigen Auffälligkeit — durch seine Heterogenität an. Im Gegensatz zu anderen Personenschablonen (Frau, Mutter, Deutsche, Professorin) gibt es für Menschen, die nur alt sind, keine plausible Aufgabenbeschreibung.[31] Auch die negative Definition dieser Phase über die Berufsaufgabe liefert keine ausreichende Charakterisierung: Sie betrifft vorrangig ältere Männer und wird selbst von diesen — je nach Lebenslauf und biographischer Verarbeitung — unterschiedlich eingeschätzt. (Vgl. Kap. IV.1) Wie alte Menschen leben, läßt sich nicht über die Kategorie 'Alter' bestimmen. *Der Versuch, diese Altersphase in einen gesamtgesellschaftlichen Sinnzusammenhang einzubetten, setzt die vorhergehende Attribuierung von Sinnverlust voraus, die sich nun wiederum nur für diese zufällig entstandene und qualitativ unbestimmte Phase anbietet.* Wenn die Alten angesprochen werden, markiert ihre Inanspruchnahme nicht den Funktionsverlust des hohen Alters, sondern den Verlust eines gesellschaftlichen Zentrums, von dem her Auffälligkeiten in unserer Gesellschaft eindeutig interpretiert werden können.[32] Es

---

[31] Kapitel IV und V meiner Arbeit illustrieren die Grenzen eines solchen Zugangs.

[32] Ähnliche Semantiken gesellschaftlichen Sinnverlusts charakterisieren kulturkritische Stellungnahmen zur modernen „Verdrängung des Todes". Im Unterschied zu gerontologischen Programmen läßt sich das Thema Tod und Sterben jedoch seit der Säkularisierung nicht mehr mit so einem eindeutigen Zukunftsbezug ausstatten. Auch das Motiv, für die (nationale) Gesellschaft zu sterben, ist hinter

bleibt zusammenzufassen: Die moderne Altersphase findet ihren Sinn in der Repräsentation von Sinnlosigkeit.

---

individuelle Ansprüche zurückgetreten. Alter dagegen ist zu einer großen Spielwiese für jede Art von politisierenden Programmen geworden.

Kapitel VIII: Altersbilder

Warum man als alter Mensch angesprochen wird

Ausgangspunkt vieler Alternsforschung war und ist zumeist die Negierung eines alten Altersbildes und die Erzeugung eines neuen Altersbildes. Die Liste der daraus abgeleiteten Etikettierungen ist lang: das *disengaged* Alter, das aktive Alter, das junge Alter, das alte Alter, das neue Alter, das produktive Alter, das kompetente Alter, das Alter mit Potentialen, das weibliche Alter usw. Im Gegensatz zur Jugendforschung, die sich heute vorrangig mit differenten Jugend*kulturen* beschäftigt (vgl. Zinnecker & Silbereisen 1996; Ferchoff, Sander & Vollbrecht (Hg.) 1995; Bendit, Mauger & Wolffersdorff (Hg.) 1993), hat sich die Alternsforschung immer noch ihr statisches Interesse an einer großräumigen Bewertung von Alternsprozessen qua Alters*bildern* bewahrt. Mit dem Begriff des Bildes nimmt diese Art von Forschung eine Zwischenstellung ein zwischen klassischer Vorurteilsforschung und einem differenzierenden soziokulturellen Ansatz. Nicht die Generierung von konkreten Stereotypen gegenüber alten Menschen, aber auch nicht die Auseinanderentwicklung von Lebensperspektiven alter Menschen selbst steht im Mittelpunkt. Stattdessen geht es vielmehr um eine diffuse Verortung der Altersproblematik zwischen diskriminierender Produktion von seiten der Gesellschaft und eigenständiger Konstruktion des einzelnen. Fremd- und Selbstbild werden dabei klassisch unterschieden (vgl. Lehr 1977, 251ff.; Tews 1979, 21f.) oder — im Gefolge von Stigmatisierungstheorien — aufeinander reduziert (vgl. Hohmeier 1978, 15) und auf determinierende Sozialstrukturen zurückgeführt.

Der letztgenannte Ansatz, der Definitionsansatz von HOHMEIER, wird in diesem Kapitel wieder aufgegriffen. Mit seiner Unterscheidung von *Gesellschaft, Organisation* und *Interaktion* hat HOHMEIER auf die drei entscheidenden Ebenen der Erzeugung von Altersbildern hingewiesen. Im Rahmen dieses Kapitels sollen Altersdiskriminierungen jedoch nicht aufeinander bezogen, sondern über ihren jeweiligen Entstehungsort erklärt werden. Ich überprüfe im folgenden alle drei Ebenen auf Thematisierungstraditionen von 'Alter', um daran anschließend die Frage zu beantworten, warum man als alter Mensch angesprochen wird. An die Stelle der Suche nach dem einen wahren oder falschen Altersbild rückt die Beobachtung einer Vielfalt von Altersbildern, die nebeneinander Vollständigkeit behaupten, ohne jedoch zu einem umfassenden Bild integriert werden zu können.

Diesem für die moderne Gesellschaft charakteristischen Phänomen liegt eine konstruktivistische Theorieanlage zugrunde, die im folgenden kurz dargestellt wird (Kap. VIII.1). Daran anschließend werden zunächst gesellschaftliche Teilsysteme (Kap. VIII.2), dann Interaktionen (Kap. VIII.3) und dann — über eine empirische Untersuchung — natürlich auch Organisationen (Kap. VIII.4) auf ihren jeweiligen Zugang zum Thema 'Alter' befragt. Eine Antwort auf die eingangs gestellte Frage wird im letzten Kapitel präsentiert (Kap. VIII.5).

1. Gesellschaftstheoretische Perspektiven: Alterssemantiken

Bereits mehrfach ist in den vorangegangenen Kapiteln von der modernen Gesellschaft gesprochen worden. Mit dem Wandel der primären Differenzierungsform von der segmentären über die stratifizierte zur funktional differenzierten Gesellschaft stehen in der modernen Gesellschaft Teilsysteme im Vordergrund, die zwischen Funktionen und nicht mehr z.B. zwischen Stämmen oder Familien (einfache Gesellschaft) oder Schichten (Hochkulturen) differenzieren. Mit einem solchen Differenzierungsprimat ist auch eine veränderte gesellschaftliche Praxis verbunden. Während noch in traditionalen Gesellschaften die Prozessierung von Sinn an personale Unterscheidungen gebunden war — mit der Kenntnis des Gegenübers wußte man auch, was erwartet wurde —, ermöglicht funktionale Differenzierung eine über personale Limitierungen hinausgehende Komplexität: Erwartungen entstehen in Kontexten. Soziale Wirklichkeit ist demnach viel stärker an spezifische soziale Rahmen als an vorkonsentierte Normen gebunden. Diese moderne Erweiterung von Anschlußfähigkeit findet ihren gesellschaftsstrukturellen Ausdruck als Dezentrierung. An die Stelle eines gesellschaftlichen Konsens über Handlungsmöglichkeiten (Moral) oder einer Kongruenz von Beobachtungsmöglichkeiten (Subjekt) ist die Konstitution von Weltzentren über beobachtungsleitende Differenzen getreten (vgl. Luhmann 1984, 284).

Diese Ablösung des Bildes von gesellschaftlicher Einheit durch eine multizentrische Perspektive verdankt sich der Verselbständigung der modernen Teilsysteme. Teilsysteme wie Wirtschaft, Politik, Recht, Medizin, Wissenschaft und Erziehung erfüllen jeweils Funktionen, die nicht füreinander substituierbar sind, also nicht in ein hierarchisches Verhältnis zueinander gestellt werden können. Ihre spezifische Orientierung an Zahlungsfähigkeit, Macht, Recht, Krankheit, Wahrheit und guten Noten verweist auf ihre Konstruktion über binäre Codes, die über die genannten Positivwerte und ihre Korrelate (Zahlungsunfähigkeit, Ohnmacht der Opposition, Unrecht, Gesundheit, Unwahrheit und schlechte Noten) eine eigene Welt aufspannen. Armin NASSEHI weist darauf hin, „daß diese Differenzierungen die Gesellschaft nicht in *Seins*bereiche, nicht in ontische Regionen einteilen. Vielmehr geht es hier nur um distinkte, nicht aufeinander abbildbare *Beobachtungsverhältnisse.*" (Nassehi 1993, 325) Diese systemtheoretische Theorieanlage folgt einem konstruktivistischen Paradigma, demzufolge Systeme erst durch Unterscheidungen entstehen. Binäre Codes benennen beide Seiten einer Unterscheidung und etablieren so einen rekursiven Kommunikationszusammenhang, der über die Codereferenz seine Grenzen bestimmt und seine Geschlossenheit als System erhält.

Mit dem Code entsteht eine Zuordnungsregel für Kommunikationen, die entweder im System anschlußfähig sind oder nicht. Der Fall des „oder nicht" umschreibt die Umwelt des Systems, die nur im Hinblick auf das System sichtbar wird, genauso wie umgekehrt das System nur im Hinblick auf seine Umwelt sichtbar wird: Mit dem System entsteht auch seine Umwelt. Die Teilsysteme der Gesellschaft lassen sich nicht zu einem Ganzen addieren, sondern entwerfen ihre Welt (System und Umwelt) je unterschiedlich selbst. Was wir von ihnen über die Welt erfahren, erfahren wir über ihre beobachtungsleitende Perspektive.

1. Gesellschaftstheoretische Perspektiven: Alterssemantiken

Diese Rückführung von Wissen auf standortabhängige Beobachtung[1] gilt nicht nur für die Gesellschaft und ihre Teilsysteme, sondern auch für Organisationen und Interaktionen als verschiedene Typen sozialer Systeme. Die Systemdifferenzierung der modernen Gesellschaft bezieht sich nicht nur auf die Unterscheidung von Teilsystemen, die sich als Funktionssysteme gleichen und in ihrer speziellen Funktionsorientierung unterscheiden. Den Verlauf gesellschaftlicher Evolution begleitet auch die Entstehung unterschiedlicher Typen sozialer Systeme. Als Systemebenen treten mit der Umstellung der Form primärer Differenzierung zunächst Gesellschaft und Interaktion auseinander, gefolgt von der Entstehung der frühen Organisationen des Mittelalters, die in der modernen Gesellschaft schließlich von so herausragender Bedeutung sind, daß sie das Etikett Organisationsgesellschaft rechtfertigen (vgl. Schimank 1994).

Wenn Niklas LUHMANN Systemebenen gesellschaftstheoretisch unterscheidet, trägt er damit der Beobachtung Rechnung, daß Erwartungen ein unterschiedliches Ausmaß an Stabilisierung aufweisen können. Mit der Benennung von Charakteristika der einzelnen Systemebenen nähere ich mich einer konkreteren Bestimmung dieses Unterschieds an. Sozialsysteme werden als *Interaktionen* beschrieben, wenn sie auf der Anwesenheit von Personen beruhen. Von *Organisationen* kann man sprechen, wenn Mitgliedschaftsbedingungen und Entscheidungstechniken identifiziert werden können. Als *Gesellschaft* wird das Insgesamt aller sinnhaften Kommunikationen bezeichnet. (Vgl. Kneer & Nassehi 1993, 111ff.) Während Interaktionen als Episoden eine zeitliche Begrenzung aufweisen, stellen Organisationen soziale, sachliche und zeitliche Verweisungsmöglichkeiten auf Dauer. Den Hintergrund für diese unterschiedlichen Formen der Konkretisierung von Erwartungen stellt die Gesellschaft bereit, innerhalb derer Interaktionen und Organisationen als gesellschaftliches Geschehen anschlußfähig sind. Am Beispiel von Interaktionen formuliert LUHMANN genauer: „Sie sind nur möglich, weil man weiß, daß gesellschaftliche Kommunikation schon vor dem Beginn der Episode [= Interaktion, I.S.] abgelaufen ist, so daß man Ablagerungen vorangegangener Kommunikation voraussetzen kann; und sie sind nur möglich, weil man weiß, daß gesellschaftliche Kommunikation auch nach Beendigung der Episode noch möglich sein wird." (Luhmann 1984, 553) Auf diese Weise entlasten sich gesellschaftliche Kommunikationen von einem Bezug aller auf alle und ergänzen gleichzeitig neue Beobachtungsperspektiven. Kommunikationen führen immer wieder auf den Ort zurück, von dem aus beobachtet wird: z.B. das Teilsystem, das hohem Alter Finanzkraft zuschreibt, Organisationen, die kranken alten Menschen helfen wollen, oder Interaktionen, die auf alte Menschen rücksichtnehmen.[2] *In den Grenzen sozialsystemspezifischer Limitierungen entstehen „altersspezifische" Zugriffe, die nicht ein bekanntes Phänomen in neuem Licht präsentieren, sondern dieses Phänomen jeweils neu konstruieren.* Wir erfahren dem-

---

[1] Die Standortabhängigkeit von Beobachtungen ist an anderer Stelle bereits thematisiert worden. (Vgl. Kap. IV.1) Die Wissenssoziologie, und an dieser Stelle speziell Karl MANNHEIM, hat schon sehr früh die Relativität von Wissen behauptet. Neu ist in diesem Fall die Radikalisierung dieses Phänomens im Hinblick auf die Unhintergehbarkeit perspektivischer Beobachtung, die keinen beobachterunabhängigen Standort mehr kennt. Zur weiteren Abgrenzung des systemtheoretischen Konstruktivismus vom Radikalen Konstruktivismus vgl. Luhmann 1990c; Nassehi 1993, 219ff; 1992.

[2] Der Fall des einzelnen, der sich über Alter Gedanken macht, also des psychischen Systems und seinen biographischen Identifizierungen, wird im Mittelpunkt des nächsten Kapitels stehen. (Vgl. Kap. IX)

zufolge nichts über alte Menschen, wenn wir diesen Kommunikationen folgen, aber viel über die Einmusterung dieses Themas in unterschiedliche soziale Systeme.

Der Begriff des „Altersbildes", der im allgemeinen auf seine Determination durch Machtverhältnisse hinweisen soll, findet hier seine Berechtigung nur im Hinblick auf seinen Produktstatus. Altersbilder sind *nur* Bilder, aber sie können nicht an einer allem zugrundeliegenden Realität gemessen werden. Sie werden entworfen und lassen sich über ihren Standpunkt qualifizieren. Altersbilder sind einer Perspektive verpflichtet, der man nicht Unvollständigkeit vorwerfen kann, weil die Unvollständigkeit ihrer Perspektive die Bedingung ihrer Entstehung ist. Auch daß sie selbst zumeist Vollständigkeit behaupten, ist nur über diesen Hintergrund zu verstehen, sollte aber nicht dazu verleiten, Vollständigkeit für möglich zu halten. Die moderne Gesellschaft kennt nicht *ein* Alter, sondern viele Altersbilder. Deren Konstruktion wird im folgenden auf den Ebenen Gesellschaft, Interaktion und Organisation nachgezeichnet.

2. Gesellschaft: Alter wird spezialisiert und generalisiert

Auf Gesellschaft wird im Rahmen der Alternsforschung zumeist als determinierende Sozialstruktur verwiesen (vgl. Kap. III.1): Alte Menschen erscheinen dann als Randgruppe. Die logischen Verwicklungen, zu denen dieses verallgemeinernde Vorgehen führt, waren der Ausgangspunkt für eine zwischen Gesellschaft, Organisation und Interaktion unterscheidende Theorieanlage. Hier soll nun zunächst Gesellschaft als umfassendstes Sozialsystem auf ihre Bedeutung für Altersbilder abgeklopft werden. Mit dem Attribut umfassend ist gemeint, daß sämtliches soziale Geschehen, also auch Interaktionen und Organisationen, Bestandteil der Gesellschaft sind. Damit ist jedoch nicht gemeint, daß Gesellschaft schlicht die Summe dieser Elemente ist. (Vgl. Kneer 1996, 362) Als Reservoir an Verweisungsmöglichkeiten konstituiert Gesellschaft eine bestimmte Form von Komplexität, die sich für die moderne Gesellschaft als funktionale Differenzierung beschreiben läßt. Wenn wir also nun nach den Altersbildern der modernen Gesellschaft fragen, können wir zunächst die einzelnen Teilsysteme auf ihre jeweiligen Konstruktionen untersuchen und erhalten so einen Überblick über einige der in der gegenwärtigen Gesellschaft möglichen Perspektiven auf hohes Alter. Dieser Umgang mit dem Thema 'Altersbilder' unterscheidet sich vor allem durch die Verwendung des Plurals von der gängigen fachtheoretischen Diskussion. Wie bereits erwähnt, muß von einer Mehrzahl an Altersbildern ausgegangen werden, da die moderne Gesellschaft keinen beobachterunabhängigen Standpunkt mehr kennt.

Die Streitigkeiten um wahre oder falsche Altersbilder können vor diesem Hintergrund genauer als *wissenschaftliche Kommunikationen* verortet werden. Im Subsystem Wissenschaft folgen Kommunikationen dem schon genannten Code wahr/unwahr. Viel besser als eine Diskussion der einzelnen wissenschaftlichen Ansätze zu Altersbildern verdeutlicht die Beobachtung einer Vielfalt an wissenschaftlichen Altersbildern die Funktionsweise dieses Teilsystems. Genau wie soziologische Versuche zur Bestimmung der Einheit der Gesellschaft müssen auch Altersbilderentwürfe sich immer wieder mit konkurrierenden Modellen auseinandersetzen. Die kommunikative Erzeugung von Altersbildern läßt sich parallel zu Peter FUCHS' Abgrenzung eines systemtheoretischen Einheitsbegriffs vom 'emphatischen' Einheitsbegriff einer integrationistischen Gesellschaftstheorie verdeutlichen: „Erstens macht er [der nichtemphatische Einheitsbegriff, I.S.] klar, daß jede Vorstellung der Einheit von Gesellschaft (auch diese) gesellschaftlich wirksam nur als Kommunikation unter vielen Kommunikationen ist; sie wird kommuniziert und damit unter nichtpsychische Anschlußbedingungen gesetzt. Zweitens, und damit zusammenhängend, wird deutlich, daß die Kommunikation der Einheit der Gesellschaft der Evolution ausgesetzt ist; sie kann vergessen oder prämiert werden, und für den Fall, daß sie prämiert wird, kann sie eine Zeit lang stabil bleiben und dann wieder instabil werden." (Fuchs 1992, 93) Altersbilder (auch dieses) basieren zumeist auf emphatischen Einheitskonzepten von Gesellschaft. In den ersten Kapiteln dieser Arbeit wurde der gesellschaftstheoretische Rahmen der unterschiedlichen Alters- und Alternstheorien abgesteckt. Die generalisierende Behauptung von Funktionslosigkeit, Ausgrenzung, Identitätsverlust oder Hilfebedürftigkeit im Alter rekurriert auf mehr oder weniger deutlich benannten zentrierenden Werten und findet damit ihre jeweilige Ausprägung.

Mit dem Hinweis auf die kommunikative Erzeugung von Altersbildern wird dem Leser zweierlei zugemutet: In einem ersten Schritt wird die gängige Vorstellung eines Altersbildes durch eine Mehrzahl von perspektivengebundenen Altersbildern ersetzt. In einem zweiten Schritt verweist jedoch genau dieses Verfahren auf die Bindung dieser Analyse an gesellschaftstheoretische Entwürfe und wird damit relativiert. Auch die soziologische Diagnose konkurriert mit anderen Einordnungen und wird dadurch relativiert. Dieses Phänomen begegnet einem in der Systemtheorie regelmäßig und wird als Paradoxieentfaltung geführt. (Vgl. Nassehi 1993, 188ff) Im Unterschied zu anderen Theorieanlagen weist die LUHMANNsche Systemtheorie keine beobachterunabhängigen Prämissen aus und begibt sich so immer wieder in den Zirkel selbstreferentieller Argumentation.

Der Gewinn dieser Theorieanlage für unsere Frage nach den Altersbildern besteht darin, daß erstmalig der Status dieses bislang etwas unscharfen Konzepts geklärt werden kann. *Bilder vom hohen Alter sind abhängig vom Blickwinkel und existieren auch dann, wenn sie wissenschaftlich widerlegt werden.*[3] Altersbilder sind Produkte von Beobachtungen und Beschreibungsleistungen. Deshalb lohnt es sich, nicht nur nach den Produkten zu fragen oder nach dem besten Produkt Ausschau zu halten und womöglich mit allerlei guten Gründen dafür zu werben. Vielmehr soll danach gefragt werden, wie solche Beobachtungen eigentlich zustandekommen. Anstatt also nun weiterhin eine unbelehrbare Öffentlichkeit, die an einem negativen Altersbild festhält, mit einem positiven Altersbild zu konfrontieren, sollen hier plurale Altersbilder untersucht werden.

Am bekanntesten ist sicherlich das Altersbild, das aus *medizinischen Kommunikationen* resultiert. Die Beschreibung alter Menschen als Patienten rückt die Irreversibilität des biologischen Alterungsvorgangs in den Mittelpunkt. (Vgl. Görres 1992) Im Anschluß an diese Perspektive ist die Konstatierung von Behandlungsunfähigkeit entstanden. Der „Pflegefall" alter Mensch erschien dauerhaft hilfebedürftig, von einer Besserung seiner Situation konnte nicht ausgegangen werden. Mit der Reform der Gesundheitsgesetzgebung in den 90er Jahren wird der Rehabilitation auch im Alter

---

[3] Wie schon erwähnt, begibt sich auch diese Argumentation in den Zirkel beobachterabhängiger Konstruktion, der ein unabhängiger Standpunkt fehlt. Der Erfolg dieses Vorgehens wird von einer Fachöffentlichkeit zugestanden, plausibilisiert sich aber nicht zuletzt auch über den empirischen Befund vieler Altersbilder.

Vorrang eingeräumt, die ambulante Hilfeleistung ist der stationären vorzuziehen. Diese Perspektive illustriert den Einfluß von Gesetzen und medizinischen Programmen auf das Altersbild. Der Code krank/gesund gilt zunächst für jede medizinische Kommunikation. LUHMANN erklärt die eigentümliche Funktionsweise des Codes im medizinischen System: „Der Positivwert vermittelt die Anschlußfähigkeit der Operationen des Systems, der Negativwert vermittelt die Kontingenzreflexion, also die Vorstellung, es könnte auch anders sein. Im Anwendungsbereich des Systems der Krankenbehandlung kann dies nur heißen, der positive Wert ist die Krankheit, der negative Wert die Gesundheit. Nur Krankheiten sind für den Arzt instruktiv, nur mit Krankheiten kann er etwas anfangen. Die Gesundheit gibt nichts zu tun, sie reflektiert allenfalls das, was fehlt, wenn jemand krank ist. Entsprechend gibt es viele Krankheiten und nur eine Gesundheit." (Luhmann 1990a, 186f.) Während der Code über die eindeutige Zuordnung von Kommunikationen die Schließung des Funktionssystems *konstant* sichert, entscheiden Programme *variabel* über die Art der Anschlußfähigkeit. Auch in bezug auf das Thema 'Alter' lassen sich programmatische Veränderungen beobachten. Mit dem Wechsel der Diagnose von Behandlungsunfähigkeit im Alter zur Rehabilitation zeichnet sich eine Wiederholung der Systemdifferenzierung innerhalb des Systems ab. An die Diagnose Krankheit schließen mit Hilfe der Zweitcodierung heilbar/unheilbar Programme an, die zwischen Akutmedizin und chronischer Krankheit bzw. Rehabilitation unterscheiden. Ansatzpunkt für diese Differenzierung sind jedoch nicht Personen mit spezifischen Eigenschaften, sondern Krankheitsbilder, deren Behandlung unterschiedliche Zeitressourcen in Anspruch nehmen. Während die Akutmedizin ihre Hilfeleistung im Hinblick auf schnellstmögliche Heilung optimiert, müssen rehabilitative und pflegende Einrichtungen einen größeren, wenn nicht gar überdauernden Zeitbedarf einkalkulieren. Die Effizienz einer solchen Zweitcodierung zeigt sich in der Stimulierung neuer Reflexionstheorien, in diesem Falle der Pflegewissenschaft. In Abgrenzung zum medizinischen Handeln formulieren Pflegekräfte eigenständige Inhalte ihrer Tätigkeit. (Vgl. Weber u.a. 1997, 39ff.)[4]

Diese Entwicklung auf den Einfluß der demographisch großen Gruppe 'alte Menschen' zurückzuführen, liegt auf der Hand. Mit der Zunahme des Anteils alter Menschen an der Bevölkerung verändert sich auch der Bedarf an medizinischer Behandlung, speziell an Rehabilitation und Pflege bei überdauernden Krankheiten. Interessant für unsere Frage nach dem gesellschaftlichen Umgang mit hohem Alter ist jedoch vor allem die Operationalisierung dieses Problems eben nicht in der Sozialdimension 'alte Menschen', sondern zunächst in der Sachdimension 'Krankheit' und dann in der Zeitdimension 'chronische Krankheit'. Im Gegensatz zur traditionellen Altenpflege, die mit der Konstatierung von Behandlungsunfähigkeit eher außerhalb des medizinischen Systems steht, gewinnt die Pflegewissenschaft mit der Betrachtung von speziellen Alternsprozessen als zeitlich überdauernder Krankheit Anschlußfähigkeit im medizinischen System. Nicht alte Menschen werden also inkludiert, sondern Menschen mit spezifischen Krankheitsbildern, hinter denen sich zumeist Alterser-

---

[4] Daß pflegewissenschaftliche Kommunikationen den Wert Gesundheit in den Vordergrund ihrer Autonomiebestrebungen stellen, widerlegt meine Analyse nicht. An die Stelle von Krankheits*bildern* Gesundungs*verläufe* zu setzen, variiert über das Programm das Ziel, behält aber die asymmetrische Orientierung an einer zuvor diagnostizierten (chronischen oder längerdauernden) Krankheit bei.

scheinungen verbergen. Dieser Unterschied ist entscheidend: *Das medizinische Altersbild vom zeitlich überdauernd pflegebedürftigen Menschen kennt kein hohes Alter, sondern konstruiert auf der Basis von biologischen Veränderungen Altersspezifika.* Die Generalisierung und Spezialisierung zu einem Altersbild der pflegebedürftigen Alten ist Resultat von funktionssystemspezifischen Kommunikationen.

Eine ganz andere Perspektive eröffnen *politische Zugriffe auf Alter.* Im Anschluß an die moderne Bestimmung des hohen Alters als Altersphase ist ein Kommunikationszusammenhang entstanden, der auf zwei Themen zurückgreift:

1. Alte Menschen repräsentieren eine große Wählergruppe.

2. Der 'Generationenvertrag' ist asymmetrisch zugunsten der Älteren.

Während die erste Beobachtung eindeutig die Frage nach der Macht einer gesellschaftlichen Gruppe stellt, spricht die zweite politische Möglichkeiten der rechtlichen Regulierung von Altersabsicherung an. Nimmt man beides zusammen, entsteht das Bild einer dominanten Gruppe von älteren Menschen, die politische Entscheidungen in ihrem eigenen Interesse instrumentalisieren.[5] Vor genau diesem Hintergrund ist Heidi SCHÜLLERs Kritik am Generationenvertrag entstanden. (Vgl. Schüller 1995) Demzufolge „laufen (wir) Gefahr, die Zukunft unserer Jugend auf dem Altar einer unrealistischen Altenpolitik zu opfern" (ebd., 74). Ihr Plädoyer für eine Öffnung des Wahlalters in die (mündige) Jugendphase und eine Schließung gegenüber der (unmündigen) Altersphase soll eine Orientierung politischer Entscheidungen an der großen Zahl der unproduktiven, aber anspruchsvollen alten Menschen verhindern. (Vgl. ebd., 179f.)[6]

Diese Verbindung von gesellschaftlicher Macht und Wohlfahrtsstaat wird von LUHMANN als Charakteristikum des politischen Systems bezeichnet. Ähnlich wie für das Wissenschaftssystem und die Medizin bzw. Pflege läßt sich auch im Falle politischer Kommunikation ein spezifischer Code benennen, der die Schließung des Funk-

---

[5] Klassisch führt die Alternsforschung bei der Frage nach Teilhabe am politischen System die Grauen Panther an. Doch der Versuch, Lobbyarbeit für das Alter zu leisten, ist definitiv gescheitert. Die Heterogenität der Gruppe alter Menschen widersteht dem Versuch, eine Interessenvertretung zu institutionalisieren. Schon eher funktionieren diese Mitbestimmungsmöglichkeiten auf kommunaler Ebene, wo das persönliche Profil des Seniorenbeauftragten relativ bekannt und die Ziele konkret operationalisiert sind. Der Nachvollzug semantischer Bezüge interessiert sich nicht für eine Aufteilung von Menschen auf Teilsysteme im Sinne von alten Politikern oder Firmenchefs, sondern für kommunikative Anschlußmöglichkeiten an das Thema 'Alter', in denen altersspezifische Inklusionen sichtbar gemacht werden.

[6] SCHÜLLERs Szenarien leiden nicht nur bei gegenwartsbezogenen Analysen an solchen Überzeichnungen. Kulturkritischen Stellungnahmen zu diesem Thema sehr ähnlich (vgl. Schelsky 1961 u. Kap. II.3), setzt auch sie die moderne Gesellschaft in Differenz zu einer vergangenen Zeit, in der alte Menschen einen exponierten Status innegehabt hätten. Demzufolge stellt sich die Situation „vor Jahrhunderten" so dar: "Das Altwerden in der Gemeinschaft gab den Greisen die Möglichkeit, die Lebensläufe der Nachfolgegeneration mitzuverfolgen. Sie hatten als Mittelpunkt der Familien oder Clans die Möglichkeit und Funktion, unterschiedliche Informationen zusammenzuführen, zu bündeln und oft auch zu bewerten. Den Alten blieb das Privileg der Reflexion. Sie hatten ihre Rolle, eine sehr konkrete Rolle. Ihr Rat war gefragt." (Schüller 1995, 26f.) Wie bereits in Kapitel VII ausgeführt, entbehrt eine solche verallgemeinernde Beschreibung jeder Grundlage. Sowohl in der Vergangenheit als auch in der Gegenwart hat es zwar solche Verhältnisse, wie die von SCHÜLLER beschriebenen gegeben. Einzig für die Zeit der Aufklärung läßt sich jedoch eine Dominanz dieses Altersbildes beobachten, womit noch nichts über die tatsächlichen Lebensbedingungen ausgesagt ist

tionssystems gegenüber anderen gesellschaftlichen Kommunikationen ermöglicht: Macht/Ohnmacht. „Macht ist die Möglichkeit, durch eigene Entscheidung für andere eine Alternative auszuwählen, für andere Komplexität zu reduzieren" (Luhmann 1972d, 162). Identifiziert man dieses „Problem der kollektiv bindenden Entscheidungen" (Luhmann 1995a, 103) als Funktionsbezug des politischen Systems, gelangen Mitbestimmungsmöglichkeiten, also Inklusionsbedingungen in den Blick. Mit dem Wechsel von der ständischen zur funktionalen Differenzierung werden Inklusionserfordernisse formuliert, die immer größere Teile der Bevölkerung einbeziehen. Den Unterschied zur traditionalen Gesellschaft bildet gerade die moderne, nun nicht mehr exklusive Zuordnung zu einem Teilsystem, sondern nur noch temporäre Inklusion in alle Funktionssysteme. Mit der Durchsetzung der politischen Inklusion über die allgemeine, freie und gleiche Wahl wird neben dieser Gleichheit jedoch auch die Ungleichheit der Lebensbedingungen sichtbar. „Vor dem Hintergrund dieser Inklusionsgebote wird die *Ungleichheit der faktischen Chancen* zum Problem; und dies genau deshalb, weil sie durch das Differenzierungsschema der Gesellschaft nicht mehr getragen, sondern funktionslos reproduziert wird." (Luhmann 1981b, 27) Alle Unterschiede zwischen Lebensverläufen werden so zu Unterschieden zwischen individuellen *Möglichkeiten* und können sich im Vergleich als Nachteile herausstellen. Für die Legitimation dieser Nachteile gibt es keine zentrale Sinninstanz mehr. Erst die nicht an die Person gebundene Inklusion rückt persongebundene Differenzen in den Vordergrund und verlangt nach Kompensation. LUHMANN stellt den Wohlfahrtsstaat aus diesem Grund in eine Beziehung zum Kompensationsprinzip der modernen Inklusion ins politische System. Nicht die Folgen der Industrialisierung würden — so LUHMANN — die Anspruchsgrundlage bereiten, sondern das moderne Phänomen, Unterschiede überhaupt als unlegitimierbare Differenzen zu erleben. Daß sich mit der Kompensation selbst auch wiederum Unterschiede ergeben, die Folgen der Kompensation also auch als Nachteil verstanden werden können[7], ist kein spezielles Problem des politischen Systems, sondern läßt sich in allen Funktionssystemen nachzeichnen. Der negative Codewert (Ohnmacht, Unwahrheit, Gesundheit, Nicht-zahlen-können) stattet als Reflexionswert die funktionssystemspezifischen Kommunikationen mit unendlichen Freiräumen aus. Neben der in den 70er Jahren inflationären Diagnose von der Ohnmacht gesellschaftlicher Randgruppen (vgl. Kap. III.1) verdeutlicht vor allem der Wert Gesundheit die Kontingenzbeschaffungsfunktion der anderen Seite des binären Codes.

Die Rolle der alten Menschen in diesem Diskurs über Macht und Ohnmacht ist bereits von Gerd GÖCKENJAN als politische Kommunikation zur Beschaffung von Handlungsressourcen analysiert worden. Die Inanspruchnahme von Generationensolidarität, bei der so unscharfe Gruppen wie Jung und Alt in einen sinnhaften Zusammenhang gebracht werden, verweist demzufolge auf die Leistungsfähigkeit emotionalisierter Etikettierungen von bösen gierigen oder guten bedürftigen alten Menschen.[8]

---

[7] Auch SCHÜLLER führt diesen Sachverhalt sicherlich zu Recht in ihrer Kritik an der „Pathologisierung des Alterns" an: „Die Aussicht auf Vollversorgung beschleunigt den Verfall der Betroffenen." (Schüller 1995, 29)

[8] Meredith MINKLER und Ann ROBERTSON zeichnen die Entstehung des Etiketts „greeedy geezers" vor dem Hintergrund knapper finanzieller Ressourcen nach. Demzufolge hat sich an dem Lebens-

2. Gesellschaft: Alter wird spezialisiert und generalisiert

„Auf der einen Seite variieren also die Argumente zwischen der alten Armuts- und Defizit-Assoziation und der Rentenerwartung als einem grundgesetzlich geschützten Eigentumsrecht. Auf der anderen Seite werden Rentnerberge, Altenluxus und um die Zukunft betrogene Jugend bemüht, vor dem Hintergrund, Kürzungen durchzusetzen." (Göckenjan 1993, 10)[9] Nicht so sehr die emotionale Aufladung erstaunt jedoch an diesem Phänomen, sondern vielmehr die gleichzeitige Behauptung von Bedürftigkeit und Überfluß. Eben dies kann — mit LUHMANN — als Charakteristikum wohlfahrtsstaatlicher Argumentation angesehen werden. Was sich aus der einen Perspektive als Vorteil herausstellt, kann im Vergleich auch ein Nachteil sein. Der Rückgriff auf das mikrosoziologische Muster der Generationen zur Erklärung makroökonomischer Verhältnisse von Ungleichheit (vgl. Göckenjan 1993, 5) muß nicht über die Vorteile moralischer Entscheidungsbindung erklärt werden. Die Notwendigkeit zu einem Vergleich ergibt sich vielmehr schlicht über die *Möglichkeit* zu einem Vergleich. Unterschiede können in vielerlei Hinsicht beobachtet werden und die Inanspruchnahme scheinbar homogener Gruppen wie Alt und Jung für die Formulierung von Ansprüchen reiht sich ein in die Riege der Interessenvertretungen und Lobbyisten. Beispielhaft konnte die Erzeugung einer kohärenten Perspektive mit Aspiration sogar auf autonome Theoriebildung am Fall des sozialpolitikwissenschaftlichen Einsatzes des Lebenslage-Begriffs in der Altersforschung beschrieben werden. (Vgl. Kap. V.2) In beiden Fällen, bei SCHÜLLER und bei Hans Peter TEWS' und Gerhard NAEGELEs Lebenslage-Forschung im Alter, läßt sich die von GÖCKENJAN kritisierte Verwendung von „Scheinkategorien" wie Alt und Jung beobachten. Ihren Halt finden sie nicht in den „realen" heterogenen Lebensverhältnissen, auch nicht in einseitigen Interessen zur Instrumentalisierung politischer Entscheidungen, sondern in der Sichtbarkeit vielfältiger Unterschiede, die — ohne Funktion — Kompensationsbedürftigkeit erzeugen. Alte Menschen erscheinen so, je nach dem, wer sich mit wem vergleicht, als bedürftig und überversorgt gleichzeitig. Der demographische Hintergrund addiert zu diesem Phänomen die Dimension von Gefährlichkeit und stimuliert zur emotionalisierten Annahme von „Generationskonflikten". Mit dem Altersbild des politischen Systems können wir ein weiteres Beispiel der semantischen Verdichtung von funktionalisierten Kommunikationen anführen. Im Gegensatz zu vorherigen Altersbildern stehen nun aber erstmals positive Aspekte im Vordergrund. Nicht gesellschaftliche Ausgrenzung, nicht biologischer Abbau, sondern politische Macht charakterisiert das hohe Alter, folgt man den Kommunikationen des politischen Systems.

Eine ähnlich positive Akzentuierung läßt sich aus *wirtschaftlicher Perspektive* beobachten. Anhand des Codes Zahlung/Nichtzahlung ordnen sich Kommunikationen

---

standard alter Menschen nicht viel geändert, wohl aber an ökonomischen Möglichkeiten zur Integration Jugendlicher in den Arbeitsmarkt. Den befürchteten Krieg zwischen jungen, armen, schwarzen und alten, reichen, weißen US-Amerikanern halten beide für ein ideologisches Argument, das nicht nur auf falschen Zahlen aufbaue, sondern dem auch noch dazu die moralische Verankerung in der Bevölkerung fehle. Unabhängig davon, ob man diese optimistische Einschätzung teilt, ist die Beobachtung von Entstehungsbedingungen solcher Altersbilder entscheidend: Sie sagen mehr über die Kriterien aus, die eine Perspektive begründen, als über einen objektiv erfaßbaren Gegenstand. Vgl. Minkler & Robertson 1991.

[9] GÖCKENJAN hat seine Analyse bereits zwei Jahre vor Heidi SCHÜLLERs spektakulärem Buch verfaßt. Seine Kritik greift auf ältere Veröffentlichungen zurück und weist so SCHÜLLERs neuen Einsichten den Status nahezu klassischer Argumentationsmuster zu.

einem Funktionssystem zu, das sich mit Hilfe des Mediums Geld, speziell dem Preis, von Informationen wie Alter unabhängig gemacht hat. Natürlich gehen mit unterschiedlichen Personenschablonen ausgestattete Menschen mit dem ihnen zur Verfügung stehenden Geld unterschiedlich um. Dieser Unterschied liegt aber nicht in der Geldförmigkeit dieses Mediums begründet, sondern umgekehrt: Das Desinteresse des Mediums Geld gegenüber Personenmerkmalen macht solche Unterschiede sichtbar. „Preise regulieren nicht nur die Zahlungen, die erfolgen, sondern auch die Zahlungen, die nicht erfolgen. Preise halten vom Kaufen ab. Sie tun dies nicht durch Disqualifizierung des Käufers, nicht im Anschluß an dessen Merkmale als Arbeiter, Bürger, Hausfrau, Neger, Schauspieler, Henker. Alle strukturellen Kombinationen von Personenmerkmalen und Zugangsbahnen zur Wirtschaft, wie sie in Europa bis zur Französischen Revolution üblich waren, sind aufgehoben." (Luhmann 1994a, 19) Die Inklusion erfolgt stattdessen über die Semantik von 'Bedürfnissen'; wohl gemerkt, nicht über „tatsächliche" oder „wahre" Bedürfnisse, sondern über schlicht alles, was als Bedürfnis kommunizierbar ist. Die Inklusion von alten Menschen verläuft demzufolge genauso wie die jüngerer Menschen. Unterschiede werden nur gemacht, wenn der Reflexionswert 'Nichtzahlung' spezielle Potentiale vermutet wie z.B. bei finanzschwachen, aber reiselustigen „Senioren", die mit Seniorentellern, Seniorenpreisen und Seniorenfahrten versorgt werden wollen, oder bei besonders finanzkräftigen, aber sparsamen alten Menschen, die gesondert angesprochen werden wollen, bevor sie ihr Geld ausgeben.[10] Entscheidend ist, daß hohes Alter für teilsystemspezifische Kommunikationen, d.h. hier Zahlungen, zunächst überhaupt keine Rolle spielt: Wer mit 20 Jahren Brötchen oder ein Sofa kauft, kann dies genauso noch mit 60 oder 80 Jahren tun.[11] Eine Spezialisierung auf Seniorenangebote setzt erst ein, wenn Nichtzahlungen registriert werden, sei es wegen Armut oder wegen Geiz. Wirtschaftliche Operationen schöpfen so einen zusätzlichen Anteil an realisierten Kommunikationen ab, verbessern also die Inklusion.[12]

Das Altersbild des mit mehr oder weniger Geld ausgestatteten Seniors stellt sich ähnlich einseitig und zugleich generalisierend dar wie alle anderen semantischen Zugriffe auf das Attribut 'hohes Alter'.[13] Mit dem Ziel einer Erweiterung der Inklusion

---

[10] Beispielhaft hat die Bayerische Hypobank diesen Weg gewählt. Um alte Menschen als Kunden anzusprechen, hat sie einen eigenen Kongress zu dem Thema „Positiv altern" mit entsprechend prominenten Altersforschern veranstaltet. Ein Vorstandsmitglied der Hypobank findet schöne Worte für die Interessen seiner Bank: „Erstens sind wir die Bank in Deutschland, die von jeher das größte Klientenpotential in der Altersgruppe ab fünfzig hält. Zweitens haben wir natürlich gerade dadurch frühzeitig gelernt, *daß der reifere Mensch höhere Service-Sensibilitäten hat und außerdem naturgemäß das Thema Geld sehr viel weiter gespannt sieht, als das der jüngere Mensch tut.*" (Dokumentation der Süddeutschen Zeitung zum 1. Kompetenz-Kongress der Hypo-Bank, 2, Herv. I.S.)

[11] Der Fall der Entmündigung, heute: Betreuung, reagiert auf dieses Phänomen. Auch verwirrte Menschen werden ihr Geld genauso schnell los wie Nicht-Verwirrte.

[12] Daß altersspezifische Kommunikationen weniger auf 'alte Menschen', sondern auf das Thema 'Alter' reagieren, verdeutlicht auch der wachsende Markt der Angebote zur privaten Altersvorsorge.

[13] Wem als Senior der generalisierende Effekt von Seniorenangeboten unangenehm ist, der kann auch zum Normalpreis ins Geschäft kommen und z.B. anstelle einer Seniorencard eine doppelt so teure Bahncard erwerben und sich jünger fühlen. Die Zahlungen selbst erfolgen unabhängig vom Alter, nur die Angebote können variieren.

wird Alter auf seine Kaufkraft abgeklopft und ähnlich wie in politischen Kommunikationen umworben.

Nicht in allen Teilsystemen können solche Spezialisierungen beobachtet werden. Die Partizipation an *rechtlichen, künstlerischen oder religiösen Kommunikationen* sieht kaum Sonderbehandlungen alter Menschen vor. Erst wenn Verknüpfungen mit wirtschaftlichen Operationen angestrebt werden, es also um den Verkauf von Kunst oder Erlösung geht, werden Kommunikationen nach dem oben beschriebenen Muster auf Alter zentriert. Gerade die unprätentiöse Inklusion alter Menschen in das Religionssystem verdeutlicht die Mechanismen der funktionalen Differenzierung. Die Unterscheidung von immanenten und transzendenten Erklärungsmustern kann für alle Menschen gleichermaßen zu einem Thema werden, scheint jedoch gegenwärtig — folgt man statistischen Analysen über Religiosität (vgl. Kecskes & Wolf 1996, 80f.) — vor allem für ältere Menschen an den traditionellen Kirchenbesuch gebunden zu sein. Ganz abgesehen davon, daß mit solchen Daten vermutlich eher Kohorteneffekte als Alterseffekte benannt werden, lassen sich daraus jedoch keine Rückschlüsse auf altersspezifische Charakteristika ziehen. Es werden ja eben keine speziellen Alterssemantiken in Anspruch genommen, um Inklusion zu gewährleisten.[14]

Die Fälle des Familien- und des Erziehungssystems stellen sich wiederum ganz anders dar. Zunächst zum *Familiensystem*. Es ist das einzige Teilsystem, in dem „ganze" Personen inkludiert werden, also prinzipiell alle Themen, die den einzelnen betreffen, auch der familiären Kommunikation zugänglich sind. (Vgl. Luhmann 1990b) Beschränkungen ergeben sich über Personschablonen wie Mann/Frau, Vater/Mutter oder Kind/Eltern, die jedoch auch intern neu bestimmt werden können. Was als männlich oder weiblich gilt, kann situationell gefaßt oder — wie alle es tun — konservativ problematisiert werden. FUCHS verdeutlicht die Konsequenzen solchermaßen „enthemmter Kommunikation" (Luhmann 1990b, 203): Der Begriff soll beschreiben, daß in „solchen Sozialsystemen (insbesondere: Familien) keine Person sich einer auf sie gerichteten Kommunikation umstandslos entziehen kann, aber gerade deswegen Kommunikationen inhibiert werden müssen, die die Einheit der Person (als Sediment der Systemgeschichte, als Bündel der Verhaltenserwartungen, die sie als Tochter, Sohn, Mutter, Vater adressabel machen) sprengen." (Fuchs 1992, 121f.) Nicht alles, was in der Familie interessiert, wird auch thematisiert.

Selbstverständlich betreffen diese Spezialbedingungen von intimer Kommunikation auch den Umgang mit alten Menschen. Aber: alte Menschen werden eben nicht nur als alte Menschen, d.h. als Großeltern inkludiert, sondern auch als Mann/Frau oder Vater/Mutter. Die Vernachlässigung dieser Kategorien durch die Alternsforschung erklärt sich über normative Verengungen des Familienbegriffs anhand des Normallebenslaufs, demzufolge alte Menschen über ihre Beziehung zu den Enkeln

---

14 Die klassische Alternsforschung folgt jedoch genau diesen Wegen und mißt schlicht die Beteiligung von alten Menschen an klassischen Handlungen der Funktionssysteme wie Wahlverhalten, Kirchgang und Kaufkraft. Allein die Quantität gibt dann Auskunft über den Status alter Menschen. Eine unproblematische „normale" Inklusion wie im Fall des Kunst- oder Religionssystems gibt dagegen Anlaß zu Überlegungen nach Unter- oder Überrepräsentation. Stellt man die Beobachtung um von quantifizierbaren Handlungen auf die Frage nach der Anschlußfähigkeit des Themas 'Alter', erhält man Daten zur spezialisierten Inklusion, nicht zur Desintegration oder Integration.

definiert werden. Die einseitige Orientierung am Großelternstatus und dementsprechenden Versorgungsansprüchen bzw. -bedürfnissen begründet auch Einseitigkeiten der historischen Alternsforschung. Peter LASLETT weist darauf hin, daß die Frage nach der Situation alter Menschen in der Vergangenheit allzu voreilig über die Familienform (Stamm- oder Kernfamilie) entschieden worden ist und vermutet stattdessen: „Der Ruhestand scheint ... in der Vergangenheit mehr durch eine bunte Sammlung von Notbehelfen als durch ein Bündel anerkannter Gebräuche und Institutionen abgesichert gewesen zu sein." (Laslett 1995, 177) Seiner Einschätzung nach waren die Familienstrukturen in den vergangenen 450 Jahren englischer Geschichte schon immer so vielfältig wie sie heute auch sind. Damit verliert aber die klassische, vom Alleinleben auf Alleingelassen-worden-sein schließende Forschung[15] ihre Berechtigung und familiäres Leben im Alter, ein Leben zu zweit oder auch als Single, rückt in den Vordergrund. Die Frage nach dem Status alter Menschen in der Familie läßt sich also nicht schlicht über Versorgungsmöglichkeiten beantworten, sondern muß auch selbstgewählte Intimbeziehungen berücksichtigen. Studiert man jedoch semantische Anschlußmöglichkeiten des hohen Alters im Familiensystem wird die alleinige Konstruktion des Alters über Abhängigkeitsbeziehungen deutlich. Wenn auf Alter rekurriert wird, geht es eben nicht mehr um Mutter/Tochter- oder Mann/Frau-Beziehungen, sondern um Hilfebedürftigkeit.[16] Genau diese Kommunikationszusammenhänge fokussieren Alter und erzeugen das Bild eines von familiären Hilfeleistungen abhängigen Alters. *Wenn die Alternsforschung dieser Semantik folgt, und nicht nach Inklusionsmöglichkeiten insgesamt fragt, sondern nach solchen, die das Ergebnis der Untersuchung schon im Namen mit sich führen, reifiziert sie genau diesen Zusammenhang.* So, wie sich familiäre Kommunikation mit Hilfe des Altersbildes vereinseitigt, so reduziert sich auch die Alternsforschung auf die Wiederholung teilsystemspezifischer Konditionierungen.

Der Fall der Neuinkludierung läßt sich im *Teilsystem Erziehung* beobachten. Mit der Auflösung des Normallebenslaufs und der Ausdehnung der 'Altersphase' sind auch alte Menschen zu Teilnehmern an Weiterbildungsmaßnahmen und Studium geworden. Im Unterschied zu allen anderen Teilnehmern erwerben jedoch 'Studierende im Alter' keine Chancen auf eine Plazierung im Berufsleben. Sie erwerben spezielle Scheine in denen z.B. Sozialkompetenz bescheinigt wird und eben nicht soziologische Kompetenz. Selbst wenn sie ein ordentliches Studium aufnehmen, verringern sich mit dem Alter ihre Chancen auf eine Nutzung dieser zusätzlichen Qualifikation. Um so dringlicher scheint die Beschaffung von Ersatzlegitimation über klassische Sinnangebote wie die griechische Eudämonia und die buddhistische Gegenwartsbezogenheit zu sein. (Vgl. Dittmann-Kohli 1990, Dittmann-Kohli & Staudinger 1992) Als Zeitvertreib der gehobenen Art findet sich das Seniorenstudium zunehmend mit anderen Weiterbildungsangeboten gleichgesetzt, in denen allgemeine, z.B. berufliche Inklusionsdefizite ausgeglichen werden sollen. Die Eingebundenheit in die organisatorischen Abläu-

---

[15] Das Stichwort 'abandoned' ist in der historischen Alternsforschung so oft aufgetaucht, daß ich es mir auch prompt bei einer ersten Sichtung des Materials als „typisches Altersphänomen" notiert hatte. (Vgl. Troyanski 1996)

[16] Wenn Großeltern selber Hilfe leisten und Enkel betreuen oder Schwiegersöhne bekochen, dann scheinen sie eben noch nicht altzusein. Alter dient dann als Folie, vor der diese Leistung sichtbar wird.

fe der Universität erfüllt dann ähnliche Funktionen wie eine Umschulung kurz vor der Rente. Ohne Organisation und Funktionssystem ineinssetzen zu wollen, soll hier dennoch von einer Inklusion in das Funktionssystem Erziehung gesprochen werden. Hier werden Chancen vorbereitet, über deren Nutzungsmöglichkeiten vermutlich erst zukünftige Lebensläufe Auskunft geben können. Die Kritik an einer Pädagogisierung des Alters (vgl. Gronemeyer 1987) ist demzufolge genauso wenig berechtigt wie es gerechtfertigt wäre, Erziehungsbedürfnisse einseitig bei jungen Menschen zu verorten. Mathilda W. RILEY und John W. RILEY Jr. beschreiben diese Entwicklung als Idealtypus einer „altersintegrierten Gesellschaft": „Hier sind die Altersbarrieren gefallen. Menschen jeden Alters stehen Rollenmöglichkeiten in allen Strukturen, Bildung, Arbeit und Freizeit offen. Das bedeutet, daß in allen gesellschaftlichen Bereichen Menschen aller Altersstufen zusammenkommen." (Riley & Riley 1992, 454)

Diese Vision, die sich schon fast als Schlußwort eignet, kann mit dem Instrumentarium der Systemtheorie präzisiert werden. Die Besichtigung der Teilsysteme der Gesellschaft auf ihren Umgang mit dem Thema Alter legt einen weit darüber hinausgehenden Schluß nahe. Alte Menschen, d.h. über 60jährige, sind bereits in allen Teilsystemen der Gesellschaft vertreten. Sie werden medizinisch behandelt, übernehmen Publikums- und Machtrollen der Politik, sind rechtsfähig (bis medizinisch das Gegenteil nahegelegt wird) und beteiligen sich an finanziellen Transaktionen. Zusätzlich zu dieser altersunabhängigen Inklusion lassen sich jedoch Altersbilder identifizieren, die aus semantischen Verdichtungen des Themas 'Alter' resultieren. Der pflegebedürftige alte Mensch, der mächtige alte Wähler, der kauffreudige Senior, sie alle repräsentieren teilsystemspezifische Spezialisierungen und Generalisierungen anhand des Differenzierungsmerkmals 'Alter'. Wenn man davon Abstand nimmt, diese Altersbilder auf ihren Wahrheitswert zu überprüfen, und sie stattdessen als perspektivische Entwürfe der Teilsysteme betrachtet, verlieren sie ihren Status als Indikator einer marginalisierten Bevölkerungsgruppe.[17] Einseitigkeiten verweisen nicht mehr auf Diskriminierungen und Defizite, sondern auf zusätzliche Inklusionsmöglichkeiten. LUHMANN erklärt diesen Befund folgendermaßen: „Der Begriff der Inklusion meint die Einbeziehung der Gesamtbevölkerung in die Leistungen der einzelnen gesellschaftlichen Funktionssysteme. Er betrifft einerseits *Zugang* zu diesen Leistungen,

---

17 Wer nach wie vor mit Mathilda W. RILEY und John W. RILEY, aber auch mit Martin KOHLI (vgl. 1990) Arbeit im Rahmen des Lebenslaufs als ein Teilsystem der Gesellschaft identifiziert, wird natürlich auf die besondere Bedeutung von Berufstätigkeit verweisen. Abgesehen von der nur noch beschränkten Bedeutung von Berufstätigkeit für biographische Selbstbeschreibungen (vgl. Kap. IV.1) fehlt es einem System Arbeit an einer formgebenden Unterscheidung. Setzt man zu diesem Zweck eine wertekonsentierte Gesellschaft voraus, wird man — wie FUCHS illustriert — mit vielen dissentierenden Positionen konfrontiert, die — z.B. via TV — jederzeit kommunikativ erreichbar und eben nicht marginalisiert sind. Rudolf STICHWEH benennt jedoch trotzdem für den Fall der Arbeitslosigkeit spezielle Inklusionsfolgen: „*Intimbeziehungen* und *Arbeit* teilen die Gemeinsamkeit, daß sie Bedingungen des Zugangs zu vielem anderen sind, und daß Personen, denen das eine oder gar beides fehlt, auch über die an sich auch für sie vorgesehenen komplementären Rollenstrukturen der Funktionssysteme nicht mehr ohne weiteres in gesellschaftliches Geschehen zu inkludieren sind." (Stichweh 1988, 174) Ob diese Diagnose heute noch stimmt und ob sie vor allem für alte Menschen anwendbar ist, läßt sich bezweifeln. In jedem Falle würde eine problematische Kombination, wie sie von STICHWEH beschrieben wird, wiederum nicht auf Alter, sondern auf Inklusionsprobleme verweisen, die gerade durch ihre semantische Leere und eben nicht wegen ihrer Altersspezifität problematisch sind.

andererseits *Abhängigkeit* der individuellen Lebensführung von ihnen. In dem Maße, als Inklusion verwirklicht wird, verschwinden Gruppen, die am gesellschaftlichen Leben nicht oder nur marginal teilhaben." (Luhmann 1981b, 25) *In dem Ausmaß, in dem der Zugang alter Menschen zu gesellschaftlichen Leistungen als alte Menschen verbessert wird, entstehen spezialisierte Alterssemantiken, die zusätzliche Inklusionen vorbereiten.* In ihrer Spezialisierung abstrahieren sie sowohl von individuellen Attributen als auch von den jeweiligen Altersbildern der anderen Teilsysteme. Der Sinn, den das Wort Alter dann ausflaggt, läßt sich mit FUCHS als „selbstläufige Limitation möglicher Kommunikationsverläufe" (Fuchs 1992, 85) beschreiben. Was Alter ist, glaubt jeder zu wissen, und trägt so dazu bei, den anderen, wenn er alt ist, auf eben dieses Merkmal festzulegen. Das kann natürlich individuell als unangenehm empfunden werden, läßt sich jedoch nicht über funktionssystemspezifische Kommunikationen, sondern vielmehr über interaktionsnahe Simplifizierungen erklären. Das folgende Kapitel erläutert diesen Zusammenhang.

3. Interaktion: Alter wird wahrgenommen

Forschungen zu Alterstypifizierungen greifen — ebenso wie die Geschlechterforschung — gerne auf soziale Situationen als Entstehungsort von Diskriminierungen zurück. Unter sozialen Situationen können dabei sowohl phänomenologische Lebensweltkontakte mit subjektivem Sinnhorizont verstanden werden als auch ethnomethodologische und interaktionistische Analyseeinheiten, die ohne Subjektbezug interpretiert werden. Mit Jaber F. GUBRIUM und Stefan HIRSCHAUER werden im folgenden zwei Vertreter dieser beiden Ansätze vorgestellt. Der anschließende Bezug dieser Forschungsergebnisse auf die systemtheoretische Sozialsystemebene der Interaktion ermöglicht eine Limitierung und damit auch Konkretisierung der Reichweite dieser Forschungsperspektive.

Der US-amerikanische Alternsforscher Jaber F. GUBRIUM hat in einer Studie über ein Altenheim auf unterschiedliche Perspektiven aller am Heimleben Beteiligter aufmerksam gemacht. In „Living and Dying at Murray Manor" (1975) kommt er zu dem Ergebnis: „What staff (= administration, director ... social worker) saw as good and efficient caregiving, floor staff could consider 'just getting the job done'. What a resident felt was time well spent chatting with a friendly aide, from the aide's point of view could be less time to complete other duties" (Gubrium 1993, 3). Der Befund einer parallelen Existenz mehrerer Welten wird im folgenden Kapitel mit den Möglichkeiten einer Organisationsanalyse näher erläutert. Innerhalb des sinnlimitierenden Rahmens einer Organisation lassen sich funktionale Kommunikationszusammenhänge identifizieren, die in ihrer Spezialisierung ein und denselben Sachverhalt in einen jeweils unterschiedlichen Sinnbezug einmustern. (Vgl. Kap.VIII.4)

Über diese Perspektivität organisierter Hilfeleistung hinaus ergänzt GUBRIUM seine Analysen um zwei weitere methodologische Komponenten: den Situations- und den Zeitbezug. Unter dem Etikett „socio-environmentalism" (Gubrium & Wallace 1990, 131) weist er zunächst auf den diskursiven Charakter dessen hin, was ein Alternsforscher erforscht. Nicht um *Tatsachen* könne es dabei gehen, sondern nur um die Nachzeichnung von *Konstruktionen*. (Vgl. ebd, 134; Gubrium & Holstein 1994, 176) „Having a natural scientific attitude also means that one orients to facts of ageing as if they were, in principle, self-evident parts of the concrete ageing experience, not artifacts of investigation or inquiry. [...] The idea, for example, that discontinuity as hypothetically linked with life dissatisfaction might be *used* by elderly people themselves to give shape and meaning to experience goes unrecognized." (Gubrium & Wallace 1990, 134f.) Diese Problematik der reflexiven Konstruktion des Forschungsobjekts sieht GUBRIUM in ihrer *situativen Bindung*, d.h. der Konfundierung von wissenschaftlicher und natürlicher Einstellung in der Forschungssituation begründet. Über diese an SCHÜTZ' Phänomenologie angelehnte Diagnose hinaus postuliert er als Ausweg aus diesem Dilemma die Ethnographie. Nur wenn man *Zeit mit den Beforschten* verbringe, verstehe man den Prozeß situativer Erzeugung von Sinn und die Widersprüchlichkeiten, die in dessen Verlauf notgedrungen entstehen müßten. „The constructed life informs us that what is told is pertinent to the here-and-now, indeed cannot be separated from the here-and-now. The constructed life only makes sense when we consider it in relation to the situation in which it is conveyed." (Gubrium 1993, 178)[18] Auch wenn es in diesem Zitat schon um biographische Perspektiven geht, die unter dem Titel 'Lebensrückblick' (vgl. Kap. IX) bearbeitet werden sollen, ordne ich GUBRIUMs Forschung als Interaktionsforschung ein. Der Hintergrund für diese Entscheidung wird deutlicher, wenn der Sinnbezug seiner ethnographischen Forschung geklärt ist.

GUBRIUM geht es u.a. auch um die Frage nach Identitätsentwürfen, vorrangig ist für ihn jedoch der Wunsch, das Handeln des anderen zu verstehen: „to obtain a profound understanding about persons and their worlds" (Sankar & Gubrium 1994, VII). Am Beispiel des Augenzwinkerns, das viele Bedeutungen haben kann, verdeutlichen Andrea SANKAR und Jaber F. GUBRIUM, in welcher Weise sie versuchen, die Realität des einzelnen möglichst wahrheitsgetreu wiederzugeben. (Vgl. ebd., IX) „To appreciate fully the twitch ... will require extensive knowledge about such areas of the subject's culture as the significances of interaction, assignation, gender roles, privacy, body language, demeanor, and decorum." (Ebd., XI) An anderer Stelle lassen sich weitere Aufzählungen zu Bestandteilen von Forschungsprozessen finden (vgl. ebd., VIII), die weniger auf die Vielfältigkeit von Ausdrucksmöglichkeiten als auf den Wunsch nach vollständiger Abbildung schließen lassen. Diese Zentrierung der Forschungsperspektive auf ein Subjekt, das Bedeutung situations- und zeitabhängig konstruiert, das aber auch konstitutiv ist für die Entstehung von Bedeutung insgesamt, verschiebt den Akzent der Forschung von wissenschaftlichen Theorien zu Alltagstheorien über Alter. Besser als Forscher können demzufolge alte Menschen selbst erklären, was Altern bedeutet.

Obwohl GUBRIUM und HOLLSTEIN bereits auf die Beeinflussung dieser natürlichen Einstellung durch wissenschaftliche Kommunikationen hingewiesen haben („... might be *used* by elderly people themselves ..." Gubrium & Hollstein 1990, 134f.), gehen sie nicht so weit, den substantiellen Charakter von Alternspozessen selbst zu bestreiten. Am Ende seines Buches „Speaking of Life: Horizons of Meaning for Nursing Home Residents" (1993) formuliert GUBRIUM: „Finally, I draw a lesson from reflecting on certain aspects of my own life. [...] Looking back on my own, still developing research career — seemingly filled with important research, momentous deci-

---

[18] GUBRIUM spricht deshalb auch von „hyphenated lives", die er erforscht. Vgl. Gubrium 1993, 178.

sions, and academic achievement — what do Myrtle Johnson and Alice Stern[19] tell me about destiny? [...] The stories and narratives are about *our* lives, whose horizons and linkages can form in many directions to give meaning to the years ahead." (Gubrium 1993, 188) Den Sinn, den die alten Menschen selbst erzeugen, kann GUBRIUM — so sein zusammenfassender Rückblick — identifizieren und in sein eigenes Leben transportieren, für sich nützlich machen. Eine Kritik an dieser Vorgehensweise, die über den Subjektbegriff die Substanz und die Verallgemeinerungsfähigkeit ihres Forschungsobjekts ableitet, läßt sich am Beispiel der Geschlechterforschung von Stefan HIRSCHAUER demonstrieren.

HIRSCHAUER behauptet, trotz konstruktivistischer Ansätze behandele die Soziologie das Phänomen der Zweigeschlechtlichkeit nach wie vor als „natürliche Tatsache". (Vgl. Hirschauer 1995, 668ff.) Die Erforschung von geschlechtsspezifischen Besonderheiten reifiziere zumeist biologische Unterscheidungen, ohne ihr eigentliches Thema, nämlich die soziale Erzeugung dieser Selbstverständlichkeiten, zu behandeln. Er nimmt eine wissenssoziologische Perspektive ein, mit deren Hilfe er alltägliche, aber auch wissenschaftliche Strategien der Geschlechtskonstruktion in den Blick bekommt. Seine ethnomethodologisch mit Harold GARFINKEL und Erving GOFFMAN formulierte These lautet, „daß die Zweigeschlechtlichkeit ein Darstellungs- und Klassifikationsphänomen ist, ein Merkmal der Sozialorganisation und nicht von Personen" (ebd., 668). Neben der Wirkung einer vorausgesetzten klassifikatorischen Praxis (vgl. Tyrell 1986) wendet er sich vor allem den Mechanismen episodischer Darstellungen zu, mit denen auf vielfältige Art kontingente Verhaltensmöglichkeiten beschränkt werden. An erster Stelle steht dabei der Körper, dessen Sichtbarkeit beim Gegenüber Wahrnehmungsprozesse ingang setzt. In der Begegnung von ego und alter ego — so HIRSCHAUER — wird in diesem Moment Geschlechtlichkeit erzeugt. Der Körper repräsentiert eine geschlechtliche Identifikationspraxis, die in der Interaktion selbst wieder mit kulturellen Verhaltenscodes konfrontiert wird. Entscheidend ist, daß die situative Bezogenheit aufeinander den Körper nicht zu einem Aggregat geschlechtlicher Substanz, sondern zu einem *Medium geschlechtlicher Repräsentation* erklärt. Diese „Bildförmigkeit" sozialer Wirklichkeit (vgl. Hirschauer 1989, 104) rückt Wahrnehmung als reflexive Wahrnehmung in den Vordergrund: Ich nehme wahr, daß der andere wahrnimmt, daß ich ihn als Mann wahrnehme. Ab diesem Punkt — so allgemeiner LUHMANN — entsteht mit doppelter Kontingenz ein soziales System. (Vgl. Luhmann 1984, 148ff) HIRSCHAUER konkretisiert dieses Phänomen als situationsabhängige Darstellung. „Von 'Darstellung' zu sprechen, heißt weiter, die Bedeutungsdimension sozialen Verhaltens nicht in einem 'subjektiv gemeinten Sinn', sondern in sozialen Situationen zu lokalisieren." (Hirschauer 1989, 104)

Ab hier wird der Kontrast zu GUBRIUMs Argumentation deutlich. Während GUBRIUM eine Vielzahl an Situationsbestandteilen auf ihre Stimmigkeit mit einem schon vorausgesetzten Marker, hier: Alter, überprüft und dann „versteht", versucht HIRSCHAUER genau diesen Prozeß des Verstehens zu zerlegen und auf die interaktive Konstruktion von Wissen über Geschlechtlichkeit oder eben auch Alter aufmerksam zu machen. HIRSCHAUER weist mit anderen Geschlechterforschern darauf hin, daß

---

[19] Myrtle Johnson und Alice Stern sind zwei Interviewpartnerinnen seiner Untersuchung.

3. Interaktion: Alter wird wahrgenommen

prinzipiell alles geschlechtlich signifiziert werden kann. Hinter bestimmten Gesten, Ausdrucksweisen oder Haltungen verbergen sich demzufolge nicht mehr an eine natürliche Disposition gebundene Symptome, sondern beobachtete, erlernte, bestätigte oder abgelehnte Verkörperungen von situativ möglichem Verhalten. Das forschende Interesse konzentriert sich nun nicht mehr auf *das* Geschlecht bzw. das Alter, das jeweils überzeugend dargestellt, verzerrt oder geleugnet werden kann, sondern auf kontingente Möglichkeiten im Umgang mit den vielfältigen „Werkzeugen" der Sexuierung bzw. — bezogen auf Alter könnte man sagen — der Seniuierung.

Die trotzdem zu beobachtende Stabilität der Zweigeschlechtlichkeit begründet HIRSCHAUER auf genau diesem Fundament kontingenter Möglichkeiten. Nur weil viel mehr Varietät möglich wäre, werden Klassifikationen zur Strukturbildung in sozialen Situationen genutzt. Diese für soziale Systeme grundlegende Funktion der Reduktion von Komplexität (vgl. Luhmann 1984, 48ff.) wird von HIRSCHAUER äquivalent als kulturelle Formung des Körpers eingeführt. „In der Hervorbringung von Darstellungen wirkt diese Formung des Körpers in zwei Hinsichten: Sie bietet ein Trägheitsmoment, das es Akteuren erschwert, umstandslos auf ein anderes Darstellungsrepertoire zurückzugreifen, und sie macht den Körper zu einem Gedächtnis, das als Ressource für die Mühelosigkeit einer bestimmten Darstellung funktioniert." (Hirschauer 1995, 674) Entscheidend ist allerdings, daß der Körper nicht nur zur Strukturbildung in eben diesem Sinn beitragen *kann*, es ist auch *funktional*, ihn dafür in Anspruch zu nehmen. HIRSCHAUERs Gesellschaftsbild erschöpft sich jedoch in der Zusammenfassung kultureller Regeln, deren Bearbeitung den einzelnen in der Gesellschaft verortet. Seine Konzentration auf Interaktionen beschreibt folgerichtig nicht nur einen Fall von sozialem Kontakt, sondern die Prototypik. Was HIRSCHAUER fehlt, ist eine strukturelle Herleitung von gesellschaftlicher Komplexität, unter deren Bedingung Vielfalt (bei HIRSCHAUER: Kultur) möglich und ihre Reduktion nötig ist. Die mit Wahrnehmung gegebenen Vorteile für die Auflösung von doppelter Kontingenz werden von HIRSCHAUER nicht gewürdigt. Bevor wir jedoch zu einer Einordnung der Interaktion als sozialem System schreiten und diese Kritik plausibilisieren, sollen zunächst noch die positiven Seiten von HIRSCHAUERs Argumentation beleuchtet werden.

Seine Ausgangsposition — geschlechtliche Identifizierungen sind prinzipiell kontingent — ermöglicht ihm, zwei Fragen zu stellen und zu beantworten. Die erste Frage nach der situationsübergreifenden Stabilität von Zweigeschlechtlichkeit trotz anderer Möglichkeiten beantwortet er (s.o.) mit dem Hinweis auf die kulturelle Formbarkeit des Körpers. Die zweite Frage ist bei weitem spannender und kann von ihm aufgrund seines ethnomethodologischen Ansatzes auch überzeugender beantwortet werden: Wie läßt sich ein Verhalten bezeichnen, bei dem eben nicht auf Geschlechtlichkeit eingegangen wird? HIRSCHAUER spricht vom „Undoing gender" (ebd., 676) als dem Fall einer Neutralisierung der Geschlechterdifferenz. Beispiele für dieses Phänomen lassen sich viele finden: Thematische Konzentration auf eine Arbeit, langes Vertrautsein miteinander und Regeln zur Geschlechtsneutralität (Sauna) können zu einer Nichtbearbeitung des Themas 'Geschlecht' führen. Schwierigkeiten bei der Definition dieses Befunds ergeben sich im Hinblick auf die Gefahr einer erneuten Ontologisierung dieser Kategorie als anderer Seite von geschlechtlichen Identifizierungen, die damit ihren Zugang zur sozialen Wirklichkeit eben doch wieder über geschlechtliche Identifizierungen findet.

Das Phänomen, dem HIRSCHAUER dank ethnomethodologischer, an der Situation interessierter Feinarbeit auf die Schliche gekommen ist, läßt sich jedoch wiederum mit den Mitteln einer Gesellschaftstheorie besser erfassen. Nicht die *Option*, innerhalb einer Interaktion auf Geschlecht einzugehen oder es zu neutralisieren, auch nicht — systemtheoretisch — die *Notwendigkeit*, etwas zu thematisieren, sondern vielmehr die *Offenheit*, Geschlecht oder etwas anderes zu thematisieren, überrascht in diesem Fall. Während HIRSCHAUER vorrangig den gesamten Ballast kultureller Codes durch Interaktionen hindurch retten muß und folgerichtig nur positiv von der Neutralisierung von Geschlechtlichkeit sprechen kann, ermöglicht die LUHMANNsche Ebenendifferenzierung (Gesellschaft, Organisation, Interaktion) eine Entlastung der analytischen Kategorie Interaktion und ihre Öffnung für nur temporäre Themen.

Bereits oben wurde angedeutet, daß Interaktionen systemtheoretisch als soziale Systeme gefaßt werden. Unter Bedingungen der Anwesenheit von Personen bzw. der Entscheidung über die Anwesenheit von Personen[20] lassen sich Limitierungen sozialen Handelns beobachten, die auf einen eigenständigen Systemtypus schließen lassen. Peter FUCHS formuliert: In dieser „Zone des Wahrnehmens von Wahrnehmungen des Wahrgenommenwerdens ... wird jener Selektionsdruck erzeugt, der die Ausdifferenzierung des Interaktionssystems einleitet und begleitet. Das Wahrnehmen der Wahrnehmung anderer bei Wechselseitigkeit dieses Prozesses bringt *doppelte Kontingenz* ins Spiel, die es fast unmöglich macht, Systementstehung zu vermeiden." (Fuchs 1992, 187) Die Begriffe 'doppelte Kontingenz' und 'System' werden in diesem Satz definitorisch aufeinander bezogen. Dahinter steckt die Überlegung, daß die Bezogenheit sozialer Kontakte aufeinander eine Rekursivität von Kommunikationszusammenhängen schafft, die nicht von vorkonsentierten Werten gelenkt wird.[21] Kommunizieren gelingt stattdessen nur, weil eine thematische Konzentration die Möglichkeiten operativ einschränkt im Hinblick auf alles andere und öffnet im Hinblick auf das Thema. Organisationen können so vom Spezialfall fremdgehender Ehefrauen absehen, solange diese ihrer, dem Arbeitsvertrag entsprechenden Arbeit nachkommen. Viel schwieriger wird dies im konkreten Fall der Interaktion. Wer diese Information von seiner Gesprächspartnerin hat, kann sie auch zum Thema werden lassen. Wenn nun die Frau mit dem „lockeren Lebenswandel" selbst vermutet, daß ihr Gegenüber über diesen Tatbestand informiert ist oder — noch schlimmer — alle wissen, daß alle es wissen, können die peinlichsten Situationen genau dadurch entstehen, daß alle einen thematischen Bezug voraussetzen, der nicht offiziell eingeführt worden ist. Mit dieser Argumentation soll nicht das Unbewußte wiederbelebt werden, sondern — im Gegenteil — die Offenheit einer Kommunikation demonstriert werden, die nur auf Anwesende und alles, was mit ihnen assoziiert werden kann, rekurriert.

Sowohl GUBRIUM als auch HIRSCHAUER setzen an diesem Phänomen an. GUBRIUM möchte gerne alles miteinbeziehen, was den unterstellten subjektiven Sinnhorizont abrundet, und HIRSCHAUER wundert sich über die Vielfalt, die in der Kom-

---

[20] Servierpersonal und Taxifahrer werden z.B. zumeist als ausgeschlossen betrachtet. Vgl. Luhmann 1984, 560f.

[21] Vgl. im Gegensatz dazu das parsonianische Modell, demzufolge die unhinterfragbare Geltung von gemeinsam geteilten Werten und Normen das Problem der doppelten Kontingenz auflöst. Vgl. Kap. II.1.

3. Interaktion: Alter wird wahrgenommen

bination der Situationsaccessoires entsteht. Während GUBRIUM aufgrund seiner Forschungen die gängigen wissenschaftlichen Theorien zum Altern als zu starr, nicht situationsangemessen ablehnt, findet HIRSCHAUER in dem gleichen Befund Hinweise auf einen unangemessenen Theoriehintergrund und empfiehlt, anstelle des Subjekts die Situation selbst zu fokussieren und die Konstitution von sozialer Wirklichkeit auf die Ebene der Interaktion zu verlagern. An schön gewählten Beispielen aus der Forschung zu Transsexuellen illustriert er, wie sehr die Wahrnehmung von z.B. Weiblichkeit von einem kontrastierenden Setting abhängt. Schon ein männlicher Begleiter oder erstaunlicherweise auch ein männliches Outfit lassen feminine Züge einer Mann-zu-Frau-Transsexuellen viel besser zur Geltung kommen als das zu auffällige Bemühen um eine Rund-um-Weiblichkeit. Was wir wahrnehmen, läßt sich demzufolge eher interpretieren als eine Selektion, die sich über das Thema 'Weiblichkeit' plausibilisieren läßt, als eine Form von Weiblichkeit, die jemandem entweder eigen ist oder nicht. HIRSCHAUER formuliert diesen Sachverhalt folgendermaßen: „es hat den praxeologischen Aspekt, daß Personen bestimmte Gesten, Gesichter und Haltungen nicht als ihre geschlechtlichen Eigenschaft haben, sondern umgekehrt ihr Geschlecht nur als Eigenschaft jener Gesten und Tätigkeiten haben: es liegt in sozial organisierten Praktiken." (Hirschauer 1995, 670) Mit anderen Worten: Mit dem, was man in Interaktionen bezüglich Geschlecht, Alter, Ethnizität usw. erforschen kann, liegen keine Daten über psychische Singularitäten oder verallgemeinerungsfähige Hintergrundmotivationen in sozialen Kontakten vor; alles, was man sieht, sind Beobachtungen über Wahrnehmungsmöglichkeiten und Selektionstraditionen.

In Weiterentwicklung zu HIRSCHAUER läßt sich mit dem Systembegriff — wie angekündigt — diese wahrnehmungszentrierte Perspektive noch steigern. HIRSCHAUER hat bereits darauf hingewiesen, daß 'Doing gender' gerade auch dort praktiziert werden kann, „wo es 'unsachgemäß' einen Organisationszweck unterwandert und die Bedeutsamkeit der Geschlechterdifferenz mit Hilfe eines Kontrastgewinns hochtreibt." (Hirschauer 1995, 679) Für die Frage nach der Diskriminierung von Frauen heißt dies, daß Frauen unter Umständen nur „zufällig" als Frauen angesprochen werden, weil sich dieses Thema so wohltuend abhebt von allem, was sonst gerade verhandelt werden müßte. Es geht in diesem Fall also nicht um eine Demonstration von männlicher Macht oder eine hormonell zu erklärende Reaktion von Männern auf Frauen, sondern um die Passung eines Themas in einen Gesamtrahmen. Frau zu sein, ist damit nicht nur genauso ein Thema, wie behindert zu sein (vgl. Hirschauer 1995, 677), sondern gleichgestellt mit Themen wie Rente, Maschinenlaufzeiten oder dem Tabellenstand der Bundesliga. Daß die Erfahrung, als Frau auf Weiblichkeit angesprochen zu werden, andere Konsequenzen hat als die Debatte über Maschinenlaufzeiten, ist theoretisch nicht mehr in der Interaktion, sondern in biographischen Identifizierungen zu verorten, die über die 'Person' als Adressaten von Kommunikation (vgl. Luhmann 1991a) wieder Eingang in die Kommunikation finden können. Interaktionen setzen zumeist voraus, daß Geschlechtlichkeit bereits biographisch etabliert worden ist.

Die Infragestellung dieser Kategorie in Kommunikationen, die solcherart Festlegungen als Diskriminierung behandeln, gewinnt ihre Brisanz erst vor diesem Hintergrund reflexiver Wahrnehmung. Man hat als auffälliges Merkmal an dem anderen seine Behinderung gesehen, darf sie jedoch nicht thematisieren, weil damit traditionell einschränkende Verhaltensweisen verbunden waren. Die Folge ist, man schämt sich, weil man einem Rollstuhlfahrer — genauso wie jedem Nicht-Rollstuhlfahrer auch — die Tür aufgehalten hat. Diese Beobachtung verweist auf den besonderen Stellenwert, der visuellen Informationen über Personen zukommt. Im Unterschied zum Thema 'Rente' wird Behinderung der Person zugerechnet, also von der Sach- auf die Sozialdimension transportiert, und sie erscheint zudem als besonders dominant, da sie als visuelle Information einen engeren, wiewohl diffuseren Realitätskontakt suggeriert. (Vgl. Hirschauer 1995, 673; Luhmann 1984, 553)

Auf dieser Grundlage wende ich mich nun erneut dem Phänomen interaktionistisch erzeugter Altersbilder zu. Schon ein erster Blick überzeugt uns im Gespräch mit einem Unbekannten über sein Alter.[22] Aber schon nach wenigen Sätzen kann genau diese Information ihre prominente Stellung einbüßen und ersetzt werden durch ein altersloses Interesse an Überraschungseiern oder Fehlerprotokollen. Dennoch ist es wahrscheinlich, daß die Kommunikation in unterschiedlichem Ausmaß auf das Lebensalter wieder rekurriert. Ebenso wie für Geschlechtlichkeit gilt auch für das Lebensalter, daß sich alle Bestandteile einer Situation geschlechtlich bzw. altersspezifisch signifizieren lassen. Einen Termin vergessen zu haben, kann anders interpretiert werden, je nachdem, ob man als Professor vor seiner Emeritierung steht oder nicht. Sich an den Puppen seiner Kindheit zu freuen, kann einen problematischen Eindruck erzeugen, wenn man „auf die 70 zugeht". Ob jemand schon immer vergeßlich war oder gerade unter besonderen Belastungen steht, ob sie die Puppen nur bei sich zwischengelagert hat oder sie schon immer gerne um sich herum hatte, diese Informationen können je nach Kenntnisstand der Beteiligten zu dem Bild eines alternden Menschen aufgerundet, aber auch vernachlässigt werden. Nicht nur der von HIRSCHAUER bemühte Fundus an kulturellen Regeln ist dafür verantwortlich, daß wir uns bemühen müssen, solche Zentrierungen auf Personenschablonen zu neutralisieren. Vor allem die kommunikative Offenheit von wahrnehmungsgesättigten Interaktionen ermöglicht uns, Alterstypifizierungen am Leben zu erhalten und zu Altersbildern zu verdichten. Wir wissen, daß der andere fürchtet, als alt angesprochen zu werden, und wir versichern ihm, daß er trotz seines (sichtbaren) Alters noch verschiedenes kann, viel jünger aussieht und noch lange nicht als Senior angesprochen werden sollte, und wir tun damit nichts anderes, als auf sein Alter hinzuweisen. Wenn also in der Forschung nach Ursachen diskriminierender Akte ein Determinationszusammenhang behauptet wird (vgl. Kap. III), dann müßte der determinierende Faktor stärker in unseren biographischen Verunsicherungen als in gesamtgesellschaftlichen Motiven gesucht werden.

Ich fasse den Gang der Argumentation noch einmal zusammen: Das Phänomen von Kommunikationen, die mit einem Ort und einer gemeinsamen Zeitbindung ausgestattet sind, ist von Jaber F. GUBRIUM für die Alternsforschung entdeckt worden. Er hat auf die situationsabhängige Konstruktion von Altersbildern hingewiesen und sie — im Rückgriff auf das Subjekt — qualifiziert. Diese Ontologisierung von anthropologischen Merkmalen ist von HIRSCHAUER am Beispiel der Geschlechterforschung kritisiert worden. Die Situationsabhängigkeit von geschlechtsdiskriminierenden Handlungen ist ihm ein Hinweis auf eine eigenständige Ebene sozialer Ordnung: die

---

[22] Zumeist wird nur ein relatives Alter wahrgenommen, dessen Maßstab soziale Positionen, verwandtschaftliche Verhältnisse usw. liefern.

Interaktion. Charakteristikum dieser Interaktion ist Kontingenz und damit auch die Möglichkeit zum Nichtvorhandensein geschlechtlicher Markierungen. Mit der darüber hinausgehenden systemtheoretischen Einordnung von Interaktionen als einer Ebene sozialer Ordnung und damit als einem speziellen Systemtyp wird sowohl die Offenheit interaktionsspezifischer Kommunikationen erklärt (Alter ist ein Thema unter vielen) als auch ihre Geschlossenheit (über Personen als Adressaten der Kommunikation gewinnen vor allem auch biographische Identifizierungen an Bedeutung und werden reflexiv bearbeitet). Was GUBRIUM zu Anfang seiner Formulierungen vermutet hat, daß alte Menschen sich in Forschungen zu einem schon beforschten Altersbild verhalten, läßt sich so radikalisieren: *Mehr oder weniger vorstrukturierte „Zufälle" halten das hohe Alter als Thema im Gespräch und verwischen so die Grenzen zwischen einem tatsächlichen, einem aufgezwungenen und einem wissenschaftlichen Altersbild.* Ob wir sie wollen oder nicht, Altersbilder sind einige von vielen Möglichkeiten, Wahrnehmungen zu kanalisieren, und nicht zu guter Letzt wird zumindest ihre wissenschaftliche Erforschung ihre Existenz sichern.

4. Organisation: Über Alter wird entschieden

a) Am Beispiel: Altenheime und Sozialstationen

Der Spezialfall der *Schwerstpflege*, der von Christoph CONRAD und Hans-Joachim von KONDRATOWITZ als ein zentraler Grenzbereich der Alternsforschung benannt wird (vgl. Conrad & Kondratowitz 1993), läßt sich in Organisationen der Altenhilfe beobachten. Wenn man Pflegebedürftigkeit als eine der charakteristischen „Repräsentationen des Alters" (ebd., 1) in der modernen Gesellschaft identifiziert, müßten sich in den organisatorischen Strukturen entsprechender Hilfeinstitutionen altersspezifische[23] Elemente wiederfinden lassen. In einer empirischen Untersuchung habe ich mich mit Hilfe von qualitativen Methoden der Sozialforschung auf die Suche nach eben solchen Charakteristika gemacht. Das Datenmaterial bestand aus 20 ca. 50minütigen Interviews, die einem halbstrukturierten Leitfaden folgten. Mein Interesse konzentrierte sich auf typische Episoden sowohl in negativer als auch in positiver Akzentuierung. Von den Interviewpartnern stammen 10 aus dem stationären und 10 aus dem ambulanten Bereich, 16 sind weiblichen, 4 männlichen Geschlechts, 11 sind Altenpfleger, 9 Krankenpfleger. Insgesamt sind 14 Institutionen an der Untersuchung beteiligt, die sich hinsichtlich der Trägerschaft (evangelisch, katholisch, kommunal), der Größe (zwischen 71 und 166 Plätzen) und der Schwerpunktsetzung im Wohn- bzw. Pflegebereich unterscheiden.[24]

---

[23] Am Beispiel der Geschlechterforschung hat Stefan HIRSCHAUER auf die Problematik einer Unterstellung von geschlechtsspezifischen Strukturen aufmerksam gemacht. Demzufolge müßte z.B. der Arbeitsmarkt, die Sozialisation oder die Rolle Geschlechtsmerkmale besitzen wie etwa Tiere oder Menschen. Stattdessen zieht er den Begriff der „Sexuierung" vor, um auf die interaktionistische Konstruktion von Geschlechtlichkeit hinzuweisen. Vgl. Hirschauer 1994. (Vgl. Kap. VIII.3)

[24] Diese Untersuchung wurde 1992 im Rahmen einer Diplomarbeit innerhalb eines größeren Forschungsprojekts durchgeführt (vgl. Saake 1993). Unter dem Titel „Subjektive Alterstheorien von professionell Tätigen in der Altenhilfe" sind von der 'Forschergruppe Soziale Gerontologie' an der Fachhochschule und Universität Münster 50 narrative Interviews geführt worden, aus denen ein Fragebogen mit typischen Episoden konzipiert worden ist. Über die Bewertung und den Umgang von

b) Themen: Klientel, Pflegeorganisation und professionelle Selbstdarstellung

Übereinstimmend konnten den Erzählungen der Pflegefachkräfte Informationen zu drei Themenbereichen entnommen werden: zur Person des Bewohners/Patienten, zur pflegerischen Hilfeleistung und zur beruflichen Selbsteinschätzung. Vergleicht man diese Informationen, dann lassen sich für den ambulanten und den stationären Bereich der Altenhilfe unterschiedliche Ergebnisse aufführen.

Die organisatorischen Perspektiven führen zu ungleichen Perspektiven auf die *Klientel*. Während im stationären Bereich die Anwesenheit der *Bewohner* als Ursache permanenter und damit auch gleichzeitiger Ansprüche gesehen wird, findet im ambulanten Bereich eine Differenzierung der *Patienten*[25] auf der Grundlage eben dieser Ansprüche statt. Konsequenzen hat dies für die alten Menschen besonders hinsichtlich der von ihnen erwarteten Fähigkeiten. Offensichtlich ist mit der stationären Unterbringung auch die Unterstellung umfassender Hilfebedürftigkeit verbunden. Gerade Abhängigkeit ist jedoch eine Eigenschaft, die aus der Perspektive der Sozialstationen alte Menschen von der Möglichkeit, als Patienten aufgenommen zu werden, ausschließt. Die selbständige Lebensführung oder die stellvertretende Wahrnehmung dieser Aufgaben durch Angehörige wird in der ambulanten Pflege vorausgesetzt. Zwei Zitate aus dem stationären (S) und dem ambulanten (A) Bereich sollen diese Unterschiede verdeutlichen:

(S) Also gibt's-, äh, wie gesagt, wir haben 20 Bewohner auf einer Station, und jeder hat auf seine Art und Weise, äh, ja, also so spezielle Eigenarten. So zum Teil sehr liebenswert, zum Teil weniger liebenswert [...]. Frau G. regt sich auf, Fräulein K., äh, rennt pausenlos in die Küche, äh, Frau J. räumt alle Blumen von den, äh, Bänken runter, Frau F. ißt unheimlich gerne Zigarettenkippen, äh, ja, ich könnt' da Tausend Sachen aufzählen, die alle zur gleichen Zeit passieren, unter Umständen. Und, äh, is' halt, wie gesagt, sehr anstrengend. (Herr K. 11/33-12/08)

(A) Also das zeigte mir, also daß Gemeindekrankenpflege ohne Angehörige kaum möglich ist, ne. So wie z.B. die Frau W., die Frau-, die Nichte, die da auch schon mal einige Sachen macht, und am Wochenende macht sie das ja auch. Und dann, also habe ich das gezeigt, wie man das macht, wie man die Fersen verbindet und was da draufkommt, und daß sie schon mal das Fußbad selber macht. Das kann man den Leuten auch erklären, und dann machen die das schon mal, ne. Und ohne Angehörige könnte Frau W.-, z.B. alleine leben könnte sie nicht mehr, ne. Also die müßte dann zwangsläufig ins Pflegeheim. So kann sie aber noch zu Hause leben in dem Haus, wo sie auch ihr Leben verbracht hat, ne. Also so, jedenfalls unterm Strich, das-, ist Gemeindekrankenpflege ohne Angehörige meiner Meinung nach kaum möglich, gar nicht eigentlich, so. (Herr N. 21/6-20)

Weitere Unterschiede ergeben sich hinsichtlich der *Pflegeorganisation*. Die Dominanz institutioneller Einflüsse in Altenheimen wird an der die Bedürfnisse chronologisierenden Ausrichtung des Arbeitsablaufs deutlich. Die stationär beschäftigten Pflegemitarbeiter orientieren ihre Arbeitsplanung vordringlich an den engen zeitlichen Vor-

---

Pflegefachkräften mit eben diesen Episoden vgl. Weber, Erlemeier, Nassehi, Saake, Watermann 1997.

[25] Während Pflegefachkräfte des stationären Bereichs von „Bewohnern" sprechen, wird im ambulanten Bereich die Bezeichnung „Patienten" bevorzugt. Für die Nachzeichnung von Perspektiven habe ich diese Unterscheidung übernommen.

gaben, so daß für sie, unter dem Druck von gleichzeitigen und permanenten Erwartungen der Bewohner, der Umgang mit knappen Zeitressourcen im Vordergrund steht. Erfüllbar sind dabei nur Ansprüche, deren Priorität sich durch ihre Dringlichkeit ergibt. Wer eine Frage beantwortet haben möchte, konkurriert mit anderen Bewohnern, die zur Toilette wollen, umgelagert werden müssen oder gerade gestürzt sind. Resultat pflegerischer Selektionen ist eine Pflegeorganisation, deren zentrales Kennzeichen die Trennung von pflegerischen und betreuenden Elementen ist, worunter sowohl die Bewohner als auch die Pflegefachkräfte leiden.

(S) Wir alle sind Organisationstalente geworden, weil wir von Minute zu Minute genau ausrechnen und überlegen müssen, was kann wegfallen, was ist nicht so wichtig, was können wir machen, was müssen wir machen, was ist das Wichtigste, was kann nicht warten, ne. (Frau D. 2/22-27)

(S) Man muß alles für die machen, und es wird ja auch schlimmer dadurch, daß man weniger Zeit hat, fallen auch-, macht man Sachen für die, weil es schneller geht. Man wäscht denen den Rücken, gut den Rücken ist okay, aber man wäscht die Leute, weil es dann schneller geht, weil man schneller fertig ist, anstatt denen zu sagen: „Kommen sie, versuchen Sie doch wenigstens mal, sich zu waschen". (Frau A. 10/2-9)

Auch in den Sozialstationen müssen Termine eingehalten werden. Die Zeitvorgaben beziehen sich jedoch immer nur auf jeweils *eine* Person und sind in den Grenzen des Arbeitstages variabel. Damit tritt die zeitliche Strukturierung in den Sozialstationen in den Hintergrund und eröffnet den Blickwinkel auf die Situation des Patienten. Mit dieser Personorientierung sind zwei Konsequenzen verbunden. Ambulant Beschäftigte erleben den Patienten in seinem individuellen Umfeld. Die Identifikation anhand des Lebensstils, der Wohnung, des Verhältnisses zu den Angehörigen plausibilisiert das Verhalten des alten Menschen, läßt die Pflegesituation aber auch zu einer komplexen Aufgabe werden.

(A) Also ich arbeite eigentlich lieber auf der Sozialstation, weil ich mir da einerseits mehr Zeit nehmen kann für die Leute, weil ich es entscheide, wie lange ich bei den Leuten bin, so, ob ich da jetzt für eine Grundpflege ½ Stunden brauche oder vielleicht im Notfall 1½ Stunden. Ich meine, ich brauche sie nicht, wenn man, was weiß ich, nach irgendwelchen Grundschemen geht, muß man vielleicht für eine Grundpflege, je nachdem wie weit die Leute noch mithelfen können, man braucht ½ Stunde oder 1 Stunde, aber für mich ist es oft so, dann brauche ich, wo ich vielleicht normalerweise ½ Stunde brauche einfach 1 Stunde, weil es für mich wichtig ist, mit den Leuten noch zu reden, auch mir Zeit zu nehmen, wenn die irgendwas haben, mit denen was abzuklären oder sonstwas. [...] Einerseits ist das besser, aber andererseits muß ich halt so ein bestimmtes Schema oder einen bestimmten Teil morgens schaffen. [...] Wenn ich mich bei irgendwelchen Leuten länger aufhalte, ich muß die Zeit irgendwie wieder 'reinkriegen. (Frau P. 11/11-35)

Durch den biographischen Bezug wird eine individualisierende Pflege ermöglicht, die als Vertrauensverhältnis sowohl von den Professionellen als auch von den Patienten geschätzt wird. Um aber nicht von jeder einzelnen Situation überfordert zu werden, müssen sich die Mitarbeiter gegenüber den an sie gerichteten Erwartungen abgrenzen. Die Wahrung der Selbständigkeit des Patienten („je nachdem wie weit die Leute noch mithelfen können ...") ist deshalb ihr vordringliches Ziel. Der Weg dahin führt über die Anpassung der Hilfeleistung an die individuelle Formulierung von Bedürfnissen im Hinblick auf eine Besserung des Gesundheitszustandes.

Bezogen auf das *professionelle Selbstbild* der Mitarbeiter sind die Konsequenzen dieser unterschiedlichen Zugänge nicht zu übersehen. Die Unzufriedenheit mit der eigenen Berufstätigkeit ergibt sich für die stationär Beschäftigten aufgrund ihrer Überforderung gegenüber den Erwartungen der Bewohner. Weder können Pflegefachkräfte Bedürfnisse nach Zuwendung jedem einzelnen Bewohner gegenüber befriedigen, noch möchten sie das auch gegenüber unsympathischen Bewohnern. Trotzdem erscheint ihnen gerade das in einer von depersonalisierenden Umgangsweisen geprägten Situation als Ideal. Motivation beschaffen sie sich letztlich außerhalb ihrer Berufsrolle, nämlich in engen persönlichen Beziehungen zu einigen wenigen der Bewohner.

(S) Einerseits denke ich mir, äh, das sind so die Spitzenzeiten, wo der Bewohner eigentlich so zum Zuge kommt. Andererseits denke ich mir, haben wir auch ganz viel davon. Also ich denke so, wenn die Pflegezeit zu Ende ist, ist auch erstmal für meinen Geschmack, für mein Gefühl auch ganz viel wir dran. Wir haben dann so die Pflegezeit hinter uns-. [...] Also in so 'm Moment bin ich dann auch sehr egoistisch, ich setze mich dann auch grundsätzlich da zehn Minuten hin oder gehe auch zu Leuten, wo ich jetzt weiß, da kriege ich jetzt was von. (Frau F. 13/26-14/9)

Diese Sätze verdeutlichen, daß gerade im Kontrast zur Pflegezeit der Betreuungszeit eine Ausgleichsfunktion zukommt. In dieser Zeit erholen sich die Pflegefachkräfte von den auch körperlich sehr anstrengenden Pflegearbeiten, bei denen nicht nur die reduzierte Wahrnehmung der Bewohner, sondern auch die der eigenen Person als sehr negativ erfahren wird. Offensichtlich stellen Pflegefachkräfte in der heteronom bestimmten Zeit gezielt ihre eigenen Bedürfnisse zurück, um sich später für diese Einschränkung entschädigen zu können. Damit begeben sie sich allerdings in einen Kreislauf, bei dem die unterschiedliche Gewichtung von heteronom und autonom bestimmter Zeit die Stabilisierung dieser Trennung rechtfertigt. Freundschaftliche Kontakte einerseits begründen eine auf somatische Hilfen verkürzte Pflege andererseits. Die Idealisierung ganzheitlicher Pflege entsteht im Rahmen einer Polarisierung, die eben diese Ganzheitlichkeit verhindert.

Mitarbeiter der Sozialstationen sehen sich einer solchen Überforderung nicht ausgesetzt. Die Erwartungen an ihre Berufsrolle sind klar abgegrenzt und von ihnen selbst variierbar. Arbeitsanforderungen definieren sie in Abhängigkeit von den Fähigkeiten des Patienten und — vor allem — denen der Angehörigen. Die Zufriedenheit mit dem Beruf ergibt sich aus der Erfahrung, immer wieder mit neuen Situationen konfrontiert zu werden und die täglichen Anforderungen bewältigen zu können.

(A) Oft ist es so, daß von den Angehörigen-, da wird dann halt das Nötigste gemacht, und dann gehen die wieder, aber so, da haben die Patienten oft auch das Gefühl, daß sie denen zur Last fallen, und bei uns, die bezahlen ja schließlich auch dafür. Es ist irgendwie schon eine andere Sache, ne, und wir kommen freiwillig. Wenn ich keine Lust mehr hab', kann ich ja kündigen und was anderes machen. Ich muß ja nicht dahin gehen. Aber so Angehörige, die sind dann ja auch irgendwo verdonnert, ne. Also was auch ganz witzig ist, so wir als Schwestern haben sehr viel mehr Narrenfreiheit wie die Angehörigen. Wenn ich überlege, was wir dem Patienten alles sagen dürfen, das bräuchte die Tochter oder Sohn nie machen, dann wäre Holland in Not, ne. Und wenn wir einmal sagen:

"So, jetzt ist aber Feierabend", dann ist das völlig okay, dann sagt keiner: "Was ist denn mit der heute los" oder so. Wir dürfen das, die Angehörigen dürfen das nicht. (Frau R. 13/24-14/2)

In Abgrenzung zu den Angehörigen entwickeln ambulant beschäftigte Pflegefachkräfte eine positive Bestimmung ihrer Arbeit als "Krankenschwester" und als "Respektsperson" (Frau P. 1/26; Frau S. 21/24). Im Vergleich von Pflegefachkräften und Angehörigen entsteht die Konzentration auf die Berufsrolle und damit ein Status, über den sich die Professionellen mit ihrer Tätigkeit identifizieren können. Gerade weil die Person des Patienten mit dem Umfeld in den Blick gerät, ist es für die Pflegefachkräfte wichtig, einen konkreten Zuständigkeitsbereich zu definieren. Diese Definitionsleistung ist auf den organisatorischen Rahmen der Sozialstation zurückzuführen, in dem nur Patienten mit einem zeitlich begrenzbaren und/oder von Angehörigen ausgeglichenen Hilfebedarf aufgenommen werden. Die Übernahme der Berufsrolle hat — im Gegensatz zu den stationär beschäftigten Pflegefachkräften — eine Entlastungsfunktion, der sie sich guten Gewissens bedienen können. Die folgende Tabelle faßt die Ergebnisse zusammen:

	stationär	ambulant
Bewohner/ Patienten	Gleichzeitigkeit von differenten Erwartungen	Differenzierung anhand von differenten Erwartungen
	Unterstellung von totaler und permanenter Hilfebedürftigkeit	Unterstellung von Selbständigkeit bei punktueller Hilfebedürftigkeit
Pflege-organisation	Ablauf an institutionellen Vorgaben orientiert	Ablauf an Patienten orientiert
	Selektion nach Dringlichkeit	Selektion nach Bedürftigkeit
	Trennung von Pflege und Betreuung	Komplexe Pflegesituation
Professionelles Selbstbild	Überforderung durch Allzuständigkeit	Abgrenzung der Erwartungen
	Motivation über persönliche Beziehungen	Motivation über die Bewältigung der Arbeit
	berufliche Unzufriedenheit	berufliche Zufriedenheit

Tabelle 12: Themen der stationären und ambulanten Altenhilfe nach SAAKE (1993)

Sowohl diese eindeutig negative Illustration des stationären Bereichs als auch die positive der ambulanten Pflege erscheinen als verkürzende Extremdarstellungen. Der Vergleich von 128 Episoden, also kurzen Geschichten zu einzelnen Bewohnern/Patienten, vermittelt einen konkreteren Blick auf den Alltag der Pflege von alten Menschen.

c) Altersbilder in Organisationen der Altenhilfe

Die bei der Sequenzierung der Interviews gewonnenen Personenbeschreibungen sind anhand ihrer drei Bestandteile: 'biographische Identifikation', 'Pflegehandlung' und 'professionelle Selbstdarstellung' auf Ähnlichkeiten und Unterschiede verglichen worden, um anschließend zu Erwartungstypen zusammengefaßt zu werden. Für den stationären Bereich konnten 62 Episoden 6 Typen zugeordnet werden, im ambulanten Bereich dagegen 66 Episoden zu nur 4 Typen.

Der stationäre Bereich

Im stationären Bereich lassen sich Altersbilder durch die Zusammenfassung zu Erwartungstypen unter den Etiketten „Der Verwirrte", „Der Kommandeur", „Die Unauffällige"[26], „Der Apathische", „Der Verweigerer" und „Der Helfer" beschreiben. Über die charakteristische Zuweisung von Eigenschaften an die Bewohner durch die Pflegefachkräfte informiert Tabelle 13.

Bis auf die eher medizinische Unterscheidung von desorientierten und orientierten alten Menschen gewinnen alle anderen Merkmale ihre Bedeutung vor dem Hintergrund der schon beschriebenen Pflegeorganisation. Zum Beispiel erweist sich die Charakterisierung eines „Kommandeur"-Verhaltens durch das Attribut „anspruchsvoll" erst dann als sinnvoll, wenn man dies im Zusammenhang mit dem sich gegen individuelle Wünsche immunisierenden formalisierten Arbeitsablauf sieht. Die Tatsache, daß Bewohner eines Altenheims Wünsche meist recht unkomplizierter Art (Bitte um eine Flasche Wasser, Fensteröffnen, anderen Brotbelag o.ä.) formulieren, legt aus der Sicht der Professionellen ihre Reduzierung auf dieses Merkmal nahe. In umgekehrter Weise lassen sich dann andere Bewohner zu einer Gruppe zusammenfassen, die gerade durch das gegensätzliche Verhalten, ihre Anspruchslosigkeit, auffallen: die „Unauffälligen" und die „Apathischen".

Noch deutlicher wird dieser Prozeß der Zuschreibung von Eigenschaften bei der anschließenden Verknüpfung mit den Begriffen „zufrieden – unzufrieden". Ein negatives Selbstbild der Pflegefachkräfte sowohl gegenüber den „Kommandeuren" als auch gegenüber den „Unauffälligen" entsteht zwar jeweils aus unterschiedlichen Gründen, einmal durch zu viele uneinlösbare Ansprüche, einmal durch zu wenige, wird aber beide Male mit unveränderlichen Charaktereigenschaften der Bewohner (anspruchsvoll, bescheiden) legitimiert. Auch der Versuch, störendes Verhalten offensichtlich desorientierter Menschen auf die Intention, provozieren zu wollen, zurückzuführen, zeigt, daß die biographische Identifikation der Bewohner von den Pflegekräften im Hinblick auf einen reibungslosen Ablauf des Pflegealltags funktionalisiert wird. Problematisch ist aus dieser Perspektive für die Pflegefachkräfte vor allem die Aktivität der „Verwirrten" und der „Kommandeure", durch die sie gezwungen sind, sich an den Bedürfnissen dieser Menschen zu orientieren.

---

[26] Die Wahl des Femininums bietet sich hier an, da es sich bei dieser Gruppe von Bewohnern vorrangig um Frauen handelt.

Alterbilder	Der Verwirrte (17)	Der Kommandeur (14)	Die Unauffällige (8)	Der Apathische (8)	Der Verweigerer (8)	Der Helfer (10)
Biographie	desorientiert aktiv	orientiert aktiv anspruchsvoll unzufrieden	orientiert passiv bescheiden zufrieden	desorientiert passiv	orientiert passiv anspruchslos unzufrieden	orientiert selbständig rücksichtsvoll hilfsbereit
Pflege	pflegeintensiv	pflegeintensiv	pflegeleicht	pflegeleicht	pflegeleicht	pflegeleicht
Pflege	permamente, diffuse Pflegebedürftigkeit	permamente, diffuse Pflegebedürftigkeit	punktuelle, konkrete Pflegebedürftigkeit		Betreuungsbedürftigkeit entlastend	Betreuungsbedürftigkeit entlastend
Selbstbild	überfordert und unzufrieden	überfordert und unzufrieden			motiviert	motiviert

Tabelle 13: *Altersbilder der stationären Altenhilfe nach SAAKE (1993)*

Die Zusammenfassung dieser beiden völlig unterschiedlichen Gruppen von Bewohnern anhand des Kriteriums Aktivität veranschaulicht — ebenso wie die Zusammenfassung der „unauffälligen" und der „apathischen" Bewohner in ihrer Passivität —, daß zunächst einzig und allein Reibungsverluste bezogen auf die zeitliche Dimension von den Pflegekräften antizipiert werden. Aus diesem Blickwinkel stellen sich die „Verwirrten" und die „Kommandeure" als permanent und diffus pflegebedürftig dar, die „Unauffälligen" und die „Apathischen" erscheinen dagegen nur als punktuell und konkret pflegebedüftig. Folgerichtig entsteht im Fall der pflegeintensiven Bewohner ein hohes Aggressionspotential auf beiden Seiten, der Pflegenden und der Gepflegten, da sich zeitlich übergreifend immer wieder Irritationen ergeben. Die eher „pflegeleichten" Bewohner lassen sich dagegen als unproblematisch beschreiben; die Beziehung zu ihnen reduziert sich meist auf einen „Pflichtkontakt". Allen vier genannten Bewohnertypen gemeinsam ist letztlich ihre Vernachlässigung hinsichtlich betreuender Hilfen. Die einen haben sie nicht verdient, weil sie aggressiv sind; die anderen brauchen sie nicht, weil sie sowieso zufrieden sind. Die große Zahl der Episoden, die zu den belastenden weil pflegeintensiven Fällen zu rechnen sind (31) — es handelt sich um die Hälfte der gesamten Anzahl —, verdeutlicht das Ausmaß der Überforderung, unter dem die Pflegefachkräfte leiden. Jede außerplanmäßige aufwendigere Hilfeleistung verweist auf die vielen uneingelösten Ansprüche anderer Bewohner, die zur gleichen Zeit „vernachlässigt" werden. Die daraus resultierende Unzufriedenheit mit der eigenen Berufsrolle stellt sich aber auch bei den unproblematischeren Bewohnertypen ein („Die Unauffällige" und „Der Apathische"). Auch sie bieten den Pflegefachkräften keine Möglichkeit, sich über routinisierende Arbeitsvollzüge hinaus in den Resultaten der eigenen Arbeit wiederzufinden.

Gerade dieser persönliche Bezug zwischen Bewohnern und Pflegenden fehlt bei den ersten vier genannten Altersbildern, ist aber bei zwei weiteren Gruppen von Bewohner zu finden, bei den „Verweigerern" und den „Helfern". In insgesamt 18 Episoden werden Situationen beschrieben, in denen sich die Pflegekräfte intensiv und gerne um Bewohner bemühen. Lohnenswert scheint ihnen dieser Einsatz, weil entweder eine Verbesserung der Pflegesituation erhofft wird (die Integration eines resignativen alten Menschen) oder der Pflegende selbst sich Hilfen in seiner Überforderung verspricht. Beide Male steht im Gegensatz zu den vorherigen Episoden nicht die Pflegebedürftigkeit im Vordergrund, sondern eine von den Professionellen freiwillig erbrachte betreuende Hilfeleistung. Tatsächliche Pflegebedürftigkeit tritt dabei in den Hintergrund, und dies umso stärker, wenn die Intensität der persönlichen Beziehung zunimmt. Diese Außenseiter im Pflegealltag — die einen wollen nicht gepflegt werden, die anderen brauchen keine Pflege — werden mit viel Engagement und Kreativität umsorgt, ohne daß zeitliche Engpässe befürchtet werden. Vermutlich findet sich hier die zeitliche Trennung zwischen Pflege- und Betreuungsarbeiten wieder, anhand derer die Pflegefachkräfte schon ihren Pflegealltag charakterisiert hatten. Der Kontakt zu diesen beiden Gruppen nicht-pflegebedürftiger alter Menschen würde demnach in die Zeit nach der Frühschicht fallen, gehörte also in die Ruhe- und Erholungsphase, die von den Pflegekräften weitestgehend selbst bestimmt wird.

Zusammenfassend bleibt festzuhalten, daß mit allen 6 Gruppen von Bewohnern Altersbilder zu identifizieren sind, die eine Form von Pflegebedürftigkeit unterscheiden, deren Maßstab nicht der Gesundheitszustand ist. Schwerste Pflegefälle, also Menschen, die kaum noch eigene Bedürfnisse formulieren können, sind im stationären Alltag viel unproblematischer als körperlich und geistig völlig gesunde, aber anspruchsvolle Bewohner. Das strenge Zeitregime der Station wird erst aufgehoben, wenn der Zwang zur Pflege entfällt. Die Verweigerung von Pflege bzw. die Unbedürftigkeit läßt Professionelle ihre Pflegeroutine unterbrechen und weckt ihr Interesse. Solche motivierenden Arbeitsinhalte sind in weniger als 1/3 der Episoden zu finden und können keinen Ausgleich darstellen, weil sie sich in ihrer Ungewöhnlichkeit nicht auf die typische Klientel von Altenheimen beziehen.

Der ambulante Bereich

Der Vergleich der 4 Gruppen von Patienten, die sich bei der Typisierung der Episoden aus dem ambulanten Bereich ergeben, vermittelt ein Bild der Pflegeorganisation, bei dem entsprechend der jeweiligen Form von Hilfebedürftigkeit pflegerische und betreuende Elemente kombiniert werden. Das Ausmaß der Hilfebedürftigkeit ergibt sich dabei nach einer Bestandsaufnahme, die die Faktoren *familiäre Situation*, *Aktivität* und *Kooperativität* überprüft und zu einem Begriff von *Selbständigkeit* zusammenzieht. Die 4 Altersbilder: „Der Selbständige", „Der Erzähler", „Der Eigensinnige" und „Der Abhängige" repräsentieren unterschiedliche Niveaus einer so generierten Hilfebedürftigkeit.

Altersbilder	Der Selbständige (13)	Der Erzähler (16)	Der Eigensinnige (25)	Der Abhängige (12)
Biographie	familiäre Pflege	keine familiäre Pflege	wenig familiäre Pflege	keine familiäre Pflege
	aktiv	aktiv	passiv	passiv
	kooperativ	kooperativ	kooperativ	unkooperativ
	selbständig	weitgehend selbständig	weitgehend abhängig	abhängig
Pflege	technische Pflege	technische Pflege und individuelle Betreuung	individuell angepaßtes Pflegeprogramm	technische Pflege
Selbstbild	zufrieden und motiviert			unzufrieden

Tabelle 14: Altersbilder der ambulanten Altenhilfe nach SAAKE (1993)

Die tabellarische Aufstellung veranschaulicht, daß die Frage nach der familiären Situation zunächst alle anderen Merkmale dominiert. Eine genauere Untersuchung der Gruppe der „Selbständigen" verdeutlicht, daß bei diesen Patienten das Ausmaß der tatsächlichen Pflegebedürftigkeit in den Hintergrund tritt, ja sogar Schwerstpflegefälle unter der Bedingung familiärer Hilfeleistung auch weiterhin als selbständig angesehen werden. Das Vorhandensein kooperativer Angehöriger entlastet die Professionellen von Arbeiten, die über eine rein technische Pflege hinausgehen. Auch die alten Menschen selbst werden durchgängig mit positiven Attributen ausgestattet, die auf eine Lebensplanung schließen lassen, die trotz zunehmender Hilfebedürftigkeit nicht von eben diesem Merkmal geprägt ist. Die Professionellen erhalten diesen Zustand aufrecht, indem sie genau die Hilfe ergänzen, die von Angehörigen oder Patienten nicht geleistet werden kann, ohne darüber hinaus auf das Leben der alten Menschen Einfluß zu nehmen. Fällt diese familiäre Hilfe weg, wie bei den „Erzählern", gewinnt die Eigeninitiative, die Fähigkeit des Patienten zur aktiven Mitarbeit in der Pflegesituation an Bedeutung. Die Menschen dieser Gruppe erscheinen in den Episoden als weitgehend selbständige Menschen, weil sie ihre Hilfebedürftigkeit durch ein hohes Maß an Eigenaktivität ausgleichen. Ein Hilfebedarf ergibt sich bei ihnen vor allem bei der Bewältigung psychosozialer Probleme, für die sich aufgrund des Alleinlebens keine anderen Ansprechpartner finden. Der Arbeitseinsatz der Pflegefachkräfte verlagert sich dadurch von pflegerischen Inhalten auf betreuende Hilfen. Auch hier wird also wiederum eine Hilfeleistung angeboten, die sich den vorhandenen Ressourcen der Patienten anpaßt. In diesem Fall werden sowohl die somatische als auch die psychische Verfassung miteinbezogen.

Ganz anders stellt sich die Situation bei Patienten dar, die — wie die „Eigensinnigen" — eben nicht diese Bereitschaft zur Mitarbeit vorweisen. Sie zeichnen sich durch eine Haltung aus, die eine zunehmende Abhängigkeit negiert und auf eigenständiger Weiterführung alter Gewohnheiten beharrt. Da diese Patienten aber grundsätzlich den Pflegefachkräften einen Sonderstatus mit entsprechenden Machtbefugnissen zuschreiben, gelingt es den Pflegenden, sich in Abgrenzung von den Angehörigen durchzusetzen. Hilfeleistung dient dann dem Ziel, über ein individuell angepaßtes Pflegeprogramm Abhängigkeiten möglichst weitgehend abzubauen. Dieses Pflegeprogramm konzentriert sich auf die somatische Verfassung des Patienten, geht aber durch die Berücksichtigung biographischer Elemente über die rein technische Pflege hinaus. Die Pflege dieser Menschen läßt sich als ein Prozeß bezeichnen, bei dem durch den Einsatz rehabilitativer und aktivierender Maßnahmen eine Zunahme an Selbständigkeit bewirkt wird.

Das vierte Altersbild, das sich bei den Typisierungen herauskristallisiert hat, ist gekennzeichnet durch eine Kombination aller bereits beschriebener Merkmale unter negativem Vorzeichen. Ohne familiäre Unterstützung, bei passiver Grundhaltung des alten Menschen und unkooperativem Verhalten gegenüber dem Pflegepersonal — ob gewollt oder durch Krankheit bedingt — zeichnen die Pflegefachkräfte von diesen Patienten ein Bild, das keinerlei Perspektive hinsichtlich des Abbaus von Abhängigkeiten aufweist. Dieser Typus faßt Menschen zusammen, die für Sozialstationen eine problematische Klientel darstellen, da weder pflegerische noch betreuende Hilfeleistungen eine Änderung des Status quo bewirken. Die Pflegenden reduzieren hierbei ihren Arbeitseinsatz auf eine technische Pflege, da sie um die Ineffektivität jeder weiteren Bemühung wissen. Je stärker die einzelnen Merkmale bei diesen Patienten zum negativen Pol tendieren, desto eher überlegen die Pflegefachkräfte, die Pflege mit der Perspektive einer stationären Unterbringung zu beenden. Damit befinden sich diese alten Menschen immer an den Grenzen einer Pflegebeziehung, deren Voraussetzung das Vorhandensein unterschiedlicher Ressourcen auf seiten des Patienten darstellt.

In allen beschriebenen Fällen, auch bei den problematischen „Abhängigen", erleben sich die professionellen Pfleger in einer Rolle, die verschiedene Instrumente zur Bewältigung individuell unterschiedlicher Situationen zur Verfügung stellt. Mit der Verlagerung der Verantwortung auf die Seite der Klienten ist ein konkreter Arbeitsbereich entstanden, dessen Exklusivität die biographische Identität der alten Menschen möglichst unberührt läßt. Die Hilfeleistung durch die Pflegekräfte ergänzt nur unbedingt notwendige Komponenten, um auch weiterhin die Selbständigkeit der Lebensführung zu wahren. Dies ist nicht erklärtes Ziel der Professionellen, sondern ergibt sich fast von selbst aus den organisationsspezifischen Möglichkeiten zur Hilfeleistung.

Die fast durchgängige Zufriedenheit der Pflegefachkräfte mit ihrer Arbeit resultiert aus der entlastenden Konkretisierung des Arbeitsbereichs und der Erfahrung, die gestellten Aufgaben bewältigen zu können. Im Gegensatz zu den Mitarbeitern des stationären Bereichs haben persönliche Beziehungen zu den alten Menschen im ambulanten Bereich eine eher untergeordnete Funktion. Der positive Rekurs auf die Berufsrolle stellt nicht nur ausreichend Motivation bereit, sondern lehnt auch eine Aufhebung der Distanz — immer im Gegensatz zu dem Modell familiärer Bedingungen von Hilfeleistung — als dysfunktional ab. Diese Form der Hilfe, die sich an Bedürfnisse der alten Menschen anpaßt, ohne persönliche Verpflichtungen zu schaffen, kann auf eine Diskriminierung der Klienten aufgrund ihrer individuellen Ansprüche — wie dies im stationären Bereich geschieht — verzichten. Stattdessen bezieht sie sich positiv auf eine vor dem Hintergrund einer unbeeinflußbaren Biographie gesehene Selbständigkeit von alten Menschen.

d) Diskussion der Ergebnisse: Die Limitierung von Altersbildern über Sinndimensionen

Die Beobachtung, daß individuelle Vielfalt in Organisationen zu Stereotypen gerinnt, ist in der Soziologie nicht neu. Spätestens mit Erving GOFFMANs Forschungen tritt die Organisation als Rahmen der Interaktion in den Vordergrund. Am Beispiel von Psychiatrie-Patienten illustriert er eindrucksvoll, wie sich die Lebensvollzüge sowohl von Patienten als auch von Pflegekräften unter den Bedingungen der „totalen Institution" (Goffman 1972, 45) verändern. Auch die Kriminalsoziologie hat sich in den 70er Jahren mit dem Instrumentarium des *labeling approach* dieses Themas bemächtigt. Fritz SACK beobachtet, wie in den Mühlen der Justiz Menschen als Verbrecher etikettiert werden. Daß dieses Phänomen nicht Angehörige aller Schichten einer Gesellschaft betrifft, weist — so SACK — darauf hin: „daß dieser Selektionsprozeß nach bestimmten Regelmäßigkeiten abläuft, daß sich soziologische Gesetzmäßigkeiten nachweisen lassen, die hier im Spiele sind" (Sack 1968, 464). Auch in der Altersforschung hat man sich dieses Themas angenommen. Jürgen HOHMEIER wendet sich bei der Analyse von Stigmatisierungsprozessen Organisationen zu und benennt unterschiedliche Machtressourcen als Grund von Diskriminierungen. Das Fazit dieser wie auch meiner Untersuchungen zu organisatorischen Limitierungen lautet: *Alte Menschen, die organisierte Altenhilfe in Anspruch nehmen, lassen sich über Bilder beschreiben, die mehr über die Eigenarten der spezifischen Organisation aussagen als über die der alten Menschen.*

Im Unterschied zu GOFFMANs, SACKs und HOHMEIERs Analysen legt ein systemtheoretischer Zugang zur Organisation jedoch eine andere *Herleitung* für dieses Phänomen nahe. Während GOFFMAN als Interaktionist noch viel Abstand zu kausalen Begründungsmustern hält, die über die Emergenz von *face to face*-Beziehungen hinausgehen, identifiziert SACK auf dem Boden marxistischer Gesellschaftskritik übergeordnete Zusammenhänge, die Diskriminierungen funktionalisieren. Wenn HOHMEIER nachzeichnet, „wie man alt gemacht wird" (1978), zieht er sowohl Gesellschaftskritik als auch Organisations- und Interaktionsanalyse zu einem einzigen Verursachungskomplex zusammen. (Vgl. Kap. III) Wo immer sich alte Menschen bewegen, die Diskriminierung ist ihnen demzufolge mit fortschreitendem Alter gewiß. Die moderne Vielfalt von aktiven Senioren, Studenten im Alter, Witwen und Hochbetagten läßt sich mit diesem Modell sicherlich nicht mehr beschreiben. Dennoch stellt sich der Hinweis auf unterschiedliche Ebenen sozialer Analysen als sehr fruchtbar heraus. Zieht man das verdichtete Erklärungsmodell von HOHMEIER wieder auseinander, kann man die bereits oben beschriebene gesamtgesellschaftliche Unbestimmtheit der „rollenlosen Rolle" (Burgess 1960) von interaktionsbezogenen Kontingenzen (vgl. Goffman 1970, 11, 25) im Zugriff auf Altersmerkmale (vgl. Kap. VIII.3) und schließlich auch von organisationsspezifisch strukturierten Altersbildern unterscheiden. *Die Starrheit solcher Altersbilder kann als eigenständiges Phänomen untersucht werden, ohne über alle Lebenslagen generalisiert werden zu müssen.* Altersbilder lassen sich so in ihrer Perspektivität auch als Spezialfall organisationsspezifischer Inklusion nachzeichnen.

Für die Interpretation der Ergebnisse unserer Untersuchung ist damit der nötige Freiraum geschaffen. Das Hauptaugenmerk liegt auf Unterschieden, die der Organisationsform geschuldet sind. Als nun nur noch selbstreferentieller Verweisungszusammenhang lassen sich Organisationen anhand von Sinndimensionen unterscheiden. Am Wandel des Hilfebegriffs erklärt LUHMANN die mit gesellschaftlicher Komplexität zunehmende Notwendigkeit, zwischen Sozial-, Sach- und Zeitdimension zu differenzieren. Individuell unterschiedliche Perspektiven in der modernen Gesellschaft führen dazu, „daß jeder einzelne für sich sachlich verschiedenartige Bedürfnisse erlebt, daß die Vielheit der Bedürfnisse also nicht mit der Mehrheit von Personen identisch ist, sondern kongruent zu ihr auftritt. Sachdimension und Sozialdimension, 'welches' Bedürfnis und 'wessen' Bedürfnis, müssen unterschieden werden. Daraus entsteht das Problem und die Möglichkeit zeitlichen Bedarfsausgleichs." (Luhmann 1975, 135) Die Zuordnung von Elementen zu einem System anhand der Sinndimensionen erlaubt komplexe Differenzierungen, die vor allem von organisierten Sozialsystemen genutzt werden. Mit Thematisierungen von Klientel und professionellem Selbstbild (Sozialdimension), Pflegehandlung (Sachdimension) und Pflegeorganisation (Zeitdimension) sind Anschlußmöglichkeiten in allen drei Dimensionen verbunden. Im Rahmen meiner Untersuchung lassen sich folgende Fragestellungen konkretisieren: 1. Wie sieht die Beziehung von Pflegenden und Gepflegten aus? (Sozialdimension), 2. Was für eine Art von Pflege wird geleistet? (Sachdimension) und 3. Wann findet Pflege statt? (Zeitdimension). Ich beginne aufgrund ihres dominanten Charakters mit der Zeitdimension.

Zeitdimension

Der Vergleich der Altersbilder, die aus der organisationssoziologischen Analyse resultieren, verdeutlicht, daß in der stationären und der ambulanten Altenhilfe von unterschiedlichen organisatorischen Vorstrukturierungen in bezug auf den Umgang mit Temporalstrukturen auszugehen ist. Während in Altenheimen die gleichzeitige Befriedigung einer Vielzahl von permanenten Bedürfnissen im Vordergrund steht, zeichnen sich Sozialstationen durch die sukzessive Bearbeitung von temporären Erwartungen aus. Das gleiche Problem, die organisierte Pflege von alten Menschen, unterliegt damit völlig unterschiedlichen Ausgangsbedingungen. Die stationäre Pflege löst dieses Problem, indem sie alles dem Primat der Zeit unterordnet und sowohl Bedürfnisse als auch deren Befriedigung weitgehend chronologisiert. Diese zeitökonomische Planung von Pflege stellt sich dabei als ein äußerst störanfälliges Instrument dar, bei dem jeder Wunsch eines Bewohners, der außerhalb der Arbeitsroutine liegt, den Ablauf unterbricht. Die daraus resultierende Hilfeleistung läßt sich als technische Pflege bezeichnen, die nur in Ausnahmefällen durch betreuende Maßnahmen ergänzt wird. Diese Form der Pflege wird in der Altenarbeit auch als betriebsablauforientierte Organisation (vgl. Braun & Halisch 1989, 18) oder Funktionspflege (vgl. Görres 1992, 272; Bischoff 1992, 159) bezeichnet.

Verortet man die Entstehung dieses Phänomens auf der Zeitdimension, erhält man eine für Organisationen typische Form des Zeitregimes, die von LUHMANN als „Vordringlichkeit des Befristeten" (Luhmann 1968) beschrieben wird. Hohe Koordinationsbedürftigkeit in Organisationen erzeugt „Terminketten" (ebd., 9), bei denen der einzelne Termin seine Bedeutung nur innerhalb einer bestimmten Abfolge erhält. Im Gegensatz zu bürokratischen Organisationen ergibt sich dieser Primat des Befristeten in pflegerischen Interaktionen durch die Gegenwartsbezogenheit von somatischen Prozessen, die sich der Möglichkeit zur Temporalisierung entziehen (vgl. Bette 1987, 31). Eine zeitbezogene Differenzierung stellt auch die Trennung in heteronom bestimmte Arbeitszeit und autonom bestimmte Ruhezeit dar. Diese Polarisierung, die von Ute BRAUN und Reinhold HALISCH auf eine schlechte Planung des Pflegeablaufs zurückgeführt wird (vgl. Braun & Halisch 1989, 21), illustriert eindrucksvoll, wie leicht die Orientierung an Zeitvorgaben zum Selbstläufer wird: Die Erholung in der Spätschicht wird mit Hast in der Frühschicht erkauft. Schnell muß es morgens nicht nur gehen, weil so viel zu tun ist oder weil die Planung falsch ist, sondern weil Schnelligkeit mit der Befreiung von unangenehmen Pflichten belohnt wird. Auch die Zusammenarbeit im Team mit ungeklärten Zuständigkeitsbereichen verschärft diese Situation, da Ruhezeiten nur gleichzeitig genossen werden können, sie im Angesicht eines gestreßten Kollegen der Rechtfertigung bedürfen.

Dieser Zeitknappheit läßt sich der Umgang mit einem Zeitvorrat in der ambulanten Pflege gegenüberstellen. Hier bemißt sich der zur Verfügung stehende Zeitraum anhand von zwei Faktoren: dem Ausmaß der Pflegebedürftigkeit und der Beschaffenheit des familiären Umfelds. Letztlich ergibt sich dabei ein Primat der Sachdimension, dem sich Temporalstrukturen unterordnen. Die Auswahl, die Abfolge und die Form der Hilfeleistung wird von der Organisation vorgegeben; Freiräume existieren in begrenztem Umfang nur in zeitlicher Hinsicht. Diese im ambulanten Bereich viel stärkere organisatorische Vorstrukturierung reduziert die Entscheidungsmöglichkeiten, die im stationären Bereich zu den genannten Strategien der Differenzierung und Verkürzung von Hilfeleistungen führten. Für die Patienten resultiert aus diesen Vorgaben eine an ihre Bedürfnisse angepaßte personorientierte Pflege, die auf einen begrenzten Zeitvorrat zurückgreifen kann. Die Situation in der ambulanten Pflege stellt sich paradox dar: Zeitliche und sachliche Limitierungen führen zu größeren Entscheidungsfreiheiten in der Pflege.

Probleme der stationären Altenhilfe lassen sich folgerichtig nicht mit mehr Zeit bzw. Personal lösen. Auch mit einem größeren Personalbestand würden die Pflegefachkräfte weiterhin dem Druck, differente Ewartungen selektiv erfüllen zu müssen, unterliegen und bedürften weiterhin der Reduktion auf die Funktionspflege, um sich den Bedürfnissen der als umfassend abhängig wahrgenommenen Bewohner entziehen zu können. Anstelle einer schlichten Maximierung der Zeitdimension durch mehr Personal verspricht eine Umstrukturierung im Hinblick auf konkretisierte Pflegeziele mehr Erfolg.

Sachdimension

Die Funktionspflege in der stationären Arbeit zeichnet sich — wie oben beschrieben — durch die Unterordnung aller sachlichen und sozialen Anforderungen unter die zeitliche Dimension aus. Pflegerische Tätigkeiten werden damit reduziert auf immer wiederkehrende, routinisierte Hilfeleistungen, die von der besonderen Situation des einzelnen Bewohners weitgehend abstrahieren. Vergleicht man diese Situation mit dem Ablauf der Pflege in der ambulanten Arbeit, dann stellt sich dort ein genau entgegengesetztes Ergebnis ein. In bezug auf die pflegerische Hilfe ist damit eine Konsequenz verbunden, die mit der Unterscheidung von reversiblen und irreversiblen Hilfeleistungen gefaßt werden kann. Zur Erklärung dieser Begrifflichkeiten wird die Typisierung herangezogen, die aus der Auswertung der Episoden in beiden Bereichen resultiert.

In der stationären Pflege ergaben sich Altersbilder, die entlang der zeitlichen Anforderungen Bewohner in „pflegeleichte" und „pflegeintensive" Fälle einstuften. Dabei stellte sich heraus, daß letztlich auch schwerstpflegebedürftige Menschen, wenn sie freiwillig keine Ansprüche stellen oder diese aufgrund ihrer Verfassung nicht stellen können, als „pflegeleicht" eingestuft werden, da sie eine optimale Einpassung in den zeitlich durchorganisierten Pflegeablauf gewährleisten. Folgerichtig ergibt sich aus der Perspektive der Mitarbeiter stationärer Einrichtungen als fast ideale Pflegesituation eine Hilfeleistung, die jeden Tag möglichst gleich gestaltet ist und dadurch einen reibungslosen Ablauf gestattet. Von diesem an reversiblen pflegerischen Elementen orientierten Arbeitsablauf unterscheidet sich die ambulante Pflege. Im Vordergrund steht die Unterstützung des Patienten hinsichtlich der Erhaltung bzw. Wiedergewinnung seiner Selbständigkeit, da seine Bedürfnisse sonst den Rahmen möglicher Hilfeleistung sprengen. Kennzeichnend für die beschriebenen Pflegeprogramme ist deshalb die Ausgestaltung pflegerischer Hilfen anhand von längerfristigen zeitlichen Perspektiven. Neben technischen, sich stetig wiederholenden Hilfeleistungen (z.B. Insulin spritzen) werden im Bedarfsfalle auch betreuende Elemente eingesetzt und sogar umfassende Programme zur Rehabilitation und Aktivierung aufgestellt. Dies läßt sich besonders gut am Beispiel der „eigensinnigen" Patienten verdeutlichen, deren anfänglich schlechter Gesundheitszustand sich durch die Mithilfe der Pflegefachkräfte nach und nach bessert, so daß sogar die Möglichkeit zur Reduzierung oder Beendigung der pflegerischen Hilfe gegeben ist. Die Entwicklung von Krankheitsverläufen stellt sich in der ambulanten Arbeit als in begrenztem Maße reversibel dar. Solche Pflegeprozesse, die sich durch irreversible Pflegetätigkeiten auszeichnen, finden sich in der stationären Arbeit kaum. Defizitäre Alternsverläufe sind damit „vorprogrammiert".

Die Konfrontation dieser Ergebnisse aus dem ambulanten und dem stationären Bereich verdeutlicht jedoch vor allem, daß sich die unterschiedliche Bereitstellung von reversiblen und irreversiblen Pflegelementen und die damit verbundene Herstellung von irreversiblen und reversiblen Krankheitsverläufen im Gefolge von spezifischen Vorstrukturierungen der Einsatzbereiche ergibt und weder als intentionaler Akt den Pflegekräften zurechenbar ist noch als Bestandteil eines normativen Programms fungiert.

Sozialdimension

Ein wichtiges Resultat hinsichtlich der Altersbilder in den Bereichen stationäre und ambulante Altenpflege ergibt sich für die personale Darstellung von Pflegenden und Gepflegten. In beiden Bereichen werden Charakterisierungen der alten Menschen attribuiert, d.h. die organisationsabhängige Unterscheidung von Pflegebedürftigkeit (stationär: die Möglichkeit der zeitlichen Einbindung, ambulant: die Möglichkeit der Erhaltung von Selbständigkeit) wird den jeweiligen Bewohnern bzw. Patienten im Sinne einer biographischen Identifikation zugerechnet. Diese Konstruktionsprozesse von Biographien erweisen sich im Hinblick auf eine Entlastung von Erwartungen als funktional. Problematisch werden diese Erwartungen in der stationären Pflege durch ihre Permanenz und Gleichzeitigkeit, denn die Unterstellung umfassender Abhängigkeit wird von den Pflegefachkräften als Aufforderung, eine entsprechend umfassende Pflege bereitzustellen, erfahren. Annähernd erfüllen können sie diese Erwartungen jedoch nur gegenüber einer kleinen Gruppe von Bewohnern, nämlich denen gegenüber, die entweder pflegerische Hilfe nicht benötigen oder sie nicht erwarten. Da nur diese Form der Hilfeleistung mit ihren individualisierenden Konsequenzen für die Pflegefachkräfte motivierend ist, entsteht im stationären Bereich ein Pflegeideal, bei dem eine fast freundschaftliche persönliche Beziehung zwischen Gepflegten und Pflegenden angestrebt wird.

Am Beispiel des funktionalisierten Professionalisierungsverständnisses der ambulant Beschäftigten läßt sich eine Alternative zu dieser personalisierten Professionalisierung denken. Die interviewten Pflegemitarbeiter der Sozialstationen erleben alte Menschen als Patienten in einer viel distanzierteren Weise, als dies den Pflegekräften der Altenheime möglich ist. Der Kontakt zwischen den Pflegemitarbeitern und den Patienten ist von vornherein zeitlich begrenzt und geprägt von der Annahme der Selbständigkeit der alten Menschen. Die Pflegekräfte sind dadurch nur mit einem Ausschnitt aus dem Leben des Patienten konfrontiert, können nur begrenzt Einfluß nehmen und empfinden eine weitere Einmischung auch aufgrund ihres Wissens um die biographischen und familiären Verhältnisse als zwecklos. Gerade die Hereinnahme sehr vieler persönlicher Momente auf seiten des Patienten beleuchtet die Komplexität der Pflegesituation, die durch vielfältige Einflüsse neben der Pflegebeziehung geprägt ist, und schafft eine Distanz, die der Form von Nähe, wie sie von stationär Tätigen als Lösung postuliert wird, widerspricht.

Diese Zusammenhänge verdeutlichen, wie bestimmend für die unterschiedlichen Professionalisierungsprofile die spezifischen organisatorischen Strukturen sind. Die beschriebenen Temporalstrukturen der Altenheime produzieren eine Pflegeform (Funktionspflege), die als Selektionsmechanismus auf simultane und permanente Erwartungen reagiert. Über Defizite in der Sachdimension, die von der Vernachlässigung bis zur „gefährlichen Pflege" (Schwarzenau 1987) reichen, ergibt sich die Attraktivität eines Konzepts, das unter dem Namen 'Ganzheitlichkeit' in allen Bereichen der Altenhilfe gefordert wird. MISCHO-KELLING sieht in mangelnder Kompetenz auf seiten der Pflegekräfte die Begründung dafür, warum immer wieder das Scheitern dieses Programms beschrieben wird. Als Beispiel führt sie aber gerade eine Situation an, bei der die Pflegerin wiederum in erster Linie „von den im Laufe des Tages an sie gerichteten Anforderungen überfordert [war]. [...] Sie stand unter Zeitdruck." (Mischo-Kelling 1991, 49) Die Zurechnung dieser Problematik auf die Person des Pflegenden erscheint fast zynisch, vergegenwärtigt man sich die Bedingungen, unter denen Pflegefachkräften gerade die Anwendung solcher betreuender Elemente als gleichzeitige Vernachlässigung anderer Bewohner verunmöglicht wird. Begründungsmuster, die auf eine defizitäre Professionalisierung abstellen, verschärfen diese Problematik, da sie Defizite der Pflege als persönliches Versagen der Pflegefachkräfte interpretieren.

An dieser Stelle wollen wir wieder auf die Frage nach den Altersbildern zurückkommen. Die detaillierte Nachzeichnung organisationsspezifischer Strukturierungen konnte verdeutlichen, wieviel mehr Stereotype in Organisationen mit rekursiven Verweisungszusammenhängen als mit individuellen Intentionen oder gesellschaftlichen Mechanismen der Diskriminierung zu tun haben. Altersbilder, die in diesem Rahmen entstehen, lassen sich deshalb nicht als Prototypen altersdifferenzierender Akte identifizieren. *Im Falle der Altenhilfe benennen Altersbilder Spezialfälle altersspezifischer Inklusion in Hilfeorganisationen, und das auch nur deshalb, weil sich in der historischen Genese dieser Einrichtungen eine Spezialisierung auf alte Menschen neben kranken Menschen entwickelt hat.* (Vgl. Mayntz & Rosewitz 1988, 132ff.; Görres 1992, 80f.) Aus pflegewissenschaftlicher Perspektive gehört die Unterscheidung von Altenhilfe und Krankenhilfe in das Waffenarsenal einer Gesundheitspolitik, die „Pflegefälle" produziert, ohne jedoch Pflegebedürftigkeit, d.h. Behandlungsfähigkeit auch im Alter zuzugestehen. Wenn nun CONRAD und KONDRATOWITZ Schwerstpflege als ein zentrales Thema der Alternsforschung benennen, replizieren sie damit eine Unterscheidung, die phänomenologisch richtig ist, den Hilfebedürfnissen alter Menschen aber widerspricht. Schwerstpflege ist ein medizinisches Problem, das mehr von einer Beobachtung organisatorischer Hilfemöglichkeiten profitiert als von einer Zentrierung auf „altersspezifische" Charakteristika.

5. Resümee: Die Diskriminierung über 'Alter' erleichtert Inklusionen

Resultat aller Bemühungen der Alternsforschung stellen immer wieder Altersbilder dar. (Vgl. Tews 1995, 130) Immer wieder geht es darum, ein Bild vom Alter zu entwerfen, das möglichst umfassend ist, und immer wieder kann man sich dann anschlie-

5. Resümee: Die Diskriminierung über 'Alter' erleichtert Inklusionen

ßend darüber streiten, ob nicht entscheidende Elemente vernachlässigt worden sind. Auf allen Ebenen unserer Analyse ließen sich solche Generalisierungen beobachten, die von der nächsten Theorie, der nächsten interaktionsnahen Wahrnehmung und der nächsten organisationsspezifischen Perspektive als ungültig erklärt werden können. Jaber F. GUBRIUM und J. Brandon WALLACE sind unter dem Titel „Who theorises age?" (Gubrium & Wallace 1990) so weit gegangen, den wissenschaftlichen Bemühungen um die Alternstheorie, also dem 'wahren Altersbild', die erfahrungsgesättigte Vielfalt an Alltagstheorien gegenüberzustellen. Mit Harold GARFINKEL behauptet GUBRIUM eine zu große Distanz der wissenschaftlichen Theorie zu den Phänomenen des Alltags und schlägt als Ausweg eine Annäherung an das Thema über z.B. literarische Texte vor. Subjektive Zugänge zum Thema 'Alter' nachzuzeichnen, scheint ihm erfolgversprechender zu sein als die Suche nach einer objektivierenden Methode, die die empirische Vielfalt in einen immer wieder neuen Rahmen preßt. (Vgl. Gubrium 1990, 6ff.)

Die ausführliche Analyse der Systemebenen Gesellschaft, Interaktion und Organisation konnte jedoch zeigen, daß Subjektivität allein kein Erklärungsmuster für 'altersspezifische' Phänomene ist. Teilsystemspezifische Kommunikationen zum Thema 'Alter' geben zunächst über selbstreferentielle Codes der jeweiligen Teilsysteme Auskunft. Wirtschaftliche Entscheidungen fragen nach finanzieller Potenz und umschmeicheln den Senior, ob arm oder reich, mit Spezialangeboten. (Vgl. Kap. VIII.2) Politische Kommunikationen zeichnen ein Bild vom Alter, demzufolge eher die Macht als die Ohnmacht alter Menschen im Vordergrund steht. Der Spezialfall familiärer Inklusion verdeutlicht die gerontologische Vernachlässigung von Nicht-Altersrollen wie Geschlecht, Ehepartner oder Mutter. Unter dem Etikett 'Alter' wird zumeist die hilfebedürftige „Oma" imaginiert, die dann sämtliche anderen Rollen dominiert. Die Fokussierung der Kategorie 'Alter' konstruiert auf diese Weise Altersbilder, die die Nutzung der Kategorie innerhalb der Teilsysteme nachzeichnet, aber nichts über eine nichtaltersspezifische Inklusion von alten Menschen aussagt, ganz zu schweigen von allgemeinen Altersspezifika. *Altwerden besteht nicht aus Seniorenangeboten oder Hilfeleistungen, aber wir können Alter dann sehen, wenn wir den ausgetretenen Wegen einer altersspezifischen Inklusion folgen.* Das gleiche gilt für Interaktionen und Organisationen: Interaktionen lassen sich sehr stark von Wahrnehmungen leiten und verwenden visuelle Daten, wenn sie Kommunikationen plausibilisieren und Anschlußmöglichkeiten eröffnen; in Organisationen wird über die Bestandteile des jeweiligen Altersbildes entschieden (z.B.: Ab welchem Ausmaß an körperlicher und geistiger Veränderung bekommt man Pflege?). In allen Fällen kann nicht von einem determinierenden Zusammenhang ausgegangen werden.

Im Vergleich zum Definitionsansatz der 70er Jahre (vgl. Kap. III) ist mit der Trennung der Systemebenen ein analytischer Freiraum gewonnen worden. Altersdiskriminierende Phänomene müssen nicht mehr zu einem Gesamtbild addiert werden. Stattdessen werden auch Unterschiede sichtbar (z.B.: hilflose Pflegebedürftige – reiche Senioren), die nicht mehr als widersprüchliche Altersbilder (negatives vs. positives Alter, vgl. Kade 1994, 9) behandelt werden müssen.

Ein wichtiges Ergebnis stellt jedoch auch der Wegfall der Suche nach einer Ursache für generalisierte Altersdiskriminierungen dar. Wie in Kapitel III bereits gezeigt werden konnte, ist der Rückgriff auf ein Wertezentrum wegen der Unbenennbarkeit dieser Werte, die speziell Alter ausgrenzen, mit erheblichem Erklärungsaufwand verbunden. Nur über die Zusammenfassung von Randgruppen war eine Vermutung über das Zentrum und die entsprechend profitierenden Gruppen möglich. Wenn nun an die Stelle von Randgruppen inklusionsverstärkende Kommunikationen treten,[27] läßt sich weder ein generalisierender Effekt[28] noch ein verursachender Faktor identifizieren. *Systemspezifische Kommunikationen kennen Alter und diskriminieren Alter, wenn und insoweit damit Anschlußmöglichkeiten gegeben und auch funktional sind.* Nach Alter zu seligieren, bietet sich unter Bedingungen der modernen Gesellschaft, die eine "Altersphase" kennt, schlicht deshalb an, um Anschlußmöglichkeiten voneinander zu unterscheiden. Die im Anschluß hieran beobachtete soziale Ungleichheit zwischen denen, die als alt angesprochen werden, und allen anderen, stellt demzufolge eine Metaperspektive dar, die für jede gesellschaftliche Kommunikation nachgezeichnet werden könnte. 'Alter' ist eine Möglichkeit unter vielen, zwischen Adressaten zu unterscheiden, Programme zu gestalten und Zeitvorteile bei der Situationsdefinition zu gewinnen. Fast könnte man — als Kontrast zum soziologischen Altersdeterminismus — von einer „zufälligen Diskriminierung" alter Menschen sprechen.[29] Diese vor dem Hintergrund der 70er Jahre-Modelle zur Definition von Alter paradoxe Formulierung verdeutlicht am ehesten die mit der systemtheoretischen Gesellschaftstheorie gewonnenen Beobachtungsmöglichkeiten (nicht alle alten Menschen müssen als ausgegrenzt angesprochen werden), aber auch die damit verbundenen Probleme. Wie soll man sich nun als alter Mensch diese Ansprache als Oma oder Senior erklären? Der Rahmen, in dem dieses Problem bearbeitet wird, die Biographie, wird deshalb im Zentrum des nächsten Kapitels stehen.

Zusammenfassend läßt sich hier noch einmal festhalten: Selbstreferentielle Zusammenhänge von Teilsystemen, organisationsspezifischen Entscheidungsstrukturen und interaktionsnahen Wahrnehmungen produzieren eine Vielzahl von Altersbildern, die mit der jeweiligen Perspektive auch ihre Berechtigung findet. *Altersbilder lassen sich vor diesem Hintergrund als funktionale Adressierungen von Kommunikationen bestimmen.* Erst wenn die Suche nach der einzig gültigen Perspektive durch das Eingeständnis vieler möglicher Perspektiven ersetzt wird, kann auch die Alternsforschung von Altersbildern profitieren. Von einer Ontologisierung des Alters könnte man dann die Forschungsperspektive umstellen auf die Frage nach den Kriterien, die Altersbildern in Teilsystemen, Organisationen und Interaktionen zugrunde liegen. Dann könnte man schließlich auch beobachten, daß nicht die Kategorie 'Alter', sondern die Frage nach Inklusionsbedingungen von alten Menschen in der modernen Gesellschaft über mög-

---

[27] Es lassen sich auch inklusionsverhindernde Kommunikationen benennen, die den Ausschluß alter Menschen aus lebensaltersgegliederten Organisationen sicherstellen: z.B. Kindergärten und Arbeitsstätten. Diese Spezialfälle unterscheiden sich jedoch nur durch die negative Akzentuierung von altersspezifischer Kommunikation und richten sich nicht nur an alte Menschen. Daraus auf eine grundsätzliche Ausgrenzung zu schließen, wäre im Vergleich mit den vorangegangenen Ergebnissen zu inklusionsverstärkenden Kommunikationen übertrieben.

[28] Generalisierend wirken Altersbilder immer innerhalb teilsystemspezifischer Kommunikationen, eine Beobachtung dieser selbstreferentiellen Kommunikationszusammenhänge vermag jedoch über ihre Perspektivität Auskunft zu geben.

[29] Wenn in diesem Zusammenhang von alten Menschen gesprochen wird, sind damit Personen gemeint, die als alt angesprochen werden und nicht alle über 60jährigen Menschen.

liche Lebensentwürfe im Alter Auskunft gibt. Sterbehilfe, Lebensüberdruß und Schwerstpflege — nach Christoph CONRAD und Hans Joachim von KONDRATOWITZ die entscheidenden Themen der Alternsforschung — sind Themen, denen sich betroffene junge Menschen genauso widmen wie betroffene alte Menschen. Alle, die sich nicht davon betroffen zeigen, sind davon nicht betroffen. Zumindest das kann die Gerontologie von GUBRIUMs ethnomethodologischer Kritik lernen. Weil jedoch damit nicht nur die „Gerontologisierung" (Conrad & Kondratowitz 1993, 16), sondern auch die Gerontologie ein Ende fände, werden Alternsforscher vermutlich auch weiterhin nach „wahren" Altersbildern suchen und damit eine Kategorie am Leben erhalten, die nur den Rahmen widerspiegeln kann, in dem sie eingesetzt wird.

Exkurs: Das Alter des Körpers

Mit der konstruktivistischen Auflösung vorausgesetzter Entitäten wird in der Sozialforschung auch gleichzeitig die Frage nach der Stabilisierung dieser Phänomene relevant. Wenn Alter erst in Kommunikationen entsteht, warum wird auf das Thema 'Alter' mit einer solchen Regelmäßigkeit in unterschiedlichen Gesellschaftsformen rekurriert? In den vorangegangenen Kapiteln habe ich bereits einige Antworten auf diese Frage gegeben. Zunächst einmal gehört 'Alter' als Thema seit der Neuzeit zu den entscheidenden Personschablonen (vgl. Kap. VII.3). Unter Alter faßt man seitdem eine individuelle Disposition, die sich bei jedem — früher oder später — einstellt. Von Alter sind in der modernen Gesellschaft demzufolge alle betroffen. Konkretisiert wird diese Schablone in Inklusionszusammenhängen (vgl. Kap. VIII), die jedoch ganz unterschiedliche Sinnkontexte eröffnen. Im Vergleich teilsystemspezifischer, organisationsspezifischer und interaktionsnaher Altersthematisierungen fällt z.B. auf, daß der Körper des alten Menschen nur in Interaktionen, also über Wahrnehmungen sichtbar wird (vgl. Kap. VIII.3). Auch wenn sich die Medizin als Teilsystem oder das Altenheim als Organisation mit u.a. auch körperlichen Veränderungen auseinandersetzen, sie können diese nur kommunizieren, nicht sehen. Sobald visuelle Informationen vermittelt werden, liegt ein Interaktionssystem vor (vgl. Kap. VIII.3), das eben nicht nur über einen Code Kommunikationen zuordnet (Teilsysteme) oder über Entscheidungen festlegt, was Thema sein kann (Organisationen), sondern offen ist für alles, was die Beteiligten einführen.

Im Verlauf der Analyse von Interaktionssystemen habe ich bereits vorsichtig visuellen Informationen einen besonderen Stellenwert in der Konstituierung von Realität zugesprochen (vgl. Kap. VIII.3). Konstruktivistische Analysen greifen bevorzugt auf sensuelle Daten als entscheidende Grundlage von Konstruktionsprozessen zurück. Ein prominentes Beispiel hierfür findet man in der Geschlechterforschung. Unter dem Titel „Gender Trouble" hatte Judith BUTLER 1990 eine klassische Argumentationsfigur der Frauenforschung zerstört. Das Schema *sex/gender*, mit dem bis dahin zwischen statischem biologischem Geschlecht und einer variablen Geschlechtsidentität unterschieden worden war, stellte sich BUTLER aus diskurstheoretischer Perspektive als „heterosexuelle Matrix" und damit als kontingent dar. „Die Instituierung einer naturalistischen Zwangsheterogenität erfordert und reguliert die Geschlechtsidentität als binäre Beziehung, in der sich der männliche Term vom weiblichen unterscheidet. Diese Differenzierung vollendet sich durch die Praktiken des heterosexuellen Begehrens. Der Akt, die beiden entgegensetzten Momente der Binarität zu differenzieren, führt dazu, daß sich jeder der Terme festigt bzw. jeweils eine innere Kohärenz von anatomischem Geschlecht (sex), Geschlechtsidentität (gender) und Begehren gewinnt." (Butler 1991, 46) Poststrukturalistisch weist BUTLER so dem Körper die Position eines Zeichens zu, das Geschlechtlichkeit signifiziert und nicht repräsentiert. Die Ausdehnung des „doing gender" auf den Körper ist in der Geschlechterforschung in Transsexuellenstudien untersucht worden (vgl. Hirschauer 1993b) und hat der Kritik am Zwangscharakter der Zweigeschlechtlichkeit zusätzliche Plausibilität erwirtschaftet.

Mit der Dekonstruktion alles Vorausgesetzten ist jedoch in den letzten Jahren genau dieses Vorgehen selbst in den Mittelpunkt der Kritik geraten. Hilge LANDWEER spricht von „Denkverboten", die mit den Etiketten 'Naturalismus', 'Ontologisierung', 'Essentialismus' und 'Biologismus' verbunden seien und die Erforschung grundlegender Konstitutionsakte verhindere (vgl. Landweer 1994, 147). Als eine solche vorsoziale Kategorie identifiziert LANDWEER die Generativität. „Meine These ist, daß in jeder Kultur in Zusammenhang mit Sterblichkeit und Geburtigkeit die Generativität zu Kategorisierungen von 'Geschlecht' führt." (Landweer 1993, 36) Wenn man — so LANDWEER — von den seit Hannah ARENDT eingeführten entscheidenden „Determinanten menschlicher Existenz" (Wobbe 1994, 193) 'Natalität' und 'Mortalität' abstrahiere, vernachlässige man Verankerungspunkte von Konstruktionsprozessen. Dieser neue Wunsch nach einer theoretischen Fixierung von Konstruktionen läßt sich auch bei anderen Autorinnen der Geschlechterforschung beobachten. Gesa LINDEMANN rückt den „Leib" in den Vordergrund der konstruktivistischen Analyse und stellt ihn mit Helmuth PLESSNER einer Umwelt gegenüber. „Weil es auch ein Leib ist, wird das Subjekt bei Plessner nicht nur als Bedeutung produzierendes Wesen verstanden, sondern auch als ein bedürftiges Wesen, das sich ängstigt und verletzbar ist, denn als Leib ist ein Mensch von seiner Umwelt auch abhängig." (Lindemann 1994, 133) Ähnlich betonen auch Isabell LOREY, Stefan HIRSCHAUER (1993a) und Theresa WOBBE (1993, 1994) diese eigenständige Bedeutung des Körpers, der eben — in Abgrenzung zu BUTLERs Argumentation — nicht nur als Bezeichnungspraxis relevant sein soll. Allen gemeinsam ist die Suche nach dem plausibilisierenden Hintergrund und Stabilisator für Konstruktionen. „Denn wir leben täglich mit diesen Konstruktionen als seien es Evidenzen, und die Frage ist, warum dies immer wieder funktioniert." (Lorey 1993, 20)

Wenn man den „Leib" für diese Funktion in Anspruch nimmt, bindet man jedoch den Konstruktionsprozeß nicht nur an einen Entstehungsort, sondern man stattet ihn auch mit einer neuen Reichweite aus. Hilge LANDWEER folgert von der Fortpflanzungsfunktion auf kulturelle Systemerhaltungsmechanismen (vgl. Landweer 1994, 159), und WOBBE schließt von der generativen Bedeutung von Geschlecht auf Grenzen der Gemeinschaft (vgl. Wobbe 1994, 193). WOBBE, die zunächst eindrucksvoll demonstriert, wie die Wahrnehmung von 'weiblicher Verletzbarkeit' mit dem 'bedrohlichen Fremden' das optimale Passungsverhältnis der beiden Kategorien 'Geschlecht' und 'Ethnizität' realisiert, behauptet weiter: „Die Verletzungsoffenheit der Gemeinschaft und die des weiblichen Geschlechts hängen damit zusammen, daß Frauen in spezifischer Weise für die Vergangenheit, Gegenwart und Zukunft der Gesellschaft bedeutsam sind." (Wobbe 1994, 193) Die leibtheoretischen Ansätze der

5. Resümee: Die Diskriminierung über 'Alter' erleichtert Inklusionen

Geschlechterforschung neigen meines Erachtens zu Überdeterminierungen von Konstruktionsprozessen. Viel eher als die rationale Analyse einer Bedrohung der Gemeinschaft ist es die Plausibilität der Formkombination 'männlicher Fremder', die für den Gebrauch dieses Beobachtungsmusters verantwortlich ist. Das kann man jedoch nur beobachten, wenn man Interaktion als *eine* Ebene der Konstitution von Wirklichkeit betrachtet, und davon Kommunikationszusammenhänge unterscheidet, die eben nicht an die Wahrnehmung des anderen oder des eigenen Körpers gebunden sind, sondern von diesen „Konstanten" abstrahieren. Körper finden sich in der Umwelt dieser Systeme wieder.[30] Teilsystemspezifische und organisationsbezogene Kommunikationen benutzen semantische Traditionen, die mehr über die jeweilige Beobachtungsperspektive aussagen als über gesamtgesellschaftliche Perspektiven (Reproduktion der Gemeinschaft) oder über anthropologische 'Tatsachen' (Natalität, Mortalität).

An die Stelle des Stabilisators 'Leib' rücke ich im folgenden (vgl. Kap. IX) die biographische Selbstbeschreibung. Im Exklusionsbereich der Gesellschaft fungiert die Biographie als identifizierender Mechanismus, der nicht nur unterschiedliche Personschablonen miteinander verbindet, sondern auch Wahrnehmungen des eigenen Körpers zu einer Bedeutung verhilft. Welche Bedeutung dem alternden Körper dabei zugeschrieben wird, hängt von der Aufdringlichkeit körperlicher Veränderungen und individuellen Selbstbeschreibungen ab. Mit anderen Worten: Nicht der Körper (als Leib) ist der entscheidende Bezugspunkt für Plausibilisierungen von Alter, sondern die Beobachtung des Körpers durch den einzelnen und sicherlich auch durch andere. Kapitel IX wird diesen Gedankengang präzisieren.

---

[30] Zur Voraussetzung von biologischen Systemen für soziale und psychische Systeme vgl. Kneer & Nassehi 1993, 58ff.

Kapitel IX: Der Lebensrückblick

Warum man sich alt fühlt

Nachdem in den letzten Kapiteln die gesellschaftstheoretischen Grundlagen erklärt worden sind, wende ich mich nun dem einzelnen und dessen Auseinandersetzung mit dem Alter zu, nämlich der biographischen Verarbeitung des Alters. Schon jetzt läßt sich mit einiger Sicherheit die Biographie als charakteristisches Instrument der Altenhilfe der 90er Jahre benennen. Von der Biographie verspricht man sich Auskunft über das Alterserleben des einzelnen und vor allem Erklärungen für ein spezielles Phänomen, nämlich das „Erzählbedürfnis" alter Menschen. Die Bedeutung, die der Biographie in der Alternsforschung zukommt, verdankt sich zu weiten Teilen diesem als altersspezifisch identifizierten Merkmal. Als 'Lebensrückblick' (im angelsächsischen Sprachraum: 'life review', 'reminiscence') hat dieses Thema Eingang in die Alternsforschung gefunden (vgl. Butler 1963; Merriam 1980) und wird zumeist — wie im folgenden zu zeigen sein wird — sogar als entscheidendes Charakteristikum des Alters benannt. Die Grundlage, auf der dieses Instrument seine Anwendung findet, wird im folgenden vorgestellt, erschüttert und neu aufgebaut.

Anknüpfen möchte ich mit diesem Kapitel an die dritte der klassischen Fragen der Alternsforschung: Wann ist man alt? (Vgl. Kap. IV) Mit dieser Frage hatten sich Martin KOHLI und Ursula LEHR in ihrem Rückgriff auf das subjekttheoretische Identitätsmodell auseinandergesetzt. Im Spannungsfeld zwischen subjektiven Handlungen und objektiven Strukturen bestimmt Martin KOHLI Alternsprozesse als Resultanten der modernen Arbeitsgesellschaft. Teilhabe am „gesellschaftlichen Projekt" (Kohli 1993, 23) ist demzufolge Grundlage für stabile Identitäten. Identitätskrisen, die aus unklaren Verortungen des einzelnen, z.B. dem Ruhestand, resultieren, werden als Instrument der Gesellschaftskritik genutzt. Widersprüche in diesem interdependenten Erklärungsmodell leiten jedoch auch KOHLI (vgl. Kap. IV.1c) auf die Fährte biographischer Eigenlogik. In der Entwicklung von Institutionalisierungsprozessen zu De-Institutionalisierungsprozessen gewinnen „biographische Selbstthematisierungen" (Kohli 1981) die Funktion, die zunehmende Unbeobachtbarkeit von kausalen Zusammenhängen zwischen Subjekt und Objekt, Individuum und Gesellschaft zu begründen. Sein Biographie-Begriff erfüllt sozusagen eine Lückenbüßer-Funktion: Als 'Joker' überdeckt er Leerstellen der theoretischen Argumentation. KOHLIs Anliegen bleibt es trotz dieser Einschränkungen jedoch, auch mit Hilfe psychologischer Forschung noch weitere systematische Einflußmöglichkeiten auf hohes Alter aufzudecken.[1]

---

[1] Mit Hinweis auf eine Veröffentlichung von Freya DITTMANN-KOHLI und Paul B. BALTES vermutet er sogar neben sozial generierten Altersspezifika auch psychologisch zu erforschende Dispositionen im Alter wie z.B. Weisheit. (Vgl. Kohli 1989, 62) Auf die normative Fundierung solcher und ähnlicher „Potentiale" im Alter ist bereits mehrfach hingewiesen worden. (Vgl. Saake 1998) Bewertungen von Alternsprozessen fehlt in der modernen Gesellschaft der konsensuelle Hintergrund, ganz zu schweigen von den diskrimierenden Nebenfolgen solcher Zuschreibungen, auf die beispielhaft Bert BRECHT in seiner Geschichte von der „unwürdigen Greisin" aufmerksam gemacht hat.

Ähnlichen Wegen folgt die gerontologische Biographieforschung von Ursula LEHR. Ein empirischer Realitätsbegriff wird als Maßstab eines normativen Alternskonzepts genutzt: Jugendliche Kompetenzen ermöglichen ein 'Erfolgreiches Altern'. LEHRs klassische Operationalisierung dieses Konzepts ist unter dem Namen „Interventionsgerontologie" bekannt. (Vgl. Kap. IV2c) Die Bonner Schule, die unter Hans THOMAE noch ein lebensphilosophisches Interesse an individuellen Lebensverläufen formulierte, entwickelte sich mit den programmatischen Thesen LEHRs zu einer gerontologischen Erziehung. Allein eine empirisch hergestellte objektive Realität dient in diesem Rahmen dazu, „Optimierungsprozesse" nachzuzeichnen, und vernachlässigt dabei sowohl die soziale Beeinflussung von Altern als auch die individuelle Formulierung von Alternsentwürfen.

An die Stelle der Unterscheidung von Subjekt und Objekt soll ein neuer Zugang gesetzt werden, der den Zusammenhang von Einschränkungen und Freiheiten der biographischen Selbstbeschreibung im Alter klären soll. Im Anschluß an eine theoretische Einführung des Instruments 'Biographie' (Kap. IX.1) werden aktuelle Zugänge der Alternsforschung zum Thema des 'Lebensrückblicks' vorgestellt (Kap. IX.2). Über eine biographietheoretische Präzisierung durch NASSEHI wird dieses als altersspezifisch bekannte Phänomen neu bestimmt (Kap. IX.3), so daß im Resümee schließlich eine Antwort auf die Frage nach dem individuellen Alternserleben gegeben werden kann (Kap. IX.4).

1. Biographische Perspektiven: Alternssemantiken

Im Anschluß an die Identitätstheorien der 70er Jahre ist mit der Biographie ein Zugang zur Sozialforschung wiederbelebt worden, der Individualisierungsprozesse sichtbar machen soll. Mit dem Begriff der Individualität wird der gesellschaftsstrukturellen Außenstellung des einzelnen in einer primär funktional differenzierten Gesellschaft Rechnung getragen. (Vgl. Luhmann 1989) „Jenseits von Klasse und Schicht" (Beck 1986, 121) findet der einzelne sich vor die Aufgabe gestellt, sich einen Lebensverlauf zu erklären, der zwar sozial institutionalisiert ist, aber nicht auf persönlichen Attributen des einzelnen, sondern funktionalen Erfordernissen sozialer Systeme aufbaut. Ulrich BECK spricht von einer „Querlage", um die Folgen dieser Form der Vergesellschaftung für die Lebensführung aufzuzeigen. „Alles, was in systemtheoretischer Perspektive getrennt erscheint, wird zum integralen Bestandteil der Individualbiographie." (Beck 1986, 218) Armin NASSEHI bereitet über diesen Befund seine biographietheoretische Argumentation vor. Der Begriff der Biographie weist — so NASSEHI — auf die „Vierdimensionalität sozialer Positionen" (Nassehi 1994, 48) in der modernen Gesellschaft hin: Die Integration lebenslaufspezifischer Selektionen in ein Muster der Selbstbeschreibung ist nur noch temporär möglich und verabschiedet substantielle Annahmen von subjektiver Identität. „Die Identität des Subjekts ist nichts, worauf man bauen könnte, vielmehr muß sie selbst erst aufgebaut werden." (Ebd., 46)

Erwartungen kondensieren demzufolge nicht mehr an einer Person als exklusivem Träger einer gesellschaftlichen Position, sondern umgekehrt: Kommunikationen statten den einzelnen mit verschiedenen, unvermittelten personalen Attributen aus. Während jedoch soziale Systeme auf wachsende Komplexität mit sachlicher Differenzierung reagieren, verbleibt psychischen Systemen nur die sequentielle Verknüpfung

1. Biographische Perspektiven: Alternssemantiken

in der Temporaldimension. Soziale und psychische Systeme unterscheiden sich vor allem durch ihre Basiselemente: Kommunikationen einerseits und Gedanken andererseits. Für die Frage nach biographischen Bearbeitungen des Themas 'Alter' ist diese strukturelle Unterscheidung von sozialen und psychischen Systemen entscheidend: soziale Systeme bestehen *nur* aus Kommunikationen und psychische Systeme *nur* aus Gedanken. (Vgl. Kneer & Nassehi 1993, 57ff.)

An dieser Stelle möchte ich das Modell autopoietischer Operationen einführen. Als autopoietisch, d.h. selbstproduzierend, selbstherstellend, werden in der neueren Systemtheorie LUHMANNscher Provenienz alle lebenden systemischen Zusammenhänge gefaßt. „Jedes Operieren ist ein Operieren nach Maßgabe eigener Unterscheidungen und rekursiv an Eigenzustände gekoppelt." (Nassehi 1994, 170)[2] Der Bezug von sozialen und psychischen Systemen aufeinander ist nur operativ möglich, d.h. im Verlauf von Kommunikation und Bewußtseinsprozessen, nicht jedoch strukturell im Sinne einer Überlappung. LUHMANN präzisiert diesen Sachverhalt über den Kommunikationsbegriff. Nicht die mehr oder weniger gelungene Übertragung von Informationen nach dem Sender-Empfänger-Modell ist dabei leitend, sondern nur noch die *Selektivität von Information, Mitteilung und Verstehen*. Verstanden wird eine in einer bestimmten Art mitgeteilte Information, die vor dem Hintergrund vorheriger Gedanken ihre Bedeutung im psychischen System erhält und im sozialen System vor dem Hintergrund vorheriger Kommunikationen anschlußfähig ist. NASSEHI formuliert diesen Befund des getrennten Rekurrierens auf Gemeinsamkeiten treffend: „Jede Kommunikation hinterläßt Spuren im Bewußtsein und Bewußtseinsleistungen reizen, irritieren und beeinflussen damit den Kommunikationsverlauf. Über das Konvergieren in einzelnen Elementen sind die beiden Systeme aneinander gekoppelt, ohne sich jedoch zu überlappen." (Nassehi 1994, 172)

Diese strikte Trennung von sozialen und psychischen Systemen widerspricht kausaltheoretischen Argumentationen, die nach dem Input-Output-Modell einen geregelten Zusammenhang von z.B. sozialstrukturellen Variablen und psychischer Verfassung behaupten.[3] An die Stelle dieser subjektiven Identität, die über objektive Gesellschaftsstrukturen (KOHLI) oder eine quantifizierbare Realität (LEHR) bestimmt werden kann, ist mit Armin NASSEHI und Georg WEBER die „biographische Identität" (Nassehi & Weber 1990) getreten. *Als jeweils neue temporale Modifikationen lassen sich diese biographischen Identitäten nicht mehr parallel auf soziale Determinanten zurückführen.* Sie bestehen nicht aus einer Gesamtheit von Einflüssen, die in einem Pfadmodell nachvollzogen werden könnte, sondern aus selbstreferentiellen Selektionen. Perspektivität muß also auch hier wieder vorausgesetzt werden, diesmal mit entscheidenden Konsequenzen für Identitätsbildungsprozesse.

An NASSEHIs Analysen zum Instrument 'Biographie' werde ich mich im folgenden orientieren, wenn ich zunächst die Rezeption des allgemeinen Biographie-Begriffs in der Alternsforschung nachzeichne, dann mit NASSEHI den kommunikativen Ort

---

[2] Zur Geschichte des Begriffs 'Autopoiesis' vgl. Kneer & Nassehi 1993, 57f.
[3] Chris GILLEARD kritisiert deshalb zu Recht in einer Rezension zum Sammelband „Erfolgreiches Altern" von Margret M. BALTES und Paul B. BALTES: „Most of the chapters tend to rely on a strong dose of empiricism to avoid confronting the arbitrary nature of individual happiness and success" (Gilleard 1991, 405)

von Biographien bestimme und entsprechende Konsequenzen für eine systemtheoretisch informierte Alternsforschung daraus ableite.

2. Sinnressourcen und Sinndefizite im Lebensrückblick

Auf dem Boden der bereits eingeführten „klassischen" Bestimmung der „Alternsproblematik" gewinnt die Biographie als theoretischer Bezugspunkt einen bedeutenden Status. Vor dem Hintergrund einer das Alter marginalisierenden Gesellschaft entdeckt das pädagogische Interesse die Biographie als Potential für Sinn. Die Biographie wird in zweierlei Hinsicht nutzbar gemacht: Zunächst als therapeutisches Instrument zur Aufklärung über (unverständliche) Alternsprozesse von verwirrten alten Menschen, darüber hinaus aber auch als Waffe der Gesellschaftskritik gegen eine „vergeßliche" Gesellschaft. Probleme mit alten Menschen, seien es die „zornigen Alten", die dementen oder auch die anachronistischen Alten, werden über die Biographie entschlüsselt, so daß Alter zuletzt zu einer Metapher für kritikbedürftige Zustände im Ganzen der Gesellschaft und im Kleinen des täglichen Zusammenlebens gerinnt. Das prominenteste Beispiel eines solchen Zugangs hat sicherlich Konrad HUMMEL geliefert.

Mit dem programmatischen Buch von Konrad HUMMEL „Öffnet die Altersheime!" (Hummel 1982) wurde bezüglich der ganzheitlichen Ausrichtung von Altenheimen ein Anspruch formuliert, der im Vergleich zu heutigen, immer umfassender werdenden Definitionsversuchen[4] geradezu bescheiden klingt. Der Zusammenhang von antizipierten Sinndefiziten und Sinnressourcen, den HUMMEL eröffnet, bleibt jedoch prototypisch. In Abgrenzung zu altenpädagogischen Tendenzen, den Menschen professionellen Zuständigkeiten entsprechend in Funktionen zu unterteilen (medizinische Behandlungsbedürftigkeit, geistige Verfassung, Freizeitinteressen), soll bei HUMMEL der Mensch verstanden werden „als eine lebendige Einheit, die Körper, Seele und Geist untrennbar und in Wechselwirkung untereinander und gegenüber dem sozialen Umfeld verbindet" (Hummel 1982, 11). Die innerhalb der Pädagogik vor allem auch gestaltpsychologisch geprägte Inanspruchnahme des handelnden Subjekts, als das der Mensch auch trotz organisierter und „fremdbestimmender" Altenhilfe verstanden werden soll (vgl. Hummel 1982, 27), wird unter dem Titel „Ganzheitliches Leitbild" zusammengefaßt. Als Vorläufer werden zwei Leitbilder benannt, die — genau wie das ganzheitliche — „gesellschaftliche Widersprüche (spiegeln). Zum einen vertreten sie unterschiedliche Herrschaftsansprüche bestimmter Gruppen und deren Normen. Sie sind damit herrschaftsspezifisch. Zum anderen sind sie Ausdruck bestimmter Geschichtsphasen und Ausdruck sozialen Wandels." (Ebd., 20) So sei zunächst unter „religiöser Herrschaft" (ebd.) das *caritative*, und dann unter „naturwissenschaftlicher Herrschaft" (ebd.) das *rationale Leitbild* entstanden. Trotz der wenig differenzierten Ableitung dieser 'Leitbilder'[5] bietet sich eine weitere Verwendung dieser

---

[4] Rudolf MEIER-ZIEGLER fordert beispielsweise, das Alter „ganzheitlich, integrativ, als Einheit psychischer und physischer, sozialer und kultureller, biologischer und gesellschaftlicher, individueller und ökologischer Faktoren zu erfassen" (Meier-Ziegler 1993, 191).

[5] HUMMEL bezieht sich mit der Dreigliederung der Leitbilder auf LUHMANNs Beschreibung gesellschaftlicher Evolution (vgl. Hummel 1982, 21). Die von HUMMEL getroffene Zuordnung des 'caritativen Leitbilds' zur archaischen Gesellschaft, des 'rationalen Leitbilds' zur hochkultivierten Gesellschaft und des 'ganzheitlichen Leitbilds' zur modernen Gesellschaft muß jedoch verschoben werden.

Klassifizierung in der Praxis sehr wohl an, da tatsächlich auf einer phänomenologischen Ebene die von HUMMEL extrahierten Charakteristika bei der Unterscheidung in eher caritativ ausgerichtete Heime und solche, die sich als Servicezentren verstehen, auch heute noch wiederzufinden sind. HUMMELs Einordnung zufolge zeichnen sich Einrichtungen mit caritativer Ausrichtung durch eine religiös legitimierte Rollenverteilung nach Hilfebedürftigen und Helfern aus (Helfen aus Nächstenliebe, hilfebedürftiges Altern als gottgegebenes Schicksal). Bedürfnisse nach Sinnvermittlung werden hierbei zwar befriedigt, die starre Rollenverteilung führt jedoch zu Konflikten, für die sich keine Umgangsweise anbietet. Beim rationalen Leitbild wird der Mensch im Hinblick auf seine Funktionstüchtigkeit betrachtet, erscheint dann in Teilbezügen defizitär und ist gehalten, mit Hilfe von Personal dieses Defizit auszugleichen. Altern muß demzufolge damit nicht mehr schicksalhaft defizitär verlaufen, es kann gestaltet und verändert werden, wozu der einzelne jedoch eine rein auf spezielle Funktionen seines Körpers bezogene Dienstleitung geradezu einkaufen muß und sich so mit seinen Bedürfnissen außerhalb von persönlichen Bezügen als überfordertes Individuum wiederfindet.[6]

HUMMEL zieht für seinen Ansatz, die Ganzheitlichkeit, die positiven Seiten der beiden Leitbilder 'caritativ' und 'rational' zusammen und gelangt so zu einem Modell, das die traditionalen Sinngebungsideale mit modernen Hilfeoptionen kombiniert. Die Dominanz der Sinngebungsfrage ergibt sich dabei durch eine Charakterisierung von Altern über die Nähe zu Tod und Sterben. „Die Altenpflege findet ihre organisierte Form im Pflegeheim. Aus der Krankenpflege herausentwickelt, hat sie im Zuge herrschender gesellschaftlicher Entwicklungen das Pflegeheim zum kleinen Krankenhaus gemacht. Hinter der Fassade des Krankenheims verbirgt sich jedoch nahezu unverändert das gleiche Problem wie im Asyl. In solch einem Heim wird gestorben." (Hummel 1982, 34) Der Umgang mit Tod und Sterben und dem in diesem Rahmen möglichen Sinngebungsoptionen ist Mittelpunkt seiner Argumentation. „Ganzheitliche Pflege denkt vom Ziel und Abschluß eines solchen Lebens her, zu dem der notwendige und unabwendbare Tod gehört. Nur von dieser Begrenzung her läßt sich sinnvoll, möglichst lebendig und wenig entfremdet die Lebensspanne gestalten." (Ebd., 35, vgl. auch 38) Das Interesse an der Ganzheit entdeckt sich hier ganz klar als eine Frage nach den Möglichkeiten und Limitierungen individueller Sinnproduktion.

Tatsächlich sind stationäre Einrichtungen zumeist auch diejenigen Einrichtungen, in denen alte Menschen sterben. Die Parallele zur GOFFMANschen Organisationssoziologie, nach der Altenheime als „totale Institutionen" (Goffman 1972, 17) gelten, hätte aber weit mehr hergegeben als das Etikett 'Asyl'. Die „bürokratische Organisation ganzer Gruppen von Menschen" (ebd., 18) in Einrichtungen, deren Bewohner sich sowohl räumlichen als auch zeitlichen Anordnungen hinsichtlich ihrer

---

Religiös motivierte Hilfeleistung charakterisiert erst das Mittelalter, das rationale Leitbild wäre dann der modernen Gesellschaft zuzuordnen, deren Gesellschaftsstruktur für ein ganzheitliches Vorgehen angesichts zunehmender Differenzierung bislang nur semantisches Potential bereitstellt.

[6] Die Unterscheidung der Leitbilder findet ihre Entsprechung in den frühen Alternstheorien, in denen einerseits ein altersbedingter Abbau mit dem Wunsch nach Disengagement (vgl. Cumming & Henry 1961) seine Berechtigung finden sollte, aber auch — durch psychologische Forschung motiviert — im Alter Zufriedenheit bei fortgesetzter Aktivität ermöglicht werden sollte (vgl. Tartler 1961). (Vgl. Kap. II.3.)

Lebensvollzüge (schlafen, arbeiten, essen, spielen an einem Ort) und Tagesabläufe unterwerfen müssen, wird von GOFFMAN auf emergente, eigene Realitäten produzierende Interaktionen zurückgeführt, die sich weder im Rückgriff auf das Individuum noch über die Organisation erklären lassen (vgl. Lenz 1991, 322; vgl. Kap. VIII.3). Unter Bedingungen organisierter Altenhilfe kann sich ein Zusammenleben einspielen, das in seiner unschönsten Variante eher auf organisatorische Strukturen denn auf „Verdrängung und Ausgrenzung des Todes einerseits, angstvolle Besessenheit andererseits" (Hummel 1982, 39) zurückzuführen ist. Die Hypostasierung des Sterbens „als zwingendster Tatsache menschlicher Existenz" (ebd.) zum Dreh- und Angelpunkt einer gesellschaftskritischen Altenhilfe übersetzt organisationsspezifische Defizite in anthropologische Bedarfsformulierungen.

Von soziologischer Seite aus kann dieser existenzphilosophische Versuch zur Integration des Todes abgewiesen werden. Klagen über Verdrängung und Ausgrenzung des Todes benennen eine Problematik der modernen Gesellschaft, in der allgemein verbindliche symbolische Deutungen nicht mehr möglich sind. Die mittlerweile fast unübersehbare Fülle an Literatur zum Thema 'Tod und Sterben'[7] übersieht bei dieser Diagnose allzuleicht die Vielfältigkeit verbleibender *individueller* Deutungsmöglichkeiten. Als „Symbol für unübersehbare Kontingenz schlechthin" (Nassehi & Weber 1989, 423) reduziert sich die Bedeutung des Todes in der modernen Gesellschaft auf eine nur noch individuelle Erfahrung, die sich jeder Verallgemeinerung in Theorie und Praxis entzieht. Eine Integration findet damit nur noch in Biographien der Angehörigen statt. „Jede Sinngebung des Todes ist ein Versuch, den temporalen Gesamtzusammenhang des Lebens, d.h. die Totalität des gelebten und des noch zu lebenden Lebens in seiner Gesamtheit zu verstehen. Die Einsicht in die Verhülltheit der Zukunft und des Todes kann diesen Versuch der Sinngebung erst ermöglichen, denn der Tod erschließt sich nicht als Wirklichkeit, sondern nur als das Unbestimmte schlechthin." (Ebd., 432) Mit anderen Worten: *Nur weil traditionelle Todessemantiken nicht mehr greifen, existieren individuelle Bedürfnisse und Möglichkeiten der sinnhaften Bearbeitung.* Aus der Perspektive des Individuums ist damit dem HUMMELschen Postulat nach Ganzheit im Sinne der Herstellung einer Einheit „lebensgeschichtlicher Kontinuität" (Hummel 1982, 30) durchaus rechtzugeben, dennoch läuft eine Schuldzuweisung an eine Gesellschaft, die den Tod als „irreparable Funktionsstörung" (ebd., 38) betrachtet, ins Leere, da es keinen Weg zu einer allgemeingültigen positiven Definition mehr gibt.

Eine ähnliche sozialromantische Argumentation zeigt sich in dem 1991 erschienenen Buch „Freiheit statt Fürsorge: Vernetzung als Instrument zur Reform kommunaler Altenhilfe" (Hummel 1991). Den Boden der Analyse bereitet zunächst wieder eine Kritik an der Gesellschaft, in der „Generationsbeziehungen nüchterner, berechnender, gegenseitig abwägender geworden sind" (ebd., 104). Daran knüpft HUMMEL die Forderung nach neuen Leit- und Menschenbilder[n] professioneller Helfer" (ebd., 108) an. Das neue Leitbild ist wiederum Ganzheitlichkeit, für die diesmal die Form des Netzwerkes gefunden wird. Während es also in den früheren Arbeiten HUMMELs vor allem um einen neuen Zugriff auf das Individuum im Alter ging, steht nun die

---

[7] An dieser Stelle sei auf eine schöne Möglichkeit, sich trotzdem noch einen Überblick zu verschaffen, hingewiesen, und zwar auf eine Veröffentlichung der Interdisziplinären Nordrhein-Westfälischen Forschungsarbeitsgemeinschaft „Sterben und Tod" 1996.

2. Sinnressourcen und Sinndefizite im Lebensrückblick

Altenhilfeplanung, also vor allem die institutionelle Seite organisierter Altenhilfe im Mittelpunkt. Ein konkretes Modell der Altenhilfeplanung veranschaulicht HUMMELs Vorstellungen. „Der unmittelbare, ganzheitliche Zusammenhang der ökonomischen, sozialen und kulturellen Lebensdimensionen wird für die kommunale Altenarbeit in Augsburg zum Programm: Die Bereiche Wohnen, Pflegen, Begegnen und Mitwirken umreißen den ganzheitlichen programmatischen Handlungsrahmen des Programms 'Älterwerden in Augsburg'." (Ebd., 112f.) Geplant ist eine neue Form der Zusammenarbeit von Professionellen, Betroffenen und deren Angehörigen, die sich von „rein ökonomisch ausgerichteten modernen sozialen Dienstleistungssystemen, die marktgerecht käuflich und unmittelbar nutzenzentriert sind" (ebd., 101) unterscheiden soll, „um eine Lösung zu erzielen, die der ganzheitlichen Lebenssituation gerechter wird" (ebd., 99). HUMMEL setzt also bei der Versorgungssituation an, die zunehmend unübersehbar wird, nicht nur für den Betroffenen, der sich nur noch mühsam einen Überblick über mögliche Hilfeleistungen verschaffen kann, sondern auch für den Helfer, der als Experte immer nur eine beschränkte Optik auf den alten Menschen haben kann. Als Vorbild dient ihm die Familie als „natürliches Netzwerk" (ebd., 97). Die Notwendigkeit zur Vernetzung ergibt sich bei dieser Argumentation parallel zur zunehmenden Differenzierung von Handlungsvollzügen und individuellen Perspektiven. „Da diese ... Entwicklung gesamtgesellschaftlich unumkehrbar ist, stellt sich nicht die Frage ob, sondern welche Form von Netzwerken herzustellen und anzustreben ist." (Ebd., 98) Ganzheitliche Hilfe findet ihren Ausdruck nun nicht mehr — wie vormals — in den aufgeklärten (echten) persönlichen Bezügen, statt dessen wird — fast resignativ — die Rettung von einer Ganzheit erwartet, die nun auf institutioneller Ebene gesucht wird.

Beide Begriffe, die personenbezogene ganzheitliche Hilfe und die Vernetzung, haben ihren Platz in der Altenhilfe gefunden. Die aktuellste Wendung dieser Thematik mündet in der Forderung nach einer biographieorientierten Hilfeleistung, die nun als synonym für Ganzheitlichkeit verwendet wird. „In der Lebensbiographie heutiger und künftiger Älterer ist dieser Spielraum [Positionen, Regionen und Zugehörigkeiten wechseln zu können, I.S.] von großer Bedeutung. Er verweist darauf, daß die Lebensleistung des Älteren weniger darin besteht, sich treu geblieben zu sein, sondern darin, sich erfolgreich mit den Verhältnissen gewandelt und entwickelt zu haben." (Ebd., 53) Der Biographie-Begriff wird in diesem Rahmen über die Voraussetzung eines Subjekts präzisiert, das als Gesamt seines Lebenslaufs und der daran anschließenden Bedürfnisse angesehen wird.

Ganz ähnlichen Wegen folgt die Validationstherapie, die verwirrten alten Menschen über Wertschätzung bzw. Anerkennung zu einem zufriedeneren Leben verhelfen will. Naomi FEIL, die Begründerin der Validationstherapie, formuliert als Methode: „Jemanden zu validieren, bedeutet, seine Gefühle anzuerkennen, ihm zu sagen, daß seine Gefühle wahr sind." (Feil 1992, 11) Den Hintergrund für diese, dem traditionellen Mittel der Wahl „Realitäts-Orientierungs-Training (ROT)"[8] gegenübergestellte Methode bildet die Überzeugung: „Es gibt immer einen Grund für das Verhal-

---

[8] Beim ROT werden verwirrte Menschen immer wieder mit Informationen zu Ort, Zeit und Personen der Umgebung konfrontiert, um einen funktionalen Realitätsbezug zurückzuerlangen. Vgl. Erlemeier 1994, 86f.

ten von desorientierten, sehr alten Menschen." (Ebd. 13) Der theoretische Rahmen dieses Ansatzes besteht aus einem Sammelsurium von psychologischen Schulen. FREUD, ERIKSON, JUNG und ROGERS werden ohne Rücksicht auf Widersprüchlichkeiten miteinander kombiniert. Eine hervorragende Kritik an dieser theoretischen Vorgehensweise findet sich bereits bei Jörg CLEES und Jürgen EIERDANZ (1996) und braucht an dieser Stelle nicht geleistet zu werden. Interessanter erscheint in diesem Zusammenhang die Beobachtung des unglaublichen Erfolgs dieser Methode. FEILs Anleitung zur Verarbeitung alter ungelöster Probleme mit dem Ziel, „in einem aufgeräumten Haus zu sterben" (Feil 1992, 21), gewinnt ihre Bedeutung vor dem Hintergrund der täglichen Belastungen, denen Pflegekräfte im Umgang mit verwirrten alten Menschen ausgesetzt sind. Unverständliche Reaktionen, die immer wieder zu Irritationen führen — vor allem bei knappem Zeitbudget — , werden durch FEILs Interpretationen verständlich. „Tatsächlich ermöglicht der körperliche Verfall sehr alten Menschen mit unbewältigten Lebensaufgaben, ihre letzte Aufgabe zu erfüllen: die Vergangenheit wieder herzustellen, um sie zu verarbeiten." (Ebd., 22) Die oft bei verwirrten alten Menschen zu beobachtende Orientierung an der Vergangenheit stellt demzufolge „eine Methode des Überlebens (dar), einen Heilungsprozeß und einen Weg, die Schläge des Alterns zu mildern." (Ebd., 35)

Die Konsequenzen einer solchen theoretischen „Sinngebung" des Alterns für den Arbeitsalltag von Pflegekräften sind evident. Die vielen Störungen des Arbeitsrhythmus durch Desorientierte können zu einem Thema zusammengefaßt werden und verlieren ihren provokativen Charakter. Aggressivität, Zurückgezogenheit und Depressionen erscheinen als Zeichen einer unbewältigten Problematik vergangener Zeiten und gewinnen dem „störrischen" alten Menschen so ein angenehmes Profil zurück. Diese Entlastung bringt natürlich pflegerische Erfolge mit sich. Beeindruckende Beispiele validierender Pflege erzeugen Bilder einer mit Zielen ausgestatteten, stabilisierten und stabilisierenden Pflege, die auch größte Belastungen wie z.B. Defäkieren in öffentlichen Räumen, übersteht. (Vgl. Sorkale 1997) Ohne sich über eine Theorie rechtfertigen zu müssen, erlangt so die Validation, ganz ähnlich wie die ganzheitliche Altenhilfe, ihre Berechtigung. Sichtbar wird dabei jedoch zweierlei:

1. Der Rückgriff auf die Biographie als Sinnressource bietet sich im Fall des hohen Alters durch die Vielzahl an Verweisungsmöglichkeiten (quantitativ: viel Vergangenheit, qualitativ: der bedrohliche Tod) an.

2. Organisatorische Probleme im Umgang mit alten Menschen verlangen geradezu nach einer Sinnunterstellung.

Eine andere Variante dieser Sinnproduktion läßt sich in der Erwachsenen- bzw. Altenbildung beobachten. Wilhelm MADER führt die Biographie auf dem Boden einer arbeitszentrierten Gesellschaft (vgl. Mader 1994, 97) ihrer exponierten Bedeutung für das hohe Alter zu. Beispielhaft entwickelt er das Bild von alten Menschen, in deren Leben sinnstiftende Mittelpunkte fehlen, die desintegrativen Tendenzen ausgesetzt sind. Das einzige, was ihnen dann noch bleibe, sei die Biographie. „Es ist die Biographie, die zusammenhält und verbindet — und mit zunehmendem Lebensalter oft sonst nichts mehr." (Ebd., 97) Alter erscheint so als Paradebeispiel von Sinnstiftungsproblemen, denen der einzelne jenseits von gesellschaftlichen Aufgaben ausgeliefert ist. Die besondere Bedeutung der Biographie für alte Menschen ergibt sich jedoch

2. Sinnressourcen und Sinndefizite im Lebensrückblick

auch aufgrund der spezifischen sozialstrukturellen Lagerung: „ ... alte Menschen sind diesem Druck [zur Biographisierung ihres Lebens, I.S.] mehr als andere Altersgruppen ausgeliefert, da sie (bisher) weniger eigenständige soziale Milieus ausbilden können als Menschen in anderen Lebensphasen mit anderen Lebensbedingungen." (Ebd., 97) Daß alte Menschen nicht als Gruppe 'alte Menschen' auftreten, rechtfertigt also MADERs Zusammenfassung alter Menschen als Gruppe.

Als Kennzeichen eines problematischen Alterns erscheint ihm die „Wiederholung", die sich z.B. in Erzählungen von früher und im Festhalten an vergangenen Lebensmustern manifestiert. Auch ein wunderbares Zitat von Hermann HESSE[9] zu diesem Thema, in dem die schlichte Häufung von Erinnerungs*möglichkeiten* beschrieben wird, gilt ihm als Beweis der alterstypischen *Notwendigkeit* des Erinnerns. MADER beobachtet, daß alte Menschen an ihren alten Lebensmustern festhalten, daß sie nicht in neue 'altersspezifische' Milieus eingebunden sind und problematisiert 'Wiederholungen' im Alter als „Präsentations- und Repräsentationsformen von Biographien" (ebd., 107). Sein einziger Anhaltspunkt für die Unterstellung einer Kategorie 'Alter' ist demzufolge das Erinnern.

Daß alte Menschen an vergangenen Lebensmustern festhalten, ist eigentlich keine Besonderheit, die nicht auch jüngere Menschen charakterisiert,[10] die jedoch im allgemeinen solange nicht problematisch ist, wie keine grundlegende Veränderung gefordert wird. Die Scheidung der Eltern, der Umzug in eine andere Stadt, Arbeitslosigkeit und Krankheit stellen genauso wie die Berentung eine Unterbrechung dieses gewohnten Lebenslaufmusters dar. Sich gerne an die 'guten alten Zeiten' zu erinnern, muß jedoch auch dann noch nicht grundsätzlich problematisch sein. Pädagogisch interessant werden solche Phänomene erst, wenn eine systematische Verursachung und Problematisierung angenommen wird, wie z.B. der Übergang in eine 'Alterspha-

---

[9] Dieses Zitat wird hier in voller Länge reproduziert, weil es mit eindrucksvoller Metaphorik die klassischen bildungsbürgerlichen Vorstellungen von zunehmender Erfahrung („eine Schicht über zehn, über hundert frühere") und 'reichem' Alter („Schatz an Bewahrtem") verdeutlicht. „Etwas anderes ist es mit der Erlebensweise alter Menschen, und hier darf und mag ich mir keine Fiktion erlauben, sondern bleibe bei dem Wissen um die Tatsache, daß ein Mensch jüngeren oder gar jugendlichen Alters überhaupt keine Vorstellung von der Weise hat, in der alte Leute erleben. Denn es gibt für diese im Grunde keine neuen Erlebnisse mehr, sie haben das ihnen Gemäße und Vorbestimmte an primären Erlebnissen längst zugeteilt bekommen, und ihre 'neuen' Erfahrungen, immer seltener werdend, sind Wiederholungen des mehrmals und oft Erfahrenen, sind neue Lasuren auf einem längst scheinbar fertigen Gemälde, sie decken über den Bestand an alten Erlebnissen eine neue, dünne Farb- und Firnisschicht, eine Schicht über zehn, über hundert frühere. Und sie bedeuten dennoch etwas Neues und sind zwar nicht primäre, aber echte Erlebnisse, denn sie werden, unter anderem, jedesmal auch zu einer Selbstbegegnung und Selbstprüfung. [...] Mir kam zuweilen der Gedanke oder die Vermutung, es könne der Trieb zum Wandern und Welterobern, der Hunger nach Neuem, noch nicht Geschehenem, nach Reise und Exotik, der den meisten nicht phantasielosen Menschen zumal in der Jugend bekannt ist, ein Hunger nach Vergessen sein, nach Wegdrängen des Gewesenen, soweit es uns bedrückt, nach Überdecken erlebter Bilder durch möglichst viele neue Bilder. Die Neigung des Alters dagegen zu festen Gewohnheiten und Wiederholungen, zum immer erneuten Aufsuchen der selben Gegegenden, Menschen, Situationen wäre dann ein Streben nach Erinnerungsgut, ein nie ermüdendes Bedürfnis, sich des vom Gedächtnis Bewahrten zu versichern, und vielleicht auch der Wunsch, eine leise Hoffnung, diesen Schatz an Bewahrtem vielleicht noch vermehrt zu sehen ... ." (Hesse 1990, 164f.)

[10] Gerade die 68er Generation hat schon recht früh wegen ihres starren Festhaltens an alten Bekleidungsnormen und Musikrichtungen immer wieder Anlaß zu Spott gegeben.

se', in der Arbeit als sinnstiftendes Zentrum durch die Biographie ersetzt werden müsse. Erst dann werden alte Menschen als Zielgruppe pädagogischer Hilfe sichtbar: Alle, die viel von früher erzählen, sich also mit ihrem Lebenslauf auseinandersetzen, können dann als alt eingeordnet und als problematisch etikettiert werden.

Meines Erachtens ist dieser Konstruktionsprozeß beispielhaft. Alles fügt sich zusammen: *Der These von der gesellschaftlichen Desintegration alter Menschen folgt die Institutionalisierung der Biographie als Sinnproduzent, und daran anschließend wird dann das Erzählen als alterstypisch betrachtet.* Wenn hohes Alter als eine Phase nicht zuvor sichtbar gemacht worden wäre, wäre Erzählen im Alter ein eben nicht alterstypischer Ausdruck von Kontinuität, zu dem sich im hohen Alter allerdings mehr Möglichkeiten bieten als in jüngeren, nicht so erfahrungsgesättigten Jahren. Hier wird eine Gruppe pathologisiert, deren Charakteristika nur über die Unterstellung von Desintegration sichtbar werden. Diese Dichotomisierung von Arbeit und Biographie wird jedoch noch weiter verwendet. Die Biographieabhängigkeit alter Menschen wird auf ihre gesellschaftliche Funktion befragt: „Asynchron und 'unpassend' werden sie [die alten Menschen, I.S.] als kritisches Potential zwar da sein, ohne jedoch als Potential eines Milieus oder einer Gruppe wirksam und strukturbildend zu werden." (Ebd., 98) Damit wird auch die letzte Möglichkeit zu einer sinnhaften Aufladung der Kategorie 'Alter' noch genutzt: Problematische alte Menschen sollen eine gesellschaftskritische Position repräsentieren. Daß diese Diagnose auf wackeligem Boden hergestellt worden ist, ist zu diesem Zeitpunkt nicht mehr sichtbar. Ab jetzt läßt sich eine umfangreiche Semantik zum Thema Potentiale und Ressourcen erzählender alter Menschen entfalten. (Vgl. Kruse 1990; Knopf u.a. 1989; Knopf, Schäffter & Schmidt 1988)

In beiden Fällen, der therapeutischen und der gesellschaftskritischen Anwendung des Biographie-Begriffs, wird Biographie synonym für Vergangenheit gebraucht. Im ersten Fall erinnert der desorientierte alte Mensch nicht mehr das Entscheidende und wird so zur Figur des vergeßlichen, verwirrten, verdrängenden Menschen. Sylvia KADE mahnt aus der Perspektive der Geragogik: „Wem die Vergangenheit durch rapide Entwertungsprozesse abhanden kommt oder wer ihr gegenüber die Augen verschließt und ihr zu entkommen sucht, dem droht Realitätsverlust." (Kade 1994b, 82) Nur die vollständige Aktualisierung des vergangenen Lebens ebnet demzufolge den Weg zu einem sinnvollen Leben, was im Alter umso wichtiger erscheint, denn — so KADE — : „mit dem Älterwerden (nimmt) die Dringlichkeit des noch Unerledigten, des Abrundens der Lebensgestalt zu, wenn ein Ende absehbar wird." (Ebd., 42) Diese Kombination von Vergangenheitsbezug und Todesnähe ist bereits von HUMMELs Analysen vertraut (s.o.). Ganz ähnlich wird der Biographie-Begriff auch für gesellschaftskritische Positionen genutzt. An die Stelle des einzelnen, der nicht vergessen darf, tritt jedoch nun die Gesellschaft, die das Wissen alter Menschen nicht würdigt. KADE formuliert: „Ob eine Gesellschaft lernfähig ist, ist deshalb wesentlich davon abhängig, was die Generationen voneinander lernen." (Ebd., 33) Alte Menschen werden hierbei als Tradierer historischer Erfahrung angesehen. Die Nichtbeachtung ihrer Erzählungen führt — speziell im Fall der Deutschen — zu einer mythischen Verstrickung in ein nationales Schicksal; nur Aufklärung eröffnet einen Ausweg.

2. Sinnressourcen und Sinndefizite im Lebensrückblick

(Vgl. ebd.) Hier wird hinterrücks eine kollektive Identität bemüht, mit deren Hilfe Ordnung in die Vergangenheit gebracht werden muß.[11]

Ich fasse noch einmal zusammen, welchen Gang die Argumentation der Alternsforschung unter dem Etikett 'Biographie' nimmt. Anknüpfungspunkt für eine Auseinandersetzung mit der Biographie ist das Erzählverhalten älterer Menschen.[12] Im Fall des vollständig orientierten alten Menschen ist das Desinteresse der Gesellschaft an einer Nutzung des sinnvollen Erzählens problematisch, im Fall des Desorientierten wird Erzählen als sinnlos empfunden und als Ausdruck einer verdrängten Vergangenheit interpretiert. Beide Male wird ein problematisches Verhalten im Alter (wiederholtes Erzählen von früheren Zeiten) rehabilitiert und nutzbar gemacht. *Der Biographie-Begriff erscheint als eine umfassende Ressource von Sinn, über die Vergangenheit und damit auch die Ursache der Alternsproblematik verfügbar gemacht werden kann.* Wie bereits ausgeführt wurde, läßt sich jedoch in beiden Fällen auch der Konstruktionsprozeß nachzeichnen, in dessen Verlauf die biographieabhängige Altersgruppe entstanden ist.

Die feinsinnigen Beobachtungen MADERs zur modernen, reflexiven Wissensproduktion können in diesem Fall auf seine eigenen Analysen angewendet werden. Er führt aus: „Ein Etikett wird in der Moderne leicht und unter der Hand zum Projekt, das unsere Vorstellungen vom Altwerden prägt und unsere politischen und ganz persönlichen Entscheidungen beeinflußt. Die 'Alternde Gesellschaft' verbirgt eine soziale Konstruktion des Altwerdens und Altseins und beinhaltet ein Vergesellschaftungsprogramm, in dem sich Deskription und Präskription auf subtile Weise vermischen." (Mader 1995, 13) Auch MADER setzt jedoch nach bewährter Manier eine Altersphase voraus und identifiziert dann ein Verhalten, das innerhalb der Erwachsenenphase normal wäre — Orientierung an gewohnten Lebensmustern und keine altersspezifische Milieubildung —, als pathologisch. Mit dem Biographie-Begriff wird auf diese Weise ein umfassender Erklärungszusammenhang ausgebreitet, der Alter mit gesamtgesellschaftlicher Bedeutung füllt.

Auch im Falle der therapeutischen Anwendung des Biographie-Begriffs lassen sich solche Konstruktionen nachzeichnen. Es sind desorientierte alte Menschen, deren Pflege höchste Anforderungen an die tägliche Handlungsplanung von Pflegekräften stellt. Von dieser Zumutung an Sinnlosigkeit überfordert, stellt sich das Angebot einer mit sinnversorgenden Vergangenheit als Entlastung heraus. Vermutlich läßt sich — folgt man MADER (s.o.) — gar nicht mehr unterscheiden, ob alte Menschen erzählen, weil es im Prozeß des Älterwerdens eine Entwicklung gibt, die dieses Verhalten nahelegt,[13] oder ob sie es tun, weil genau dies von ihnen erwartet wird: in den

---

[11] Mindestens ebenso bedrückend wie die mythische Verstrickung erscheint einem die Vorstellung einer kollektiven Identität, wie auch immer sie sich ausdrücken würde.

[12] Christel SCHACHTNER unterscheidet auf einer phänomenologischen Ebene zwei Erzählweisen: die assoziative und die egozentrische. Während bei der ersten eine ganzheitliche Inszenierung von Bildern zu beobachten ist, fällt bei der zweiten vor allem das Absehen von Zuhörerinteressen und die Installierung des Erzählers als Ausgangspunkt des Geschehens auf. Vgl. Schachtner 1988, 100ff.

[13] Eine Erklärung für dieses Phänomen läßt sich — wie schon erwähnt — in dem HESSE-Zitat finden. Vermutlich besteht ein entscheidender Grund für ausgeprägtes Erzählverhalten schlicht in der Möglichkeit, von schon Gewesenem erzählen und es in immer neue Zusammenhänge stellen zu können. Mit dem Modell der 'Semantischen Netze' werden entsprechende Forschungsperspektiven benannt. Vgl. Anderson 1996, 147ff.

Seniorenmagazinen des Fernsehens und auf Pflegestationen mit biographieorientierten Therapien.

3. Die biographische Bearbeitung von Alter

Die Sicherheiten, die der Biographie-Begriff in der Alternsforschung suggeriert, sollen nun mit Hilfe eines genauen Blicks auf die gesellschaftstheoretischen und epistemologischen Hintergründe überprüft werden. Nachdem die gesellschaftsstrukturellen Bedingungen einer primär funktional differenzierten Gesellschaft genannt worden sind (vgl. Kap. VIII.1) und die Position des einzelnen unter dem Etikett 'Individualisierung' bereits präzisiert worden ist (vgl. Kap. IX.1), steht nun die Frage nach der Operationsweise biographischer Kommunikationen im Vordergrund. Was wird in Biographien thematisiert? Wird aus dem großen Faß der Vergangenheit geschöpft, wie es im vorangegangenen Kapitel nahegelegt wurde? Oder werden psychische Dispositionen repräsentiert, wie es therapeutische Zugänge in der Alternsforschung behaupten?

In diesen Fragen helfen die biographietheoretischen Überlegungen von Armin NASSEHI weiter. Zunächst klärt NASSEHI mit Alois HAHN den Unterschied von Lebenslauf und Biographie: Während der Lebenslauf das Insgesamt aller Ereignisse umfaßt, macht die Biographie den Lebenslauf zum Thema. (Vgl. Hahn 1988, 93; Nassehi 1993, 352) Ein Zusammenhang von Lebenslauf, Biographie und psychischer Disposition im klassischen Sinn einer Repräsentation[14] wird aufgrund der strukturellen Geschlossenheit und autopoietischen Funktionsweise von sozialen und psychischen Systemen abgelehnt (vgl. Kneer & Nassehi 1993, 57ff.; vgl. Kap. IX.1). An die Stelle des Subjekts, das in biographischen Untersuchungen gerne als Organisator von Sozialität bemüht wird, rückt NASSEHI die *Person*: „Biographische Kommunikation erzeugt jene personalen Adressaten, denen sie zugerechnet wird, und läßt somit Personen entstehen oder auch nicht entstehen." (Nassehi 1994, 58) Demzufolge müssen gängige Annahmen der Biographie-Forschung revidiert werden. Menschen eignet nun keine Vergangenheit mehr, mit der sie sich auseinandersetzen *müssen*, um zu erfahren, wer sie sind.[15] Stattdessen verweist NASSEHI auf soziale Zusammenhänge, in denen biographische Kommunikationen stimuliert werden, die dann den einzelnen als Person mit einer Geschichte erzeugen. Diese Perspektive verdankt sich der Umstellung der Sozialtheorie von einer vorausgesetzten Substanz (Vergangenheit, Identität, Subjekt) zu Operationen, in deren Verlauf Lebenslaufdaten, Personen und eine biographische Identität entstehen. Die entscheidenden Operationen sind in diesem Fall Kommunikationen; Biographien werden also eindeutig sozial verortet. Die Kommunikationen, von denen ich jetzt spreche, sind genau die gleichen, die im vorangegangenen Kapitel unter den Titeln Gesellschaft, Organisation und Interaktion analysiert worden

---

[14] Der Begriff der Repräsentation wird dagegen systemtheoretisch neu gefaßt und zur „Bezeichnung der Darstellung der Einheit eines Systems durch einen Teil des Systems (representatio identitatis)" benutzt. (Luhmann 1990d, 268)

[15] Klassisch wird für diese Frage der Fluß als Metapher verwendet, in den wir zwar nie zweimal als die gleichen steigen können (HERAKLIT), der aber seine Substanz als ein und derselbe Fluß doch immer behält. Auch John KOTRE entscheidet sich in seinen Studien zum autobiographischen Gedächtnis für dieses Bild und lehnt damit Jean PIAGETs Vorstellung eines Wechsels von „Denkkappen" im Lebenslauf ab. (Vgl. Kotre 1995, 174)

3. Die biographische Bearbeitung von Alter

sind. *Ich verschiebe nun aber die Optik vom Inklusions- zum Exklusionsbereich und fokussiere das Problem der individuellen Vermittlung disparater Adressierungen in Kommunikationen.* Wie geht der einzelne damit um, mal als Senior oder einfach als Käufer oder vielleicht als Patient bzw. als alter Patient, bei dem sich eine Operation „nicht mehr lohnt", angesprochen zu werden? Die Reichweite dieser Personalisierungen läßt sich im einzelnen kaum benennen. Sie ist vermutlich davon abhängig, wie weit sich eine spezifische z.B. teilsystemorientierte Handlungssequenz auf andere Inklusionen übertragen läßt. Arbeitslosigkeit ist wahrscheinlich mit weitreichenderen Konsequenzen verbunden als die Anrede als 'Oma' auf offener Straße. Doch schon hier wird deutlich, daß auch das Wort 'Oma' entsprechende Sinnressourcen für eine biographische Selbstbeschreibung bereithalten kann. Typischerweise regen biographische Kommunikationen, denen bevorzugt auch ältere Menschen ausgesetzt sind, zu einer Sinnanreicherung solcher, vielleicht eher beiläufiger Adressierungen an.

Armin NASSEHI handhabt dieses Phänomen differenztheoretisch mit dem Formenkalkül von George SPENCER BROWN (vgl. Spencer Brown 1971). Der Begriff 'Form' präzisiert Beobachtungsmöglichkeiten in einer Welt ohne beobachterunabhängige Positionen. An die Stelle von ontologischen Bestimmungen von z.B. Männern, Alten, Deutschen und Schwarzen treten Unterscheidungen, die mit der Benennung entstehen. SPENCER BROWNs Aufforderung „Draw a Distinction!" steht am Anfang jeder Beobachtung, in deren Gefolge man alte Menschen von jungen, kranke von gesunden und reiche von armen unterscheidet. Diese Vielfalt an Perspektiven ist dem Leser bereits im vorangegangenen Kapitel unter dem Etikett 'Altersbilder' begegnet. In diesem Zusammenhang wurde die Funktion von Codes für die Schließung von Teilsystemen und für die selbstreferentielle Konstruktion von Welt erläutert. Nun lassen sich die Konsequenzen für die individuelle Biographie beobachten.

Die klassische Thematisierung dieses Phänomens erfolgt über die Altersbestimmung des einzelnen. Es gilt als *common sense* der neueren Alternsforschung, von einem *relativen* Alter zu sprechen, in dem chronologisches bzw. kalendarisches, soziales, biologisches und persönliches Alter unterschieden wird. Sabine KAUFFELDT, Sabine KÜHNERT und Andreas WITTRAHM fordern in einem Lehrbuch der Altenpflege: „Bei der Beschreibung menschlicher Entwicklungsprozesse ist deshalb zu beachten, daß zwischen dem kalendarischen, sozialen, biologischen und psychologischen Alter unterschieden werden muß, wobei Schlußfolgerungen vom kalendarischen auf das soziale, biologische und psychologische Alter nicht möglich sind." (Kauffeldt, Kühnert & Wittrahm 1994, 11) Der Form-Begriff stellt die theoretische Grundlage für dieses Phänomen bereit. Das Bild des alten Menschen wird erst anschlußfähig über das, was bei dieser Benennung ausgeschlossen wird. Der alte Mensch kann dann z.B. dem jungen unerfahrenen Mann, dem jungen kräftigen Mann, der alten Frau, dem jungen Wähler usw. gegenübergestellt werden. George SPENCER BROWN spricht deshalb von einer 2-Seiten-Form, die mit jeder Beobachtung eröffnet wird. Ein zweites Charakteristikum des Formenkalküls stellt neben der Perspektivität die Asymmetrie dar. Mit der Bezeichnung ist eine Seite der Form vorausgesetzt, von der die andere nur noch abgeleitet wird: Jugendlichkeit wird als Gegenteil des Alters entworfen[16], Gesundheit als

---

[16] SCHACHTNER macht darauf aufmerksam, wie „unpassend" in vieler Hinsicht die Kontrastierung von Alter und Jugendlichkeit als negative und positive Seite ist. „Jugendlichkeit hat ... nur vermittelt mit

Nichtbehandlungsbedürftigkeit (vgl. Luhmann 1990a) und reich scheinen alle zu sein, die nicht arm sind.

Dieses Phänomen des nur über die Bezeichnung hergestellten Sinnbezugs von Beobachtungen nutzt Armin NASSEHI für seine Bestimmung des kommunikativen Ortes von Biographien. Um Biographien als soziales Geschehen sichtbar zu machen und gleichzeitig ihre Reichweite zu bestimmen, bezieht er das Formenkalkül auf die Biographie. „Die Zwei-Seiten-Form verwendet die Unterscheidung von Biographie und Lebenslauf als konstitutive Bedingung zur Erzeugung ihrer Welt. Indem biographisch kommuniziert wird, wird der Lebenslauf zwar implizit in Anspruch genommen, bleibt aber letztlich unbezeichnet, weil die Biographie ihre dunkle Seite erhellt, ohne sie explizit in Anspruch nehmen zu können." (Ebd., 55) Mit anderen Worten: In biographischen Kommunikationen wird ein Thema bearbeitet, z.B. das eigene Leben, eine „Phase" oder ein singuläres Erlebnis, das vor dem Hintergrund einer anderen Seite, nämlich der des Lebenslaufs, seine Bedeutung erhält. So wie man Frauen über ihre Gebärfähigkeit bestimmen kann[17], aber auch über ihren Erfolg im Beruf, rekurrieren auch biographische Themen auf unterschiedliche Lebenslaufdaten. Genauso wie gesellschaftliche Kommunikation die Themen 'männliche Zeugungsfähigkeit', aber auch 'männliche und weibliche Erfolglosigkeit im Beruf' als Anschlußmöglichkeit bereithält, eröffnet auch der Lebenslauf einen plausibilisierenden Hintergrund für Biographien. Biographien *erzeugen* demzufolge Lebenslaufdaten, sie positionieren teilsystemspezifische Handlungssequenzen als Karrieremuster oder auch einzelne Erlebnisse als wiederholt oder einmalig auftretend. Ein geregelter Zusammenhang von Daten und biographischer Bearbeitung kann nicht angenommen werden. Über welche Daten sich die biographische Kommunikation ausweist, hängt vielmehr von dem Zusammenhang ab, in dem z.B. Arbeitnehmereigenschaften[18] oder das Liebesleben im Vordergrund stehen.

Im Gegensatz zu den vorangegangenen Beispielen unterscheidet die Form 'Biographie' jedoch von anderen Formen, das sie nur über die Bezeichnung als Biographie, nicht aber als Lebenslauf, also als pures, empirisch abgesichertes Datum, verfügbar ist. Bei anderen Formen, wie z.B. Männer/Frauen, Alte/Junge usw. ist ein Wechsel, ein „crossing", von einer Seite zur anderen möglich. Dann werden z.B. zunächst Frauen bestimmt und Männer erscheinen als die andere Seite. Der Biographie ist diese Möglichkeit verwehrt, denn „wenn sie auf die andere Seite wechselt, wird sie, wenn sie kontinuieren wollte, stets zu einem re-crossing gezwungen, denn die kommunikative

---

Jugend zu tun. Das Lebensgefühl von Jugendlichen ist, das dokumentieren neuere Jugendstudien, keineswegs so optimistisch und von Leichtigkeit gekennzeichnet." (Schachtner 1994, 87) Tatsächlich geht es bei diesem Vergleich auch nicht um Alter und Jugend, sondern um die andere Seite eines gebrechlichen, pessimistischen Alters.

[17] Prominent macht dies Horst HERRMANN, der daran anschließend Männlichkeit über die Unfähigkeit zu gebären und eine damit verbundene „Lückenangst" definiert. Vgl. Herrmann 1985, 27.

[18] Wer einmal in einem Bewerbungsgespräch nach positiven und negativen Seiten der eigenen Persönlichkeit gefragt worden ist, weiß wie schnell und — hoffentlich — sicher solche Selektionsmechanismen funktionieren und so unschöne Themen wie z.B.Stimmungsabhängigkeit und Anlaufschwierigkeiten beim Arbeiten aussortieren. Wer die Stelle bekommen hat, kann eventuell auch erleben, daß diese positive Selbstfestlegung im Hinblick auf die aussortierten Probleme positive Folgen zeitigen kann.

3. Die biographische Bearbeitung von Alter

Thematisierung des Lebenslaufs steht sofort wieder auf der anderen Seite der Unterscheidung: Sie ist wieder biographische Kommunikation." (Ebd., 56) Zumeist wird dies nicht als Problem auftauchen, denn im allgemeinen immunisiert sich die Biographie gegen die Paradoxie der Selbstbezüglichkeit (Ich sehe nur, was ich sehe.) durch die Annahme einer empirischen Realität.[19] Was einem im Laufe des Lebens so alles widerfahren ist, erscheint einem als unumstößliches Datum, das der biographischen Konstruktion Grenzen setzt.[20] Auf diese Weise und durch die schlichte Notwendigkeit, an die nächste Kommunikation anzuknüpfen, entsteht eine kontinuierende Identität.

Was Biographien beinhalten, ist demzufolge als Selektion perspektivisch, asymmetrisch im Hinblick auf das Nichtbezeichnete und nicht kontrollierbar über eine empirische Realität. Am Beispiel einer großen Studie zur Deportation der Siebenbürger Sachsen nach dem 2. Weltkrieg verdeutlicht NASSEHI den Gewinn einer solchen Theorieanlage, aber auch ihre Grenzen. (Vgl. Nassehi 1995, 388ff.) Die Nachzeichnung der Konstitution von Personen in narrativen Interviews extrahiert Muster der Selbstbeschreibung, in die historisches Geschehen eingepaßt wird. Was „wirklich passiert ist", kann in diesem Rahmen nicht mehr interessieren, da es keine Möglichkeit zur nichtkommunikativen Bestimmung von Realität gibt und — selbst wenn — nicht die Vergangenheit, sondern nur die vergegenwärtigte Vergangenheit für die Interviewten relevant ist. Diese Modalisierung von Zeitperspektiven, die nur als gegenwärtige Vergangenheit, gegenwärtige Gegenwart und gegenwärtige Zukunft verfügbar sind[21], ist von Armin NASSEHI und Georg WEBER unter dem Titel „Zu einer Theorie biographischer Identität" (1990) herausgestellt worden. „Die gesellschaftliche Wirklichkeit in ihrer temporalen Dynamik, d.h. also das schlichte Nacheinander von Ereignissen, die nicht alle gleichzeitig ablaufen können, *bildet sich im Bewußtsein nicht ab*, sondern erfährt dort ständig temporale Modifikationen." (Nassehi & Weber 1990, 155) Erinnerungen reaktivieren nicht einen Speicher, sondern stellen Neuproduktionen dar.

An dieser Stelle möchte ich wieder an das eigentliche Thema dieses Kapitels erinnern, nämlich an die Frage nach biographischen Verarbeitungsmöglichkeiten des Themas 'Alter'. Bei der Übertragung der biographie- und differenzierungstheoretischen Analysen auf das Thema 'Alter und Biographie' müssen drei Ebenen unterschieden werden: die Form 'Biographie' (1.), die Form 'Alter' (2.) und die Anwendung der Form 'Alter' auf die Form 'Biographie' (3.).

---

[19] Die empirische Sozialforschung verfährt oft nach eben diesem Muster und analysiert z.B. Zufriedenheit als unabhängige Variable in bezug auf Alter und ähnliche Soziodemographika. Bereits Stefan HIRSCHAUER hat darauf aufmerksam gemacht, daß die Unterstellung von „Geschlechtseffekten" eine soziale Konstruktion wie Geschlecht ontologisiert. (Vgl. Hirschauer 1995) Hier bleibt nur zu ergänzen, daß in quantitativen Untersuchungen noch dazu von der individuellen biographischen Bedeutung dieser Kategorien abgesehen wird.

[20] Wie wenig zuverlässig solche Daten sind, demonstriert John KOTRE in seinem Buch „Die weißen Handschuhe (1995). Die Zuverlässigkeit solcher Daten ist jedoch letztlich gar nicht relevant, da sie sowieso nur kommunikativ und damit selektiv zugänglich sind.

[21] NASSEHI und WEBER verweisen auf Arbeiten des Lebensphilosophen Henri BERGSON und des Phänomenologen Edmund HUSSERL, um die Selbstreferentialität und Zeitabhängigkeit von Bewußtseinsleistungen zu verdeutlichen. Vgl. Nassehi & Weber 1990.

Zunächst (1.) ist zu berücksichtigen, daß grundsätzlich jede biographische Kommunikation zwar an psychische Dispositionen oder sozialsystemspezifische Inklusionen anschließt, aber nicht über sie zu erklären ist. In Biographien wird die gesellschaftsstrukturelle Position der Exklusion bearbeitet, d.h. in Biographien werden unvermittelt nebeneinander stehende Personalisierungen wie z.b. sozialsystemsspezifische Alterssemantiken (vgl. Kap. VIII) miteinander verknüpft oder auch ignoriert. Da diese Kommunikationen als soziales Geschehen von Inklusionen stimuliert werden, diese also begleiten, ist außerdem in Rechnung zu stellen, daß eine Bearbeitung aller persönlichen Adressierungen nicht möglich ist. Thematisiert wird eine dem jeweiligen Rahmen (Vorstellungsgespräch, Stammtisch, Hochzeitstag, Therapie) angepaßte Selektion, die schon deshalb nicht vollständig sein kann, weil nur begrenzte Zeitressourcen vorhanden sind. Den theoretischen Hintergrund für diesen „flexiblen" Umgang mit der eigenen Selbstbeschreibung liefert die 2-Seiten-Form der Biographie. Sie beschreibt die Einpassung des Individuums als Person in unterschiedliche Systembezüge bei gleichzeitiger Notwendigkeit zur Wahrung von Kontinuität. Resultat dieser Biographiearbeit sind gegenwartsbasierte Selbstbeschreibungen, in denen Vergangenheit, Gegenwart und Zukunft parallel zu Inklusionserfahrungen neu bestimmt bzw. neu als unverändert bezeichnet werden.

Darüber hinaus (2.) ist nun zu fragen, wie die Form 'Alter' zunächst für sich genommen und dann bezogen auf die Biographie verwendet wird. Wie oben bereits erwähnt, ist auffälligstes Resultat von unvermittelten Inklusionserfahrungen die Differenzierung des Alters-Begriffs in z.B. chronologisches, biologisches, psychisches und soziales Alter. Während auf der einen Seite schon Rentenansprüche gestellt werden können, ist auf der anderen Seite die familiäre Situation die gleiche geblieben. Während auf der einen Seite die körperlichen Funktionen noch alle intakt sind, bekommt man auf der anderen Seite schon Hilfe beim Tragen von Einkaufstaschen. Wie in Kapitel VIII bereits beschrieben, greifen sowohl Teilsysteme als auch Organisationen und Interaktionen auf das Thema 'Alter' zurück. Bezugspunkt dafür sind so ungleiche Themen wie Geburtsdatum, Gesundheit oder Aussehen, aber auch Kaufanreize (Seniorenangebote), denen man nicht unbedingt unterliegen muß. Was ich hier aufgezählt habe, fällt durch zeitliche und sachliche Disparität auf. Obwohl man schon einen Seniorenpaß hat, ist man beim Wandern noch immer der erste auf dem Gipfel. Obwohl man schon pflegebedürftig ist, interessiert man sich noch immer für gute Literatur und schlechte Filme. Außerdem können Inklusionsmöglichkeiten im Alter zwar über das Thema 'Alter' erfolgen, bieten dann jedoch keinen weiteren Bezug als die andere Seite der Form: Man ist ein alter *Patient*, nicht ein junger *Patient*, ein alter *Kunde*, „der naturgemäß das Thema Geld sehr viel weiter gespannt sieht" (Dokumentation der SZ, Kompetenz-Kongreß der Hypo-Bank), und nicht ein junger *Kunde* mit weniger prallem Geldbeutel, ein über *65jähriger*, und eben *nicht jünger*.[22] Inklusionen im Alter

---

[22] Die klassische Auseinandersetzung mit diesem Phänomen erfolgt über „Statuspassagen" (vgl. Leisering & Behrens 1993; Behrens 1996), die Erwartungen auf seiten der *passengers*, aber auch auf seiten der Begleiter stabilisieren sollen. Leonard I. PEARLIN weist jedoch darauf hin, daß in Statuspassagen eingezwängte Lebensabschnitte nicht getrennt voneinander erforscht werden können, sondern nur als Insgesamt, denn — so PEARLIN — Selbstbeschreibungen und emotionale Dispositionen seien von solchen Übergängen kaum beeinflußt. (Vgl. Pearlin 1982, 59) Ob man sich mit Mutterschaft oder einem neuen Beruf wohlfühle, hänge viel eher von allgemeinen Persönlichkeitsstrukturen und

können aber auch vom Thema 'Alter' absehen und so persönlich oder unpersönlich verlaufen wie schon immer: Man kauft als Frau Laskowsky ein und wird bevorzugt behandelt, oder man kauft Brötchen wie jeder andere auch.

Die Verarbeitung der sachlich disparaten, ungleichzeitigen und perspektivischen Rekursionen auf das 'Alter' unterliegt nun aber (3.) wiederum den Bedingungen biographischer Kommunikation. Je nach Kommunikationszusammenhang (Kegelverein, mit dem Sohn Einkaufen gehen, mit Enkeln spielen, mit der Nachbarin tratschen, mit dem Pfarrer reden) werden diese Inklusionserfahrungen aktualisiert und geformt. Vermutlich wird in vielen Fällen die Inklusion über das Thema 'Alter' als problematisch erlebt. Im Gegensatz zu Geschlecht und Ethnizität erscheint Alter als eine Kategorie, die nicht nominal, sondern ordinal organisiert ist. Es gibt nicht die Alten und die Jungen, sondern nur relativ Alte und relativ Junge.[23] Alter ist auch keine Kategorie, mit der man aufwachsen kann, auf die hin man sozialisiert wird. Es gibt keine Möglichkeit, so etwas ähnliches wie eine „Geschlechtsidentität" oder eine „nationale Zugehörigkeit" bezogen auf „sein" Alter zu entwickeln. Als alter Mensch angesprochen zu werden, konfrontiert also folgerichtig die biographische Identifikation mit völlig neuen Erwartungen.

Ihren Rückhalt finden diese neuen Adressierungen in Selektionstraditionen, die Erlebnisse in alt und neu unterscheiden. Herrmann HESSE hat in dem bereits erwähnten Zitat (vgl. Kap. IX.2) darauf hingewiesen, daß das Leben als Wiederholung des Gleichen verstanden werden kann. Altern wäre dann der Umgang mit lebenslangen Routinen, bei denen alles Neue als bekannt eingeordnet wird. Untersuchte man altersübergreifend Situationen biographischer Narrationen, würde man vermutlich feststellen, daß dieser Prozeß der Ordnung von Vergangenem schon sehr früh einsetzen kann und eher mit überdauernden Notwendigkeiten, sich in neuen Situationen zu orientieren und diese als neue von den alten abzugrenzen, zu tun hat, als mit altersspezifischen Vorbereitungen auf den Tod. John KOTRE weist darauf hin, daß das Phänomen des „life review" keine alterstypische Erscheinung ist und auch nicht geklärt ist, inwieweit solche Revisionen Zufriedenheit erzeugen. Viel eher sei davon auszugehen, daß der Rückblick im Alter so wie die ebensowenig zwangsläufige „midlife-crisis" zu einem Selbstläufer werde und auch nur darüber erklärt werden könne. (Vgl. Kotre 1995, 223)

Der einzige, an hohes Alter gebundene Unterschied zum Leben jüngerer besteht meiner Meinung nach in der kumulierten Möglichkeit zu biographischen Narrationen, sei es schlicht quantitativ oder aber auch durch altersstimulierende Inklusionen begründet. Alte Menschen hatten schon mehr Gelegenheit als jüngere, den Blick auf das Eigenheim mit anderen Erfahrungen zu verknüpfen, und sie werden — aus Höflichkeit, aus Verlegenheit oder aus Interesse — auch dazu aufgefordert. Resultat solcher

---

konkreten Lebensbedingungen als von phasenspezifischen Bedingungen ab. PEARLIN verallgemeinert dieses Forschungsprogramm deshalb als Alternsforschung: „The study of aging is also the study of change and its consequences." (Ebd., 65) Der Rückgriff auf Statuspassagen, um Alternsprozesse zu erklären, scheint sich stattdessen — auf Emeritierungsfeiern — als eine typische Alternssemantik von sozialwissenschaftlichen Professoren zu etablieren.

[23] Als Stewardess ist man schon relativ früh zu alt für die Flugbegleitung, als Wissenschaftler wird man dagegen erst habilitiert, wenn man schon relativ alt ist.

Verknüpfungsprozesse sind dann die von SCHACHTNER (vgl. dieses Kapitel, Fn. 12) geschilderten Erzählweisen, die dadurch auffallen, daß konkrete Informationen in ein ganzes Netz von Bezügen eingebunden werden. Ähnlich wie Wissenschaftler sind alte Menschen dann nicht mehr in der Lage, auf eine präzise Frage eine kurze Antwort zu geben.

Zusammenfassend läßt sich ein Zusammenhang von inklusionsbedingter Stimulierung, sozialisatorischer Fremdheit und erfahrungsbezogener Vertrautheit in bezug auf die biographische Bearbeitung des Themas 'Alter' diagnostizieren. Wir wachsen nicht damit auf, alt zu sein, aber wir werden darauf angesprochen, und wir nutzen zeitlebens die Unterscheidung von alt und jung/neu für die Organisation unserer Erfahrung. Nicht das hohe Alter selbst ist jedoch dafür grundlegend, sondern vielmehr die *Plausibilität*, die Alter als Sinnproduzent *in sozialen Kontakten* erhält.

4. Resümee: Altern plausibilisiert Veränderungen

Wenn man die beiden Zugänge zum Thema 'Alter' vergleicht, den ontologisierenden der Alternsforschung und den konstruktivistischen der neueren Biographieforschung, fällt der unterschiedliche Umgang mit der Kategorie 'Sinn' auf. (Vgl. Kap. XI) Während die Alternsforschung 'Alter' voraussetzt und Sinnverlust unterstellt, faßt der biographietheoretische Zugang 'Alter' als Resultat sinnhafter Kommunikationen. *'Alter' braucht demzufolge keinen neuen Sinn, sondern ist selbst eine sinnproduzierende Kategorie.*

In der Alternsforschung gewinnt die Biographie ihre Funktion vor genau diesem Hintergrund. Sinnloses Alter soll mit Hilfe von Narrationen verständlich werden und sogar noch Optionen auf gesamtgesellschaftliche Aufklärung eröffnen. Das hohe Alter erscheint dann als Gesamt der Vergangenheit, die unter der Bedrohung durch den nahen Tod steht. Aus therapeutischen und gesellschaftskritischen Interessenslagen heraus wird dieser Zusammenhang genutzt und 'Alter' mit Sinn versorgt. Daß dabei an „Altersphänomene" angeknüpft wird, die ohne das Wissen um eine „Altersphase" gar nicht als solche auffällig und schon lange nicht therapiebedürftig wären, ist an dieser Stelle nicht mehr sichtbar, denn die Alternsforschungen haben bereits von allen Seiten diesen Zugang gesichert. Der Fall des schon mit Sinn ausgestatteten Alters ist in diesem Rahmen genauso wenig interessant, wie nichtaltersspezifische Inklusionen benennbar wären (vgl. Kap. VIII.4). Die Verwandlung der Altersforschung zur Alter*n*sforschung[24] hat im Grunde genommen nur den Lebenslauf und die Biographie thematisch integriert, aber nicht den Blick auf das gesamte Leben eröffnet. Legt man stattdessen NASSEHIs biographietheoretischen Zugang zugrunde, wird zunächst 'Alter' als ein mögliches und in vielen Fällen wahrscheinliches Thema etabliert. Ob wir mit Alter konfrontiert werden, hängt nicht von einer Phase ab, sondern von Selektionstraditionen und Selbstfestlegungsprozessen. Alter ist als Sinnressource in unserer Gesellschaft etabliert und wird jedem zugemutet, ob er will oder nicht. Die Plausibilität dieser Sinnressource ergibt sich jedoch neben

---

[24] Mit dem Wechsel von der Altersforschung zur Alternsforschung in den 80er Jahren sind die Ergebnisse der Identitätsforschung der 70er Jahre auf das Thema 'Alter' angewendet worden. Alter wird von nun an über die Einheit subjektiver Handlungen (typisch: KOHLIs Ruhestandsforschung), nicht mehr über die Einheit gesellschaftlicher Strukturen (typisch: HOHMEIERs Stigma-Ansatz) gefaßt. (Vgl. Kap. III und IV)

biologischen und damit zumeist verbundenen visualisierten Veränderungen aus grundsätzlichen Möglichkeiten der Informationsverarbeitung. Leonard I. PEARLIN formuliert: „... aging may be viewed as representing the cumulative effects of alternations in life circumstances through time." (Pearlin 1982, 65) Ergänzen müßte man hier: *Informationen können als neue, als alte, als wiederholte verarbeitet werden und das Ausmaß, in dem dies stattfindet, entscheidet über die Wahrnehmung von Veränderungen und damit auch von Alternsprozessen.* Mit jeder Änderung, jedem Wechsel, jeder Information entsteht auch gleichzeitig die Möglichkeit, Differenzen zu benennen, Vergangenes zu identifizieren und sich daran zu erinnern. Es gibt keine *Notwendigkeit*, den Schuleintritt oder den Tod des Vaters biographisch zu reflektieren, aber es gibt viele *Möglichkeiten* dazu. Jede Inklusionserfahrung kann auch gleichzeitig zur Selbstidentifikation genutzt werden.[25]

Die Wahrscheinlichkeit, zu Erzählungen zu neigen, nimmt, wenn man nicht sowieso schon Wissenschaftler ist, mit dem Alter zu, verstärkt durch die Erwartung an die Rolle des erzählenden „Mahners" oder gar durch Organisationsstrukturen, die keine andere Aktivität mehr zulassen. Zu erzählen und sich als (relativ) alt zu erleben, ist also ein sinnproduzierender Vorgang, der zeitliche Differenzen erzeugt. Würde man entsprechende Sedimentierungen dieses Themas in biographischen Narrationen untersuchen, müßte man Formulierungen, die Veränderungen zeitlich einordnen, nachgehen.[26] Die schlichteste Definition von Altern könnte dann einen Zusammenhang von Erfahrungen, ihrer Etablierung als vergangen und dem Erinnern daran behaupten. Erst wenn man Erlebnisse als 'alt' einordnet und sie mit 'neuen' vergleicht, entstehen Selbstbeschreibungen, die Alter benutzen. Altern entsteht über Differenzerfahrungen, die auf ihren biographischen Sinn abgeprüft werden und — das ist das Entscheidende — nicht nur als Unterschied, sondern als Zeitdifferenz, als Vorher und Nachher, qualifiziert werden. *Alternssemantiken basieren demzufolge auf zeitlich fixierten Alternierungserfahrungen.*

Sich als alter Mensch zu beschreiben, verweist demnach auf Ordnungsprozesse, die — im Gegensatz zu den statischen Alterssemantiken der Teilsysteme — dynamisch dem Lebenslauf folgen. Die hier kritisierten Biographie-Zugänge der Altersforschung stellen typische Ausdrucksmöglichkeiten von Alternssemantiken dar. HUMMEL und FEIL betrachten die Bearbeitung von Informationen des 'Vorher' als Vervollständigungsprozeß, MADER sieht sie als (notwendige) Muster des Gleichen und Hermann HESSE findet in ihnen — etwas differenzierter — eine *Möglichkeit*, Altes als Wiederholung des immer Gleichen zu beobachten. Alle vier identifizieren darüber eine Altersphase und tun doch nichts weiter, als klassische Alternssemantiken der biographischen Reflexion zu aktualisieren.

Streng genommen ist ihr gemeinsamer Ausgangspunkt die Konfrontation mit Differenzen, deren Bearbeitung auch in jüngeren Jahren schon als Altern interpretiert werden kann. An Armin NASSEHIs Formulierung: „Identitäten werden ... durch Diffe-

---

[25] Im Falle von Depressionen wird genau dies getan, mit dem Effekt, daß der Käufer, der einem den Einkaufswagen weggeschnappt hat, und der Busfahrer, der schon abgefahren ist, als feindliche Umwelt identifiziert werden.

[26] Bill BYTHEWAY hat einen jahrzehntelangen Briefwechsel eines Ehepaars studiert und dabei 14 Kategorien entdeckt wie z.B. „development, no change, routine, series of stages, decline or loss, experience of extremes" usw. (Vgl. Bytheway 1993, 161)

renzen erzeugt." (Nassehi 1994, 54) müßte man deshalb anschließen: Die Identität eines 'alten' Menschen wird durch Differenzen, die zwischen Altem und Neuem unterscheiden, erzeugt. Die Form, in der dies zumeist geschieht, ist die Erinnerung, das Simultanhalten von vergegenwärtigter Vergangenheit und Gegenwart. Wenn alte Menschen erzählen, reproduzieren sie diesen Unterschied und eben nicht ihre Vergangenheit. Sie erzählen von etwas, was mal war und jetzt nicht mehr ist oder auch jetzt noch genauso ist und verorten ihre Perspektive im Nachher. Wenn diese Differenz zwischen Vorher und Nachher aus dem Blick gerät, wird zumeist Desorientiertheit diagnostiziert. Die biographische Identität hat dann ihre Fähigkeit, über das Gedächtnis Altern zu ermöglichen, verloren. Verwirrte alte Menschen stellen sich zumeist als junge Erwachsene oder gar als Kinder dar.

Der biographischen Bearbeitung des Themas 'Alter' stehen viele Möglichkeiten offen. Sie zu erforschen, lenkt den Blickwinkel auf den gesamten Lebenslauf und macht uns alte Menschen nicht vertrauter als uns jüngere sind. Während so die alten Sicherheiten der Altersforschung abhanden kommen, entstehen neue Möglichkeiten, biographische Narrationen auf ihre Alternssemantik und Biographien alter Menschen auf nicht-altersspezifische Selbstdarstellungen hin zu erforschen.

Kapitel X: Alternsforschung

Warum alte Menschen von anderen unterschieden werden

Die Auseinandersetzung mit dem Thema 'Alter' erfolgt in der *scientific community* unter zwei Titeln: Gerontologie und Alternsforschung. Aufgrund von Forschungstraditionen läßt sich die Gerontologie als eher psychologisch orientiert, die Alternsforschung als eher soziologisch orientiert einordnen. Die 'Soziale Gerontologie' versucht einen Spagat, entpuppt sich jedoch meist nur als sozialpsychologischer Zweig der Gerontologie. Ein theoretischer Zugang ist damit nicht gegeben. Im Rahmen dieser Arbeit wird der Titel 'Alternsforschung' verwendet, nicht, um die Ergebnisse eindeutig der Soziologie zuschlagen zu können, sondern vielmehr, um an die Stelle der ontologisierenden 'Lehre vom alten Menschen' die Auseinandersetzung mit dem *Thema* 'Alter' zu rücken.[1]

In diesem Kapitel soll es um die Frage gehen: Warum werden alte Menschen von anderen unterschieden? Anknüpfen möchte ich damit an die klassische Frage nach den Lebensbedingungen alter Menschen und deren Unterscheidung als Gruppe von anderen Gruppen. In Kapitel V habe ich nachgezeichnet, wie die Gruppe 'alte Menschen' mit Hilfe der Lebenslage-Forschung konstituiert worden ist. Mit dem Hinweis auf objektive und subjektive Charakteristika der Lebenslage 'Alter' haben Hans Peter TEWS und Gerhard NAEGELE für die 90er Jahre ein neues wissenschaftliches Selbstbewußtsein gefordert. Als problematisch hatte sich bei diesem Zugang jedoch herausgestellt, daß mit dem 'Strukturwandel des Alters', also der internen Differenzierung der Gruppe, Individualisierungsprozesse sichtbar wurden, die eher auf eine verringerte als auf eine gesteigerte Bedeutung der Kategorie 'Alter' schließen lassen.

Auf den folgenden Seiten greife ich dieses Thema unter dem Titel 'Sichtbarkeit des Alters' wieder auf (Kap. X.1), fasse noch einmal die gerontologische Etablierung von Unterschieden zwischen alten und nicht-alten Menschen zusammen (Kap. X.2) und zeichne diesen Prozeß als Konstruktionsprozeß nach (Kap. X.3). Als Resümee (Kap. X.4) läßt sich festhalten: Die Bezeichnung von 'Alter' erzeugt 'Alter und anderes'.

---

[1] Brian S. GREEN markiert treffend die disziplinären Kennzeichen der Gerontologie: „1. The recency and youth of gerontology. 2. The multidisciplinary spread of the field. 3. The strategic significance of demography in the existence and continuation of gerontology. 4. The closeness of discipline discourse in gerontology to political action, moral debate, and ethical polemics." (Green 1993, 9ff.) Mit diesen Konstitutionsbedingungen sind vermutlich auch schon die Gründe für eine nur periphere theoretische Reflexion des Forschungsthemas 'Alter' genannt. Anstatt mit dem Thema setzt sich die Gerontologie mit dem Leben alter Menschen und dessen Verbesserung auseinander und verwechselt so ihre eigene Perspektive mit der Realität.

1. Wissenschaftliche Perspektiven: Die Sichtbarkeit des Alters

Der oben genannten disziplinären Konkretisierung entsprechend werden hier wissenschaftliche Arbeiten, die das Thema 'Alter' über die Erforschung der Lebensbedingungen alter Menschen operationalisieren, als Gerontologie zusammengefaßt. Unter diesen Bedingungen findet sich auch die (soziologische) Ungleichheitsforschung zum Alter als Gerontologie eingeordnet. Unter dem Titel 'Soziale Ungleichheit' läßt sich die klassische Thematisierung von Unterschieden verfolgen. (Vgl. Berger & Hradil 1988) Die gerontologische Auseinandersetzung mit dem Thema 'soziale Ungleichheit' greift die meisten der bekannten Ungleichheitskategorien wieder auf, kann sich dann jedoch nur schwer entscheiden, welche vorrangig zu behandeln ist. Der Entscheidung für die Dominanz der Alterskategorie entspricht folgerichtig die Unterordnung solcher Differenzierungen wie die in Frauen und Männer und — entscheidender — reiches, nicht-hilfebedürftiges (positives) und armes, hilfebedürftiges (negatives) Alter (vgl. Naegele & Schmidt 1993, 13; Kap. V.2). Alles wird der einen Differenz 'Alter und andere' untergeordnet. Die Gerontologie sichert sich damit — wie bereits beschrieben — ihre disziplinären Grenzen und stattet sich über die Orientierung an Ungleichheit mit moralischen Interessen an einer Veränderung dieser Situation aus.

Den Hintergrund für dieses Szenario bildet die demographische Entwicklung, die die Notwendigkeit von programmatischen Perspektiven verstärkt. Das Bild einer ungleichen, desintegrierenden Gesellschaft verdankt sich jedoch der impliziten Gesellschaftstheorie dieser Forschungen. Nur wenn man von einer arbeits- und damit wertezentrierten Gesellschaft ausgeht, können Mitglieder auf ihren sozialstrukturellen Standort innerhalb der Gesellschaft befragt werden. Möglichkeiten, einzuordnen, unterzuordnen, zu vergleichen und an den Rand zu stellen, sind dann Legion. (Vgl. Kap. V) Wenn mit PARSONS eine Gesellschaft als Einheit von Handlungssystemen gedacht wird, die die Integration von Menschen gewährleisten soll, kann jedes Attribut zur Nagelprobe werden. Mag diese Gesellschaft Schwule? Hat sie Verständnis für Alleinerziehende? Gehört man als Raucher dazu? Sollten Lederfetischisten akzeptiert werden? Während wir uns diese Fragen stellen, reproduzieren wir Kommunikationen, durch Fernsehen, Presse und Internet[2] unterstützt, die als Kommunikationen ihren empirischen Status als gesellschaftliches Geschehen bereits ausweisen. Möglich ist diese massenmediale Inklusion via sexuelle Orientierung, Freizeitverhalten und Lebensbedingungen jedoch nur, weil das jeweilige Attribut noch nicht über die Fähigkeit, an gesellschaftlichen Kommunikationen zu partizipieren, entscheidet. Lederfetischisten, Alleinerziehende und Raucher vollziehen finanzielle Transaktionen, werden medizinisch behandelt, dürfen wählen und müssen eine schulische Laufbahn nachweisen wie jeder andere auch. Es entscheidet eben nicht ein gesellschaftlicher Konsens zu ihren Lebensgewohnheiten über diese Inklusionen, sondern nur die Anschlußfähigkeit von Operationen wie bezahlen, therapieren, wählen und benoten. Erst unter diesen

---

[2] Gerade die Diskussionen um Vor- und Nachteile des Internet verdeutlichen diesen Zusammenhang. Das Internet transportiert zuverlässiger als jedes andere Medium die Vielfalt gesellschaftlicher Themen. Die Empörung über Pornographie und Nazipropaganda im Internet möchte diese Kommunikationsbedürfnisse nicht wahrhaben und räumt ihnen doch erst ihren prominenten Status ein. Wie erfolglos dagegen eine Suche nach Sex im Internet sein kann, verdeutlicht Umberto ECO. (Vgl. Eco 1996)

Bedingungen kann Individualität als Selbstbeschreibung (vgl. Luhmann 1989, 208ff.) entstehen und damit verbunden eine Vielfalt von Unterscheidungsmerkmalen kultiviert werden[3]. Exklusion, nicht Desintegration, wird mit der Problematisierung von Ungleichheit beschrieben.

NASSEHI weist darauf hin, „daß soziale Ungleichheiten sozusagen als *Parasiten* der funktionalen Differenzierung fungieren und sich gerade deshalb der Gesellschaftsstruktur selbst entziehen" (Nassehi 1997, 139) Noch bevor sich jedoch daran anschließend Ungleichheit im Alter diagnostizieren läßt, muß die wissenschaftliche Sichtbarkeit von Alter erzeugt worden sein. Erst wenn Alter als wissenschaftliche Kategorie etabliert ist, entstehen Vergleichsmöglichkeiten zu anderen Kontexten, in denen 'Alter' nicht thematisiert worden ist oder — funktional — mit anderen Kontingenzen ausgestattet worden ist. Dieser Prozeß der Sichtbarmachung von Alter läßt sich beispielhaft an der kurzen Geschichte der gerontologischen Forschung verdeutlichen. Wenn ich im folgenden den 1. Teil dieser Arbeit zusammenfasse, nutze ich die verwendeten Texte als empirische Daten für diesen Befund: Am Beginn jeder Beobachtung von Alter (als Ungleichheit) steht die ontologische Voraussetzung eines Unterschieds.

2. Die gerontologische Geschichte der Unterschiede

Da die Gerontologie sich ihres Themas sicher ist, bildet ihre kurze disziplinäre Geschichte eine Abfolge von Fragen ab, in denen das Thema 'Alter' inhaltlich genauer bestimmt werden soll. Nachdem das Forschungsobjekt schon bekannt ist, verbleibt ihr eigentlich nur noch als Aufgabe, alle Seiten zu beleuchten. Zu diesem Zweck sind Fragen formuliert worden, die ich — als theoriegeschichtlichen Überblick — zu vier klassischen Fragen zusammengefaßt habe. In allen vier Fragen wird ein Unterschied zwischen 'Alter' und anderen Phasen oder Eigenschaften vorausgesetzt. Aus diesem Grund läßt sich die Gerontologie auch als eine Geschichte der Unterschiede beschreiben. Dies soll im folgenden geschehen.

Die Anfänge der klassischen Alternsforschung sind sicherlich am besten mit dem PARSONSschen Strukturfunktionalismus markiert. Auf der Grundlage des Modells einer über Strukturen integrierten Gesellschaft richtet PARSONS an Alter als Strukturvariable die Frage nach seiner Funktion. Ähnlich wie Geschlecht, vor allem aber Jugend, sollte hohes Alter den einzelnen mit spezifischen Erwartungen, mit Rollen ausstatten. Als Problem stellte sich aber heraus: PARSONS konnte keine positive Bestimmung einer Altersrolle in einer Gesellschaft entdecken, deren Wertefundus um „Aktivität" organisiert sein sollte. Im Rahmen einer ersten statischen Fassung seiner Theorie über *pattern variables* stellte sich das Thema 'Alter' als schlicht inkompatibel mit seinen theoretischen Vorgaben heraus. Über einen dichotomischen Vergleich, der in vielen strukturfunktionalistischen Ansätzen verwendet wird, ließ sich hohes Alter nicht bestimmen. Im Dreiklang von Jugend, Erwachsenenstatus und Alter sprengte es den beliebten Erklärungszusammenhang von ungezügelter, an diffusen Erwartungen

---

[3] Daß sich letztlich doch nicht alle unterscheiden, sondern den gleichen Urlaubsort aufsuchen, die gleichen Klamotten tragen und das gleiche Auto fahren, liegt an dem paradoxen Befund, daß alle Individuen sind und das gleiche Muster kopieren. (Vgl. Luhmann 1989, 226ff.)

orientierter Jugend und maßvollem, zu Spezialisierungen fähigem Erwachsenenleben. Welche Funktion sollte dann noch die Altersrolle übernehmen, deren negative Akzentuierung sich nun im ganzen nicht mehr rechtfertigen ließ? Die 'Zuschreibung' von Alter blieb so zunächst unerklärlich.

Die Frage wurde jedoch von PARSONS im dynamischeren Modell des Systemfunktionalismus wieder aufgegriffen. Mit Hilfe des AGIL-Schemas, das als selbstähnliche Struktur allem Sozialem zugrunde liegen sollte, wurde Alter nun auf *capacities/opportunities* untersucht. An die Stelle der defizitären Sicht des passiven Alters trat die Suche nach Fähigkeiten, die auch prompt erfolgreich war und ein „klassisches" Merkmal in den Vordergrund rückte: die geistige Kompetenz. PARSONS verlagerte schließlich die Beantwortung der Frage in ein zukünftiges Szenario, in dem durch *normative upgrading* strukturelle Entwicklungen integriert werden sollten und ein zusätzlicher Bedarf an Denkkapazitäten alter Menschen vorstellbar schien. Die vormals schon fast desintegrierten alten Menschen können nun auf eine positiv gefaßte Rolle in einer zukünftigen Gesellschaft hoffen. Das organische Modell einer integrierten Gesellschaft, in der auch der Mensch (vgl. 'conditio humana' als System, Parsons 1978) als alter Mensch auf eine Norm des guten und richtigen Lebens hin entworfen wird, hat sich weit verbreitet. Noch die neueste Auseinandersetzung mit dem Thema 'Alter', die Pflegewissenschaft, ordnet, was sie sieht, einem Gesamt von Bezügen zu, das nur als Ganzes funktioniert und verstanden werden kann.[4]

Daß damit zumeist hinter PARSONSsche Einsichten zurückgegangen wird, illustriert ein Überblick über die nachfolgenden strukturfunktionalistischen Alterstheorien, die die gleiche Frage nach der Funktion des Alters stellen. Die bekannteste Stellungnahme stammt von Shmuel N. EISENSTADT, der über den Generationenbegriff neben der Jugend auch hohes Alter als Phase der Sozialisation und Individuation funktional erklärte. Während die Jungen noch lernen müßten, die Erwachsenen die Anwendung demonstrierten, würden die Alten die Tradierung des Wissens garantieren und so die Kontinuität der Gesellschaft sichern. Dieses für traditionale Gesellschaften konzipierte Modell ließ sich jedoch nicht ohne weiteres auf die moderne Gesellschaft übertragen. EISENSTADT selbst relativierte sein Urteil zum modernen Status alter Menschen, denen sicherlich nicht mehr generell Respekt gezollt und zugehört wird. Die Argumentationsfigur hat sich jedoch erhalten. In kulturkritischer Manier wird der modernen Gesellschaft eben das Nichtfunktionieren dieses Erklärungszusammenhangs vorgeworfen. Die Rolle des alten Menschen als 'Mahner' ist jüngst in biographischen Ansätzen der Alternsforschung wiederbelebt worden. (Vgl. Kap. IX.2) Alter von anderen Phasen über seine gesammelten Erfahrungen zu unterscheiden, brachte der Lösung des Problems jedoch nicht näher. Selbst wenn alte Menschen mehr Erfahrungen haben sollten als andere, ließ sich eine funktionale Nutzung dieser 'Ressource' oder dieses 'Potentials' nicht nachweisen.

Kritische Anfragen an die PARSONSsche Gesellschaftstheorie imaginierten deshalb einen Ausweg über die theoretische Desintegration des Menschen als Persönlichkeit, die nun — bei SCHELSKY, TARTLER und WOLL-SCHUMACHER — sich außerhalb

---

[4] Zu einer Kritik dieser Tradierung holistischer Modelle in die Pflegewissenschaft vgl. Richter & Saake 1996.

der Gesellschaft behaupten mußte. SCHELSKY plazierte neben systemfunktionale Limitierungen personfunktionale Bedürfnisse und schrieb dem Alter die Möglichkeit zur freiheitlichen Ausgestaltung letzterer zu. Jegliche Organisationsversuche der Altenhilfe ordnet er deshalb als Bedrohung dieses systemfunktional produzierten Ideals des schöpferischen, tätigen und abgesicherten Alters ein. Aber auch ohne pflegerische Reglementierung würden sich — so SCHELSKY — im Alter diese Möglichkeiten zunächst nicht realisieren lassen, da die Eingebundenheit des einzelnen in Institutionen nur noch das Ideal, aber nicht mehr dessen Realisierung gestattete. Dieser „konstitutionelle Altersnotstand" wurde von Rudolf TARTLER in einer Studie zum individuellen Alterserleben genau umgekehrt begründet. Nicht zuviel Zwang, sondern zuviel Freiheit schien demzufolge den einzelnen auf persönliche Attribute wie Alter zu reduzieren und produzierte damit genau das problematische Alter, das SCHELSKY idealistisch als unfrei charakterisiert hatte. TARTLER identifizierte Alter über die Unterscheidung von personalen und funktionalen Erwartungen, die im Bezug aufeinander entstehen würden. Demzufolge wurde der funktionale Zugriff auf den einzelnen durch eine personale Anrede abgefedert, die jede Handlung komplementieren und eben nicht — wie im Ruhestand — allein auftreten sollte. TARTLER bereitete so den Boden für eine Altersforschung, die als Ruhestandsforschung operationalisiert wurde, die Kategorie 'Alter' entkleidete er jedoch im Verlauf seiner Forschung ihrer normativen Orientierungsfunktion. Nicht mehr ein zu sich selbst gekommenes Alter wurde von ihm beschrieben, sondern ein Leben im Alter, das genauso wie vorher auch durch funktionale Anforderungen geprägt sein sollte. 'Aktivität im Alter' resultierte als Programm aus diesen Überlegungen.

TARTLERs hellsichtige Infragestellung der Kategorie 'Alter' wurde jedoch in der klassischen Altersforschung nicht wieder aufgegriffen. Im Gegenteil: Die umfassendste Etablierung des hohen Alters folgte später — in den 80er Jahren — durch WOLL-SCHUMACHER, die PARSONS für eine grundsätzliche desintegrative Bestimmung des Standortes im Alter in Anspruch nahm. Der letzte strukturfunktionalistische Versuch zur Bestimmung der Funktion des Alters wies also explizit über den soziologischen Rahmen 'Gesellschaft' hinaus und eröffnete so dem Alter alle Freiheit, die — theoretisch — denkbar schien. Mit der „Lizenz für Selbstgesetzlichkeit" (vgl. Woll-Schumacher 1980, 85) ausgestattet, sollten alte Menschen Möglichkeiten zur Persönlichkeitsentfaltung nutzen, die ihnen wiederum die Gesellschaft bereitzustellen verpflichtet sei. WOLL-SCHUMACHERs Argumentation ist mit ihrer Verwechselung der PARSONSschen Integration *über* normative Generalisierung mit einer (Des-)Integration *aus Gründen* normativer Generalisierung prototypisch für die Erfolglosigkeit des Unterfangens, Alter über seine Funktion zu bestimmen. Der Sinn des Alters konnte letztlich nur noch normativ behauptet, jedoch nicht als Funktion einer Strukturkategorie innerhalb eines gesellschaftlichen Ganzen bestimmt werden. Das hohe Alter als Phase von anderen Gruppen zu unterscheiden, bot zunächst einen strukturfunktionalistischen Erklärungsrahmen an, sprengte dann jedoch diesen Rahmen. Eine immanente Logik im Altersverlauf ließ sich bezogen auf die Gesellschaft als Bezugspunkt nicht erblicken. Alter wurde letztlich von Gesellschaft insgesamt unterschieden und konnte nur noch anthropologisierend gefaßt werden. Die gesellschaftliche Entstehung der Altersstruktur konnte damit jedoch nicht erklärt werden. Als alt sind uns dank dieser Analysen jedoch alle Menschen bekannt, die nicht mehr arbeiten. Die Identifikation von Alter als Gegensatz zu einer Arbeitsgesellschaft hat zu dem Etikett des funktionslosen Alters geführt, das am Anfang jeder Problematisierung steht.

Mit anthropologisierenden Auswegen gab sich Jürgen HOHMEIER, der Autor der Stigma-Theorie des Alters, nicht zufrieden. Nachdem strukturfunktionalistisch die 'problematische Altersphase' in den Blick geraten war und eine funktionale Erklärung für dieses Phänomen entfiel, fragte er — vor dem Hintergrund kritischer Gesellschaftstheorie — nach Ursachen dieses Befunds und identifizierte einen Zusammenhang von Ausgrenzung und Eingrenzung. Der Aufbau der Gesellschaft verdankte sich ihm zufolge einer Orientierung an zentralen Werten wie Leistung, Aktivität und Konsum, an denen einige partizipieren, andere nicht. Die Marginalisierung bestimmter Gruppen ergab sich so systematisch, Schwierigkeiten gab es nur bei der Konkretisierung der zentralen Werte und der Benennung der Agenten der Diskriminierung. Die theoretische Analyse zog sich deshalb auf ein Modell wechselseitiger Erklärung von Zentrum und Peripherie zurück: Alle die, die ausgegrenzt seien, repräsentierten die andere Seite der zentralen Werte. Die Behauptung determinierender Ausgrenzung setzte sich auf den Ebenen Organisation und Interaktion fort und versuchte dort, durch Konkretisierungen an Plausibilität zu gewinnen. Die katastrophalen Verhältnisse in der Altenpflege der 70er Jahre[5] schienen die Erklärung zur Entstehung eines problematischen Alters über diskriminierende Definitionen zu bestätigen. Der *labeling approach* der Organisationssoziologie, speziell der Kriminalsoziologie, visibilisierte Stereotypisierungsprozesse, in deren Verlauf immer die gleichen Adressatengruppen auffällig wurden. Auch hier wurde also eine Systematik entdeckt, von der aus Ursachen benannt werden sollten, die sich jedoch wiederum nicht einem Täter zurechnen ließen. Dieses Mißverhältnis von personalisierten Opfern und im Ganzen versteckten Tätern konnte auf der Analyseebene Interaktion etwas ausgeglichen werden. Die Visualität von *ego*s Alter und die Reaktion des *alter ego* darauf diente HOHMEIER als Beweis seiner Theorie. Im direkten Kontakt sollte 'Alter' demzufolge „erkannt", von Kommunikationen abgeschnitten und zu dem geformt werden, was man als 'Alter' kennt.

So eindeutig, wie HOHMEIER diese Zusammenhänge gefaßt haben wollte, so vieldeutig stellten sie sich jedoch auf den zweiten Blick dar. Was HOHMEIER mit GOFFMAN als Sonderfall der Stigmatisierung von Alter galt, wies GOFFMAN selbst als grundsätzlichen Prozeß einer Informationsverarbeitung aus, der immer generalisierend wirkt und über den sich andere generalisierend identifizieren. Im Gegensatz zu HOHMEIER sah GOFFMAN jedoch diesen Prozeß nicht zwangsläufig als determiniert an, sondern wies ausdrücklich auf kontingente und relationale Interpretationsmöglichkeiten hin. Als behindert erscheine man demzufolge in spezifischen Situationen, und schon der Umgang mit Freunden könne dieses Merkmal in den Hintergrund treten lassen. Der „starke" Definitionsansatz von HOHMEIER überdeckte diese Vielfalt und versuchte so, über die theoretische Unschärfe in der Erklärung der Verursachung hinwegzutäuschen. HOHMEIER systematisierte die Facetten der Diskriminie-

---

[5] Damit soll nicht gesagt sein, daß heute alles besser ist. Die Fernsehberichterstattung belehrt eines besseren, sollte jedoch nicht den Eindruck hervorrufen, es habe sich nichts geändert. Umfassende Verbesserungen der Altenhilfe sind sicherlich auch dem HOHMEIERschen Stigma-Ansatz zu verdanken, dessen Bedeutung für die Praxis nicht geschmälert werden soll.

rung, also der Unterscheidung von Alter und anderem, konnte diese Diskriminierung jedoch nicht genauso systematisch erklären. Das Ziel, die kausale Erklärung des Alters, ließ sich nur um den Preis eines die Präzision seiner Beobachtungen zunichtemachenden diffusen Gesellschaftsbildes erreichen. Festhalten läßt sich nur: Alter wird diskriminiert. Aber warum ist das so? Die Antwort wird blockiert von einer statischen Fassung des Altersbegriffs. Als alter Menschen im Gespräch auf sein Alter angesprochen zu werden, erscheint aus der Perspektive einer Gesellschaftstheorie, die Interaktion, Organisation und Gesellschaft zunächst unterscheidet, dann jedoch zusammenzieht, als genau das gleiche Phänomen, wie wenn man als alter Patient wie ein Kind behandelt wird oder mit 50 Jahren seinen Arbeitsplatz verlassen muß, um jüngeren Platz zu machen.[6] Unterschiede zwischen diesen Arten der Altersdiskriminierung werden vernachlässigt, um Alter präzise als das Gegenteil gesellschaftlicher Werte zu fassen. Der Unterscheidung von Alter geht also wiederum die Unterscheidung von Alter und Gesellschaft voraus, nun jedoch im Sinne von Peripherie und Zentrum.

Dieses statische, explizit generalisierende Altersbild wurde in den 80er Jahren als subjektiver Entwurf flexibilisiert. Martin KOHLI und Ursula LEHR fragten nach dem individuellen Erleben von Alter, nach subjektiven Konstitutionsbedingungen vor dem Hintergrund objektiver Strukturen. Alter wurde nun nicht mehr über die Einheit einer Gesellschaft gefaßt, sondern als Einheit subjektiven Handelns von einer objektiven Realität unterschieden: KOHLI verortete Alter als sozialen Prozeß, in dem der einzelne sich mit gesellschaftlichen Erwartungen auseinandersetzen müsse, LEHR ging von einer personalen Identität aus, die auf eine empirische Realität reagiere. Die Antwort auf die Frage 'Wann ist man alt?' leiten beide aus der Umwelt des Subjekts ab. KOHLI machte den Ruhestand, das Ende der Beteiligung am „gesellschaftlichen Projekt" (vgl. Kohli 1993, 23), LEHR den körperlichen Abbau zum Markierungspunkt der Alterskarrieren. Beide gingen methodisch — obwohl sie völlig gegensätzliche Positionen vertraten — ähnlich vor. Zunächst wurden die Grundlagen geklärt, auf deren Boden Alternsprozesse ablaufen sollten: die Arbeitsgesellschaft (KOHLI) und die biographische Verfaßtheit der Wahrnehmung (LEHR). Daran anschließend wurde eine temporale Perspektive eingeführt: der Lebenslauf (KOHLI) und die Entwicklung (LEHR). Zum Schluß mußte dann nur noch die Diskrepanz zwischen subjektivem Erleben und objektiven Strukturen erklärt werden. Während KOHLI auf biographisch generierte Freiräume des Alternserlebens verwies, fand LEHR in der subjektiven Vernachlässigung objektiver Entwicklungsmöglichkeiten im Alter ein Indiz für Therapiebedürftigkeit. Alter als eine Phase wird im Identitätsansatz über eine objektivierte Realität bestimmt (Ruhestand, körperlicher Abbau) und dann an den Möglichkeiten dieser Realität gemessen: Während sich KOHLI über Zufriedenheit im Alter trotz Ruhestand wunderte, ordnete LEHR (biologisches und soziales) Altern als korrigierbaren Tatbestand ein. Die Kopplung von subjektiven Möglichkeiten und objektiven Grenzen bzw. Freiräumen war jedoch prekär. KOHLI forderte mehr Forschungen, um 'unerklärliche' subjektive Entwürfe zu erklären, und LEHR begab sich in eine zirkuläre

---

[6] Tatsächlich muß der arbeitsmarktpolitische Hintergrund der 70er Jahre mitbedacht werden. Erstmalig wurde im Rahmen der ansteigenden Jugendarbeitslosigkeit von vorzeitiger Entlassung älterer Arbeitnehmer gesprochen. Wie gesagt: Der Tatbestand der Diskriminierung soll hier nicht bestritten werden.

Argumentation, um defizitäre Alternsverläufe aus einer objektiven Realität und eben diese Realität wiederum als subjektiv hergestellte zu erklären. Die Präskription von Lebenslaufmustern und die Möglichkeiten persönlicher Entwicklung reichten offensichtlich beide nicht aus, um einen geregelten Zusammenhang von objektiven Bedingungen und subjektivem Alternserleben behaupten zu können. Um ihre Ergebnisse zu plausibilisieren, grenzten KOHLI und LEHR Alter zuvor methodisch ein und konnten dann Regelmäßigkeiten aufzeigen. Ruhestand und Therapierbarkeit galten ihnen als Voraussetzung für die Diagnose 'alt'. Gerade jedoch diejenigen, die diesen Zusammenhang verweigerten, verwiesen auf problematische Stellen der Argumentation. Die Frage nach dem Zusammenhang von sozialen und personalen Einflüssen auf Altern erforderte eine Präzisierung des Instrumentariums im Hinblick auf die individuelle Bearbeitung des Themas 'Alter'.

Nachdem nun eigentlich mit dem Identitätsansatz viele Fragen zur generalisierten Beschreibung des Alters als Phase aufgeworfen worden waren, wurde in den 90er Jahren diese Unsicherheit wieder eingeholt. Mit Hans Peter TEWS und Gerhard NAEGELE gewann der Lebenslageansatz in der Alternsforschung Prominenz. Bereits Karl MANNHEIM hatte von einer Lagerung gesprochen, um die Eindeutigkeit von Generationspositionen aufzuweichen. Nicht jede Altersgruppe ließ sich seinen wissenssoziologischen Analysen zufolge als Gruppe zusammenfassen. Vielmehr sollte die individuelle Beobachtung als Gruppe über Zusammengehörigkeitsgefühl und soziale Zugehörigkeit entscheiden. Die Zwangslage, in die sich MANNHEIM mit der Konstatierung einer Beobachterrelativität der Beobachtungen bei gleichzeitiger Annahme einer „freischwebenden" und damit absoluten Beobachtungsposition der Intelligenz brachte, wurde von TEWS und NAEGELE jedoch nicht zur Kenntnis genommen. Sie statteten ihre Bestimmung von Alter mit sozialpolitikwissenschaftlichen Interessen aus und rechtfertigten darüber Gewichtungen (negatives Alter) und Generalisierungen. Obwohl von TEWS zunächst auf Individualisierungserscheinungen innerhalb der Gruppe 'alte Menschen' hingewiesen worden war und diese Befunde eher auf andere Gruppen oder sogar auf die Auflösung des zugrundegelegten Konzepts der Arbeitsgesellschaft verwiesen, zurrte NAEGELE den Sack, in dem die Alten stecken sollten, über die generalisierte Unterstellung von Hilfebedürftigkeit nur noch fester zu und postulierte für alle alten Menschen eine gemeinsame Altenpolitik. Probleme mit der Sinnfindung im Alter deuteten demzufolge auf politischen Handlungsbedarf und nicht etwa — wie TEWS' Thesen zum 'Strukturwandel des Alters' nahelegten — auf die Sinnlosigkeit der Kategorie 'Alter' hin.

Der Differenzansatz von TEWS und NAEGELE illustrierte die Vielfalt an Unterscheidungsmöglichkeiten, die sich mit der Kategorie 'Alter' ergeben können: von mikroskopisch kleinen Unterscheidungen (alte, auf dem Land lebende Gewerkschafter) bis zu Generalisierungen wie Alte und andere. Er verdeutlichte aber auch die Relativität solcher Unterscheidungen. Trotz verstärkter disziplinärer Bemühungen um eine scharfe Konturierung des Alters entglitt der Alternsforschung so die Substanz dessen, was sie beobachtete.

Man kann alte Menschen von anderen unterscheiden und die Alternsforschung tut dies auch. Aber man kann die gleichen Menschen auch anders beobachten, z.B. als Dörfler oder als Gewerkschafter oder auch als dörfliche Gewerkschafter. Mit dem Hinweis auf eine Vielzahl von Faktoren, die die objektive und die subjektive Situation, d.h. die Lebenslage beschreiben, öffnet sich auch gleichzeitig der Blick auf die Unüberschaubarkeit von möglichen Faktoren und deren Zusammenwirken. Anstatt auf weitere Differenzierungsmöglichkeiten zu verweisen, soll nun der Blick auf die theoretischen Bedingungen für Differenzierungen gelenkt werden. Die nun folgende Nachzeichnung des gerontologischen Umgangs mit Unterschieden macht diese als Unterscheidungen sichtbar und fragt nach dem Kontext, in dem die eine oder andere Unterscheidung ihre Plausibilität gewinnt.

3. Die Konstruktion von Unterscheidungen

Am Anfang aller Alternsforschung steht die Frage nach dem Sinn des Alters. Ich habe diese Frage bereits in den Rahmen strukturfunktionalistischer Modelle eingemustert, wo sie als Frage nach der Funktion des Alters auftritt. Das Scheitern einer kausalfunktionalistischen Bestimmung führt zu der grundsätzlicheren Frage: Warum wird nach dem Sinn des Alters gefragt? Daß eine strukturfunktionale Theorieanlage nach Funktionen fragt, ist einsichtig. (Vgl. Kap. II) Daß sich die moderne Gesellschaft noch 40 Jahre später und mit ihr die Gerontologie über den Sinn des Alters Gedanken macht, ist erklärungsbedürftig. Als Indiz für die Relevanz dieser Sinnfrage gelten zahllose Veröffentlichungen, die 'der Altersphase' eine Aufgabe zuweisen. (Vgl. Naujokat u.a. 1991; Bierlein, Opp & Winter 1992; Glaser, Röbke, Zemank u.a. 1992; Nies & Munnich 1992; Lehr & Repgen 1994; Brauchbar & Heer 1995; Auer 1996; Hoppe & Wulf 1996) Da sich die Entstehung der Altersphase nicht funktional erklären läßt, lege ich ein Evolutionsmodell zugrunde, das aus den Fehlern der strukturfunktionalen Analyse gelernt hat und an die Stelle von unverzichtbaren Funktionen funktionale Äquivalente setzt. Im Mittelpunkt der systemtheoretischen Evolutionstheorie stehen Operationen, die als Variation, Selektion und Stabilisierung gesellschaftsstrukturelle Veränderungen ermöglichen. Ausgangspunkt für eine Analyse dieser Prozesse ist die Nachzeichnung begriffsgeschichtlicher Veränderungen, in denen sich kommunikative Limitierungen und Kontingenzen einer Gesellschaft wiederfinden lassen. Interessant ist aus dieser Perspektive nicht, wie ‚die Altersphase' entstanden ist, sondern warum es plausibel erscheint, Phänomene unter diesem Etikett zusammenzufassen. Die Rede von der Altersphase entpuppt sich so als eine spezifische Form des Umgangs mit dem Thema 'Alter' im Verlauf einer historischen Entwicklung. Die Beobachtung der Variabilität von Alternsverläufen im soziohistorischen Vergleich ist jedoch zunächst nichts neues. In der aktuellen historischen Alternsforschung wird dieser Befund als 'Ambiguität des Alters' geführt und verweist auf eine eher ahistorische Vielfalt von Altersschablonen. Während so strukturelle Zugänge zu diesem Thema vorschnell aus der Hand gegeben werden, lassen sich die — zumeist wenigen verfügbaren — Daten auch einer systematischen Untersuchung zuführen. Auf der Grundlage der Unterscheidung von drei allgemeinen Typen der Gesellschaftsstruktur (segmentäre, stratifizierte und funktional differenzierte Gesellschaft) werden *Altersschablonen* als Resultat von historisch möglichen und sinnvollen Unterscheidungen sichtbar gemacht.

Die wenigsten Anhaltspunkte existieren für eine zuverlässige Diagnose zur Altersstruktur einfacher Gesellschaften. Das Prinzip *segmentärer Differenzierung*, das nach Familien, Stämmen oder Dörfern unterscheidet, mustert Alter in den Zusammenhang einer überschaubaren Überlebensgemeinschaft ein. Der interaktionsnahe Umgang miteinander ist für die denkbar simpelste Unterscheidung von Alter und anderem verantwortlich: Alter wird sichtbar über äußere Merkmale wie z.B. Grauhaarigkeit. Aufgrund der Überschaubarkeit und Illiterarität einfacher Gesellschaften läßt sich ein typischer Umgang mit diesem körperlichen Merkmal nicht benennen. Eben das charakterisiert diese Gesellschaften: Die entscheidende Differenzierung findet nach Segmenten statt, deren Aufbau nur durch die eigene Geschichte determiniert ist. Diese Vielfalt tribalen Lebens positioniert hohes Alter ganz unterschiedlich, aber: vorrangig werden sie als „Die Grauhaarigen" sichtbar. Während der eine Stamm Alter als Bedrohung sieht, sei es aufgrund seiner Hinfälligkeit oder seiner Nähe zu den Dämonen, stattet der andere Alter mit einem besonderen Status aufgrund von Erfahrung oder Nähe zu den Ahnen aus. Bezugspunkt für diese Situierungen scheint jedoch immer das Interesse an einer Modalisierung des Themas 'Gefahr' zu sein: Entweder werden die Alten selbst zu einer Gefahr oder sie können die Gefahr bannen. Wahrscheinlich wurden solche Zuschreibungen zumeist situativ getroffen. Über Achtung oder Mißachtung im Alter entscheidet dann auch, welche 'Erfahrungen' der Stamm mit „besessenen Alten" gemacht hat, aber auch wie elaboriert der einzelne alte Mensch seine 'Erfahrung' im Umgang mit Gefahren anbringen kann. Einige wenige nur werden in den Besitz der Position des geachteten Schamanen oder Weisen gekommen sein, wogegen die meisten anderen sich sowohl um die Kompensation von Alterserscheinungen (durch Übernahme von Hausarbeit) als auch um die Rettung ihres Lebens in Not- und Mangelsituationen Gedanken gemacht haben müssen. Zusammenfassende Aussagen zu diesem Thema sind kaum möglich. Einzelne Beispiele von angesehenen Alten stehen neben solchen der Verwahrlosung. Die Bestimmung von Alter über sichtbare Grauhaarigkeit und dessen mögliche Bedeutung für die Organisation des täglichen Lebens weist auf eine gesellschaftstypische, nahe der Grenze der Gesellschaft angesiedelte Positionierung hin: Alter erscheint als Modulator von Gefahr.

Die in diesem Zusammenhang immer wieder angeführten Altersklassengesellschaften scheinen zwar thematisch instruktiv zu sein, stellen aber nur einen kleinen Anteil an der Zahl einfacher Gesellschaften und sind auch bei weitem nicht so eindeutig und vergleichbar strukturiert, wie es die ältere Alternsforschung angenommen hat. Sowohl in Altersklassen- als auch in Generationsklassengesellschaften ist Alter zumeist sehr variabel bestimmt worden und hat kaum zu einem grundsätzlichen Status geführt. Die hohe Anfälligkeit solcher in Gruppen gegliederter Gesellschaften für historische Einflüsse (z.B. Krieg, Dürreperioden, Epidemien), bei denen ganze Altersgruppen ausgelöscht werden konnten, hat zu einer eher flexiblen als statischen Handhabung dieses Differenzierungsprinzips geführt.

Über grundlegende gesellschaftliche Differenzierungsprinzipien lassen sich auch *stratifizierte Gesellschaften* bestimmen. Dem gesellschaftlichen Schichtungsprinzip entsprechend wird Alter in der allegorischen Form von 'Lebensaltersstufen' gefaßt. Diese Generalisierung von Alterserscheinungen in schriftlichen und bildlichen Darstellungen von Stufenmodellen verdankt sich der Dominanz ranggeordneter Erklärungsmodelle sozialer Wirklichkeit in Hochkulturen. Nicht behauptet wird damit jedoch eine schichtenübergreifende Gleichförmigkeit von Lebensentwürfen im Alter. Entstehungsort dieser Stufenmodelle ist die Oberschicht, deren Auseinandersetzung mit Legitimationsformeln von Ungleichheit vermutlich auch den Blick für innerständische Unterschiede im Alternsverlauf und grundsätzliche Lebensordnungen geschärft hat.

3. Die Konstruktion von Unterscheidungen

Die in der Antike zumeist positive, im Mittelalter zumeist negative Präskription von Alter, die noch dazu oft zeitgleich widersprüchliche Modelle favorisiert hat, läßt sich deshalb nicht als ein Abbild gelebten Lebens verstehen. Von „tatsächlichen Alternsverläufen" in stratifizierten Gesellschaften ist nur sehr wenig bekannt, allenfalls so viel, daß es sehr wahrscheinlich schon sehr alte Menschen gegeben hat, daß hohes Alter selbst also keine moderne Erscheinung ist. Die Beschäftigung mit Alterssemantiken hochkultivierter Gesellschaften illustriert die Möglichkeiten und Grenzen begriffsgeschichtlicher Studien. Alles, was man den Modellen von Lebensaltersstufen entnehmen kann, ist die Beobachtung, daß hohes Alter als Lebensabschnitt von anderen Altersstufen abgegrenzt und darüber sichtbar geworden ist. Als alt galten vermutlich diejenigen, die eines der vielen Etiketten (weise, maßvoll, kraftlos, blöd), die am eindrucksvollsten in bildlichen Darstellungen offeriert wurden, zu repräsentieren schienen. Die 'Ambiguität des Alters' fand hier vermutlich ihre stärkste Betonung und verdeutlichte gleichzeitig, daß Alter sichtbar gemacht werden muß, das heißt: Kontinuität der Lebensführung im Alter konnte 'Alter' als Etikett auch aussortieren. Die (wenig) verläßliche Analyse von Daten zu Lebensverläufen scheint eine solche Vielfalt von Alternsverläufen nahezulegen, die schichtspezifisch den Begrenzungen eines 'modellartigen' Alters unterliegen, aber auch die Freiheiten eines nicht über Alter identifizierten Lebens ausnutzen konnten.

Von solchen Freiheiten kann mit der allmählichen Durchsetzung *funktionaler Differenzierung* nicht mehr ausgegangen werden. Absolutistische Regierungsform und aufklärerisches Gedankengut etablieren den alten Menschen als 'pater familias' und schreiben ihm erstmals in einer Grundsätzlichkeit positive Kompetenzen zu, wie es bis dahin aufgrund der Dominanz von stratifikatorischen Differenzierungen unmöglich war. Alle alten Väter (nicht alleinstehende alte Menschen und auch nur bedingt alte Frauen) wurden nun zu Repräsentanten einer vernunftgeleiteten Lebensweise, deren Weiterverbreitung sie verpflichtet waren. Hohes (männliches) Alter hat damit historisch erstmalig eine generalisierte Bedeutung und tatsächlich eine Funktion. 'Das Alter' als Kollektivsingular hat sich uns aus diesen — begriffsgeschichtlich gesehen — Umbruchszeiten erhalten, seine gesamtgesellschaftliche programmatische Bestimmung ist jedoch verlorengegangen. Die moderne Gesellschaft zeichnet aus, daß sie Alter als generalisierte Kategorie kennt, sich die Frage nach der Bedeutung dieser Kategorie durch Altersgrenze und demographische Transition auch aufdrängt, sich aber keine inhaltliche Bestimmung dieser Kategorie daraus ableiten läßt. Ganz ähnlich wie in anderen Gesellschaftsformen auch wird Alter in der primär funktional differenzierten Gesellschaft über die Grenzen dieser Gesellschaft gefaßt. Im Fall der modernen Gesellschaft gerät dabei der Verlust eines Zentrums, von dem aus gesamtgesellschaftliche Bezüge hergestellt, Zusammenhänge erklärt und Widersprüchlichkeiten integriert werden, in das Blickfeld. Das hohe Alter als Altersphase erscheint frei von allen systemischen Determinierungen und wird so — verstärkt auch durch gesellschaftstheoretische Entwürfe (vgl. Kap. II) — zum Fluchtpunkt einer normativen Diskussion. „Alter hat Zukunft!" lautet die Parole und verspricht damit, sowohl individuelle als auch gesamtgesellschaftliche Sinndefizite auszugleichen. Wie jedoch schon strukturfunktionale Ansätze demonstriert haben, ist dieses Unterfangen hoffnungslos und nur als normatives Programm zu haben. Das Ideal von einem besseren Leben, einer besseren Gesellschaft, einer besseren Welt hat sich als Transportmittel ein Phänomen ausgesucht, daß — generalisierbar, gesamtgesellschaftlich unbestimmt und heterogen — so viele Anschlußmöglichkeiten eröffnet, daß bereits das Etikett 'alternde Gesellschaft' gerechtfertigt scheint. Im Gegensatz zu anderen Angriffspunkten für moderne Sinnstiftungsprobleme (z.B. individuell: Sexualität, Outfit; allgemein: Gentechnik, Fremdenfeindlichkeit) stellt die Lebensphase 'Alter' eine einzigartige Eindeutigkeit über Personschablonen, Quantität des Auftretens und Visualität der Merkmale her.

Die Bekanntheit der modernen Altersschablone läßt sich in *Alterssemantiken*, d.h. in Gewohnheiten der Identifikation von Alter wiederfinden. Ich greife damit die zweite der klassischen Fragen: Wird man alt gemacht? wieder auf und lokalisiere den Ort der wissenschaftlichen Analyse genauer in Altersbildern. Warum man als alter Mensch angesprochen wird, läßt sich über Selektionstraditionen auf den von HOHMEIER schon eingeführten Ebenen: Gesellschaft, Interaktion und Organisation erklären. Nicht ein Altersbild, sondern viele Altersbilder resultieren aus teilsystemspezischen Inklusionen von einzelnen als alten Menschen. Wissenschaft, Wirtschaft, Politik und Medizin — um nur einige der Teilsysteme zu nennen — adressieren Kommunikationen an *alte* Menschen, um Inklusionen zu lenken, zu erleichtern oder auszuschließen. Resultat dieser altersspezifischen Kommunikationen sind Spezialisierungen und Generalisierungen von Alter, in denen alte Menschen von jungen Menschen, von jungen Käufern, von armen Wählern oder von akutkranken Patienten unterschieden werden. Beobachterabhängige Konstruktionen liegen auch den Wahrnehmungen von Alter zugrunde, die in Interaktionen dominieren. Die zeitliche und soziale Limitierung von Kommunikationen unter den Bedingungen der gegenseitigen Wahrnehmung verweist jedoch eben nicht auf eine intersubjektiv zu ermittelnde Substanz von Alter, sondern auf die zeit- und personengebundene Konstitution von interaktionsnahen Altersbildern. Ähnliche Prozesse selbstreferentieller Konstruktionen von Altersbildern lassen sich in Organisationen beobachten. Organisationen entscheiden über die inhaltliche Bestimmung von Alter nach Maßgabe von Programmen, Zeitstrukturen und Personalplanungen. Nicht alte Menschen werden z.B. in Altenheimen und Sozialstationen behandelt, sondern pflegeleichte Bewohner (Altenheim) und kooperative Patienten (Sozialstation). Als Ergebnis der Differenzierung von Gesellschaft, Interaktion und Organisation läßt sich jedoch nicht eine alle Ebenen durchziehende Diskriminierung benennen, die dann auf eine Ursache überprüft werden kann. Stattdessen muß vielmehr die 'Zufälligkeit' von Diskriminierungen des Alters betont werden. Alterssemantiken sind auf allen Ebenen sozialer Wirklichkeit vorhanden, können genutzt werden und erleichtern Inklusionen. Altersbilder sind Resultat funktionaler Adressierungen von sozialsystemspezifischen Kommunikationen. Diese Diskriminierungen als Alterssemantiken zu bezeichnen, verdeutlicht, daß mit ihnen nur sichtbar wird, wenn Alter kommuniziert wird. In all den Fällen, in denen über 60jährige Menschen einkaufen, wählen, sich medizinisch behandeln lassen und dabei nicht als alte Menschen angesprochen werden, also nicht-altersspezifische Inklusionen realisiert werden, gibt es kein Alter, sind alte Menschen nicht alt.

Warum sie sich trotzdem alt fühlen, wird im Rückgriff auf die dritte der klassischen Fragen der Alternsforschung beantwortet. Parallel zu Inklusionen läßt sich ein Exklusionsbereich beobachten: die Biographie. In ihr werden die disparaten Personschablonen der Inklusionen als Exklusionen, d.h. als Ausschluß all dessen aus der

Kommunikation, was nicht kommuniziert wird, bearbeitet. *Alternssemantiken* begleiten biographische Identifizierungen, indem sie Veränderungen mit Sinn ausstatten. Die klassische Thematisierung dieses Phänomens erfolgt über den Lebensrückblick, der zumeist als ein spezifisches Phänomen des hohen Alters angesehen wird. Erst im Lebensrückblick— so therapeutische und gesellschaftskritische Positionen — wird das Leben als Insgesamt sichtbar und verständlich. Hohes Alter prädestiniere zu Erfahrungsaufschichtungen, von denen der einzelne und die Gesellschaft profitieren sollten. Diese klassische Form einer Alternssemantik reagiert aber nur — genau wie andere Alternssemantiken (Wiederholung des Immer-Gleichen, Orientierung an Mustern, Festhalten an Vergangenem) auf elementare Phänomene der Informationsverarbeitung. Als Konsequenz des Erlebens von Differenzen und deren zeitlicher Organisation als alt oder neu entsteht Gedächtnis und Erinnern. Ob etwas als das Gleiche, die schönere Zeit oder eine weitere Erfahrung etabliert wird, spielt dabei keine Rolle. Entscheidend ist die Einordnung als Vorher oder Nachher und — speziell im Alter — die Fähigkeit, entsprechende Operationen über Erinnern einordnen zu können. Wer sich selbst nicht einem Nachher zuordnen kann, dem gerinnt die Zeit zu einer formlosen Kategorie, in der Erlebnisse nicht aufeinander verweisen und keine biographische Identität mehr möglich ist. Sich alt zu fühlen, heißt, sich selbst von einem jüngeren Selbst zu unterscheiden, an das man sich noch erinnert, als das man sich vielleicht auch noch fühlt, weil man erst in jüngster Zeit immer wieder mit dem Thema 'Alter' konfrontiert worden ist und weil die eigene Alternssemantik eben nicht auf eine Anhäufung von Erfahrungen, sondern immer nur auf Wiederholung (vgl. Hesse 1990, 164f.) ausgelegt ist.

Mit dieser letzten Infragestellung einer generalisierbaren Kategorie 'Alter' rückt die Frage nach dem wissenschaftlichen Umgang mit diesem Phänomen in den Mittelpunkt. Mit der modernen Entstehung der Vergleichbarkeit von Alterserscheinungen über die Altersphase ist auch die Beobachtung von Ungleichheit entstanden. Die Geschichte der Gerontologie hat immer wieder Unterschiede zwischen Alten und anderen behauptet und so als Wissenschaft zur teilsystemspezifischen Erzeugung von Alterssemantiken beigetragen. Mit diesen Alterssemantiken sind immer auch andere Seiten der Unterscheidung entstanden, die sozialpolitikwissenschaftlichen Interessen zu einer Profilierung des 'negativen Alters' verhelfen. Die Beobachtung dieses Vorgehens verweist jedoch m.E. nicht auf die Dringlichkeit von Hilfeprogrammen, sondern auf methodische Konsequenzen dieses Vorgehens.

4. Resümee: Die Bezeichnung von Alter erzeugt 'Alter und anderes'

In welchem Rahmen auch immer man Alter kommuniziert, man bekommt eine andere Seite dieser Unterscheidung und damit auch potentielle Anwärter auf Ungleichheit mitgeliefert. Die Kategorie 'Alter' selbst benennt Unterscheidungen. Vermutlich ist es sinnvoller, anstatt die wissenschaftliche Erforschung von Unterschieden zwischen Alter und anderem voranzutreiben, auf die Unterscheidungspraxis hinzuweisen.

Die Gerontologie hat bislang unterschiedliche Zugangsweisen zu dem Thema 'Alter' im Sinne einer Komplettierung ihres Forschungsobjekts bearbeitet. Alle Ergebnisse tragen demzufolge dazu bei, weiße Flecken auf der Landkarte zu füllen und vertrauter mit dem Phänomen 'Alter' zu werden. Diese Kompilationspraxis hat auch die eher programmatischen Streitigkeiten soziologischer und psychologischer Forschungen überstanden, die sich nun darauf verständigen, arbeitsteilig zu forschen und gemeinsam die Ergebnisse zu interpretieren.[7] Die Psychologie hat davon eine Tendenz zu sozialpsychologischen Fragestellungen davongetragen, die Soziologie differenziert ihre Perspektive stärker über das Individuum. Wie in der Berliner Altersstudie (vgl. Mayer & Baltes 1996) scheint der Lebenslage-Ansatz beiden Perspektiven Rechnung zu tragen: Man kann nach wie vor die Alten von anderen unterscheiden, aber auch zwischen ihnen differenzieren. Die Ergebnisse, die solche Studien liefern, sind jedoch wässerig. (Vgl. Kap. V) Mikroskopisch kleine Differenzierungen stehen am Ende dieser Forschungen, die mehr Widersprüchlichkeiten aufzeigen als Gemeinsamkeiten und kaum noch eine Gesamtperspektive, die sie ja anstreben, ermöglichen.

Wie der Gang durch die Geschichte der Gerontologie verdeutlichen konnte, entstehen im Verlauf dieser Forschungspraxis nicht vollständigere Bilder des Alters, sondern nur neue. Mit jeder Bezeichnung des Alters werden andere Seiten miterzeugt, die im Grunde nur weitere Möglichkeiten, Alter zu thematisieren, illustrieren. Die Kategorie 'Alter' ist sowohl im Inklusions- als auch im Exklusionsbereich der Gesellschaft fest etabliert und profitiert noch zusätzlich von der forschenden Aufmerksamkeit der *scientific community*. Forschungsprojekte, die nach 'Alter' fragen, erhalten als Antwort Kommunikationen, in denen 'Alter' als Superthema auf alles andere bezogen wird. Ergebnis ist dann nicht, daß die Befragten ihr eigenes Alter nicht für eine zentrale Kategorie beim Kauf eines Autos halten, sondern daß auch der Autokauf das Thema 'Alter' mitbedienen kann. Viel interessanter wäre es deshalb zu beobachten, wie sich z.B. im Inklusionsbereich die Referenz auf 'Alter' ändern kann oder wie im Exklusionsbereich 'Alter' als Sinnproduzent im Gefolge von Multiinklusionen genutzt wird.

Im Gegensatz zur ontologisierenden Forschungspraxis sind mit dieser Arbeit Variationen und Stabilisierungen des Themas 'Alter' benannt worden. Am Beginn des Entwurfs konstruktivistischer Perspektiven stand der Vergleich historischer Gesellschaftsmodelle. Als Altersschablonen habe ich die Limitierungen bezeichnet, die gesellschaftliche Kommunikationen zum Thema 'Alter' begleiten. Für die moderne Gesellschaft hat sich dabei der Mangel kultureller Einheitsfiktionen als Problem herausgestellt. Mit der Generalisierung und programmatischen Ausrichtung der 'Altersphase' wird dieses Problem bearbeitet, das sich damit auf einer Stufe mit anderen Transportmöglichkeiten von Sinndefizit-Artikulationen wiederfindet. Im Unterschied zu diesen Beispielen können mit der 'Altersphase' jedoch Hoffnungsträger einer besseren Welt benannt werden, noch dazu in einer demographisch überzeugenden Anzahl.

Das Thema 'Alter' erhält so seine Fundierung. Es ist offen für fast alle denkbaren Anschlußmöglichkeiten und wird — im Rahmen dieser programmatischen Altersschablone — auch bevorzugt eingesetzt. Man schafft Angebote für alte Menschen, adressiert sie in politischen Kommunikationen bevorzugt und fördert Forschungen,

---

[7] Beispiele dafür finden sich in der großen Berliner Altersstudie, in der interdisziplinär Psychologie und Soziologie nebeneinander forschen (vgl. Mayer & Baltes 1996), und in der gegenwärtig laufenden, von Georg Rudinger geleiteten (psychologischen) Bonner Altersbilder-Studie, in der das soziologische Lebenslage-Konzept zur Anwendung kommt

4. Resümee: Die Bezeichnung von Alter erzeugt 'Alter und anderes'

die sich mit dem Thema 'Alter' beschäftigen. Daß die Konsequenzen dieser programmatischen Vergrößerung der Reichweite nach wie vor als nachteilige Diskriminierungen erlebt werden, verdankt sich der sozialisatorischen Fremdheit der Kategorie. Keiner wächst auf mit diesem Attribut, aber alle werden irgendwann darauf angesprochen.

Probleme des Alters lassen sich vor diesem Hintergrund auch als Probleme im Umgang mit einer der biographischen Identifikation unvertrauten Kategorie bezeichnen. Da die gerontologische Unterscheidungspraxis zumeist — mit besten Zielen — eher auf Defizite[8] als auf Zugewinn im Alter hingewiesen hat, lassen sich Abwehrreaktionen vorhersehen. Als hilfreich stellt sich unter diesen Bedingungen auch nicht der Entwurf von positiven Alternssemantiken heraus. Alternierungserfahrungen als Prozeß zunehmender Weisheit, Erfahrenheit, Gegenwartsbezogenheit oder auch Toleranz zu fassen, ist der individuellen Biographie genauso fremd oder vertraut, wie die Kategorie 'Alter' selbst. Wer etwas mit dem Thema 'Alter' anfangen kann, sucht sich ein Fundament, auf dem er Alternserleben als sinnhaften Prozeß einordnen kann. Wer dies nicht will, knüpft an andere Themen an und bekommt erst ein Problem, wenn die Gerontologie sein Verhalten als Mißverhältnis zum Thema 'Altern' deutet.

Die Erfahrungen der Gerontologie im Umgang mit diesen Konstruktionsprozessen reichen bereits 40 Jahre zurück und dürfen ausreichen, um — im Sinne einer professoralen Alternssemantik — eine abgeklärte Haltung gegenüber dem Forschungsobjekt einzunehmen. Die wissenschaftliche Kommunikation kennt ihr Thema über die Bezeichnung 'Alter' genauso gut und schlecht wie andere Kommunikationszusammenhänge. Im Unterschied zu diesen kann sie jedoch ihre Konstruktionsprozesse nachzeichnen und als 'Beobachter von Beobachtungen' zeigen, wie Alter sichtbar gemacht wird. Diesem Ziel hofft diese Arbeit gerecht worden zu sein.

---

[8] Auch Ressourcen und Potentiale deuten auf Defizite hin, vor deren Hintergrund Fähigkeiten eine besondere Bedeutung bekommen.

Kapitel XI: Sinnressourcen und Sinndefizite einer alternden Gesellschaft

Am Ende einer Arbeit bietet sich die Gelegenheit, das, was bis dahin nur in Facetten beleuchtet werden konnte, zu einem ganzen Bild zusammenzusetzen. Der Zusammenhang, der dabei sichtbar wird, konstituiert sich auf der Basis von Sinn und informiert den Leser über Anschlußmöglichkeiten einer konstruktivistischen Perspektive auf die Altersforschung. Zur Profilierung dieses neuen theoretischen Ansatzes werden im folgenden beide Zugänge zum Thema 'Alter', der klassische und der konstruktivistische, auf den Sinn überprüft, den sie voraussetzen und erzeugen.

Im ersten Teil der Arbeit wurde bereits nach dem Sinn gefragt, den das hohe Alter insgesamt, das individuelle Altern speziell oder auch die Pflege alter Menschen auszeichnen sollte. All diese Fragen folgen der erkenntnistheoretischen Tradition, Sinn auf „eine Sinnvolles legitimierende Identität" zu beziehen, „sei es den an sich perfekten Kosmos, sei es das Subjekt, sei es den sinngebenden Kontext." (Luhmann 1984, 111) Sinn wird so in Abgrenzung zu Sinnlosem als inhaltlich schon bestimmte, zumeist an einem geordneten Ganzen orientierte Kategorie gefaßt. „Das Vokabular der Kosmologie oder der Subjektivität wurde mit Orientierungswert versehen, mit einem Rest von Defekten, die dann der Welt oder der Gesellschaft angelastet werden mußten." (Ebd., 109) Im zweiten Teil meiner Arbeit steht ein Sinnbegriff im Vordergrund, der nicht mehr Gutes von Schlechtem, Wahres von Falschem unterscheidet, sondern schlicht Anschlußmöglichkeiten benennt. Die Themen dieser Arbeit werden dabei nicht mehr auf zugrundeliegenden Sinn bzw. Sinnlosigkeit befragt, sondern als Resultate möglicher Selektionen betrachtet. Dem beforschten Phänomen eignet nicht mehr ein spezifischer Sinn, sondern mit ihm werden Möglichkeiten sinnhafter Verweisungen aktualisiert. Die Beobachtungsperspektive wird umgestellt von ontologischen Voraussetzungen auf beobachterabhängige Konstruktionsprozesse.

Für die wissenschaftliche Erforschung des Alters sind damit entscheidende Konsequenzen verbunden. Was wissen wir über Alter? Diese Frage wird zumeist klassisch über das Marginalisierungsmodell beantwortet. Auf der gesellschaftstheoretischen Grundlage einer zunächst Berufs-, dann Leistungs-, dann Arbeitsgesellschaft festigt sich die Wahrnehmung von Alter als einem Merkmal, das über die sozialstrukturelle Zusammensetzung einer Gesellschaft Auskunft gibt. Die Gesellschaft wird daran anschließend dekomponiert in ihre Mitglieder und eine übergreifende Struktur, deren Aussehen für die ungleiche Ausstattung der Mitglieder mit Arbeits- und Konsummöglichkeiten verantwortlich ist. Der Standort der alten Menschen wird über diese Analyse als randständig bestimmt, was verdeutlichen soll, daß alte Menschen zu denjenigen Gesellschaftsmitgliedern gehören, die am weitesten von den erstrebenswerten Zielen einer Gesellschaft entfernt sind. Alte Menschen repräsentieren demzufolge das Gegenteil dessen, was als Zentrum der Gesellschaft ihre Einheit ermöglicht.[1] (Vgl. Kap. III)

---

[1] Das neueste Beispiel hierfür liefert Betty FRIEDANs Veröffentlichung: Mythos Alter (1995).

Die marginalisierungstheoretische Verortung alter Menschen kennt mit dem Thema 'Alter' auch Subjekte, die dieses Thema als Merkmalsträger verkörpern und dementsprechend beforscht werden können. Wenn die Alternsforschung nun nach problematisierenden und entproblematisierenden Hintergründen fragt, bewegt sie sich in einem zwischen Subjekt und Objekt/Gesellschaft aufgespannten Raum, in dem Erklärliches und Unerklärliches auf eben diese Unterscheidung bezogen und darüber bestimmt wird. Neben gesellschaftlich oder individuell als wünschenswert bezeichnetem Sinn lassen sich Phänomene beobachten, bei denen das Subjekt nicht über die Gesellschaft oder die Gesellschaft nicht über das Subjekt zu bestimmen ist. In diesen Fällen wird die Gesellschaft kritikbedürftig oder das Individuum therapiebedürftig. (Vgl. Kap. IV) Sinnressourcen lassen sich so über eine normative Einheit eines Gesellschafts- oder Subjektentwurfs bestimmen, Sinndefizite werden bei Abweichung diagnostiziert. In der Alternsforschung haben sich über diesen Weg Konkretisierungen des Problemcharakters des hohen Alters etabliert. Alt zu sein gilt z.B. als problematisch, weil nur Arbeit die Entwicklung einer subjektiven Identität ermögliche, alte Menschen aber vom Arbeitsleben ausgeschlossen seien. (Vgl. Kap. IV.1) Über den Subjektbegriff werden soziale Strukturen im einzelnen dupliziert (vgl. Luhmann 1989, 212ff.) und ermöglichen eine wechselseitige Kontrolle von Norm und Abweichung.

Diese angestrebte Kongruenz von sozialen und personalen Strukturen[2] stößt jedoch immer wieder an Grenzen. In solchen Fällen wird dann danach gefragt, warum die Gesellschaft dem einzelnen nicht ermöglicht, was für diesen sinnvoll wäre, oder auch warum der einzelne nicht realisiert, was sich unter bestimmten gesellschaftlichen Bedingungen anbieten würde. Konkret heißt das in diesem Zusammenhang z.B.: Warum werden alte Menschen als alte Menschen aus Arbeitsstätten entfernt? Warum reagieren alte Menschen so unterschiedlich auf den Ruhestand? Das Muster dieser Forschungen sieht immer gleich aus: Vor dem Hintergrund einer invarianten Realität werden Phänomene sichtbar, die sich als Variablen erklären lassen müssen. Ein geregelter Zusammenhang zwischen gesellschaftlicher Struktur und dem Alterserleben alter Menschen wird vorausgesetzt. Wenn sich dieser Zusammenhang nicht zu einem positiven Bild aufrundet, wird ein Sinndefizit unterstellt. Das Ideal gesellschaftlicher Einheit oder individueller Potenz scheint in diesen Fällen gefährdet oder sogar verfehlt zu sein. Auf diese Weise ist die Erwartung entstanden, alte Menschen müßten sich über eine positive 'sinnvolle' Eigenschaft ansprechen lassen und das hohe Alter insgesamt könne als ein Wesensmerkmal identifiziert werden. Die Sichtbarkeit der Gruppe 'alte Menschen' und die Vermutung von Sinndefiziten hat sich bis in die 90er Jahre hinein gehalten und über demographische Daten gefestigt.

Sinn steht als Postulat am Ende dieser Alternsforschung. Sowohl die Altersphase insgesamt als auch das individuelle Alterserleben soll mit neuen Sinnangeboten ausgestattet werden. Daß es eine soziale/individuelle Gesetzmäßigkeit des Alterns gibt, wird dabei vorausgesetzt. Diese Prämisse wird im zweiten Teil der Arbeit infrage

---

[2] Die Unterscheidung von sozial und personal ist durch die Identitätstheorie von Lothar KRAPPMANN (1982) prominent gemacht worden. Der einzelne läßt sich demzufolge in fremd- und selbstbestimmte Anteile zerlegen. Diese Unterscheidung ist zwar zu einer modernen Individualitätssemantik geronnen, läßt sich jedoch empirisch nicht überprüfen, da jeweils nur Kommunikationen, also soziale Operationen, über die Zuordnung entscheiden können.

gestellt. Ansatzpunkte dafür bieten die „Schwachstellen" der ontologisierenden Alternsforschung. Weder läßt sich positiv ein gesellschaftsstrukturelles Interesse an der Altersphase benennen (Funktionsansatz), noch negativ dieses Desinteresse begründen (Definitionsansatz). Weder lassen sich gesetzmäßige Merkmale des Altseins identifizieren (Identitätsansatz), noch ein Zusammenhang als Gruppe rechtfertigen (Differenzansatz). Dennoch wird genau über diese Ansätze ein essentieller Alternsbegriff etabliert. Seinen Halt findet er jedoch — so die These dieser Arbeit — weniger in sich selbst als in sozialen Phänomenen, die Alter als Kategorie nutzen und transportieren. Als solche Phänomene gelten hier zunächst die Fragen, die auch die klassische Alternsforschung leiten: Hat Alter einen Sinn? Wird man alt gemacht? Wann ist man alt? Sind alte Menschen anders? Diese Fragen indizieren m.E. nicht das Vorhandensein einer zugrundeliegenden Substanz 'Alter', sondern die Möglichkeit, Kommunikationen über das Thema 'Alter' anzuschließen. Während die Alternsforschung hinter diesen Fragen eine — nur interdisziplinär — zu eruierende Essenz vermutet, gelten mir diese Fragen als Hinweis auf den sinnhaften Gebrauch der Alterskategorie.

Die Kategorie Sinn dem Altersbegriff voranzuschicken, setzt einen veränderten Sinnbegriff voraus. Sinn wird nicht mehr normativ über die ideale Gestalt einer Gesellschaft oder eines Subjekts bestimmt, sondern liegt als Informationswert allem Erleben und Handeln zugrunde. Kommunikation wird als Kommunikation sichtbar, weil sie die Form von Sinn benutzt, d.h. sich als eine bestimmte Kommunikation von anderen unterscheidet. Sinn versorgt Kommunikation mit Komplexität, stimuliert so Selektionen und profiliert diese vor dem Hintergrund von anderen Möglichkeiten. „Sinn verweist immer wieder auf Sinn und nie aus Sinnhaftem hinaus auf etwas anderes. [...] Jeder Anlauf zur Negation von Sinn überhaupt würde also wieder Sinn voraussetzen, würde in der Welt stattfinden müssen." (Luhmann 1984, 96) Die Anschlußfähigkeit von Kommunikationen über differenzlosen Sinn ermöglicht und erzwingt selbstreferentielle Bezüge, da Sinn Selektionen nur auf der Basis vorherigen Sinns aktualisieren kann. Bei einem solchen Zusammenhang selbstreferentieller Kommunikationen spricht die Systemtheorie LUHMANNscher Provenienz von Systemen. Sowohl soziale (Gesellschaft, Organisation, Interaktion) als auch psychische Systeme (Bewußtsein) grenzen sich als Systeme voneinander ab, die mittels eines spezifischen (System) und nicht anderen (Umwelt) Sinns sich selbst herstellen (Autopoiesis).

Kommunikationen lassen sich vor eben diesem Hintergrund beobachten und öffnen den Blickwinkel auf soziales Geschehen, in dessen Verlauf auch Alter als eine sinnhafte Selektion erscheint. Meine Forschungen haben deshalb die vier Fragen der klassischen Alternsforschung wieder aufgegriffen und sie als Hinweis auf typische 'altersspezifische' Kommunikationen gewendet. Grundlage der Forschung sind nun die Beobachtungen, daß die Annahme einer 'sinnlosen Altersphase' die moderne Gesellschaft charakterisiert, daß Menschen in unterschiedlichen Zusammenhängen als alte Menschen diskriminiert werden, daß ältere Menschen sich — individuell unterschiedlich — als alt erleben und daß die Wissenschaft vom Altern alte Menschen von anderen unterscheiden möchte. Wenn Alternsforschung diese Beobachtungen als Kommunikationen weiter verfolgt, dienen ihr die Analysen der klassischen Alternsforschung (1. Teil) sozusagen als empirisches Material. Werden diese „Daten" mit einer konstruktivistischen Gesellschafts- und Sozialtheorie angereichert, dann produzieren sie Informationen zur Entstehung der 'Altersphase' (Kap. VII), zur gesellschaftstheoretischen Verortung von Altersdiskriminierungen (Kap. VIII), zu individuellen Selbstbeschreibungen im Alter (Kap. IX) und zu wissenschaftlichen Perspektiven der Alternsforschung (Kap. X). Um es noch einmal zu betonen: *Alter wird nun kein Sinndefizit mehr unterstellt, Alter erscheint stattdessen als Sinnressource.* Oder: Alter braucht keinen Sinn; von Alter zu reden, ist Sinn.

Den Prinzipien selbstreferentieller Sinnsysteme entsprechend, lassen sich diese altersspezifischen Kommunikationen auf ihren Entstehungsort zurückverfolgen. Die generalisierte Sinndefizitunterstellung der Altersphase plausibilisiert die Diagnose der modernen Gesellschaft als einer funktional differenzierten Gesellschaft und die Beobachtung von Altersdiskriminierungen verweist auf unterschiedliche Ebenen gesellschaftlichen Geschehens (Gesellschaft, Organisation, Interaktion), worunter auch moderne Varianten des biographischen Alternserlebens und der wissenschaftlichen Perspektive gefaßt werden müssen. Die Resultate dieses veränderten Blickwinkels sind von mir neu unter den Titeln 'Altersschablonen', 'Alterssemantik', 'Alternssemantik' und 'Sichtbarkeit des Alters' bestimmt worden und beschreiben unterschiedliche Möglichkeiten, Alter als Sinnressource zu nutzen.

Zunächst fällt bei diesem Vorgehen der paradoxe Befund der Sinnhaftigkeit einer 'sinnlosen Altersphase' auf. Von der Notwendigkeit, das hohe Alter für neue Sinnangebote empfänglich zu machen — „Alter hat Zukunft!" — , läßt sich auf ein typisches Merkmal der modernen Gesellschaft schließen: Es gibt keine allgemeingültigen, beobachterunabhängigen Sinnangebote mehr. Von der Altersphase eben dies zu erwarten, etabliert eine Nutzung der Alterskategorie für kulturelle Einheitsfiktionen. Das Thema 'Alter' findet sich so als eine von vielen Möglichkeiten, fehlende gesellschaftliche Einheit als Problem zu thematisieren, wieder. Als äquivalente Problemlösungen lassen sich Debatten zu Fremdenfeindlichkeit, Gentechnik oder auch Sexualität/Pornographie benennen. Immer geht es um den Verlust eines gesellschaftlichen Wertezentrums, von dem her sich bestimmen ließe, was falsch und was richtig ist. Gemeinsames Merkmal dieser Artikulationsmöglichkeiten von Sinndefiziten ist ihre Vorliebe für ethische Richtlinien. Die programmatische Ausrichtung der Alternsforschung findet in diesem Zusammenhang ihren Hintergrund. Die Sonderposition der Altersphase ergibt sich über ihre politische Instrumentalisierbarkeit: Ein besseres Alter zu fordern, scheint demographisch geboten und inhaltlich kaum riskant. Ähnliche Altersschablonen wie die moderne 'Altersphase' haben sich auch in anderen Gesellschaftsformen zeigen lassen und verdeutlichen so den sozialen Charakter der Kategorie 'Alter', die eben nicht Ambiguität und damit anthropologische Verursachung auszeichnet.

Die moderne Altersschablone, die sich auch als die Parole „Alter betrifft alle" formulieren ließe, bildet die Grundlage für Altersdiskriminierungen. Neben der klassischen Frage nach einem gesellschaftlichen Interesse an Marginalisierung (Kap. III) läßt sich ein Diskussionszusammenhang identifizieren, der Altersbilder fokussiert. Zumeist geht es dabei um ein falsches und ein wahres Altersbild, ohne daß man den genauen Status dieser Forschungen verorten könnte. Eine konstruktivistische Theorieanlage erlaubt eine Präzisierung dieses Zugangs: Altersbilder verweisen auf die Inanspruchnahme des Themas 'Alter' in autonomen Sozialsystemen. Der Charakterisierung der modernen Gesellschaft als primär funktional differenziert entspricht eine Differenzierung in Teilsysteme (Politik, Wissenschaft, Recht, Wirtschaft ...) und Systemebenen (Gesellschaft, Organisation, Interaktion), die Alter jeweils systemlogisch in Kommunikationszusammenhänge einpassen. Was man von diesen standortabhängigen Thematisierungen über Alter erfährt, läßt sich jedoch nur noch als eine über das jeweilige Sozialsystem entstandene Perspektive und nicht mehr als die Einpassung eines weiteren Puzzleteils in das Gesamtbild 'Alter' betrachten. Altersbilder, die als Alterssemantiken verortet werden, lassen sich auf allen Ebenen gesellschaftlichen Geschehens wiederfinden und können nicht miteinander verglichen werden. Was der Alternsforschung so viel Kopfzerbrechen bereitet hat, nämlich die Widersprüchlichkeit von 'positivem' und 'negativem' Alter (vgl. Kap. V), stellt sich aus dieser Perspektive als Zusammenfassung unterschiedlicher Beobachtungsmöglichkeiten dar. So erfreulich diese Konkretisierung auch ist, so unerfreulich ist sie doch gleichzeitig für die Alternsforschung: *Die Kategorie 'Alter' verliert ihre Konturen und findet sich wiederum neben äquivalenten Sinnressourcen wieder.* Anstatt von Alter, kann auch von Preisen, von Krankheiten, von Betriebsrenten, aber auch von Überraschungseiern gesprochen werden. Alter ist nur noch ein Thema unter vielen, das jedoch in bestimmten Zusammenhängen mit größerer Anschlußfähigkeit ausgestattet ist als andere Themen.

Mehr „Substanz" als aus gesellschaftstheoretischer Perspektive läßt sich der Kategorie 'Alter' mit biographietheoretischen Mitteln abgewinnen. Während Alter als Thema für Altersschablonen und Alterssemantiken schlicht als semantische Selektionstradition vorausgesetzt werden muß, lassen sich im individuellen Alternserleben Anhaltspunkte für die Entstehung des Themas 'Alter' finden. Wenn man biographische Analysen zum Älterwerden von ontologisierenden Annahmen befreit, eröffnet sich ein ganz neuer Forschungsrahmen. An die Stelle einer forschenden Eingrenzung der 'Altersphase', in deren Verlauf nicht-altersspezifische Phänomene (z.B. Kontinuität der Lebensführung, altersunabhängige Milieus) zu Altersspezifika werden, tritt die Beobachtung einer lebenslangen Notwendigkeit, Erlebnisse zeitlich zu fixieren, sie als früher oder später, vorher oder nachher, schon dagewesen oder neu einzustufen. Die biographische Selbstbeschreibung initiiert diesen Prozeß und ermöglicht damit auch Alterssemantiken, mit deren Hilfe der einzelne alt und jung/neu voneinander unterscheidet. Der Umgang der klassischen Alternsforschung mit diesem Thema läßt sich als eine typische Alternssemantik unter vielen anderen einordnen. Ihr gilt nur die Perspektive, die Vergangenheit zu einem Gesamt fügt, als gelungenes Altern. Die Biographie wird dabei als Sinnressource genutzt, um auf Sinndefizite (der Gesellschaft, des einzelnen) aufmerksam zu machen. Im Gegensatz zu diesem „Speichermodell" lassen sich Erlebnisse als Informationen jedoch auch in andere Ordnungen bringen. Denkbar ist das 'Wiedererkennen von Gleichem', die 'Suche nach Neuem', die 'Betonung von Abwechselungen' usw. Man muß sich nicht unbedingt als älterwerdend beschreiben, wenn man älter wird. Es gibt — ohne einen Wertekonsens — eben auch keine allgemeingültigen Modelle des Älterwerdens.

Welche Alternssemantiken neben der Vorstellung vom geordneten Reproduzieren der klassischen Entwicklungsperspektive noch möglich sind, darüber müßte biographische Forschung Auskunft geben, die nicht nur sieht, was als Alter thematisiert wird. Wechselt man die Perspektive vom Marginalisierungsmodell, das Alter als sozialstrukturelle Variable nutzt, zum Inklusions-/Exklusionsmodell, läßt sich zwischen alterthematisierenden Kommunikationen und solchen, die nicht auf Alter rekurrieren, aber Menschen ansprechen, die über 60 Jahre alt sind, unterscheiden. Das Interesse der Alternsforschung würde dann nicht mehr nur dem 'sichtbaren Alter', sondern auch Prozessen der Sichtbarmachung gelten. Der Exklusionsbereich, also der Ort, an dem der einzelne Multiinklusionserfahrungen bearbeitet, dürfte auch der interessanteste Ort für Forschungen sein. Die Frage wäre dann nicht mehr: Was ist Alter? bzw.: Wie altert man? sondern: Wie wird Alter kommuniziert? Wie bereits angedeutet, ist ein Zusammenspiel aus Erfahrungen mit Alterssemantiken, sozialisatorischer Fremdheit der Kategorie und individuellen Techniken der Erlebnisorganisation zu vermuten, woraus sich dann die jeweilige Alternssemantik ergibt. Analog zum „doing gender" der Geschlechterforschung ließe sich für die Alternsforschung von einem „doing age" sprechen: *Alter ist das Resultat einer prozessualen Praxis der Alterssignifizierung.* Immer wieder statten wir Kommunikationen mit Zeitmarkierungen aus, mit denen z.B. Kritik am Establishment der Alternsforschung als karriereschädlich ausgewiesen wird (man ist noch zu jung für Kritik) oder „wissenschaftliche Standards" von der Position des Erfahrenen aus benannt werden.

Aus einer konstruktivistischen Perspektive läßt sich nicht nur mitverfolgen, welche Möglichkeiten der Altersthematisierung in der modernen Gesellschaft offenstehen (klassische Alternsforschung), sondern auch, wie sich Altersthematisierungen plausibilisieren. Ob die Kategorie 'Alter' dabei an Bedeutung gewinnt oder verliert, darüber läßt sich bislang nur spekulieren. Vermutlich nimmt jedoch schon jetzt die Kategorie 'Alter' aus der forschenden Perspektive mehr Raum ein, als ihr im individuellen Alternserleben zugestanden wird. Die Problematik der Gruppe 'alte Menschen' stellt sich dann zu weiten Teilen als durch die helfende Altenarbeit und forschende Perspektive selbst mitproduziert heraus. Wenn man alte Menschen vor dem Hintergrund des Marginalisierungsmodells auf Sinndefizite anspricht, verbleibt ihnen nicht mehr viel, als sich als Opfer zu beschreiben und positive Perspektiven abzuweisen. Alter wird dann als Superthema der biographischen Kommunikation aufgezwungen und reproduziert sich selbst als Problematik. Auch auf Potentiale, Ressourcen und eine „Trotzdem-Haltung" zu verweisen, variiert dieses Thema nur. Wer tatsächlich etwas über alte Menschen und über die Probleme, die alte Menschen natürlich auch haben, erfahren will, sollte sich stattdessen für ihren Gebrauch der Kategorie 'Alter' interessieren. Er erfährt dann zwar nicht, was Alter ist oder wie man (vielleicht auch man selbst) altert, aber wie man *mit* diesem Thema oder auch *ohne* es leben kann.

Literatur

Achenbaum, W. A. 1989: Foreword: Literature's Value in Gerontological Research. In: Dorotka Bagnell, P. von & Spencer Soper, P. (Hg.): Perceptions of Aging in Literature. A Cross-Cultural Study. New York, Westport, London, S. XIII-XXII.

Alexander, J.C. 1987: Twenty Lectures. Sociological Theory since World War II. New York.

Albrecht, G. 1975: Obdachlose als Objekte von Stigmatisierungsprozessen. In: Brusten, M. & J. Hohmeier (Hg.): Stigmatisierung 1. Zur Produktion gesellschaftlicher Randgruppen. Neuwied, Darmstadt, S. 79-108.

Amann, A. 1993: Soziale Ungleichheit im Gewande des Alters — Die Suche nach Konzepten und Befunden. In: Naegele, G. & H.P. Tews (Hg.): Lebenslagen im Strukturwandel des Alters. Opladen, S. 100-115.

Anderson, J. R. 1996: Kognitive Psychologie. Heidelberg, Berlin, Oxford.

Ariès, Ph. 1983: Une histoire de la vieillesse? Entretien avec Philippe Ariès. In: Communications 37: Le continent gris, S. 47-54.

Auer, A. 1996: Geglücktes Altern. Eine theologisch-ethische Ermutigung. Freiburg.

Baier, H. 1977: Zueignung. In: Ders. (Hg.): Freiheit und Sachzwang. Beiträge zu Ehren Helmut Schelskys. Opladen, S. 7-9.

Baltes, P.B. & M.M. Baltes 1989: Optimierung durch Selektion und Kompensation. Ein psychologisches Modell erfolgreichen Alterns. In: Zeitschrift für Pädagogik 1, S. 85-107.

Baltes, P.B. & J. Mittelstraß (Hg.) 1992: Zukunft des Alterns und gesellschaftliche Entwicklung. Berlin, New York.

Beauvoir, S. de 1972: Das Alter. Essay. Reinbek bei Hamburg.

Beck, U. 1986: Risikogesellschaft. Auf dem Weg in eine andere Moderne. Frankfurt/M.

Becker, H.S. 1973: Außenseiter. Zur Soziologie abweichenden Verhaltens. Orig. 1961. Tübingen.

Behrens, J. 1996 (Hg.): Kritische Übergänge. Statuspassagen und sozialpolitische Institutionalisierung. Frankfurt u.a.

Bendit, R., Mauger, G. & Ch. von Wolffersdorff (Hg.) 1993: Jugend und Gesellschaft. Baden-Baden.

Berger, P. & St. Hradil 1990: Die Modernisierung sozialer Ungleichheit — und die neuen Konturen ihrer Erforschung. In: Dies. (Hg.): Lebenslagen, Lebensläufe, Lebensstile. Soziale Welt: Sonderband 7. Göttingen, S. 3-26.

Berger, J. 1996: Was behauptet die Modernisierungstheorie wirklich — und was wird ihr bloß unterstellt? In: Leviathan. Zeitschrift für Sozialwissenschaft 24, S. 45-62.

Bette, K.-H. 1987: Wo ist der Körper? In: Baecker, D. (Hg.): Theorie als Passion. Frankfurt/M., S. 600-628.

Bierlein, K., Opp, J. & Winter, H. (Hg.) 1992: Alt werden ohne Angst. Anregungen für ein gelingendes Miteinander. München.

Bischoff, C. 1992: Frauen in der Krankenpflege. Zur Entwicklung von Frauenrolle und Frauenberufstätigkeit im 19. und 20. Jahrhundert. Frankfurt/M., New York.

Bölsker-Schlicht, F. 1988: Der historische Wandel der Altersposition. In: Howe, J. u.a. (Hg.): Lehrbuch der psychologischen und sozialen Alternswissenschaft. Heidelberg, S. 36-73.

Bohle, H.H. 1987: Abweichendes Verhalten. In: Eyferth, H., Otto, H.-U. & H. Thiersch (Hg.): Handbuch zur Sozialarbeit/Sozialpädagogik. Neuwied, Darmstadt, S. 1-11.

Bohnsack, R. 1992: Interaktion und Kommunikation. In: Korte, H. & B. Schäfers (Hg.): Einführung in Hauptbegriffe der Soziologie. Opladen, S. 35-58.

Borscheid, P. 1987: Geschichte des Alters. 16.-18. Jahrhundert. Münster.

Borscheid, P. 1993: Alterskonjunkturen, oder: Von der Verehrung und Verachtung der Alten in der Geschichte. In: Biegel, G. (Hg.): Geschichte des Alters in ihren Zeugnissen von der Antike bis zur Gegenwart. Braunschweig, S. 35-46.

Brandt, S. 1993: Religiöses Handeln in moderner Welt. Talcott Parsons' Religionssoziologie im Rahmen seiner allgemeinen Handlungs- und Systemtheorie. Frankfurt/M.

Brauchbar, M. & H. Heer 1995: Zukunft Alter. Herausforderung und Chance. Reinbek bei Hamburg.

Braun, U. & R. Halisch 1989: Pflegeplanung als Arbeitsstil. Hannover.

Bruder, K.-J. 1993: Subjektivität und Postmoderne. Der Diskurs der Psychologie. Frankfurt/M.

Brusten, M. & J. Hohmeier 1975: Vorwort. In: Dies. (Hg.): Stigmatisierung 1. Neuwied und Darmstadt, S. 1-4.

Burgess, E.W. 1960: Aging in Western Cultures. In: Dies. (Hg.): Aging in Western Societies. Chicago, S. 3-28.

Butler, R.N. 1963: The Life Review: An Interpretation of Reminiscence in the Aged. In: Psychiatry 26, S. 65-76.

Butler, J. 1991: Das Unbehagen der Geschlechter. Frankfurt/M.

Bytheway, B. 1993: Ageing and Biography: The Letters of Bernard and Mary Berenson. In: Sociology 2, S. 153-165.

Capelle, W. 1955: Einleitung. In: Hippokrates: Fünf auserlesene Schriften. Eingel. u. übertragen von W. Capelle. Zürich, S. 9-57.

Clees, J. & J. Eierdanz 1996: Bühne frei im Altenheim. In: Altenpflege 11, S. 708-710.

Cole, Th. & M. G. Winkler 1988: „Unsere Tage zählen". Ein historischer Überblick über Konzepte des Alterns in der westlichen Kultur. In: Göckenjan, G. & H.-J. von Kondratowitz (Hg.): Alter und Alltag. Frankfurt/M., S. 35-66.

Conrad, Ch. 1994: Vom Greis zum Rentner. Der Strukturwandel des Alters in Deutschland zwischen 1830-1930. Göttingen.

Conrad, Ch. & H.-J. von Kondratowitz 1993: Einleitung: Repräsentationen des Alters vor und nach der Moderne. In: Dies. (Hg.): Zur Kulturgeschichte des Alterns. Berlin, S. 1-16.

Cumming, E. & W.E. Henry 1961: Growing Old: The Process of Disengagement. New York.

Dahrendorf, R. 1967: Pfade aus Utopia. Arbeiten zur Theorie und Methode der Soziologie. München.

Dieck, M. 1991: Altenpolitik. In: Oswald, D. u.a. (Hg.): Gerontologie. Medizinische, psychologische und sozialwissenschaftliche Grundbegriffe. Stuttgart, Berlin, Köln, Mainz, S. 19-30.

Dieck, M. & G. Naegele 1993: „Neue Alte" und alte soziale Ungleichheiten — vernachlässigte Dimensionen in der Diskussion des Altersstrukturwandels. In: Ders. & H.P. Tews (Hg.): Lebenslagen im Strukturwandel des Alters. Opladen, S. 43-60.

Dittmann-Kohli, F. 1990: Sinngebung im Alter. In: Mayring, Ph. & W. Saup (Hg.): Entwicklungsprozesse im Alter. Stuttgart, S. 145-166.

Dittmann-Kohli, F. & U.M. Staudinger 1992: Lebenserfahrung und Lebenssinn. In: Baltes, P.B. & J. Mittelstraß (Hg.): Zukunft des Alterns und gesellschaftliche Entwicklung. Berlin, S. 408-436.

Döring, Th. 1993: Bilder vom alten Menschen — Anmerkungen zu Themen, Funktionen, Ästhetik. In: Berger, U. & J. Desel (Hg.): Bilder vom alten Menschen in der niederländischen und deutschen Kunst 1550-1750. Ausstellung im Herzog-Anton-Ulrich-Museum Braunschweig. Braunschweig, S. 17-36.

Dokumentation der Süddeutschen Zeitung zum 1. Kompetenz-Kongress der Hypo-Bank.

Eco, U. 1996: Chronik einer sündigen Nacht: Wie man Sex im Internet sucht. In: Zeitmagazin 27, S. 30.

Eisenstadt, S.N. 1966: Von Generation zu Generation. Altersgruppen und Sozialstruktur. Orig. 1956. München.

Eisenstadt, S.N. 1979: Tradition, Wandel und Modernität. Orig. 1973. Frankfurt/M.

Eisenstadt, S.N. 1982: Revolution und die Transformation von Gesellschaften. Eine vergleichende Untersuchung verschiedener Kulturen. Orig. 1978. Opladen.

Eisenstadt, S. N. 1993: Introduction: Some Reflections on Sociological Theory and of an Illusion Free Sociology. In: Ders. & W.K. Schulz (Hg.): Entillusionierung als Programm: Beiträge zur Soziologie von Shmuel N. Eisenstadt. Weinheim, S. 7-23.

Elwert, G. 1990: Altersordnung, Autorität und Aushandlung bei den Ayizo. In: Ders. u.a. (Hg.): Im Lauf der Zeit. Ethnographische Studien zur gesellschaftlichen Konstruktion von Lebensaltern. Saarbrücken, Fort Lauderdale, S. 83-106.

Erikson, E.H. 1965: Kindheit und Gesellschaft. Orig. 1950. Stuttgart.

Erlemeier, N. 1994: Psychologie des Alterns. Script zur Vorlesung.

Esser, H. 1993: Soziologie. Allgemeine Grundlagen. Frankfurt/M., New York.

Faulkner, Th. M. 1994: Gerontology and Classics: A Bibliography. In: Ageing and Society 14, S. 109-114.

Feil, N. 1992: Validation. Ein neuer Weg zum Verständnis alter Menschen. Wien.

Feldmann, K. 1995: Leben und Tod im Werk von Talcott Parsons. In: Ders. & W. Fuchs-Heinritz: Beiträge zur Soziologie des Todes. Frankfurt/M., S. 140-172.

Ferchoff, W., Sander, U. & R. Vollbrecht (Hg.) 1995: Jugendkulturen — Faszination und Ambivalenz. Einblicke in jugendliche Lebenswelten. Weinheim und München.

Fischer, W. & M. Kohli 1987: Biographieforschung. In: Voges, W. (Hg.): Methoden der Biographie- und Lebenslaufforschung. Opladen, S. 25-50.

Flösser, G., Otto, H.U., Prüß, F. & M. Schmidt 1992: Jugendhilfe im Umbruch. Institutionalisierungsprozesse, Problemlagen, Interventionsformen in den neuen Bundesländern. In: Neue Praxis 3, S. 280-288.

Fosbrooke, H. 1978: Die Altersgliederung als gesellschaftliches Grundprinzip — Eine Untersuchung am Beispiel des Hirtenvolkes der Maasai in Ostafrika. In: Rosenmayr, L. (Hg.): Die menschlichen Lebensalter. Kontinuität und Krisen. München, Zürich, S. 23-79.

Freter, H.-J. & M. Kohli 1993: Engagement im Ruhestand. Ein zusammenfassender Vergleich. In: Kohli, M. u.a.: Engagement im Ruhestand. Opladen, S. 275-292.

Friedan, B. 1995: Mythos Alter. Reinbek bei Hamburg.

Friedrich, M. 1986: Der interpretative Ansatz in der Devianzsoziologie. Nachforschungen über den Idealismusvorwurf. München.

Fuchs, P. 1992: Die Erreichbarkeit der Gesellschaft. Zur Konstruktion und Imagination gesellschaftlicher Einheit. Frankfurt/M.

Fürstenberg, F. 1965: Randgruppen in der modernen Gesellschaft. In: Soziale Welt 16, S. 236-245.

Giesen, B. 1980: Makrosoziologie: Eine evolutionstheoretische Einführung. Hamburg.

Giesen, B. 1991: Die Entdinglichung des Sozialen. Eine evolutionstheoretische Perspektive auf die Postmoderne. Frankfurt/M.

Gilleard, Ch. 1991: Review: Paul B. Baltes and Margret M. Baltes (eds), Successful Aging. In: Ageing and Society 11, S. 404-406.

Glaser, H., Röbke, Th., Zeman, P. u.a. (Hg.) 1992: Dem Alter einen Sinn geben. Wie Senioren kulturell aktiv sein können. Beiträge, Beispiele, Adressen. Heidelberg.

Glatzer, W. & H.H. Noll 1992: Vorwort. In: Dies. (Hg.): Lebensverhältnisse in Deutschland: Ungleichheit und Angleichung. Frankfurt/M., New York, S. 3-6.

Glatzer, W. & W. Zapf (Hg.): Lebensqualität in der Bundesrepublik. Objektive Lebensbedingungen und subjektives Wohlbefinden. Frankfurt/M., New York.

Göckenjan, G. 1993: Alter — Ruhestand — Generationenvertrag? Zum Altersdiskurs aus historisch-struktureller Perspektive. In: Aus Politik und Zeitgeschichte 17, S. 3-10.

Görres, S. 1992: Geriatrische Rehabilitation und Lebensbewältigung. Alltagsbezogene Faktoren im Rehabilitationsprozeß und in der Nachsorge chronisch kranker älterer Menschen. Weinheim und München.

Goffman, E. 1969a: The Moral Career of the Mental Patient. Orig. 1959. In: Rubington, E. & M.S. Weinberg (Hg.): Deviance. The Interactionist Perspective. London, S. 88-98.

Goffman, E. 1969b: The Effects of Inmate Status. Orig. 1959. In: Rubington, E. & M.S. Weinberg (Hg.): Deviance. The Interactionist Perspective. London, S. 192-196.

Goffman, E. 1970: Stigma. Über Techniken der Bewältigung beschädigter Identität. Orig. 1963. Frankfurt/M.

Goffman, E. 1972: Asyle. Über die soziale Situation psychiatrischer Patienten und anderer Insassen. Orig. 1961. Frankfurt/M.

Goffman, E.: Frame Analysis. An Essay on the Organization of Experience. New York.

Goffman, E. 1994: Interaktion und Geschlecht. Herausg. u. eingel. v. H.A. Knoblauch, mit einem Nachwort v. H. Kotthoff. Frankfurt, New York.

Gronemeyer, R. 1987: Altenboom oder: Wider die Verschulung des Alters. In: Universitas 9, S. 891-896.

Grün, U. 1993: Zugänge zur Soziologie — Die Buber-Rezeption von Shmuel N. Eisenstadt. In: Plake, K. & W.K. Schulz (Hg.): Entillusionierung als Programm: Beiträge zur Soziologie von Shmuel N. Eisenstadt. Weinheim, S. 39-51.

Gubrium, J.F. 1975: Living and Dying at Murray Manor. New York.

Gubrium, J.F. 1993: Speaking of Life: Horizons of Meaning for Nursing Home Residents. New York.

Gubrium, J.F. & J.A. Holstein 1994: Analyzing Talk and Interaction. In: Sankar, A. & ders. (Hg.): Qualitative Methods in Aging Research. Thousand Oakes, London, New Delhi, S. 173-189.

Gubrium, J.F. & J.B. Wallace 1990: Who theorises Age? In: Ageing and Society 10, S. 131-149.

Habermas, J. 1967: Logik der Sozialwissenschaften. Philosophische Rundschau, Beiheft 5. Tübingen.

Hagestadt, G.O. & B.L. Neugarten 1985: Age and the Life Course. In: Binstock, R.H. & E. Shanas (Hg.): Handbook of Aging and the Social Sciences, 2. Aufl., New York, S. 35-60.

Hahn, A. 1988: Biographie und Lebenslauf. In: Brose, H.G. & B. Hildenbrand (Hg.): Vom Ende des Individuums zur Individualität ohne Ende. Opladen, S. 91-105.

Herrmann, H. 1985: Vaterliebe. Ich will ja nur dein Bestes. Reinbek bei Hamburg.

Herrmann, U. 1987: Das Konzept der „Generation". In: Neue Sammlung 27, S. 364-377.

Herrmann, U. 1991: Historische Sozialisationsforschung. In: Hurrelmann, K. & D. Ulich (Hg.): Neues Handbuch der Sozialisationsforschung. Weinheim, Basel, S. 231-251.

Hettlage, R. & K. Lenz 1991: Erving Goffman — ein unbekannter Bekannter. In: Dies. (Hg.): Erving Goffman — ein soziologischer Klassiker der zweiten Generation. Bern und Stuttgart, S. 7-24.

Hirschauer, S. 1989: Die interaktive Konstruktion von Geschlechtszugehörigkeit. In: Zeitschrift für Soziologie 18, S. 100-118.

Hirschauer, S. 1993a: Dekonstruktion und Rekonstruktion. Plädoyer für die Erforschung des Bekannten. In: Feministische Studien 2, S. 55-65.

Hirschauer, S. 1993b: Die soziale Konstruktion der Transsexualität. Über die Medizin und den Geschlechtswechsel. Frankfurt/M.

Hirschauer, S. 1995: Die soziale Fortpflanzung von Zweigeschlechtlichkeit. In: Kölner Zeitschrift für Soziologie und Sozialpädagogik 46, S. 668-692.

Hoeges, D. 1994: Kontroverse am Abgrund: Ernst Robert Curtius und Karl Mannheim. Intellektuelle und „freischwebende Intelligenz" in der Weimarer Republik. Frankfurt/M.

Höpflinger, F. 1994: Frauen im Alter — Alter der Frauen. Ein Forschungsdossier. Zürich.

Hohmeier, J. 1975: Stigmatisierung als sozialer Definitionsprozeß. In: Brusten, M. & ders. (Hg.): Stigmatisierung 1. Zur Produktion gesellschaftlicher Randgruppen, S. 5-24.

Hohmeier, J. 1978: Alter als Stigma. In: Ders. & H.-J. Pohl (Hg.): Alter als Stigma oder wie man alt gemacht wird. Frankfurt/M., S. 10-30.

Hoppe, B. & Ch. Wulf (Hg.) 1996: Altern braucht Zukunft. Anthropologie, Perspektiven, Orientierungen. Hamburg.

Hradil, S. 1992: Soziale Mileus und ihre empirische Untersuchung. In: Glatzer, W. (Hg.): Entwicklungstendenzen der Sozialstruktur. Frankfurt/M., New York.

Hummel, K. 1982: Öffnet die Altersheime! Weinheim, Basel.

Hummel, K. 1991: Freiheit statt Fürsorge. Vernetzung als Instrument zur Reform kommunaler Altenhilfe. Hannover.

Hurrelmann, K. 1983: Das Modell des produktiv realitätsverarbeitenden Subjekts in der Sozialisationsforschung. In: Zeitschrift für Sozialisationsforschung und Erziehungssoziologie 3, S. 91-104.

Hurrelmann, K. & D. Ulich 1991: Gegenstands- und Methodenfragen der Sozialisationsforschung. In: Dies. (Hg.): Neues Handbuch der Sozialisationsforschung. Weinheim, Basel, S. 3-20.

Interdisziplinäre Nordrhein-Westfälische Forschungsarbeitsgemeinschaft „Sterben und Tod" 1996: Sterben und Tod. Annotierte Auswahlbibliographie. Opladen.

Imhof, A. E. 1981: Die gewonnenen Jahren. Von der Zunahme unserer Lebensspanne seit dreihundert Jahren oder von der Notwendigkeit einer neuen Einstellung zu Leben und Sterben. München.

Jensen, S. 1976: Einleitung. In: Parsons, T.: Zur Theorie sozialer Systeme. Herausg. u. eingel. v. S. Jensen. Opladen, S. 9-68.

Johnson, B. 1975: Functionalism in Modern Sociology. Understanding Talcott Parsons. Morristown, New Jersey.

Junker, J.-P. 1973: Alter als Exil. Zur gesellschaftlichen Ausgrenzung des alten Menschen. Zürich, Einsiedeln, Köln.

Kade, S. 1994a: Einleitung. In: Dies. (Hg.): Individualisierung und Älterwerden. Bad Heilbrunn, S. 9-16.

Kade, S. 1994b: Altersbildung. Ziele und Konzepte. Frankfurt/M.

Kapferer, R. (Hg.) 1934: Die Werke des Hippokrates. Die hippokratische Schriftensammlung in neuer deutscher Übersetzung. Stuttgart, Leipzig.

Karstedt, S. 1975: Soziale Randgruppen und soziologische Theorie. In: Brusten, M. & J. Hohmeier (Hg.): Stigmatisierung 1. Neuwied und Darmstadt, S. 169-204.

Kauffeldt, S., Kühnert, S. & A. Wittrahm 1994: Psychologische Grundlagen der Altenarbeit. Bonn.

Kassel, H. 1978: Rollentheorie und Symbolischer Interaktionismus im Spannungsfeld von Subjektivität und Objektivität. Stuttgart.

Keckeisen, W. 1974: Die gesellschaftliche Definition abweichenden Verhaltens. Perspektiven und Grenzen des labeling approach. München.

Kecskes, R. & Ch. Wolf 1996: Konfession, Religion und soziale Netzwerke. Zur Bedeutung christlicher Religiosität in personalen Beziehungen. Opladen.

Kertzer, D.J. 1995: Toward a Historical Demography of Aging. In: Ders. & P. Laslett (Hg.): Aging in the Past. Berkeley, Los Angeles, London, S. 303-384.

Kettler, D., Meja, V. & N. Stehr 1989: Politisches Wissen. Studien zu Karl Mannheim. Frankfurt/M.

Klima, R. 1979: Die Entwicklung der soziologischen Lehre an den westdeutschen Universitäten 1950-1975. Eine Analyse der Vorlesungsverzeichnisse. In: Lüschen, G. (Hg.): Deutsche Soziologie seit 1945. Kölner Zeitschrift für Soziologie. Sonderheft 21. Opladen, S. 221-256.

Klose, H.U. (Hg.) 1993: Altern hat Zukunft. Bevölkerungsentwicklung und dynamische Wirtschaft. Opladen.

Kneer, G. 1996: Rationalisierung, Disziplinierung und Differenzierung. Zum Zusammenhang von Sozialtheorie und Zeitdiagnose bei Jürgen Habermas, Michel Foucault und Niklas Luhmann. Opladen.

Kneer, G. & A. Nassehi 1993: Niklas Luhmanns Theorie sozialer Systeme: Eine Einführung. München.

Knopf, D. u.a. (Hg.) 1989: Produktivität des Alters. Berlin.

Knopf, D., Schäffter, O. & R. Schmidt 1988: Produktivität des Alters. Zur Neubestimmung der gesellschaftlichen Funktionen der nachberuflichen Lebensphasen — ein Tagungsbericht. In: Blätter der Wohlfahrtspflege 7-8, S. 164-166.

Kögler, A. 1976: Die Entwicklung von 'Randgruppen' in der BRD. Literaturstudie zur Entwicklung randständiger Bevölkerungsgruppen. Göttingen.

Kohli, M. 1983: Thesen zur Geschichte des Lebenslaufs als sozialer Institution. In: Conrad, Ch. & H.-J. von Kondratowitz (Hg.): Gerontologie und Sozialgeschichte. Wege zu einer historischen Betrachtung des Alters. Berlin, S. 133-150.

Kohli, M. 1985: Die Institutionalisierung des Lebenslaufs. Historische Befunde und theoretische Agumente. In: KZfSS 37, S. 1-29.

Kohli, M. 1987: Ruhestand und Moralökonomie. Eine historische Skizze. In: Heinemann, H. (Hg.): Soziologie wirtschaftlichen Handelns. Sonderheft der KZfSS. Opladen, S. 391-416.

Kohli, M. 1988: Normalbiographie und Individualität: Zur institutionellen Dynamik des gegenwärtigen Lebenslaufregimes. In: Brose, H.-G. & B. Hildenbrand (Hg.): Vom Ende des Individuums zur Individualität ohne Ende. Opladen, S.3-54.

Kohli, M. 1989: Erwerbsleben und Ruhestand. In: Baltes, M.M. & P.B. Baltes (Hg.): Erfolgreiches Altern. Bedingungen und Variationen. Bern, Stuttgart, Toronto, S. 47-54.

Kohli, M. 1990: Das Alter als Herausforderung für die Theorie sozialer Ungleichheit. In: Berger, P. & S. Hradil (Hg.): Lebenslagen, Lebensläufe, Lebensstile. Sonderband 7 der Sozialen Welt. Göttingen, S. 387-406.

Kohli, M. 1991: Lebenslauftheoretische Ansätze in der Sozialisationsforschung. In: Hurrelmann, K. & D. Ulich (Hg.): Neues Handbuch der Sozialisationsforschung. Weinheim, Basel, S. 303-317.

Kohli, M. 1992: Altern in soziologischer Perspektive. In: Baltes, P.B. & J. Mittelstraß (Hg.): Zukunft des Alterns und gesellschaftliche Entwicklung. Berlin, New York, S. 231-259.

Kohli, M. 1993: Fragestellungen und theoretische Grundlagen. In: Ders. u.a.: Engagement im Ruhestand. Opladen, S. 13-44.

Kohli, M. & G. Robert 1984: Einleitung. In: Dies. (Hg.): Biographie und soziale Wirklichkeit. Neue Beiträge und Forschungsperspektiven. Stuttgart, S. 1-6.

Kohli, M. u.a. 1993: Engagement im Ruhestand. Rentner zwischen Erwerb, Ehrenamt und Hobby. Opladen.

Kondratowitz, H.-J. von 1983: Zum historischen Konstitutionsprozeß von „Altersgrenzen". In: Conrad, Ch. & H.-J. von Kondratwitz (Hg.): Gerontologie und Sozialgeschichte. Wege zu einer historischen Betrachtung des Alters. Berlin, S.379ff.

Kondratowitz, H.-J. von 1988: Allen zur Last, niemandem zur Freude. Die institutionelle Prägung des Alterserlebens als historischer Prozeß. In: Göckenjan, G. & ders. (Hg.): Alter und Alltag. Frankfurt/M., S. 100-137.

Korte, H. 1995: Eine Theorie für alle Fälle. Talcott Parsons, Robert K. Merton und der Strukturfunktionalismus. In: Ders.: Einführung in die Geschichte der Soziologie. 3. überarb. Aufl., Opladen, S. 173-190.

Koselleck, R. 1972: Einleitung. In: Brunner, O., Conze, W. & ders. (Hg.): Geschichtliche Grundbegriffe. Historisches Lexikon zur politisch-sozialen Sprache in Deutschland. Stuttgart, S. XIII-XXVII.

Koselleck, R. 1979: Vergangene Zukunft. Zur Semantik geschichtlicher Zeiten. Frankfurt/M.

Kotre, J. 1995: Weiße Handschuhe. Wie das Gedächtnis Lebensgeschichten schreibt. München, Wien.

Krappmann, L. 1982: Soziologische Dimensionen der Identität. Strukturelle Bedingungen für die Teilnahme an Interaktionsprozessen. Stuttgart.

Krawietz, W. 1985: Über die Fachgrenzen der Soziologie hinaus: Helmut Schelskys 'transzendentale' Theorie von Recht und Gesellschaft. In: Weinberger, O. & W. Krawietz (Hg.): Helmut Schelsky als Soziologe und politischer Denker. Stuttgart, S. 12-22.

Kretzen, D. & D. Plehwe 1995: Gesellschaftsbluff am Gipfel. Reisebericht durch Visionen und Kritik der 'Informationsgesellschaft'. In: Forum Wissenschaft 1, S. 28-33.

Kruse, A. 1990: Potentiale im Alter. In: Zeitschrift für Gerontologie 23, S. 235-245.

Kuypers, J.A. & V.L. Bengtson 1973: Social Breakdown and Competence: A Model of Normal Aging. In: Human Development 16, 181-201.

Landweer, H. 1993: Kritik und Verteidigung der Kategorie Geschlecht. Wahrnehmungs- und symboltheoretische Überlegungen zur sex/gender-Unterscheidung. In: Feministische Studien 2, S. 34-43.

Landweer, H. 1994: Generativität und Geschlecht. Ein blinder Fleck in der sex/gender-Debatte. In: Wobbe, Th. & G. Lindemann (Hg.): Denkachsen. Zur theoretischen und institutionellen Rede vom Geschlecht. Frankfurt/M, S. 147-176.

Laslett, P. 1995: Das Dritte Alter. Historische Soziologie des Alterns, Weinheim und München.

Laslett, P. 1995a: Necessary Knowledge: Age and Aging in the Societies of the Past. In: Kertzer, D.J. & P. Laslett (Hg.): Aging in the Past. Berkeley, Los Angeles, London, S. 3-80.

Lehr, U. 1969: Die Frau im Beruf. Eine psychologische Analyse der weiblichen Berufsrolle. Frankfurt/M., Bonn.

Lehr, U. 1977: Psychologie des Alterns. 3. durchges. u. erw. Aufl., Heidelberg.

Lehr, U. 1978a: Älterwerden als Frau — ein Beitrag zur differentiellen Gerontologie. In: Dies. (Hg.): Seniorinnen. Zur Situation der älteren Frau. Darmstadt, S. 1-5.

Lehr, U. 1978b: Die Situation der älteren Frau — psychologische und soziale Aspekte. In: Dies. (Hg.): Seniorinnen. Zur Situation der älteren Frau. Darmstadt, S. 6-26.

Lehr, U. 1979: Gero-Intervention — das Insgesamt der Bemühungen, bei psychophysischem Wohlbefinden ein hohes Lebensalter zu erreichen. Darmstadt, S. 1-49.

Lehr, U. 1983: Altern bis zum Jahre 2000 und danach — Die Herausforderung der Zukunft. In: Dies. (Hg.): Altern — Tatsachen und Perspektiven. Ergebnisse interdisziplinärer gerontologischer Forschung. Bonn, S. 1-32.

Lehr, U. 1987: Zur Situation der älterwerdenden Frau. Bestandsaufnahmen und Perspektiven bis zum Jahre 2000. München.

Lehr, U. 1987a: Kompetenz im Alter. Ist die Bundesrepublik ein Land der Hilfebedürftigen? In: Universitas 9, S. 879-890.

Lehr, U. & K. Repgen (Hg.) 1994: Älterwerden — Chance für Mensch und Gesellschaft. Landsberg.

Lehr, U. & F. E. Weinert 1975: Entwicklung und Persönlichkeit. Beiträge zur Psychologie intra- und interindividueller Unterschiede. Stuttgart, Berlin, Köln, Mainz.

Leisering, L. & J. Behrens (Hg.) 1993: Moderne Lebensläufe im Wandel. Beruf — Familie — soziale Hilfen — Krankheit. Weinheim.

Lenz, K. 1991: Erving Goffman — Werk und Rezeption. In: Hettlage, R. & ders. (Hg.): Erving Goffman — ein soziologischer Klassiker der zweiten Generation. Bern und Stuttgart, S. 25-94.

Lindemann, G. 1993: Wider die Verdrängung des Leibes aus der Geschlechtskonstruktion. In: Feministische Studien 2, S. 44-54.

Lindemann, G. 1994: Die Konstruktion der Wirklichkeit und die Wirklichkeit der Konstruktion. In: Wobbe, Th. & G. Lindemann (Hg.): Denkachsen. Zur theoretischen und institutionellen Rede vom Geschlecht. Frankfurt/M., S. 115-146.

Linton, R. 1974: Gesellschaft, Kultur und Individuum. Orig. 1945. Frankfurt/M.

Lipp, W. 1986: Institution, Reflexion und Freiheit — Wege in Widersprüche. In: Baier, H. (Hg.): Helmut Schelsky — ein Soziologe in der Bundesrepublik. Stuttgart, S. 78-95.

Lorey, I. 1993: Der Körper als Text und das aktuelle Selbst: Butler und Foucault. In: Feministische Studien 2, S. 10-23.

Luhmann, N. 1968: Die Knappheit der Zeit und die Vordringlichkeit des Befristeten. In: Die Verwaltung 1, S. 3-30.

Luhmann, N. 1972a: Funktion und Kausalität. In: Ders.: Soziologische Aufklärung 1. Aufsätze zur Theorie sozialer Systeme. Opladen, S. 9-30.

Luhmann, N. 1972b: Rechtssoziologie. Reinbek bei Hamburg.

Luhmann, N. 1972c: Funktionale Methode und Systemtheorie. In: Ders.: Soziologische Aufklärung 1, Aufsätze zur Theorie sozialer Systeme. Opladen, S. 31-53.

Luhmann, N. 1972d: Soziologie des politischen Systems. In: Ders.: Soziologische Aufklärung 1, Aufsätze zur Theorie sozialer Systeme. Opladen, S. 154-177.

Luhmann, N. 1975: Formen des Helfens im Wandel gesellschaftlicher Bedingungen. In: Ders.: Soziologische Aufklärung 2, Aufsätze zur Theorie der Gesellschaft. Opladen, S. 134-149.

Luhmann, N. 1978: Handlungstheorie und Systemtheorie. In: KZfSS 30, S. 211-227.

Luhmann, N. 1980a: Talcott Parsons — Zur Zukunft eines Theorieprogramms. In: ZfS 9, S. 5-17

Luhmann, N. 1980b: Gesellschaftliche Struktur und semantische Tradition. In: Ders.: Gesellschaftsstruktur und Semantik: Studien zur Wissenssoziologie der modernen Gesellschaft, Band 1, Frankfurt/M., S. 9-71.

Luhmann, N. 1980c: Frühneuzeitliche Anthropologie: Theorietechnische Lösungen für ein Evolutionsproblem der Gesellschaft. In: Ders.: Gesellschaftsstruktur und Semantik. Studien zur Wissenssoziologie der modernen Gesellschaft, Band 1. Frankfurt/M., S. 162-234.

Luhmann, N. 1981a: Wie ist soziale Ordnung möglich? In: Ders.: Gesellschaftsstruktur und Semantik. Studien zur Wissenssoziologie der modernen Gesellschaft, Bd. 2. Frankfurt/M., S. 195-286.

Luhmann, N. 1981b: Politische Theorie im Wohlfahrtsstaat. München, Wien.

Luhmann, N. 1984: Soziale Systeme. Grundriß einer allgemeinen Theorie. Frankfurt/M.

Luhmann, N. 1988: Warum AGIL? In: KZfSS 40, S. 127-139.

Luhmann, N. 1989: Individuum, Individualität, Individualismus. In: Ders.: Gesellschaftsstruktur und Semantik. Studien zur Wissenssoziologie der modernen Gesellschaft. Bd. 3. Frankfurt/M., S. 149-258.

Luhmann, N. 1990a: Der medizinische Code. In: Ders.: Soziologische Aufklärung 5, Konstruktivistische Perspektiven. Opladen, S. 183-195.

Luhmann, N. 1990b: Sozialsystem Familie. In: Ders.: Soziologische Aufklärung 5, Konstruktivistische Perspektiven. Opladen, S. 196-217.

Luhmann, N. 1990c: Das Erkenntnisprogramm des Konstruktivismus und die unbekannt bleibende Realität. In: Ders.: Soziologische Aufklärung 5, Konstruktivistische Perspektiven. Opladen, S. 31-58.

Luhmann, N. 1990d: Ökologische Kommunikation. Kann die moderne Gesellschaft sich auf ökologische Gefährdungen einstellen? Opladen.

Luhmann, N. 1991a: Die Form „Person". In: Soziale Welt 42, S. 166-175.

Luhmann, N. 1994: Die Wirtschaft der Gesellschaft. Frankfurt/M.

Luhmann, N. 1995: Metamorphosen des Staates. In: Ders.: Gesellschaftsstruktur und Semantik. Studien zur Wissenssoziologie der modernen Gesellschaft. Frankfurt/M., S. 101-137.

Mader, W. 1994: Emotionalität und Individualität im Alter — Biographische Aspekte des Alterns. In: Kade, S. (Hg.): Individualisierung und Älterwerden. Bad Heilbrunn, S. 95-114.

Mader, W. 1995: Altwerden in einer alternden Gesellschaft? Auf dem Weg zu pluralen Alterskulturen. In: Ders. (Hg.): Altwerden in einer alternden Gesellschaft. Kontinuität und Krisen in biographischen Verläufen. Opladen, S. 13-36.

Malinowski, B. 1965: A Scientific Theory of Culture and Other Essays. Orig. 1944. New York.

Mannheim, K. 1964: Das Problem der Generationen. Orig. 1928. In: Ders.: Wissenssoziologie. Auswahl aus dem Werk. Eingel. u. herausg. v. K.H. Wolff. Berlin, Neuwied, S. 509-565.

Mannheim, K. 1969: Ideologie und Utopie. 5. Aufl., Orig. 1929. Frankfurt/M.

Matthes, J. (Hg.) 1983: Krise der Arbeitsgesellschaft? Verhandlungen des 21. Deutschen Soziologentages in Bamberg 1982. Frankfurt/M., New York.

Mayer, K.-U. 1987: Lebenslaufforschung. In: Voges, W. (Hg.): Methoden der Biographie- und Lebenslaufforschung. Opladen, S. 51-74.

Mayer, K.U. & P.B. Baltes (Hg.) 1996: Die Berliner Altersstudie (BASE): Ein Projekt der Berlin-Brandenburgischen Akademie der Wissenschaften. Berlin.

Mayntz, R. & B. Rosewitz 1988: Ausdifferenzierung und Strukturwandel des deutschen Gesundheitssystems. In: Mayntz, R. u.a.: Differenzierung und Verselbständigung. Frankfurt/M., New York, S. 117-179.

Merriam, S. 1980: The Concept and Function of Reminiscence: A Review of the Research. In: The Gerontologist 20, S. 604-609.

Merton, R.K. 1969: Social Theory and Social Structure. New York.

Meyer, F.W. & G. Weber 1981: Devianztheorien und Strafgefangene. Eine empirisch-soziologische Studie. Köln, Wien.

Minkler, M. & A. Robertson 1991: The Ideolgy of 'Age/Race Wars': Deconstructing a Social Problem. In: Ageing and Society 11, S. 1-22.

Minois, G. 1989: History of Old Age. From Antiquity to the Renaissance. Oxford.

Mischo-Kelling, M. 1991: „Die Pflege aus ihrer Sprachlosigkeit herausführen ..." Pflegewissenschaft als Grundlage professioneller personenbezogener Dienstleistungen. In: Rabe-Kleberg, U. u.a. (Hg.): Dienstleistungsberufe in Krankenpflege, Altenpflege und Kindererziehung: Pro Person. Bielefeld, S. 139-155.

Müller, H. K. 1990: Wenn „Söhne" älter als „Väter" sind. Dynamik ostafrikanischer Generations- und Altersklassen am Beispiel der Toposa und Turkana. In: Elwert, G. u.a. (Hg.): Im Lauf der Zeit. Ethnographische Studien zur gesellschaftlichen Konstruktion von Lebensaltern. Saarbrücken, Fort Lauderdale, S.33-49.

Münch, R. 1982: Theorie des Handelns. Zur Rekonstruktion der Beiträge von Talcott Parsons, Emile Durkheim und Max Weber. Frankfurt/M.

Naujokat, G. u.a. (Hg.): 1991: Altwerden ist (k)eine Kunst. Vorbereitung auf das Alter. Ahnatal.

Naegele, G. 1991: Anmerkungen zur These vom „Strukturwandel des Alters" aus sozialpolitikwissenschaftlicher Sicht. In: Sozialer Fortschritt 40, S. 162-172.

Naegele, G. 1993: Standards in der kommunalen Altenplanung — Die Zeit der einfachen Antworten ist vorbei! In: Ders. & S. Kühnert (Hg.): Perspektiven kommunaler Altenpolitik. Hannover, S. 172-196.

Naegele, G. & W. Schmidt 1993: Zukünftige Schwerpunkte kommunalpolitischen Handelns in Altenpolitik und Altenarbeit vor dem Hintergrund des demographischen und soziostrukturellen Wandels des Alters. In: Ders. & S. Kühnert (Hg.): Perspektiven kommunaler Altenpolitik. Hannover, S. 1-26.

Naegele, G. & H.P. Tews 1993: Theorieansätze und -kritik zur Altersentwicklung — Neue und alte sozialpolitische Orientierungen. In: Dies. (Hg.): Lebenslagen im Strukturwandel des Alters. Opladen, S. 329-367.

Naegele, G. & H.P. Tews (Hg.) 1993a: Lebenslagen im Strukturwandel des Alters. Alternde Gesellschaft — Folgen für die Politik. Opladen.

Nassehi, A. 1990: Zum Funktionswandel von Ethnizität im Prozeß gesellschaftlicher Modernisierung. Ein Beitrag zur Theorie funktionaler Differenzierung. In: Soziale Welt 41, S. 261-282.

Nassehi, A. 1992: Wie wirklich sind Systeme? Zum ontologischen und epistemologischen Status von Luhmanns Theorie selbstreferentieller Systeme. In: Krawietz, W. & M. Welker (Hg.): Kritik der Theorie sozialer Systeme. Auseinandersetzungen mit Luhmanns Hauptwerk. Frankfurt/M., S. 43-70.

Nassehi, A. 1993: Die Zeit der Gesellschaft. Auf dem Weg zu einer soziologischen Theorie der Zeit. Opladen.

Nassehi, A. 1994: Die Form der Biographie. Theoretische Überlegungen zur Biographieforschung in methodologischer Absicht. In: BIOS 7, S. 46-63.

Nassehi, A. 1995: Die Deportation als biographisches Ereignis. Eine biographieanalytische Untersuchung. In: Weber, G. u.a.: Die Deportation von Siebenbürger Sachsen in die Sowjetunion 1945-1949, Band II, Die Deportation als biographisches Ereignis und literarisches Thema, S. 5-412.

Nassehi, A. 1997: Inklusion, Exklusion — Integration, Desintegration. Die Theorie funktionaler Differenzierung und die Desintegrationsthese. In: Heitmeyer, W. (Hg.): Was hält die multiethnische Gesellschaft zusammen? Frankfurt/M., S.107-142.

Nassehi, A. & G. Weber 1989: Tod, Modernität und Gesellschaft. Entwurf einer Theorie der Todesverdrängung. Opladen.

Nassehi, A. & G. Weber 1990. Zu einer Theorie biographischer Identität. Epistemologische und systemtheoretische Argumente. In: BIOS 3, S. 153-187.

Neidhardt, F. 1976: Identitäts- und Vermittlungsprobleme der Soziologie. In: Lepsius, M.R. (Hg.): Zwischenbilanz der Soziologie. Verhandlungen des 17. Deutschen Soziologentages. Kassel, S. 426-452.

Nies, H. & J. Munnichs 1992: Sinngebung und Altern. Berlin.

Offe, C. 1980: Strukturprobleme des kapitalistischen Staates. Aufsätze zur politischen Soziologie. Orig. 1972. Frankfurt/M.

Offe, C. & K. Hinrich 1977: Sozialökonomie des Arbeitsmarktes und die Lage „benachteiligter" Gruppen von Arbeitnehmern. In: Projekt Arbeitsmarktpolitik & ders. (Hg.): Opfer des Arbeitsmarktes. Neuwied und Darmstadt, S. 3-62.

Opp, K.D. 1974: Abweichendes Verhalten und Gesellschaftsstruktur. Darmstadt und Neuwied.

Parsons, T. 1942: Age and Sex in the Social Structure of the United States. In: Ders.: Essays in Sociological Theory. Revised Edition. New York 1964, S. 89-103.

Parsons, T. 1945: Systematische Theorie in der Soziologie. Gegenwärtiger Stand und Ausblick. In: Ders.: Beiträge zur soziologischen Theorie. Hg. u. eingel. v. D. Rüschemeyer, Neuwied am Rhein 1964, S. 31-64.

Parsons, T. 1951: The Social System. New York.

Parsons, T. 1955: A Note on Some Biological Analogies. In: Ders. & R.F. Bales: Family, Socialization and Interaction Process. New York, S. 397-402.

Parsons, T. 1962: The Aging in American Society. In: Law and Contemporary Problems 27, S. 22-35.

Parsons, T. 1964a: Die jüngsten Entwicklungen in der struktur-funktionalen Theorie. In: KZfSS 16, S. 30-49.

Parsons, T. 1964b: Toward a Healthy Maturity. In: Ders.: Social Structure and Personality. Glencoe, Ill., S. 236-254.

Parsons, T. 1964c: Youth in the Context of American Society. In: Ders.: Social Structure and Personality. Glencoe, Ill., S.155-182.

Parsons, T. 1966: Societies. Evolutionary and Comparative Perspectives. Englewood Cliffs, New Jersey.

Parsons, T. 1972: Das System moderner Gesellschaften. Orig. 1971. München.

Parsons, T. 1975: Die Entstehung der Theorie des sozialen Systems: Ein Bericht zur Person. In: Ders., Shils, E. & P.F. Lazarsfeld: Soziologie — autobiographisch. Drei kritische Berichte zur Entwicklung einer Wissenschaft. Orig. 1970. Stuttgart, S. 1-68.

Parsons, T. 1978: Action Theory and the Human Condition. New York.

Parsons, T. & R.F. Bales 1955: Familiy, Socialization and Interaction Process. New York.

Parsons, T. & G. Platt 1990: Die amerikanische Universität. Ein Beitrag zur Soziologie der Erkenntnis. Orig. 1973. Frankfurt/M.

Parsons, T. 1990a: Technischer Anhang: Einige allgemeine theoretische Paradigmen. In: Ders. & G. Platt 1990: Die amerikanische Universität. Ein Beitrag zur Soziologie der Erkenntnis, Orig. 1973. Frankfurt/M., S. 549-587.

Passuth, P.M. & V.L. Bengtson 1988: Social Theories of Aging: Current Perspectives and Future Directions. In: Birren, J.E. & V.L. Bengtson (Hg.): Emergent theories of Aging. New York, S. 333-355.

Pearlin, L.I. 1982: Discontinuities in the Study of Aging. In: Hareven, K. & K.J. Adams (Hg.): Aging and Life Course Transitions: An Interdisciplinary Perspective. New York, S. 55-74.

Peters, H. 1989: Devianz und soziale Kontrolle. Eine Einführung in die Soziologie abweichenden Verhaltens. Weinheim und München.

Plake, K. 1993: Von Generation zu Generation — Eisenstadts Jugendsoziologie und die Adoleszenzkrise in den 90er Jahren. In: Ders. & W.K. Schulz (Hg.): Entillusionierung als Programm: Beiträge zur Soziologie von Shmuel N. Eisenstadt. Weinheim, S. 110-148.

Plake, K. & W. Schulz 1993: Einleitung: Strukturkontexte sozialen Handelns — Shmuel N. Eisenstadts Programm einer Soziologie ohne Illusion. In: Ders. & W.K. Schulz (Hg.): Entillusionierung als Programm: Beiträge zur Soziologie von Shmuel N. Eisenstadt. Weinheim, S. 24-38.

Pohl, H.-J. 1978: Zur Ausgliederung älterer Arbeitnehmer aus dem Berufsleben. In: Hohmeier, J. & H.-J. Pohl (Hg.): Alter als Stigma. Frankfurt/M., S. 76-101.

Prisching, M. 1985: Soziologische Anti-Soziologie. Eine kritische Übersicht über die Arbeiten Helmut Schelskys. In: Weinberger, O. & W. Krawietz (Hg.): Helmut Schelsky als Soziologe und politischer Denker. Stuttgart, S. 57-98.

Projekt Arbeitsmarkpolitik & C. Offe (Hg.) 1977: Opfer des Arbeitsmarktes. Zur Theorie der strukturierten Arbeitslosigkeit. Neuwied und Darmstadt.

Radcliffe-Brown, A.R. 1923: The Methods of Ethnology and Social Anthropology. In: Ders. (1968): Method in Social Anthropology. Ed. by M.N. Srinivas. Chicago, S. 3-38.

Radcliffe-Brown, A.R. 1931: The Present Position of Anthropological Studies. In: Ders. (1968): Method in Social Anthropology. Ed. by M.N. Srinivas. Chicago, S. 42-95.

Rendtorff, T. 1977: Kann Freiheit eine soziale Tatsache sein? In: Baier, H. (Hg.): Freiheit und Sachzwang. Beiträge zu Ehren Helmut Schelskys. Opladen, S. 87-101.

Richter, D. 1996: Nation als Form. Opladen.

Richter, D. & I. Saake 1996: Die Grenzen des Ganzen. Eine Kritik holistischer Ansätze in der Pflegewissenschaft. In: Pflege 9, S. 171-175.

Riesman, D. 1954: Some Clinical and Cultural Aspects of the Aging Process. In: Ders.: Individualism Reconsidered and Other Essays. Glencoe, Ill., S. 484-491.

Riesman, D. 1961: Die einsame Masse. Eine Untersuchung der Wandlungen des amerikanischen Charakters. Reinbek bei Hamburg.

Riley, M.W. & J.W. Riley, Jr. 1992: Individuelles und gesellschaftliches Potential des Alterns. In: Baltes, P.B. & J. Mittelstraß (Hg.): Zukunft des Alterns und gesellschaftliche Entwicklung. Berlin, New York, S. 437-461.

Rosenmayr, L. 1971: Zur theoretischen Neuorientierung der Jugendsoziologie. In: Allerbeck, K.R. & L. Rosenmayr (Hg.): Aufstand der Jugend? Neue Aspekte der Jugendsoziologie. München, S. 229-268.

Rosenmayr, L. 1978: Die menschlichen Lebensalter in Deutungsversuchen der europäischen Kulturgeschichte. In: Ders. (Hg.): Die menschlichen Lebensalter. Kontinuität und Krisen. München, Zürich, S. 23-79.

Rosenmayr, L. 1983: Die späte Freiheit. Das Alter — ein Stück bewußt gelebten Lebens. Berlin.

Russell, J.C. 1985: Late Ancient and Medieval Population. Philadelphia.

Saake, I. 1993: Alte im Spiegel von Professionellen. Eine empirische Pilotstudie. Unveröffentlichte Diplomarbeit. Münster.

Saake, I. 1997a: Alternsforschung. Ein Überblick. In: http://wwwpsy.uni-muenster.de/AEKeil/HyperScience

Saake, I. 1997b: Alternde Migranten — Eine neue Zielgruppe der Altenhilfe? In: Nassehi, A. (Hg.): Nation, Ethnie, Minderheit. Beiträge zur Aktualität ethnischer Konflikte. Köln, München, Wien, S. 133-152.

Sack, F. 1968: Neue Perspektiven in der Kriminologie. In: Ders. & R. König (Hg.): Kriminalsoziologie. Frankfurt/M., S. 431-476.

Sankar, A. & J.F. Gubrium 1994: Introduction. In: Dies. (Hg.): Qualitative Methods in Aging Research. Thousand Oakes, London, New Delhi, S. VII-XVII.

Schachtner, Ch. 1988: Störfall Alter. Für ein Recht auf Eigen-Sinn. Frankfurt/M.

Scheler, M. 1966: Die Stellung des Menschen im Kosmos. Bern, München.

Schelsky, H. 1959: Die Paradoxien des Alters in der modernen Gesellschaft. In: Ders. 1965: Auf der Suche nach Wirklichkeit. Gesammelte Aufsätze. Düsseldorf, Köln, S. 198-221.

Schelsky, H. 1961: Der Mensch in der wissenschaftlichen Zivilisation. Köln und Opladen.

Schelsky, H. 1963: Die skeptische Generation. Eine Soziologie der deutschen Jugend. Düsseldorf, Köln.

Schelsky, H. 1965: Einleitung. In: Ders.: Auf der Suche nach Wirklichkeit. Gesammelte Aufsätze. Düsseldorf, Köln, S. 7-16.

Schelsky, H. 1970: Systemfunktionaler, anthropologischer und personfunktionaler Ansatz der Rechtssoziologie. In: Jahrbuch für Rechtssoziologie und Rechtstheorie. Bielefeld, S. 39-89.

Schimank, U. 1994: Organisationssoziologie. In: Kerber, H. & A. Schmieder (Hg.): Spezielle Soziologien. Reinbek bei Hamburg, S. 240-254.

Schlee, G. 1991: Altersklassen und Veränderung der Lebenslaufalter bei den Rendille. In: Elwert, G. u.a. (Hg.): Im Lauf der Zeit. Ethnographische Studien zur gesellschaftlichen Konstruktion von Lebensaltern. Saarbrücken, Fort Lauderdale, S. 69-82.

Schleier, R. 1993: Zur allegorischen Dimension des Alters. In: Berger, U. & J. Desel (Hg.): Bilder vom alten Menschen in der niederländischen und deutschen Kunst 1550-1750. Ausstellung im Herzog-Anton-Ulrich-Museum Braunschweig. Braunschweig, S. 60-67

Schroots, J. F. 1996: Theoretical Developments in the Psychology of Aging. In: The Gerontologist 36, S. 742-748.

Schüller, H. 1995: Die Alterslüge. Für einen neuen Generationenvertrag. Berlin.

Schulz, W. 1993: Philosophie in der veränderten Welt. 6. Aufl., Stuttgart.

Schwarzenau, A. 1987: Gefährliche Pflege im Heim. In: Niederfranke, A. u.a. (Hg.): Altern in unserer Zeit. Heidelberg, Wiesbaden, S. 34-37.

Simmons, L.W. 1970: The Role of the Aged in Primitive Society. Hamden, Conn.

Sorkale, E. 1997: „In den Mokassins des anderen gehen". In: Altenpflege 1, S. 50f.

Spencer Brown, G. 1971: Laws of Form, 2. Aufl., London.

Sprandel, R. 1993: Die Stellung der Alten in der mittelalterlichen Gesellschaft. In: Biegel, G. (Hg.): Geschichte des Alters in ihren Zeugnissen von der Antike bis zur Gegenwart. Braunschweig, S. 25-34.

Statistisches Bundesamt 1994: Im Blickpunkt: Ältere Menschen in der europäischen Gemeinschaft. Wiesbaden.

Steinbeck, B. 1964: Einige Aspekte des Funktionsbegriffs in der positiven Soziologie und in der kritischen Theorie der Gesellschaft. In: KZfSS 15, S. 97-129.

Stichweh, R. 1988: Inklusion in Funktionssysteme der modernen Gesellschaft. In: Mayntz, R.u.a.: Differenzierung und Verselbständigung. Frankfurt/M., New York, S. 261-294

Strauch, B. 1978: Altenheim und Altenrolle. In: Hohmeier, J. & H.-J. Pohl (Hg.): Alter als Stigma. Frankfurt/M., S. 102-123.

Tartler, R. 1961: Das Alter in der modernen Gesellschaft. Stuttgart.

Tews, H.P 1979: Soziologie des Alterns. 3. neu bearb. u. erw. Aufl., Heidelberg.

Tews, H.P 1987: „Neue Alte"? — Veränderungen des Altersbildes. In: Universitas 9, S. 868-879.

Tews, H. P. 1993: Neue und alte Aspekte des Strukturwandels des Alters. In: Naegele, G. & Ders. (Hg.): Lebenslagen im Strukturwandel des Alters. Opladen, S. 15-42.

Thane, P. 1993: Old Age in English History. In: Conrad, Ch. & H.-J. von Kondratowitz (Hg.): Zur Kulturgeschichte des Alterns. Berlin, S. 17-38.

Thomae, H. 1951: Persönlichkeit. Bonn.

Thomae, H. 1956a: Psychologische Probleme des Erwachsenenalters. In: Haseloff, O.W. & H. Stachowiak (Hg.): Moderne Entwicklungspsychologie. Berlin, S. 104-113.

Thomae, H. 1956b: Der Lebenslauf und die biographische Methode in der Psychologie. In: Haseloff, O.W. & H. Stachowiak (Hg.): Moderne Entwicklungspsychologie. Berlin, S. 132-142.

Thomae, H. 1968: Das Individuum und seine Welt. Eine Persönlichkeitstheorie. Göttingen.

Thomae, H. & U. Lehr 1973: Berufliche Leistungsfähigkeit im mittleren und höheren Erwachsenenalter. Göttingen.

Thomae, H. 1977: Psychologie in der modernen Gesellschaft. Hamburg.

Thompson, E.P. 1979: Die 'sittliche Ökonomie' der englischen Unterschichten im 18. Jahrhundert. In: Puls, D. (Hg.): Wahrnehmungsformen und Protestverhalten. Studie zur Lage der Unterschichten im 18. und 19. Jahrhundert. Frankfurt/M., S. 13-80.

Troyanski, D. 1996: The History of Old Age in the Western World. In: Ageing and Society 16, S. 233-243.

Tyrell, H. 1986: Geschlechtliche Differenzierung und Geschlechterklassifikation. In: KZfSS 38, S. 450-489.

Voges, W. 1983: Alter und Lebensverlauf. Ein systematisierender Überblick über Grundpositionen und Perspektiven. In: Ders. (Hg.): Soziologie der Lebensalter. Alter und Lebenslauf. München, S. 7-33.

Voges, W. 1987: Sozialforschung auf der Grundlage einer Lebenslaufperspektive. In: Ders. (Hg.): Methoden der Biographie- und Lebenslaufforschung. Opladen, S.9-22.

Wahl, H.-W. 1992: Ökologische Perspektiven in der Gerontopsychologie. Ein Blick in die vergangenen drei Jahrzehnte und in die Zukunft. In: Psychologische Rundschau 43, S. 232-248.

Wahl, H.-W. & M. M. Baltes 1990: Die soziale Umwelt alter Menschen: Entwicklungsanregende oder -hemmende Pflegeinteraktionen? In: Zeitschrift für Entwicklungspsychologie und pädagogische Psychologie 22, S. 266-283.

Weber, A. 1955: Einführung in die Soziologie. München.

Weber, G., Erlemeier, N., Nassehi, A., Saake, I. & R. Watermann 1997: Altersbilder in der professionellen Altenpflege. Eine empirische Studie. Opladen.

Weber, G., Weber-Schlenther, R., Nassehi, A., Sill, O. & G. Kneer 1995: Die Deportation von Siebenbürger Sachsen in die Sowjetunion 1945-1949. Bd. 2, Köln, Weimar, Wien.

Weber, M. 1988: Gesammelte Aufsätze zur Sozial- und Wirtschaftsgeschichte. 2. Aufl., im Orig. 1894, Tübingen.

Wenzel, H. 1986: Einleitung des Herausgebers: Einige Bemerkungen zu Parsons' Programm einer Theorie des Handelns. In: Parsons, T.: Aktor, Situation und normative Muster. Herausg. u. übers. v. H. Wenzel. Frankfurt/M., S. 7-58.

Wenzel, H. 1990: Die Ordnung des Handelns. Talcott Parsons' Theorie des allgemeinen Handlungssystems. Frankfurt am Main.

Werkentin, P., Hofferbert, M. & M. Baurmann 1972: Kriminologie als Polizeiwissenschaft oder: Wie alt ist die neue Kriminologie. In: Kritische Justiz 5, S. 219-252.

Wobbe, Th. 1994: Die Grenzen der Gemeinschaft und die Grenzen des Geschlechts. In: Dies. & G. Lindemann (Hg.): Denkachsen. Zur theoretischen und institutionellen Rede vom Geschlecht. Frankfurt/M., S. 177-207.

Woll-Schumacher, I. 1980: Desozialisation im Alter. Stuttgart.

Zinnecker, J. & R.K. Silbereisen 1996: Kindheit in Deutschland. Weinheim und München.

Zitelmann, Th. 1990: Verzeitlichung und Lebenslauf. Die Alters- und Generationsklassenordnung (Gada) der Borana-Oromo. In: Elwert, G. u.a. (Hg.): Im Lauf der Zeit. Ethnographische Studien zur gesellschaftlichen Konstruktion von Lebensaltern. Saarbrücken, Fort Lauderdale, S. 50-68.

Sachregister

Aktivierungstheorie 44
Altenheim 65, 68, 174, 181, 195, 196, 199, 207, 234
Altenhilfepolitik 99, 109
Altenpolitik 100, 105, 109, 110, 111, 112, 167, 230
Altersbild 12, 38, 42, 45, 69, 70, 107, 111, 113, 115f., 119, 125, 129, 136, 140, 146, 149, 150, 161, 164ff., 173, 180f., 186, 188f., 192f., 215, 229, 234
Altersgrenze 44, 51, 59, 86, 94, 157, 233
Altersgruppe 24, 29, 33ff. 69, 100, 102f., 106, 110, 113, 116ff., 122, 150, 153f., 158, 170, 211f., 230, 232
Alterskarriere 62, 116, 229
Alterskonjunkturen 150, 153
Altersstufen 31ff., 45f., 63, 132f., 137, 142, 146, 148, 150, 152, 158, 173, 233
Anthropologie 11, 27, 32f., 36f., 39f., 43f., 47, 51, 57, 71, 81, 91, 101f., 117, 135, 153, 180, 201, 208
Arbeitsgesellschaft 74ff., 79ff., 87, 96, 106f., 117, 203, 228f., 230
Arbeitslosigkeit 53, 59, 173, 211, 215

Beruf 18, 41, 43, 46, 56, 73, 85, 86, 99, 104, 112, 156, 184, 216, 218
Biographie 79, 82f., 85, 87, 90, 93, 99, 189, 191, 195, 198, 201, 203ff., 211ff., 220, 222, 234, 237

Biographieforschung 73, 79, 80, 96, 116, 204, 220

chronische Krankheit 166

Definitionsansatz 53ff., 73, 82, 118, 161, 197, 228
Defizitmodell 93
Demographie 154

demographische Transition 150, 153, 157f.
Desintegration 19, 45, 47f., 53, 55, 57, 59, 116, 171, 212, 225, 226
Desozialisation 45, 47f.
Devianz 54, 65ff., 70f.
Disengagementtheorie 30, 44

Engagement 74f., 78, 81f., 96, 118, 188
Entwicklung 17, 20, 23, 29, 32ff., 39f., 49f., 59f., 79f., 83f., 86, 89f., 92, 94ff., 105, 108f., 115, 124ff., 136, 145, 153ff., 159, 166, 173, 195, 203, 209, 213, 224, 229, 231
Erwachsensein 18, 23
Erziehung 155, 162, 172, 204
Ethnizität 22, 37, 179, 200, 219
Ethnographie 175

Frauenforschung 199
Funktionsverlust 24, 38, 41, 44, 159

Ganzheitlichkeit 36f., 42, 50, 88, 184, 196, 206ff., 213
Generation 31, 38, 43, 86, 89, 100ff., 116, 169, 211f.
Generationenabfolge 32, 101
Generationenvertrag 167
Geragogik 212
Gerontologie 15, 73, 88, 91, 93, 109, 112, 113, 122, 181, 199, 223, 224f., 231, 235ff.
Geroprophylaxe 88, 91ff.
Geschlecht 22, 37, 46, 86, 99, 177ff., 197, 199, 200, 217, 219, 225
gesellschaftliche Evolution 123, 136, 157
Gesellschaftskritik 43, 54, 56, 64, 68f., 150, 192, 203, 206

Hilfebedürftigkeit 13, 47, 59, 65, 105, 109, 112f., 116ff., 135, 158, 165, 172, 182f., 230
Holismus 19, 37, 45

Identität 13, 34, 41, 54, 60, 69, 73ff., 82ff., 89, 95f., 117f., 191, 204f., 213f., 217, 222, 229, 235
Industriegesellschaft 37f., 41, 59
Inklusion 30, 151, 168, 170, 171, 173, 192, 196, 197, 219, 224
Integration 17, 19, 20, 25f., 28, 35, 47f., 58, 74, 76, 79, 80, 96, 131, 134f., 156, 159, 169, 171, 188, 204, 208, 224, 227
Interaktion 21, 42, 54, 55, 60, 61, 63ff., 68ff., 116, 118f., 133, 161, 163f., 174, 176ff., 191, 193, 197f., 201, 208, 214, 218, 228f., 234
Interventionsgerontologie 91f., 94, 204

Kohorte 85, 102f., 132
Kollektivsingular 121, 153f., 159, 233
Kriminalsoziologie 54, 191, 228
Kybernetik 26

labeling approach 60, 67, 70, 191, 228
Lebenslage 24, 59, 99, 100, 104, 105, 108ff., 112f., 126, 130f., 192, 223, 231
Lebenslauf 11, 18, 23, 29, 46, 49, 74f., 78ff., 93, 95ff., 99, 112, 116f., 121, 129, 144, 150, 156ff., 173, 209, 212, 214, 216, 220, 221f., 229
Lebenslaufforschung 73, 75, 78, 80, 85, 90, 96, 103
Lebensrückblick 14, 82, 175, 203, 206, 235
Lebenssinn 74f., 81, 82
Lebenszyklus 24, 29, 31, 45, 47, 85
Leistungsgesellschaft 18, 48, 53, 54, 58ff., 64, 68, 75, 116, 117

Marginalisierung 13, 68, 76, 116, 228

Medizin 109, 119, 162, 166f., 186, 196, 199, 206, 234
Menschenbild 35, 50, 208
Moralökonomie 74ff., 79

Normalbiographie 78, 84

Organisation 27, 28, 35, 39, 54ff., 64ff., 75f., 116, 118f., 128, 133, 136, 161, 163f., 173f., 178, 181, 183, 186, 191ff., 196ff., 207, 214, 218, 220, 228f., 232, 234f.

Persönlichkeit 19, 23, 31ff., 39, 42ff., 48, 50, 73, 84, 89, 90, 93ff., 102, 145, 216, 226
Pflegewissenschaft 109, 166, 226
Politik 109f., 113, 119, 156, 159, 162, 173, 197, 234

Randgruppe 53ff., 69, 164, 168, 198
Realitäts-Orientierungs-Training 209
Religiosität 171
Ruhestand 13, 24, 27, 48, 59, 74, 79ff., 96f., 116f., 122, 155, 157, 172, 203, 227, 229

soziale Ungleichheit 77, 99, 107, 117, 198, 224, 225
Sozialisation 23, 45f., 53, 65, 70, 133, 155, 181, 226
Sozialstation 181ff., 190, 193f., 234
Stereotyp 58, 71, 196
Stigma 53, 58, 60ff.
Strukturfunktionalismus 13, 17, 19, 20f., 28f., 33, 35ff., 40, 42ff., 50, 53, 55, 76, 79, 115, 225
Strukturwandel im Alter 99
Symbolischer Interaktionismus 54, 62f.

Validation 210

Wirtschaft 64, 75, 119, 151f, 162f, 234
Wohlfahrtsstaat 56, 157, 167

Personenregister

Achenbaum, W.A. 122
Alexander, J.C. 17, 48, 53, 54, 55
Arendt, H. 200
Ariès, Ph. 152

Baltes, M.M. 73, 82, 88, 91, 203, 205, 236
Baltes, P.B. 73, 82, 88, 91, 203, 205, 236
Beauvoir, S. de 122, 127, 134, 135, 145
Bengtson, V.L. 62f., 69
Berger, P. 99, 113, 224
Borscheid, P. 137f., 140f., 150f., 153
Brusten, M. 60
Butler, J. 199, 203

Conrad, Ch. 152, 157, 181, 196, 199
Cumming, E. 30, 44, 207

Dahrendorf, R. 29, 56
Dittmann-Kohli, F. 82, 172, 203

Eisenstadt, S.N. 15, 17, 18, 31f., 43, 45ff., 102, 115, 117, 121, 132, 133, 156, 226
Erikson, E.H. 31, 33, 67, 89, 210
Esser, H. 102

Feil, N. 209, 221
Fischer, W. 79, 80, 127
Fuchs, P. 148, 164, 171, 173, 174, 178
Fürstenberg, F. 56f.

Garfinkel, H. 67, 176, 197
Gehlen, A. 43

Giesen, B. 126, 129, 133, 135
Göckenjan, G. 168, 169
Goffman, E. 54, 60f., 64ff., 69f., 176, 191, 192, 207, 228

Hahn, A. 214

Henry, W.E. 30, 44, 139, 207
Hirschauer, St. 12, 174, 176ff., 200, 217
Hohmeier, J. 53ff, 91, 95, 116, 117, 161, 191, 192, 228, 234
Hradil, St. 99, 105, 224
Hummel, K. 88, 206ff., 221
Hurrelmann, K. 77

Kade, S. 197, 212
Klose, H.U. 150, 159
Kohli, M. 13, 73ff., 87, 90, 95ff., 99, 103, 116ff., 173, 203, 205, 229
Kondratowitz, H.J. von 152, 157, 181, 196, 199
Koselleck, R. 124, 151, 153
Kuypers, J.A. 62f., 69

Landweer, H. 200
Laslett, P. 122, 124, 138, 154, 155, 172
Lehr, U. 13, 73, 74, 84ff., 99, 104, 116ff., 161, 203, 204f., 229, 231
Lindemann, G. 200
Linton, R. 22
Lorey, I. 200
Luhmann, N. 20, 26, 29, 43, 49, 67, 97, 123, 125ff., 130, 133, 136, 149, 153, 162f., 166ff., 173, 176ff., 192f., 204f., 214, 216, 225, 239, 240, 241

Mader, W. 210, 211, 213, 221
Malinowski, B. 18, 40
Mannheim, K. 99ff., 113, 116, 163, 230
Minois, G. 122, 125, 127, 135, 137ff., 144, 148

Naegele, G. 13, 99, 100, 104, 107ff., 116f., 223f., 230
Nassehi, A. 62, 101, 109, 120, 125f., 129, 138f., 149, 156, 162f., 165,

182, 201, 204f., 208, 214ff., 222, 225

Parsons, T. 13ff., 35ff., 53, 69, 70, 76, 115, 117, 121, 123, 156, 224, 225ff.
Peters, H. 65, 70, 71
Plessner, H. 200

Radcliffe-Brown, A.R. 18, 40
Riesman, D. 43
Riley, M.W. 19, 173
Rosenmayr, L. 89, 103, 129, 130, 131, 134, 135, 144, 145, 146, 148
Rosow, I. 19

Sack, F. 54, 62, 67, 68, 70, 191, 192, 230
Schachtner, Ch. 213, 215, 220
Scheler, M. 32

Schelsky, H. 15, 17, 18, 37ff., 43ff., 115, 117, 121, 156, 167, 226
Schüller, H. 167ff.
Simmons, L.W. 125ff., 133, 134, 135
Spencer Brown, G. 215
Stichweh, R. 173

Tartler, R. 15, 17, 19, 38, 40ff., 115, 117, 121, 156, 207, 226
Tews, H.P. 13, 15, 84, 99, 100, 104ff., 116f., 161, 169, 196, 223, 230
Thane, P. 121
Thomae, H. 40, 85, 87, 89, 90f., 93f., 204

Weber, G. 205, 208, 217
Wenzel, H. 19, 20, 37
Wobbe, Th. 200
Woll-Schumacher, I. 15, 17, 19, 45ff., 115, 117, 121, 156, 226, 227